学科大概念统摄下的中学化学大单元教学设计

王 春 刘宇宏 编著

山东科学技术出版社
·济南·

图书在版编目（CIP）数据

学科大概念统摄下的中学化学大单元教学设计 / 王春，刘宇宏编著．— 济南：山东科学技术出版社，2024.4

ISBN 978-7-5723-1608-1

Ⅰ．①学… Ⅱ．①王… ②刘… Ⅲ．①中学化学课—教学设计—研究 Ⅳ．① G633.82

中国国家版本馆 CIP 数据核字（2023）第 153610 号

学科大概念统摄下的中学化学大单元教学设计
XUEKE DA GAINIAN TONGSHE XIA DE ZHONGXUE HUAXUE DA DANYUAN JIAOXUE SHEJI

责任编辑：孙　婷　周建辉　聂世超
装帧设计：李晨溪

主管单位：山东出版传媒股份有限公司
出 版 者：山东科学技术出版社
　　　　　地址：济南市市中区舜耕路 517 号
　　　　　邮编：250003　电话：(0531) 82098030
　　　　　网址：www.lkj.com.cn
　　　　　电子邮件：jiaoyu@sdkjs.com.cn
发 行 者：山东科学技术出版社
　　　　　地址：济南市市中区舜耕路 517 号
　　　　　邮编：250003　电话：(0531) 82098078
印 刷 者：济南富丽彩印刷有限公司
　　　　　地址：济南市高新区春博路 2266 号
　　　　　邮编：250100　电话：(0531) 88902542

规格：16 开（184 mm×260 mm）
印张：25.5　字数：408 千
版次：2024 年 4 月第 1 版　印次：2024 年 4 月第 1 次印刷
定价：98.00 元

前言

《中共中央 国务院关于深化教育教学改革全面提高义务教育质量的意见》《国务院办公厅关于新时代推进普通高中育人方式改革的指导意见》等先后指出："深入理解学科特点、知识结构、思想方法""积极探索基于学科的课程综合化教学""坚持全面发展，为学生终身发展奠基"。教育部颁布的《普通高中化学课程标准（2017年版2020年修订）》则明确指出："以学科大概念为核心，使课程内容结构化""促进学科核心素养的落实"。

教育部在2015年3月提出"核心素养体系"的概念，"核心素养体系"是深化改革、落实立德树人目标的基础，也是未来发展不可或缺的因素，更是我国未来基础教育改革的灵魂。研究学生发展核心素养是适应世界教育改革趋势，提升我国教育国际竞争力的迫切需要。发展学生的核心素养，是指让学生通过学习具备关键的能力和必备的品格，让学生适应终身发展和社会发展的需要。

"大概念"是课程内容的核心概念，也是经学习者内化后，即使忘掉所有知识细节仍保留于头脑中的核心认识，是基于基础知识之上的意义总结或结论推断。它需要学习者从探究、讨论、验证等学习经验中总结而得，从而培养学习者"透过表面现象发现本质"的认知能力，发展学习者的"核心素养"。我国经过一段时间的深度研究与实践，逐渐摸索出了一条中学育人方式改革的可行路径——大概念引领下的大单元整体教学。

课程教学实施是落实改革的关键，而教师是课程改革实验工作的关键。中学教师作为新课程改革的实施主体，对新课程的认知程度、实施能力和实施水平是新课程改革成败的关键因素。《学科大概念统摄下的中学化学大单元教学设计》是以中学化学核心素养为导向，以学科大概念、建构主义等多种学习理论为基础，融多种学习方式于一体，整合和收集国内外先进的化学教学理念，结合学科教学实践编写而成，力求突出可读性、实用性和借鉴性。

本书内容主要包括基本理论篇和教学研究篇两个部分，其中基本理论篇共分为两章，主要介绍了单元整体教学和如何围绕大概念开展大单元教学。第一章从大单元教学的理论基础、基本内涵、基本价值和基本模式对单元整体教学进行阐述；第二章从大概念的基本内涵、基本特征、教学角色以及大概念组织大单元教学基本模式和基本路径等方面进行解读，力求对有关学科大概念统领下的单元教学相关理念进行全面而深入的诠释。教学研究篇是北京教育学院开设的北京市中学化学市级骨干教师工作室以及北京市怀柔区第一中学刘宇宏特级教师工作室化学骨干教师研修班团队通过为期两年的教学研究，根据项目团队研发的学科大概念统摄下的中学化学大单元教学设计基本框架，结合现行中学化学教材内容进行的单元主题设计和单元知识内容重构。初中、高中化学单元主题内容均为8个教学案例，力求通过项目团队的教学研究给广大读者开展大概念统摄下的单元教学提供一些参考。

在编撰此书的过程中，参考了国内外许多最新研究成果和学术专著，引用了新课程教科书及网络资源信息，在此向这些作者表示深切感谢。北京教育学院、北京市怀柔区第一中学领导对本书的出版给予了巨大的支持，在此一并表示深深的感谢。

当然，大概念统摄下的大单元教学研究与实践还处于不断探索阶段，许多问题也在探讨之中。本书也必然存在这样或那样的不足之处，恳请教育界的同仁在使用本书过程中提出意见和建议，以便在修订时使其不断完善。

王 春 刘宇宏

2024年3月

目 录

基本理论篇

第一章 大单元教学简介

第一节 大单元教学的理论基础 ……………………………… 2
第二节 大单元教学的基本内涵 ……………………………… 6
第三节 大单元教学的基本价值 ……………………………… 9
第四节 大单元教学的基本模式 ……………………………… 19

第二章 围绕大概念的大单元教学

第一节 大概念的基本内涵和基本特征 ……………………… 24
第二节 大概念的教学角色 …………………………………… 27
第三节 大概念组织大单元教学基本模式 …………………… 29
第四节 大概念组织大单元教学基本路径 …………………… 38

教学研究篇

第三章 学科大概念统摄下的初中化学大单元教学设计

案例1 微观世界初探 ………………………………………… 42
案例2 自然界的水 …………………………………………… 58

案例 3　CO_2 的前世今生 ································· 73
案例 4　奥运火炬发现之旅 ································· 88
案例 5　溶液 ································· 111
案例 6　认识一种常用的消毒剂——酒精 ································· 134
案例 7　锅之 zhì ································· 155
案例 8　探究生活中的食品保鲜剂 ································· 184

第四章　学科大概念统摄下的高中化学大单元教学设计

案例 1　化学能转化为电能——电池 ································· 205
案例 2　微粒间的相互作用 ································· 227
案例 3　氯气的性质及其应用 ································· 253
案例 4　氮的循环 ································· 270
案例 5　化学平衡 ································· 296
案例 6　水溶液中的离子反应与平衡 ································· 327
案例 7　沉淀溶解平衡 ································· 352
案例 8　醇和酚 ································· 370

参考文献 ································· 398

基本理论篇

第一章
大单元教学简介

第二章
围绕大概念的大单元教学

第一章　大单元教学简介

第一节　大单元教学的理论基础

2014年，教育部颁布《关于全面深化课程改革　落实立德树人根本任务的意见》，明确提出"研究提出各学段学生发展核心素养体系，明确学生应具备的适应终身发展和社会发展需要的必备品格和关键能力"。2018年1月，教育部发布了20个学科的普通高中课程标准（2017年版2020年修订），凝练了各个学科核心素养，如化学学科的化学观念、科学思维、科学探究、科学态度与责任四个方面，并以此为据，更新了教学内容与评价体系，进一步加强了对教学实施与考试评价的指导。聚焦学科核心素养的落实转化是深度推进课程改革的必然过程，但是真正建立并实现学生学科核心素养的发展是一个漫长的探索过程，仍然面对诸多现实困境，而大单元教学为其提供了新的理念与思路。

学科核心素养的落实是现阶段基于核心素养推动课程改革的内在追求与价值体现，这也成为课程改革中面临的一大挑战和难题。如果说学科核心素养本质上是在回答"培养什么样的人"的问题，那么学科核心素养的落实本质上是在回答"怎样培养人"的过程性问题。综观目前课程专家学者以及一线教师的多样解读与实践探索，不难发现愿景与现实之间尚且存在着一定的距离，面临着诸多现实困境。

一、囿于单一学科困境，难为整体观念之形成

学科核心素养是要形成学生对自然、对社会的整体观念。落实学科核心素养如果仅仅是简单沿袭学科本位，囿于单一学科困境，固守自我学科边界，将不利于学

生对自然以及社会中综合问题的分析与解决。这一方面是由于单一学科内部线性知识的学习虽然利于学生系统掌握知识内容，但是忽略了学科本身网状知识结构的整体把握，学生需要学习的内容繁杂且无法融通，不便于知识提取及使用；另一方面是由于清晰的学科边界会使学科之间的对话存在障碍，学生解决问题的思路受到了限制，无法获得更大的学习视角与更好的学习体验。例如，对于能量利用问题，学生需要整合物理学科核心素养中的物理观念、实验探究等不同线索形成总体看法，这不仅仅要关照学科内部的思想方法，同时还要涉及相关学科中的知识。可见，落实学科核心素养既要关注学科特色，强调本学科对学生发展的特殊作用，又要关注学科内与学科间的联系，形成纵向衔接、横向联合的学科核心素养结构，进而支撑学生自我发展与认识世界的整体框架。因而，找寻组成这一框架的基本元素是实现这一构想的关键之举。

二、限于浅层学习桎梏，难为本质理解之深入

限于浅层学习桎梏，学生往往以单纯的知识获取或者技能的反复训练为主，止步于知识再现的浅层学习，缺乏对知识的继续思考与深入探究，不利于学生学科核心素养的培养。学科核心素养强调教师为学生理解而教，重视对知识的深度处理和挖掘，引导学生发展高阶思维活动，探求隐藏于知识符号背后的本质原理与思想意义，追求学生主动学习能力、创新性思维以及批判性思维的发展。可见，真正落实学科核心素养不能再让学生的学习停留在浅层学习层面，而是要重视单元设计的完整性与深刻性，立足某个核心概念或者核心主题，进行从事实到观念、从知道到理解、从表象到本质的设计，才能使学生真正实现学科核心素养的获得。

三、受于情境固化遮蔽，难为扩展应用之迁移

教师在教学过程中设置情境有助于学生理解学习内容，提升学习效果。然而，教师对某个知识点的讲解往往仅限于一种情境，很久才进行更新或者不进行更新，导致教学实践中单一情境不断反复出现，情景固化的问题越来越突出，这种固化在一定程度上阻碍了学生思维能力的发展，同时也遮蔽了教师对学习内容的再思考与再认识。熟悉的、单一的情境引起的固化作用使教师将所要表达的内容限定在已经规划好的情境中，忽略了时代发展的影响，失去了对现实的解释力，在看似促进学习的表面实则形成了遮蔽。学科核心素养具有情境性、迁移性特征，创建教学情境

是教学过程中的必要途径，虽然知识与情境之间的联系十分重要，但实现此情境与彼情境之间的互通也需要引起重视。多重情境的互通能够帮助学生灵活地进行知识迁移与运用，帮助学生对问题形成多元思考和全面把控，这就要求所选主题不仅处于情境中心，也处于学科内中心以及学科间中心。

学科核心素养的落实不是朝夕之力，而是长久之功，其目的在于将其落实到每一项活动、每一节课堂、每一个学生，让学科核心素养带来的改变真正在学生身上发生，内化为学生成长的不竭动力。这关键在于找到学科核心素养与学生之间的榫卯结构，实现学生与学科核心素养之间的有效对接，而大单元设计是实现这一构想的良好选择。大单元设计为学科核心素养的落实提供了新的思路，将学科核心素养与课程教学联系起来，构筑了从理论指导到实践操作的通道。

在大单元教学研究过程中，比较突出的研究理论主要有以下几种：

1. 贝塔朗菲学科系统理论

20 世纪 40 年代，奥地利一名著名的科学家贝塔朗菲（L.V.Bertalanffy）提出系统论原理。他认为，在特定的环境中，相互作用的各个组成部分构成了一个整体，这个整体就是系统。自然界中存在很多系统，人类社会是一个完整的系统，人的思维是一个复杂的系统，教学也是一个大的系统，教学中的各个学科是大系统中的小系统。无论哪种系统都是有结构的，系统中的各个组成部分不是孤立存在的，它们之间总是存在着某种联系，这种联系也称之为各部分之间的相互作用。所以，无论是教学大系统还是各门学科的小系统，都是由系统中各要素相互作用而成的。系统论原理的主要内容可以概括为"一定律和四原则"。"一定律"指的是：系统整体的功能不等于系统内部各个组成部分的功能之和，而是远大于各部分功能总和。也就是说，构成系统的各部分有机结合可以发挥大于各部分简单加和的功能。因此，根据系统论原理，在教学这个大系统中不能忽视各个学科之间的联系，要整体把握教学。同时对于任何一门学科的教学，也要注意"先整体后部分"的原则，即教学要寻找知识与知识间的逻辑联系，将零散知识融为整体，了解知识的整体结构，分析结构中各知识要素的地位和作用，再展开教学。"四原则"指的是整体性原则、结构性原则、层次性原则和开放性原则。教学是一个大系统，组织教学时也要遵循四个原则。其中，整体性指的是教学要把握"从整体到部分再到整体"的原则，找到知识的结构，从整体出发设计教学，逐一解决整体中的知识，再将知识进行整合，形成完整的知识体系。结构性原则中的结构指的是构成系统各要素之间的相互作用方式，这种作用方式可以是各要素的组成比例、排列顺序或者排列形式。在同一个系统中，相同要素的相互作用方式不同，那么这个系统的整体功能也会有差别。在教学系统中，学生是重要的要素，学生的活动形式不同也直接影响教学效果。教学组织要有层次性，前面的内容是后面内容的基础，教学不可以逾越知识的层次性和进阶性。开放性指的是教学不要仅局限于课堂上，要善于利用课堂以外的资源，紧密结合生活，必要时将课堂教学转移到课下或课外。

2. 布鲁纳学科结构理论

在儿童的发展过程中存在着许许多多的影响因素，教学内容就是影响儿童健康发展的关键因素之一。要想有效地促进儿童健康发展，合理地组织和编写教学内容是教育工作者们首先需要考虑清楚的问题。基于此，布鲁纳（J.S.Bruner）提出并强调了结构的重要性。1960年，布鲁纳基于形式训练说和迁移说在《教育过程》一书中提出结构主义教育思想，使学生掌握学科的基本结构就是其中的主要观点之一。所谓学科的基本结构，就是指学科的基本概念和基本原理等之间相互联系以及相互作用的知识体系。任何一门学科都内含着一个基本结构，不论教师教的是哪一门学科，务必使学生了解这一门学科的基本结构。在教学中，不仅仅要让学生掌握学科的基本概念和原理，掌握学科知识的内在联系，还要把握学习的态度和不同的学习方法。

布鲁纳之所以重视学生学习学科的基本结构，是因为学习学科的基本结构在学生的学习、发展过程中发挥着重要作用。这些主要体现在以下几个方面：第一，由于学科的基本结构在学科中具有统领作用，因此学习学科的基本结构有助于学生深入理解并整体把握学科内容。第二，布鲁纳曾经提到，"除非把一件件事情放在构造得很好的模式里面，否则就会忘记，详细的资料是靠简化的表达方式保持在记忆里的"。从中可以看出，学习学科的基本结构有助于学生在记忆中巩固基本概念、基本原理等。另外，学习学科的基本结构不仅能够帮助学生理解当前的内容和现象，而且有助于学生将来回忆其他的内容和现象。第三，布鲁纳在《教育过程》一书中明确说到"领会基本的原理和观念是通向适当'训练迁移'的大道"。学习学科的基本结构有助于学习中大量普遍迁移的发生。迁移的发生能够在学生今后的学习中起到举一反三、触类旁通的作用。第四，学习学科的基本结构有助于缩小高级知识和初级知识之间的间隙。螺旋形课程的编制和推广，使知识沿着基本观念由初级到高级不断上升，由此学生的认知发展也呈现出连续性，知识之间的间隙和断层则因此而减小。

3. 奥苏贝尔有意义学习理论

奥苏贝尔（D.P.Ausubel）在《教育心理学：一种认知观》书中提到，影响学生学习的重要因素是要知道学生已经知道了什么，还不知道什么，弄清楚这一点，教师教起来才会有所侧重。同时他还论述到学生进行有意义的学习有两个先决条件：从态度上讲，学生有一种想在新学的知识和自己已有知识之间建立联系的渴望；从内容上讲，学习内容是学生可以与已有的知识结构建立联系的、有意义的、重要的、该学段应该掌握的知识，同时也必须是学生能力范围之内的。从以上两个条件可以得知，学生已有的知识结构对学生进行有意义的学习是很重要的。如果学生原有的认知结构中的知识内容比较丰富，并且组织方式比较清晰，那么此时学生可以联想自己已有的知识，并在新旧知识间找到它们的联系与区别，这样可以帮助学生快速吸收新知识，进行有意义的学习；相反，如果学生原有的认知结构中已有的知识比较匮乏，那么在学习新知识的过程中，就很难找到与旧知识的连接点，学习新知识也只能靠机械记忆，从而很难进行有意义的学习。因此，建构系统、完整的知识体系对学生是很重要的。

有意义学习过程的核心就是将用文字表示的新的学习内容与学生认知结构中原来就具备的经验体系建立特意的和本质的联系，即教师给出的新的教学内容与概念必须要与学生的认知结构中已有的系统知识有关联。学生要学习的新内容与已有知识也应该具有逻辑意义上的特意联系。当学生以此方式进行学习的时候，只要在原有的知识框架里搜寻到和新的学习内容之间有逻辑意义的同化点，使两部分的知识互相发生作用，就可使得原有的知识框架由于新知识的介入而得到质与量的变化。学生在头脑中找寻新旧学习内容固着点的整个过程不仅激起了学生的学习积极性，还让他们学会了思考问题。

第二节 大单元教学的基本内涵

随着新课程改革的逐步推进，大单元教学在落实学科素养上的重要性及其深刻意义逐渐凸显出来，教育领域中的部分专家学者以及广大一线教师对"单元学习""单元设计""大单元教学"等大单元教学研究开始密切关注与积极探索。

崔允漷教授强调，"新的教学目标关注学生运用知识做事、持续地做事、正确地做事，强调知识点从理解到应用，重视知识点之间的联结及其运用。由此看来，学科核心素养的出台倒逼教学设计的变革，教学设计要从设计一个知识点或课时转变为设计一个大单元。"熊梅教授指出，"单元学习是以单元为单位进行的学习。具体来说，就是以一个单元为基本单位，以发展学生学科核心素养为目标，在教师的指导下通过创设真实有效的情境，使学生在主体的、对话的、深度的学习活动中发现问题和解决问题，习得和运用知识，形成正确的价值观念和关键能力。单元学习作为一个独立、系统的学程，对于发展学生学科核心素养具有重要意义。"张优幼老师认为，"大单元教学是相对于自然单元教学更具完整意义的大教学结构体例，是教材中知识结构相通的内容组合解读，体现整体性和结构化；序列化分段衔接，以促进概念性知识的生长和迁移；根据学生的认知特点，适当调整、增减、拓展补充相应的内容，改进学习方式，合理使用结构性教具、学具，体现针对性和实效化。相对于教材中的自然单元教学，大单元教学解读演绎课时教学会更具结构性、序列性和完整性，更有利于知识的内化迁移、网状建构。"胡久华教授在研究中发现，"大单元教学是以系统论为指导，突出知识建构过程，对教学单元进行整体性设计的教学策略。大单元教学由若干具有内在联系的课时组成，强调教学的整体与部分之间的联系与作用，每课时并不是孤立存在的，课时间互为补充和基础。单元目标是在对单元教学内容进行整体分析的基础上制定的，可以避免对教学内容的肢解，避免单课时教学的随意性与盲目性。每课时的教学目标和内容，都是从单元目标和内容拆解而来，每一课时承担单元目标的一部分或一个阶段。大单元教学站在整体的高度进行教学规划，既避免了流于形式的教学活动，又能实施多样化的教学方式。"

综上所述，大单元教学是对教学单元进行整体设计与思考，使教学设计不再局限于某个知识点的课时单元，而是对于单元教学内容进行整体分析，形成具有完整知识结构与完整教学意义的教学设计。具体而言，大单元教学具有以下四方面的具体特征。

一、教学目标的整合性

教学目标是开展一切教学活动的依据，所有教学内容的安排、教学流程的设计、教学方法的选择都应该指向教学目标的达成。教学目标是教学活动的灵魂。学习目标的确立就是回答"到哪里去"的问题,即从学生学习的角度明确教学的意图所在。明晰学习目标是大单元教学的重要依据,也是大单元教学过程中最核心的一个环节。单元学习目标的确定与表述主要依据学科核心素养、课程标准、教材结构、单元地位、学情等方面。如果将单元视为一个基本的教学单位组织教学,那么教学目标就要根据这一个单元进行整体设定。在设定大单元目标时不是将其中的每一个教学目标简单地相加,而要对每一课的具体目标通过归纳、删减、合并甚至增补的方式进行重组整合。

二、教学内容的联系性

日常教学中,概念是一个个地教,定理是一个个地学,容易迷失在局部。大单元教学的构想,就是要打破这一传统的教学思路,运用系统、联系的观点看待教学,通过知识体系、学科思想等内在联系将教学内容加以整合。实施大单元教学,有利于学生理解知识的来龙去脉,深化知识的理解;有利于学生完整地经历知识的形成、发展和应用过程,体会学科学以致用的一般思路,发展学科核心素养,系统地进行以简驭繁的学习。大单元教学是从整体角度把握课堂教学,使得教师在进行教学时能够对所教内容的系统结构了如指掌,很好地把握教学的大方向,使教学有的放矢,让学生学到结构化的、联系紧密的、迁移性强的知识。

三、教学活动的递进性

大单元教学活动的安排需要建立在单元教学目标与单元课程内容的基础之上,教师针对已确定的单元教学目标,依照已整合的单元课程内容,可设计出难度由浅入深的数个教学活动,再根据分配的教学时间,于教学过程中合理置入这些教学活动。大单元教学是基于单元的完整主题采取的一系列有效教学活动,在教学过程中教师应努力把学习情境作为一个整体呈现给学生,让学生将学习情境视为一个整体来感知。因此,教学活动的安排与设计需要将每一步、每一环节都放到教学活动的大系统中考量,而不是片面地突出或强调某一点。大单元教学这种将教学活动中的每一环节均纳入整个单元教学规划的整体性设计,有助于优化学生的认知结构,使学生对知识的掌握更加系统和深入。

四、教学评价的全面性

传统教学评价建立在学生具体知识点的认知基础上，关注的是知识与技能，即教师教"知识点"、学生学"知识点"、考试考"知识点"，而对学习的"过程与方法"、学习形成的"必备品格"与"关键能力"的关注则不足。大单元教学评价不同于教师熟悉的课时教学评价，具有整合性和主题性。教师需要站在较高的层面来审视和评价，需要及时评价与延时评价、单项评价与综合评价相结合，从某种程度上看，延时评价与综合评价应该更多地应用于教学过程中。大单元教学强调教学评价需要构成一个有机的、综合的考查目标体系，从而对学生的学习理解和应用情况作出科学有效的评价。

第三节 大单元教学的基本价值

一、大单元教学的研究现状

1. 国外大单元教学研究现状

国外对大单元教学思想的研究，最早可以追溯到19世纪末欧洲兴起的新教育。1907年，比利时教育家德可乐利（O.Decroly）在布鲁塞尔创办了"生活学校"，提出了新的教育制度。他主张教学要以学生的兴趣为中心，以整体性为原则。德可乐利认为学生学习的内容和学习活动应该是完整的、不可拆分的，否则不符合学生的心理发展特征，不利于学生更好地掌握知识结构。由此，大单元教学思想开始萌芽。

20世纪初，美国教育家杜威（J.Dewey）提出了实用主义单元教学模式，该模式阐述了从情境创设到教学评价的完整教学流程，促进了大单元教学思想的进一步发展。之后美国教育家克伯屈（W.H.Kilpatrick）提出了"设计教学法"，主张在教学中有目的地设置教学单元，以学生的兴趣为中心组织教学活动。克伯屈的教学法又称"单元教学法"，其大单元教学的思想体现在强调教学从儿童的兴趣入手，开发相应的单元活动来帮助他们获得知识和技能。

20世纪30年代，单元教学的典型代表"莫里逊单元教学法"提出教学要将教材中的知识进行有意义的、囊括性的归纳，按照内在特点划分为不同的单元，单元教学的先后顺序不可逾越。

到了 20 世纪 50 年代，大单元教学被细分为两类，即"教材单元"和"经验单元"。教育家史密斯（D.E.Smith）对二者的区别作出了解释：前者强调思维为主，而后者强调知识和技能为重。至此，大单元教学理论与实践融合，并且开始走向成熟。1955 年，美国学者哈纳（L.A.Hanna）界定了主题教学的概念，认为主题教学是指教学围绕一个有意义的社会课题展开的有目的的学习活动，由此"大单元教学"的概念被提出。大单元教学实则是单元教学意义上的延伸，将单元教学的内容凝练成一个主题，在大主题下进行探究式的教学，就演变成了"大单元教学"，其教学思想与"单元教学"依旧保持一致，都强调教学的核心素养的形成是意义建构的过程。不论是知识的习得，还是能力方法等的获得，学生的学习过程均不是空着脑袋进教室，学生的课堂学习均是以其在生活中的经验以及之前学习所获得的先有观念为基础的。"教师不能漠视学生已经存在的经验世界，去给学生像往瓶子里灌水一样装入新知识，而是需要在学生已有的知识经验中找到新知识的生长点。"建构主义学习观强调学生的学习是以学生原有知识经验为基础，对外部知识意义理解的过程，通过对已有认知结构的不断调节形成对新知识的接纳，通过新知识的接受对原有认知结构进行改造与发展。学科核心素养的培养寓于知识、能力等的学习，其构建遵循学习者个体学习的过程，是在不断地接受新知识、新方法、新思维等的基础上对已有认知结构的不断重建，以达到素养的形成与构建。事实上，与大单元教学有着相似概念的提法还有"专题教学"等，尽管它们的提法不同，但都有相同的意思和理念。

20 世纪 60 年代，美国教育家布鲁姆（B.Bloom）提出"掌握学习"的教学理论，这一教学理论要求以"单元"为整体组织教学，将每个教学单元划分为若干个教学板块，同时对每个教学单元的教学时间和教学目标作出规定，以此来指导大单元教学活动的组织。"掌握学习"理论的出现，完善了大单元教学理念，细化了教学的基本流程，为以后的大单元教学设计与开发奠定了有利的基础。

20 世纪 60 年代以后，大单元教学的应用范围不断深化扩大，许多国家开始建立大单元教学制度，并开设了以此为指导的课程。例如，美国、澳大利亚、加拿大等国家，最初将大单元教学法应用到语言教学中，而后慢慢在各个学科中进行广泛的尝试和应用。到了 20 世纪 90 年代，主题教学的概念更为完善，倡导教学以学生为中心，通过广泛的主题探究完成知识的建构。迄今，各个学科的教学都有涉及大单元教学的思想，并根据各学科的特点逐步完善，大单元教学从理论到实践形成了较为完整的体系。

2. 国内大单元教学研究现状

20世纪初，我国教育领域开始了新的变革。梁启超针对语文学科提出教学不应该一篇一篇地教，而应该是一组一组对比着教，这种教学模式被称为"单元比较教学模式"，由此开创了我国单元教学模式。此后，单元教学逐渐被认识并发展起来，无论是在教学方法上，还是在教材编写上，都开始呈现单元化的趋势。

20世纪70年代，开始对大单元教学进行深入研究。例如，教育改革家黎世法提出"六课型单元教学法"，根据学生的学习环节总结出自学课、启发课、复习课、作业课、改错课、小结课六种课型，每一个教学单元的教学都要结合这六个课型来进行。

20世纪90年代，我国对单元教学的研究和实践取得了进一步的发展。特级教师王世发提出的"语文单元教学"，对后来教材编写和指导教学活动具有重要借鉴意义。此后，单元教学思想在各个学科中扩展，越来越多的专家学者对"单元教学"展开深入研究，并且各个学科的教育研究者结合本学科的内容和特点，不断修正与完善。当前随着我国学科核心素养的提出与深入研究，基于核心素养的单元教学成为课堂教学转型的有力支撑。在我国"第十届全国有效教学理论与实践研讨会"上，钟启泉教授指出"核心素养是将科学素养赋予了时代的内涵，核心素养的下面是单元教学，单元教学的下面是课时计划，单元教学设计是撬动课堂转型的支点"。可见，关于"单元教学"的研究随着时代和教育理念的发展变化而不断地革新变化。大单元教学的出现是在单元教学的概念不断明确和成熟起来以后，对单元教学的一种具体认识。

我国最早提出大单元概念是在2005年，袁顶国老师在《初中数学主题式教学设计与实验研究》中，构筑了主题式整合教学运行模式。

综合各个学科，大单元教学的研究体现在如下三个方面：

（1）大单元教学设计研究方面

继袁顶国老师以后，以王磊教授、胡久华教授为代表的教育专家对大单元教学设计展开了深入研究。2012年，胡久华教授在《基于环境主题的化学教学设计》中以"硫及其化合物"为例，从选择与环境相关的教学素材、设计教学环节、组织教学活动等方面阐述了如何确定与环境有关的教学主题。2014年，王磊教授在《促进学生高阶思维发展的"物质的分离"主题探究教学模型及实施策略的研究》中以"物质的分离"为主题，分析了在化学实验教学中，采用探究式教学策略，在实施探究活动中训练学生的思维。2018年，孙重阳老师等人以"生活中含氮化合物"为例，论述了单元教学设计的 ADDIE 模型，即分析、设计、开发、实施和评价，提出单元教学是学科核心素养落地的有效途径。

（2）大单元教学理论研究方面

李祖祥、屈勇老师认为大单元教学是围绕具有一定社会价值的主题，引导学生主动探究并研究该主题，从而获得知识的建构。2012年，李祖祥老师在《主题教学：内涵、策略与实践反思》中阐述了主题教学的内涵与类型，提出促进教学目标落实的主题教学策略。2019年，王怀文老师在《高中化学主题教学的模型方法研究》中提出"主题教学"是新课程标准所倡导的教学模式，阐述了化学主题教学对落实化学核心素养的重要实践意义。

（3）大单元教学实践研究方面

2004年，窦桂梅老师开始研究大单元教学的实践问题，相继开发了"水浒传""祖父的园子"等系列主题课程。2016年，吴冯老师在《让化学成为关注社会问题的工具——二氧化硫性质主题式复习教学设计与实施》中以"二氧化硫的性质"复习为例，设计教学情境、问题和教学活动，开发主题式的复习教学，并将教学方案进行实施。

二、大单元教学的学科设计

大单元教学能够以整体的视角使教学目标更集中，教学重点更突出，教学过程更优化，教学评价更系统，既能够根据学生认知的实际水平进行内容调整，又能够让学生深刻理解知识的内涵。当前，各学科课程正在积极进行大单元教学设计的有意义探索，积累了诸多可行性经验。

1. 语文学科的大单元教学设计

贾秋萍老师在其研究中对初中语文大单元教学进行了范式探索，认为新时期的语文教学需要走向真实的语文生活，从听说读写分项训练走向大单元设计，从讲听练考走向以学习者为中心的语言实践。大单元设计就是注重以学生生活经验为起点的真实任务和情境的设计，把语文学习的过程变成任务的完成过程、活动的开展过程，帮助学生在自主、合作、探究的过程中感知语言、运用语言、建构语言，引导学生从语文学习者变成语言实践活动的参与者。其在研究中提出了大单元教学范式四方面的步骤：一是单元目标的确定。教师需要依据课程标准的要求，关注教材资源整合和拓展的意义，注重情意态度的养成。二是学习情境与任务设计。让学生在真实可感的情境中学习，缩短了学生与作品之间的距离，容易激发学生的学习兴趣和情感，使其沉浸到作品的情境之中，增进对作品的理解，并将学到的新知识融入原有的认知结构中。三是信息技术的支持。技术的参与，促进了学生积极的、有意义的学习活动，也提供给学生完成复杂问题任务的便捷方式。四是"教—学—评"的一体贯穿。在大单元教学中，保持教、学、评的一致性，是保证较高水准教学质量的重要一环。

2. 数学学科的大单元教学设计

江建珍老师在其研究中指出大单元教学是一种全新的教学思路和方法，是指教师将某一单元的知识点进行整合，然后构建较为完善的知识体系，开展综合性、系统性教学，培养学生的数学思维能力。教师要在小学数学教学中合理运用大单元教学方法增进数学课堂教学效果。第一，明确单元目标，突出重难点。教师首先要明确单元教学目标，研读教材内容，设置具体的大单元教学任务。然后围绕教学目标任务确定重难点，合理设计教学方案，确保教学的系统性、科学性，保证学生学习效果。第二，绘制思维导图，加强数学概念教学。教师要注重单元内部数学概念的梳理，可利用思维导图梳理单元知识主线、突出重难点，设计导图框架，引导学生根据自身对数学概念的认知和理解梳理知识关系网络，丰富框架内容。学生在绘制思维导图的过程中可培养自身的数学思维能力，健全知识体系，提升数学学科核心素养。第三，渗透数学思想，强化探索学习。教师要在大单元教学中合理渗透数学思想，强化学习方法指导，帮助学生掌握数学知识、提高学习质量。第四，重视课后拓展，构建数学知识体系。第五，设置数学专题，强化单元自主训练。教师要创新训练方式方法，可根据学情和学生学习需求，合理安排专题学习，督促学生对单元知识进行系统训练和巩固复习，要求学生正确认识知识点之间的衔接关系，培养其数学逻辑思维能力，全面提高数学应用能力。

3. 英语学科的大单元教学设计

刘芳老师在其研究中对于小学英语大单元教学进行了递进式主题活动设计的研究，具体步骤包括六个方面：一是基于课程标准解读教材、分析学情。教师通过对课程标准、教材的解读以及学习者现有水平的分析，挖掘单元意义，分析学习需求，设定合理的教学目标与教学活动。二是解读单元主题，确定课时主题。大单元教学需要放眼全局设定主题，让学生形成大单元的认识，能够为每个课时的教学设计提供主线，通过课时与课时之间的相互联系，共同为教学实施服务。三是设计单元目标，确立课时目标。各个课时之间的教学目标既要交互，又要递进，不断加深学生对单课内容的理解与记忆。孤立知识点的记忆，不易保存与提取，因此我们要系统地整合主题单元内所涉及的全部语言，努力将系统化、整合化的内容呈现给学生。四是设计教学内容。教师基于教学目标以及学情将各个话题情境联系起来，通过教学内容的统筹将教学信息与教学资源进行整合和拓展。五是挖掘和利用教学资源，综合安排教学资源。六是进行有效评价，检验目标的完成度，使教学在动态循环中有序、有针对性地进行。

4. 物理学科的大单元教学设计

李东俊老师在其物理教学研究中指出大单元教学作为教师进行物理教学活动的依据，更加强调教师在教学中把握基本概念、原理结构的建构，让学生能够全面、有效地掌握单元知识体系或模块知识体系。当对学生进行某个知识点方面的提问时，学生能够迅速回想起该知识点所在单元的知识框架，更好地提升学生学习物理知识的效率，促进学生知识结构与认知结构的融合发展。胡科杰老师在其研究中指出，在应试教育的影响下，教师往往注重分析教学内容的知识点、重点和难点，运用讲解、实例辨析、大量作业练习开展教学，学生很难理解主题中各知识点间的内在联系以及形成结构化的知识体系。因此，基于知识点的课时设计对提高应试成绩有一定效果，但难以全面培养学生的学科核心素养。所以学会基于学科核心素养的大单元教学设计，是实现课堂转型对教师的要求。戴小民老师指出大单元教学设计的规划分为三个阶段。一是构建知识结构框架，明确核心知识。教师不仅要关注教科书中的具体知识，更要关注整个单元的知识，挖掘单元内容之间的关系。二是挖掘知识承载的学科核心素养，从更高、更系统的视角看待物理课程，强调在理解和掌握物理概念和规律的过程中关注学生观念建构的层次性。三是寻找承载核心知识的实际问题和任务，这是因为问题是引导学生进行探究的支架，也是促进学生理解知识和进行知识深度理解与迁移的工具。

5. 化学学科的大单元教学设计

刘丽娜老师在其化学大单元教学设计的模式构建中提出了五步程序。第一步是单元划分，教师在进行大单元教学之前，先要选好教学内容，然后对教学内容仔细研读，联系学情打破原来教材的知识框架，将性质相近或有内在联系的知识整合为一个单元，依据这一单元知识的内在联系确定本单元的知识结构，然后进行教学。第二步是整体感知，教师使用情境引出本单元的主题，用简洁的语言阐述本单元的重难点和自学环节的教学任务。教师在编写自学提纲时，必须要考虑到学生已有的知识，并且要深入研究课程标准，对单元知识做一个透彻的分析，给学生的提纲中展现一个完整的知识框架。第三步是释疑解难，教师根据学生交流汇报的答案，给予肯定的评价，然后释疑解难，帮助学生把新学的知识进一步强化、深化和系统化。第四步是综合训练，这一环节，教师提前将单元的训练题按照单元知识间的相互关系由单一到综合、由浅入深地阶梯编写好。学生在复习的过程中，通过自主作答训练题，系统化地掌握单元知识。第五步是单元总结，单元结束后，教师先通过引导学生用网状图来串联单元知识，然后小组进行讨论，互相补充、完善，最后教师对本单元的知识做一个提升性的总结，帮助学生进一步完善单元知识框架，使学生将所学知识进一步系统化、概括化。

6. 生物学科的大单元教学设计

苏玮老师在其研究中基于大概念视角进行生物学科的大单元设计，并指出大单元教学能有效帮助学生构建系统化、结构化的学科知识体系，提升学生运用学科知识解释和解决复杂情境中具体问题的能力，发展学科核心素养。首先，教师通过创设能够支撑整个单元的、整合性的、真实的生物学情境，将学科要解决的问题信息蕴含在特定的情境中，让学生通过对情境中的相关信息进行积极感知和理解来提出单元核心问题；然后，教师基于情境和核心问题，设计指向重要概念的结构化、分层次的子问题和任务，学生通过完成学习任务回答教师提出的问题，建构相关概念，在任务探究过程中教师基于知识内在的逻辑或学生的认知特点设计层层递进的子问题，启迪学生思维，提升学生核心素养；最后，学生根据子问题和任务开展有目的的、有方向的自主、合作探究等主动学习活动，并呈现学习成果，回答上课初始提出的核心问题，建构核心概念。评价活动贯穿整个教学活动之中。教学活动的设计及实施既是达成教学目标的重要手段，也是教学评价的情境。大单元教学评价强调根据学情，以及课程标准中的学业要求、学业质量水平的不同等级及要求，实施统一的单元评价目标，指向学科素养的达成。

7. 历史学科的大单元教学设计

杨进玲老师在其关于高中历史大单元教学设计的探讨中指出，在历史教学中倡导大单元教学，从系统论的角度变革传统历史教学方式，更有利于学生综合素养的提升和整体性发展。特别是在当前高中历史新课程标准、新教材实施的背景下，强调单元教学设计，对于突破一线教师长期以来形成的"课时教学"，促进学生核心素养的发展，具有十分重要的意义。杨进玲老师指出开展单元学习有四个重要的环节。第一是明确单元教学目标，其目的在于对整个教学过程进行宏观把控，立足大单元设定单元教学目标，有利于教师从整体上把握高中历史教材的知识体系，帮助学生构建完整的知识体系，将碎片化的知识内化为整体的认知结构，促进学生核心素养的全面发展。第二是重组单元教学内容，厘清教学单元内各课内容间的关联性，根据单元主题，整体考虑各课的组合，打通单元的内容，突出单元的重点和跨课时重组内容，从而使教学内容的逻辑结构更加清晰、合理。第三是开展单元学习活动，为了达成设定的单元教学目标，教师在教学实施的过程中，首先需要确定学习任务，以此来驱动学生为完成一系列任务而开展学习活动。在高中历史单元教学中，通常可以将学习任务以问题链的方式提出，以引导学生围绕问题开展探究性的学习活动。

8. 地理学科的大单元教学设计

方琦老师在其关于高中地理大单元教学设计的研究中指出，单元不是指单纯的学习内容，而是包含了课程单位和学习单位，基于一定目标与主题所构成的教学材料与经验模块。一个课程单元由多个课时组成，不同课时可从不同的角度和深度，对同一主题进行多元化、序列化解析。离开了单元设计的课时计划，归根结底不过是聚焦碎片化"知识点"的教学。传统的课时教学就是把碎片化的教学内容当作知识点来处理，缺乏全局性展望，而单元设计意味着打破课时的束缚。单课计划理应依从单元计划，当一堂课被包含在更大的单元和课程设计中时，通常会更有目的性和连接性。概括来说，单元设计是基于核心素养、依托课程标准，对教学内容进行分析、整合、重组，以某个学科大概念作为教学主题，用逻辑关系紧密的问题链作为引导，进行大单元教学设计，统领安排整个单元教学活动。其中，学科大概念旨在改变教师的格局，让教师像学科专家那样思考，并提升教师的站位，从更高角度引领展开"以学习者为中心"的教学活动。方琦认为一线教师进行大单元设计的基本思路包括五方面内容，一是确定单元学习主题，二是明晰单元学习目标，三是设计学习评价方式，四是创设贯穿单元学习始终的情境，五是分解课时学习内容与任务。

三、大单元教学的应用价值

大单元教学注重知识的系统性与完整性，强调学生认知的长时发展而非短时获取，同时教师可依据国家教育理念、学科发展历程与学生发展情况等进行有目的以及有针对性的调整，从而有效提升教师教学效率以及学生学习质量，具有以下几方面的应用价值。

1. 大单元教学有助于实现知识的整合

大单元教学将单元内各课时教学的内容联系到一起并进行合理组合，优化知识与知识之间的逻辑结构，打破课时与课时之间的既有壁垒，实现知识的整合。在以往教学中，教师对于大单元的关注不够，缺乏对于单元内知识的系统性思考，教师的教学以及学生的学习往往呈现出零散碎片化的状态，学生无法了解知识与知识之间的内在关联，学习效率较低。相较而言，大单元教学是以大单元为核心进行教学设计，打破课时知识点林立的做法，关注的是学科内的知识整合，依据某一概念使学科内的知识形成一个相互关联且连续的整体，注重大单元知识结构的理解和运用，而非单纯、孤立、事实性知识的掌握。

2. 促进教师从"教教材"向"用教材"的转变

教材依据课程标准编写，是教师教和学生学的直接依据。长期以来，教师眼中的教学内容通常是一本教科书。有的教师甚至把教科书奉为圭臬，造成了教学内容僵化，教学方式死板，教学效率低下。即使有的教师意识到这个问题，但是由于种种原因，未对教学内容进行合理的分析、筛选、重组，无法在日常教学的备课这一环节中实施整合式的单元备课。

传统课程重视"教教科书"，教师的教学创造力有所局限。新课程提倡"用教科书教"，即创造性地使用教科书培养学生的科学素养。教师应该走出教材看教材，要把教材中提供的教学案例，变成课堂教学中可行的学习活动组织方案，不仅使新课程理念具体落实到教材的处理中，也使自己成为新教材的积极实践者和创造者。如果说深刻理解教材、精心设计教学过程是有效使用新教材的前提和基础，那么创造性地使用新教材是在这基础上的一个提升。

以化学学科为例，首先，要求教师掌握化学各个模块教材的基本结构，认真分析其编写思路，明确重点难点，揭示不同教材中化学核心知识的形成和发展规律；其次，要求教师能够根据时代的特点、科技的进步、学生的发展收集有关的教学资源，删减教材中某些陈旧的知识内容，合理调整现有教材的单元内容，从自然界和社会生产生活实际中选取学生喜闻乐见的素材充实教学内容；此外，努力改进演示实验和学生实验，并借助多媒体等信息技术手段辅助教学，以便更好地符合学生的认知特点和发展需要。教师通过合理调整教材中的知识内容，合理开发利用课程资源。

3. 整合教学内容，促进教法和学法的转变

高中化学新课程教材是模块制教学，有些彼此关联的知识点被分到不同的模块中，所以在教学特别是在复习的时候，要进行全面的整合。例如，对于高一和高二的学生，可将必修和选择性必修的相关内容进行有效整合，如必修中的有机物教学与《有机化学基础》模块中相关知识结合，必修中的铝、铁等元素化合物知识与《化学反应原理》模块中金属的腐蚀与防护知识融合等。既没有增加教学的难度，又拓展了教学的广度，增加了课容量，避免了学生的重复学习，节约了教学时间。对于高三复习的学生，需要教师整合必修与选择性必修内容，站在更高的角度去精心设计。特别是对于元素化合物知识的复习，可将必修教材与选择性必修教材整合，特别是必修教材与选择性必修教材《化学反应原理》《物质结构与性质》的整合。高一阶段在必修第一册中学习元素化合物知识，尚无多少理论支撑，也未纳入元素周期律的学习中，学生会觉得知识点多而零散，等高三复习时已经基本遗忘。教师通过问题的设置、实验的安排，整合性地进行教学设计，让学生掌握化学反应的规律以及发现认识这些规律的途径和方法。以元素化合物的知识为载体，整合提升学生所学的化学知识，如硫酸、硝酸的复习，联系氧化还原和离子反应，结合硫酸铜的制备方法，从实验方案的设计联系反应原理相关的知识。又如"乙醇的性质"教学，可结合物质结构、反应原理等知识让学生把握规律，举一反三，锻炼思维，提升能力。教师常要求学生在理解的基础上记忆，这个"理解"需要教师搭建平台，构建支架，整合教材中的相关知识点，让学生从原理上掌握化学知识的本质，而不需要搞"题海战"，更不需要"死记硬背"。

4. 解决"探究多"和"课时少"的矛盾

高中化学新课程教材涉及的化学知识不少，但课时却有所缩减。新课程提倡改进学生的课堂学习方式，让学生从被动地接受知识转变为通过多种渠道获取并学会综合运用，使学生通过探索研究、合作学习、自主学习，体验从未知到新知的探究过程，培养终身学习能力。新课程提倡以探究为核心的多样化教学方式，因为它

不仅能体现科学的本质——探究，而且有利于三维目标的融合统一，又能兼容不同教学方式的优点。探究教学有利于克服"忽视学生个性，难以因材施教"的弊端，打破"以教师为中心"的"讲授型""灌输型"传统教学方式，充分发挥学生主体作用，让学生在活动中学习，在合作中交流，在探索中创新。

探究式的课堂有利于激发学生的创造性、培养其自主学习能力，但是以探究为核心的多样化教学需要充裕的时间保障，但课程的教学时间有限。要解决这个矛盾，整合教学资源、调整教学顺序的大单元性教学设计是一个行之有效的办法。单元整合教学提倡将相互联系的知识点放在一个大的框架中，提供探究的线索，指出研究的重点，指明探究的方向。例如，在学习硫及其化合物性质前，教师可以先引导学生运用氧化还原反应的规律梳理硫元素的化合价变化，提出假设，然后学生通过实验探究获得真知。单元教学要求教师成为探究活动的组织者、方案的指导者、过程的参与者，充分体现教师引导与学生自主建构，引导学生运用知识规律来指导探究，引导学生举一反三、触类旁通。通过这样的教学，学生不仅收获了知识，还在方法与技能、情感态度与价值观方面都得到了锻炼和提升。

5. 以单元为基础连接个人生活、学校生活和社会生活

大单元教学将一个单元的学习内容系统化，关注的不单是思维的结果，而是思维的过程，以及如何引导思维的进程。这恰恰展示了人类思维的力量，这也是人类运用自身思维的力量，来弥补信息化时代"碎片化"学习的不足。此外，大单元教学能够帮助学生连接个人生活、学校生活和社会生活。教育的目标并不是仅仅为了让学生获得知识与技能以及在学校中表现出色，而是为了帮助他们走出校园后可以生活得更好，找到个人的价值以及在社会中的归属。因此，课堂教学不能只考虑知识技能方面的学业成就，更要关心学生在实际生活中分析问题、解决问题的能力，以适应现在和未来的社会生活。大单元教学往往是依靠具体的、完整的情境展开，在情境中存在真实性问题，这些问题关乎学生的自我选择和社会判断，需要学生综合运用自己所学的知识去理解问题、批判性地思考问题和创造性地解决问题。

第四节　大单元教学的基本模式

大单元教学模式是指教师根据学生的认知规律和知识的连续性，将教材中的教

学内容顺序加以整合，将性质相似、有内在联系的知识划分为一个单元，让学生通过自学对本单元知识有一个整体的感知；然后，针对不同的知识点采取不同的教学环节进行逐个突破；最后，通过综合训练和单元总结来促使学生主动构建系统化、结构化的知识体系。这些环节根据单元内容的多少，可以在一节课内完成，也可以在两三节课内完成。在教学过程中，可根据不同教学内容对这些环节进行必要的调整。它改变了传统课堂中以"课"为单位的教学方法、以老师为领导的课堂教学，学生成为课堂的主导者，激发了学生的合作探究与自主学习能力。学生主动求知的欲望被点燃，有助于思维能力的发展。

一、大单元教学模式建构的基本原则

1. 系统性原则

教学的过程包括知识的输入、学生接受知识、学生反馈学习效果等复杂过程，如果老师不系统地审视整个教学，那教学将会处于一片混乱状态。因此，教学必须要系统和连贯地进行。在这个过程中，教师要安排好教学活动的顺序、处理好学科知识间的逻辑关系，弄清楚学生已有的知识经验和认知发展的关系，掌控好教学活动，及时检查学生的反馈情况。教学的系统性是动态的，在学习过程中，学生的基础知识和认识能力一直处于变化状态，教师必须以动态的思维去审视学生和教学，适时对教学进度进行调整，避免用静止的、单一的教学方法面对动态的教学，这样才能使教学系统处于平衡状态。

2. 整体性原则

整体性是大单元教学的核心思想，它要求单元的三维目标在一个单元教学内实现，每节课的任务不同，三维目标各有侧重，不是均衡设计。它们之间相互依存、相互促进、相互制约、共同提高，协同达成学生全面和谐发展，不能忽略任何一个维度目标的培养。老师编写系统的单元自学提纲，学生通过自学，明确学习目的，如本单元要掌握哪些知识、形成什么能力、有怎样的情感体验等，综合理解本单元的知识框架，理清知识脉络，达到整体的认识，这样学生在单元的开始就可以站在单元知识的最高点。

3. 合作性原则

随着课程改革的进行，合作学习已成为课堂的重要活动形式。在合作交流中，学生的思维产生碰撞，在解决问题中，展示集体的智慧。先学的带动后学的，学的好的带动学习差的。这种兵教兵的方法不仅有利于锻炼学生的思维能力和语言表达能力，而且还能增强他们的团队意识。

4. 自主性原则

随着课程改革的实施，引导学生积极主动学习成为每个老师的重要任务。因此，教师在课堂上要给予学生更多探究、自主学习的机会，充分发挥学生的主观能动性，引导学生学习如何正确获取信息、如何对问题进行表征，培养学生主动获取知识的意识，为学生提供有效的学习方法。大单元教学模式要求学生通过自主学习，对单元知识结构有一个整体的感知，然后在此基础上进行探究学习。因此，自主性对实施大单元教学至关重要。

5. 可接受性原则

大单元教学模式中，在学生自主学习阶段，老师给学生布置的任务必须要有梯度，考虑到不同水平学生的能力。在提问、质疑环节，设计的问题要有启发性，前面的问题对后面的问题要有启发，要循序渐进、难易适中。此外，教学内容是教师根据课程标准和教材来确定的，该教学内容具有基础性和发展性，具有培养学生能力的功能和价值，且教师是根据已有的知识经验选择教学内容，很容易使学生接受。

6. 可操作性原则

大单元教学模式是教学理论和教学实践相结合所产生的，反过来可以更好地指导教学，带有一般规律性的基本程序，相对稳定，很方便操作。在操作中教师要把握好以下三点：一、提问、质疑的问题的准确性、难易程度；二、对于课堂生成性资源，如何应对，如何给学生完整的、全面性的回复；三、在应用这种模式时，先要弄清楚它的宗旨，然后根据实际状况灵活应用，不能太过于死板。

二、大单元教学模式建构的基本程序

1. 单元划分

教师先要选好教学内容，然后对教学内容仔细研读，联系学情打破原来教材的知识框架，适当调整教材的前后顺序，将性质相近或有内在联系的知识整合为一个单元，并确定本单元的知识结构，然后进行教学。单元的长度，可以根据学情做适当调整。

2. 整体感知

教师用有趣的情境引出本单元的主题，用简洁的语言阐述本单元的重难点和自学环节的教学任务。学生根据教师布置的任务开始自学教材，填写自学提纲。随后小组进行讨论、交流，解决一些简单的问题。同时，了解本单元的理论知识和基本的学习方法，认识单元的知识结构。在这一过程中，教师要巡回指导并及时发现问题，了解学情，同时给予解答。最后，通过提问了解学生自学掌握的程度，整理学生没有弄明白的问题。同时要注意，自学提纲的编写要体现单元的知识结构。一个单元的自学提纲关乎学生对整个单元知识的认识，不同的层次结构会给学生带来不同的认识。

3. 释疑解难

在整体感知的基础之上，学生带着自学环节遗留的疑难问题，进行探究学习。根据遗留问题的特点，采取相对应的教学方法进行逐个突破。在这一过程中，教师可以通过提问、质疑，引导学生主动获取信息、分析问题，启发学生提问题，开拓学生的思维。通过生生交流、师生交流，产生思维与思维的碰撞，这样可以推动学生自主解决问题，得到答案。针对实验，采取小组探究的教学方式，让学生亲自去探究、观察，获取相关实验信息。最后，教师根据学生交流汇报的答案，给予肯定的评价，然后释疑解难，帮助学生把新学的知识进一步强化、深化和系统化。学生的习惯是慢慢养成的，不是一蹴而就的。因此，教师在这个过程中，要注意观察学生的实验操作、交流讨论、回答问题的有效性，不要给予批评，而是给予更多鼓励，激励他们克服心理作用，慢慢适应新教学。

4. 综合训练

及时进行巩固练习，不仅能加强学生对所学知识进一步的理解，还可以帮助教师了解学生的掌握情况。通过解题，可以锻炼学生分析问题和解决问题的能力，开拓他们的思维，增强他们的学习能力。同时，也可以帮助学生减少课外负担，留给学生更多的自主学习时间，增加学生课外生活的趣味性。单元教学模式中的这一环节，教师可提前将单元的训练题按照单元知识间的相互关系由单一到综合、由浅入深地阶梯式编写好，学生在复习过程中，通过自主作答训练题系统化地掌握单元知识。在此过程中，启发学生用所学知识答题，引导学生从中掌握解题技巧和规律。然后，给予学生答案，让学生在小组内合作交流、讨论，解决一些简单的习题。最后，老师针对学生遗留的疑难习题进行精讲。同时要注意，综合训练这一环节是对整个单元知识的再认识，对习题的要求也很高。如果习题的选取不得当，学生对知识的再认识会产生偏差。因此，教师选题时一定要慎重，要满足不同水平学生的需求，要有梯度地编排题，题太多课时不够，题太少起不到巩固的效果。

5. 单元总结

总结不仅有助于学生突破重难点知识，还可以加深学生对知识的再认识。单元结束后，教师先通过引导学生用网状图来串联单元知识；然后，小组进行讨论，互相补充、完善；最后，教师对本单元的知识做一个提升性的总结，帮助学生进一步完善单元知识框架，使学生将所学知识进一步系统化、概括化。同时要注意，单元总结要提纲挈领。单元学习结束后，学生在教师的引导下，自己先尝试着用网络图的形式进行总结。学生的知识能力毕竟有限，教师在补充学生的总结时一定要精炼，把单元的知识框架完整展现给学生，让学生看上去一目了然。

第二章　围绕大概念的大单元教学

第一节　大概念的基本内涵和基本特征

新时代的学科教育需要学科核心素养。怀特海（A.N.Whitehend）在《教育的目的》中谈到了学科核心素养的雏形："对观念结构的欣赏是文化智能的重要方面，这只能在学科学习的影响下得以生长……学科学习能够对普遍观念的准确结构予以欣赏，对结构化的关系予以欣赏，对观念服务于理解生活予以欣赏。如此学科化的智能经由对抽象思想的理解和具体事实的分析得以锻炼。"学科核心素养不否认学科知识，但指向的是学科高级能力，由学科事实的学习走向学科理解、学科思维与学科观念的发展。让学科教育超越学科事实，走向学科观念是发展学生学科核心素养的关键所在，这一过程需要大概念的引领。

一、大概念的基本内涵

大概念，英文 Big Idea，也有学者将其译为大观念。在教育领域，有关大概念的研究至少可以追溯到布鲁纳对教育过程的研究。布鲁纳强调，无论教师教授哪类学科，一定要使学生理解该学科的基本结构，有助于学生解决课堂内外所遇到的各类问题。掌握事物的基本结构，就是允许许多其他的东西以与其有意义地联系起来的方式去理解事物，学习这种基本结构就是学习事物之间是怎样相互关联起来的。教师掌握学科的基本概念架构，有助于学生对学科知识的记忆保留，并促进学习的迁移。

有研究者从认知发展的角度阐述大概念。克拉克（E.Clark）基于布鲁纳等人的研究，在定义观念（concept）时提到，观念是理解和联结小观念的大概念，将观念与大概念等同起来，认为它们提供了构建自己理解的认知框架或结构，帮助个体整理归档无限数量的信息。怀特利（M.Whiteley）强调大概念是理解的建筑材料，可以被认为是有意义的模式，使人们能够联结其他零散的知识点。奥尔森（H.L.Olson）指出，大概念是在忘记具体的经验和事实之后还能够长久保留的中心概念（central concept），是学生可带走的信息（take-home message）。

有研究者从课程内容的角度界定大概念。格兰特（S.G.Grant）和格雷迪（J.M.Gradwell）认为，大概念是一个问题或概括，用来帮助教师思考和决定教什么。埃里克森（H.L.Erickson）认为，大概念是指向学科中的核心概念，是基于事实基础抽象出来的深层次的、可迁移的概念。埃里克森同时提出了大概念的操作性概念，即：大概念能够为任何研究提供一个可聚焦的概念"透镜"；作为理解的关键，通过对多个事实、技能和经验的关联和组织来提供含义的广度；指向学科中专家理解的核心概念；需要"揭示"，因为它的意义或价值对于学习者来说是很不明显的，或者是容易产生误解的；有极大的迁移价值。威金斯（G.Wiggins）和麦格泰（J.Mctighe）提到，大概念是出于课程学习中心位置的观念、主题、辩论、悖论、问题、理论或者是原则等，能够将多种知识有意义地联结起来，是不同环境中应用这些知识的关键。

也有研究者从学科教育的角度分析大概念。在数学教育和科学教育的研究中，尤其重视大概念的问题。查尔斯（R.I.Charles）将大概念定义为对数学学习至关重要的观念的陈述，是数学学习的核心，能够把各种数学理解联系成一个连贯的整体，有助于调动学生学习的积极性，促进其深层次的理解，减少记忆性知识等。哈伦（W.Harlen）从科学教育角度提出了14项科学教育的大概念，如在宇宙中能量的总量是不变的，但是在某种事件发生的过程中能量会从一种储存形式转化为另一种储存形式。其认为大概念是能够用于解释和预测较大范围内事物和现象的概念，概念有大有小，大概念只是一个相对的概念。德荣（O.D.Jong）以化学学科为例，从化学知识、化学史和化学社会学三个视角分析了化学中的大概念的内涵。从化学知识角度来看，化学是用于描述、解释和预测化学现象的学科，大概念应涵盖化学反应、化学键等基本概念；从化学史角度来看，化学学科是通过化学家的积极努力而不断发展起来的，要学习如何在社会历史环境中发展化学知识，大概念应涵盖化学模型的发展、化学范式的转变等；从化学社会学角度来看，化学是在个人和社会层面起重要作用的科学，要学习和理解社会科学问题和相关问题，大概念应涵盖温室效应、化学污染等内容。

综上所述，本研究中所关注的大概念主要是指基于事实基础抽象出来的、能够解释和预测较大范围内事物和现象的、涵盖基本知识与基本技能的、帮助学习者认识世界和理解世界的、少数且可迁移的核心概念。大概念具有复杂内涵与多维结构，无论是在宏观层面的认知框架，还是在中观层面的课程线索，以及在微观层面的教学设计，大概念都显示出独有的贡献。深入把握大概念在教育领域中的价值，将有效推进教育改革进程。

二、大概念的基本特征

基于对大概念研究的历史追溯以及大概念的内涵分析，我们可以发现，一般情况下，大概念是基于学科的基本结构和方法，而不是具有简单的具体答案的事实问题，大概念指向的是具体知识背后的核心内容。对于大概念本质属性的理解，我们可将其简单概括为 Big Idea Cent。

1. 大概念呈现中心性（Centrality，C）

不是学科中所有的概念都能称之为大概念，大概念不是基础概念，而是聚合概念。大概念就如同一个文件夹，提供了归档无限小概念的有序结构或合理框架。大概念的这种中心性特征与舒尔曼（L.Schulman）提到的"结构"有类似之处，"大量的结构作为组织学科的基本概念和原则的方式，包含了所有的事实"，这些"结构"可视为大概念的联结。有限的大概念之间相互联结，共同构成了学科的连贯整体，使学科不再被视为一套断断续续的概念、原则、事实和方法。大概念居于学科的中心位置，大概念群集中体现了学科结构和学科本质。大概念虽然只是相对的概念，其可以是某一学科的大概念，也可以是某一单元的大概念，但仍然起着提纲挈领的重要作用。

2. 大概念呈现可持久（Enduring，E）

大概念是对学科的深入理解，有的教师会在教学中思考这门学科希望学生学到什么，在忘记了那些事实性的知识之后还剩下什么，这里的"什么"其实就是这门学科中的大概念。大概念不是暂时保存的记忆，而是具有可持久性、是经验和事实消失之后还存留的核心概念。大概念的习得不是一蹴而就的，而是逐渐深化的。随着大概念在课程与教学中的不断螺旋出现，学生也会不断获得对大概念的深入理解。大概念能够用于解释学生学校学习和毕业以后生活中遇到的事物和现象，贯穿学生的一生。也正是因为这种学习的缓慢性，大概念存在的时间也相较持久，但是这种持久并不是永恒不变的，而会随着当下证据的验证结果进行不断调整。

3. 大概念呈现网络状（Network，N）

大概念并不是无序游离在学科结构中，而是呈现出网络结构。这种网络结构包括了学科内网络结构和学科间网络结构（也可称为跨学科网络结构），每一个大概念则是完成网络结构间通信的基站。学科内大概念网是指将某一学科进行纵向联结，不同学段以大概念为中心进行课程内容的选取和组织，是课程设计的关键线索；学科间大概念网是指将某些学科进行横向联结，跨越两个或者更多个知识领域，不同学科之间基于某一个共同的大概念进行合理对接，有效地模糊了学科之间的边界。

4. 大概念呈现可迁移（Transferable，T）

在布鲁纳看来，迁移是教育过程的核心，应该使用基本的和一般的观念不断扩大和加深认识。这种迁移，从本质上说，一开始不是学习一种技能，而是学习一个一般观念，然后这个一般观念可以用作认识后继问题的基础，这些后继问题是开始所掌握的观念的特例。埃里克森指出大概念有极大的迁移价值，随着时间的推移，能被应用于许多其他纵向的学科内情境和横向的学科间情境，以及学校以外的新的情境。大概念有助于使新的、不熟悉的概念看起来更熟悉，其不仅仅只是另一个事实或者一个模糊的抽象概念，而是一种概念性工具，用于强化思维，联结不同的知识片段，使学生具备应用和迁移的能力。

第二节 大概念的教学角色

大概念作为引领新时期课程改革中学科核心素养落实的关键，已成为当前教育领域的热点话题。教师若掌握学科的基本概念架构，有助于学生对学科知识的记忆保留，并促进学习的迁移。学科核心素养的发展成为连接核心素养理念与具体学科之间的关键环节，是核心素养在学科层面的具体化。大概念指向学科结构的中心，与学科核心素养有着潜在的相互联系，并最终促进其落实，大概念在学科核心素养的落实中扮演着重要的角色。

1. 大概念是学科核心素养指向学科内容的固定锚点

大概念居于学科中心位置，具有中心性特征，是学科核心素养下的具体化表征。学生对大概念的理解和运用让学生把握了该学科内容的基本结构与关键脉络，指向学习内容的大概念、学生、学科核心素养三者之间的相联互动有效促进了学科核心素养在课程中的落实。大概念能够让教师和学生沿着清晰明确的线索进行教学和学习，具有重要的操作性指导意义，可以作为学科核心素养融入学科内容的固定锚点。学科核心素养是核心素养在学科层面的表达，其目的在于使学生通过特定知识内容的学习，习得有价值的思想方法，最终具备面对自我、社会与自然的观念能力。

大概念锚定了学科内容的基本框架，让学科核心素养不再是停留在理论层面的分析论述，而是明确地嵌入整个课程与教学过程，提供了教师教的支撑以及学生学的思路，让学生沿着大概念的引导能够像学科专家那样思考。

2. 大概念是学科核心素养指向学科情境的生成单体

学科核心素养同核心素养有相似之处，都不是孤立的单一素养，而是综合的整体素养，各个素养之间相互联系、相互补充、相互促进，在不同的情境中整体发挥作用。一般情况下，学科核心素养处于静默状态，个体在与自我、社会以及自然互动的过程中才显现出来，统整知识、能力与态度，最终促成个体的行为表现。学科核心素养的情境化是对学生迁移能力的必然诉求，是学生面对复杂问题时进行适应性转化的前提条件。学科核心素养是学生发展所需的基本素养，这些素养既广泛又有强有力的适用性，可以从一种情境迁移到另一种情境，而使用大概念作为形成这种广泛适用性结构的基本单位则是再合适不过了。

大概念能够有效组织零碎的知识与技能并将其应用到具体的情境中，改变了以往僵硬固化的知识形态，有助于能力的情境化迁移。一直以来，培养学生迁移能力受到广泛研究，美国学者罗耶（J.M.Royer）基于信息加工视角提出了认知迁移理论，认为迁移的可能性取决于在记忆搜寻过程中遇到相关信息或技能的可能性，搜寻可能性越大，迁移可能性越大。任何增加信息间交互联结的方法都有助于提升迁移的可能性。教师使用大概念进行教学，能够帮助学生理解知识间的相互联系，增加知识结构内各单元交互联结的数量，提高学生应用所学知识解决实际问题的能力。

学科核心素养虽然指向可迁移性，但其本身并不具备形成可迁移性的操作性策略，而大概念的网络状特性及其可迁移性特征恰到好处地使学科核心素养在具体实践中落地生根。学科核心素养以大概念作为结构组成单体，将帮助学生更好地建立素养内与素养间的网络结构，根据所遇到问题情境的召唤，触发大概念的联结机制，最终使问题获得合理解决，而这个过程中所体现的正是学生所具备的学科核心素养。

3. 大概念是学科核心素养指向课程单元的设计核心

大概念可以帮助学生综合理解学科概念，可以作为课程单元设计的基础。依据大概念设计的课程能够让学生逐一学习的概念具有一定的相关性，同时能够从整体上把握课程结构。比尔（Bill）和古斯（M.Goos）在研究数学课程时指出，知识内容虽然按照传统课程安排在教学大纲中是非常方便的，但不适用于处理经常需要跨学科方法的现实问题，使用大概念进行概念联结是有效解决问题的关键。沃克（S.Wlker）在参与五年实验计划《透过艺术改造教育》的研究中深刻体会到大概念在课程设计中的重要角色，并提出了围绕大概念进行课程建构的要领和基本步骤。

大概念为学生提供了一个组织信息的蓝图，减少了必须记住的内容数量，强化了学生的迁移能力。希伯特（J.Hiebert）指出，如果学生能够了解所学的内容同已知的其他内容的关联，学生就能很好地理解所学的内容，并且这种关联的数量和强度越大，学生理解得越透彻。学生依据大概念可以有序组织其在学习期间遇到的事实、概念、过程和方法，建立学习单元之间以及与其他学习领域的联系。大概念为教师提供了一个有效的方式来组织教学单元的内容。教师围绕大概念组织教学时，可以更容易从必要的内容中分离出不必要的细节，选择合适有趣的活动，并将其组织成一个整体。

第三节　大概念组织大单元教学基本模式

传统的课程与教学通常花费大量时间教授给学生不连贯的事实、术语以及公式等细节内容，然而这些细节可能很快就被遗忘或者不需要知道了，不少学生在离开学校之后仍然不了解一些基本的概念。相比之下，大概念能够成功地使课程瘦下来，教师只需要教给学生相对较少的大概念，就可以使学生对学习内容有一个很好的理解。围绕大概念设计综合课程和教学单元逐渐成为课程与教学领域改革的趋势，以下主要介绍三种围绕大概念进行课程与教学设计的国际案例及基本模式，供分析和借鉴。

一、金字塔模式

韩国邦（D.Bang）研究团队以大概念为中心设计开发了金字塔模式的综合科学课程框架。大概念可以解释各种科学现象以及与科学相关的其他领域的现象，从这个意义上说，大概念可以帮助学生以综合的方式理解科学课程中的各种概念，进而成为课程设计的基础。

第一步：分析大概念的构成

研究团队在第一阶段集合五位基础科学教师和五位科学教育专家，共同探讨形成大概念的具体内容，并同时参照国外相关文献对综合科学课程中大概念的研究成果。在第二阶段，研究团队对韩国2009年修订的科学课程标准进行了分析，提取了小学1~6年级的科学基本学习要素，并从对应的成绩标准以及教科书中选择了基本学习要素及等级水平。在第三阶段，研究团队将所提取出的基本学习要素与大概念相对应进行分类调整，同时考虑了大概念的有效性和恰当性，通过询问"是否过于宽泛或狭隘"等问题不断重复这个过程。经过不断筛选、整合、修改和调整，最终确定了"多样性""结构性""交互性""动态性"四个科学大概念。以结构性大概念为例，结构性是理解自然界整体与部分的重要观念，构成整体的每个部分都具有执行特定功能的结构，这些结构在整体上发挥作用，其所包含的跨学科概念包括要素、关联和功能。

第二步：建立知识金字塔

研究团队认为大概念可以使用德雷克（S.M.Drake）和伯恩斯（R.C.Burns）共同提出的KDB模式（Know-Do-Be，可译为知识-行为-态度）进行表达，即学生们最想知道哪些知识，主要包括一些事实、概念等；学生们最想作出哪些行为，主要包括研究、技能等；学生们最想成为什么样的人，主要包括信仰、态度等。其中知识部分可以使用知识金字塔进行呈现，事实位于知识金字塔的底层，学科概念、跨学科概念分层次放置。以结构性大概念为例，在中小学课程中，结构性大概念覆盖了星系的结构、太阳系的结构、地球的结构、动物的结构、植物的结构等学科概念，而这些具体内容又包含了相应的事实知识，如植物和动物是由细胞构成组织、组织构成器官、器官构成系统，每个器官都有自己特定的功能，又如叶子具有光合作用的功能。

第三步：设置基本问题

为了明确大概念课程的方向，促进学生对大概念的学习，研究团队开发了针对大概念的基本问题，一般为两个或者三个。结构性大概念的基本问题有三个，一是整体由哪些部分组成，二是结构与功能的关系是什么，三是每个部分的作用及其如何对整体作出贡献。

第四步：开发示例模块

示例模块的开发基于威金斯和麦格泰提出的逆向设计思路，即确定预期结果，确定合适的评估证据以及设计学习体验和教学。第一阶段确定学生应该知道什么、理解什么；第二阶段确定学生是否达到了预期结果，有哪些证据可以证明；第三阶段是有效开展学习并获得预期结果需要哪些技能、需要设计哪些活动、需要哪些材料。在第三阶段中，威金斯和麦格泰提出了WHERETO思路，即：W——如何帮助学生知道此单元的方向（Where）和预期结果（What），帮助教师知道学生从哪开始；H——如何把握（Hook）学生情况和保持（Hold）学生兴趣；E——如何武装（Equip）学生，帮助他们体验（Experience）主要观点和探索（Explore）问题；R——如何提供机会去反思（Rethink）和修改（Revise）他们的理解及学习表现；E——如何允许学生评价（Evaluate）他们的学习表现及含义；T——如何对于学生不同的需要、兴趣和能力做到个性化（Tailor）；O——如何组织（Organize）教学，使其最大程度地提升学生的学习动机与持续参与的热情，提升学习效果。研究团队选择结构性大概念，为5～6年级开发了该模块，每个模块由基本问题以及通过每个模块实现的知识、行为和态度组成。

以上研究过程可以金字塔模式呈现，如图2-1所示，由大概念、跨学科概念、学科概念以及示例模块四个部分组成。

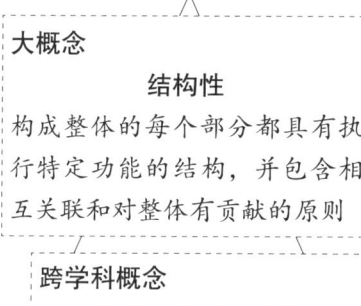

图 2-1 围绕大概念进行课程设计的金字塔模式

二、系统网模式

澳大利亚查莫斯（C.Chalmers）研究团队一直致力于 STEM 综合课程单元的开发设计。开发 STEM 综合课程单元并不是一项简单的任务，以往概念不清的 STEM 综合课程单元有可能会破坏学生的深入学习。在 STEM 教育中，大概念并不是一个新的名词，其是理解和应用的中心，为 STEM 的内容知识提供了一个组织结构。查莫斯团队围绕大概念，以机器人课程为例设计开发了系统网模式的 STEM 课程单元，用以促进学生对 STEM 大概念的理解，推动 STEM 教育理论和实践的发展。

机器人课程单元为学生学习科学知识、理解 STEM 大概念提供了平台，查莫斯团队基于系统网模式开发的以大概念为中心的课程单元不但可以确保学生从事机器人技术活动,关注机器人任务的圆满完成,而且关注对STEM大概念的认识和建构。开发机器人课程单元主要包括四方面的系统:一是原则系统,二是活动系统,三是工具系统,四是评估系统。围绕大概念进行课程设计的系统网模式框架如图2-2所示。

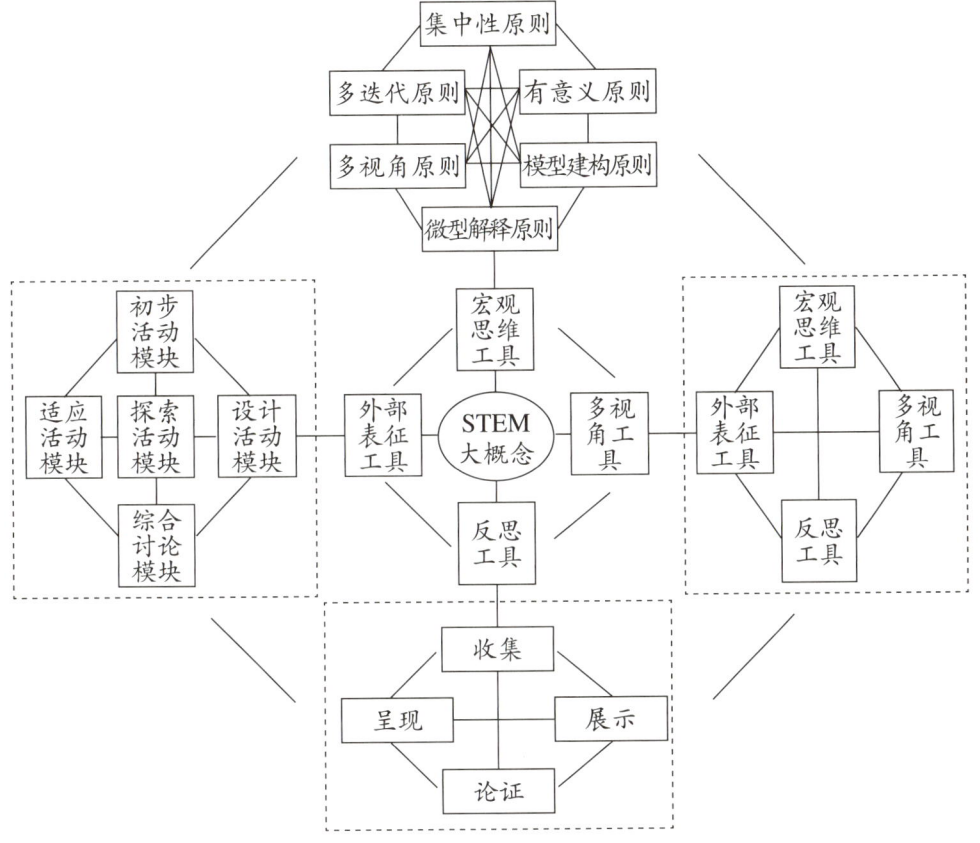

图2-2 围绕大概念进行课程设计的系统网模式

第一步:构建原则系统

构建原则系统是构建机器人课程单元的概念化指引,用以指导课程设计以及对现有课程单元的评估和修改,从而确保课程单元是围绕大概念进行设计,并能够促进对STEM大概念的学习和理解。构建原则系统包括六个原则,其不是作为一个序列列表,而是作为一个相互关联的原则体系。一是前景原则,机器人课程单元应该集中于在课程中反复出现有针对性的STEM大概念;二是持续的知识构建原则,机器人课程单元应该是有意义的,与学生相关的,并激励学生根据个人知识和经验来扩展;三是多视角原则,机器人课程单元应该使学生置身于多样性的观点之中,克服概念上的自我中心主义;四是模型构建原则,机器人课程单元应该要求学生构建能够解决相似问题的通过模型，如流程图、规则方案等；五是模型解释原则，机器人课程单元应该要求学生明确揭示机器人是如何生成模型的；六是多迭代原则，机器人课程单元应该要求学生计划并进行多次迭代，不仅是为了完成课程任务，同时包括对STEM大概念理解的迭代改进。

第二步：活动序列系统

活动序列系统包含五个基本模块：初步活动模块（P模块）、设计活动模块（D模块）、探索活动模块（E模块）、适应活动模块（A模块）和综合讨论模块（S模块）。P模块主要是使学生通过文字、网页、视频等方式熟悉机器人任务背景；D模块是使学生参与到设计和构建机器人的过程中，利用演示、汇报等提高学生的知识建构；E模块主要是帮助学生建立机器人课程与外部环境的认知连接，使学生在不同语境下思考大概念；A模块是使学生处理比机器人任务更复杂的问题，进一步了解开发提取大概念的内涵；S模块是提供封闭环境，讨论大概念在活动中显现的相似性与差异性，使学生超越并深化对大概念的思考。活动系统中的五个基本模块通过不同的组合序列方式，以机器人课程单元为依托对STEM大概念进行探索和应用。其中，在P-D-E-S组合序列中，大概念是在机器人任务的背景下引入的，在探索活动和综合讨论时进一步探索和拓展机器人中的大概念；P-D-E-A-S组合序列与上一个序列类似，但随着适应活动的加入使任务更加复杂；在P-E-D-S组合序列、E-P-D-S组合序列、P-E-A-S组合序列以及E-P-A-S组合序列的结构中，首先探索大概念内容，然后要求学生根据后续活动，应用其对STEM大概念的理解，对机器人任务进行设计、构建和编程。

第三步：思维工具系统

思维工具系统在支持大概念学习方面有着重要的作用，能够帮助学生认识学习过程中的步骤，并记录相关的想法和知识，提供提示和解释，指导学生反思以及鼓励学生思考和表达。思维工具系统主要分为宏观思维工具和微观思维工具，不同类型的工具可以相互配合使用。宏观思维工具是设计过程中的主要步骤，为学生提供整体框架，方便学生在设计过程中发现问题时迅速找到问题环节并进行修改。微观思维工具主要是帮助学生收集、理解信息，从不同角度看待问题以及促进学生反思，主要包括外部表征工具、多视角工具和反思工具。外部表征工具有助于学习者梳理混乱思维，加速对信息的组织和理解，如概念图等；多视角工具帮助学生从不同的视角看待问题，如六个思考帽等；反思工具帮助学生回忆以及深入思考设计过程，如团队反思等。

第四步：评估反馈系统

评估反馈系统能够告诉学生什么是值得学习的，应该如何学习以及期望如何表现。评估必须与在学习活动中隐含的教学框架是一致的。通过对学习的评估，教师可以确定学生的发展水平，并利用这些信息诊断学生需求，提供建设性反馈。评估系统包含CPRD（Collect-Present-Represent-Demonstrate）四种类型的评价工具，涵盖了形成性评价与总结性评价两种评价类型。第一类是收集学生在给定任务过程中的作品，用于记录进展情况，包括阶段总结等；第二类是给学生提供展示的机会，包括对原型的介绍、设计方案及过程的描述、达成解决方案的理由等；第三类是学生利用外部表征生成工具对大概念和学习活动过程的理解程度进行外部呈现；第四类是使用观察、访谈、测试、论文、操作等工具论证学生对大概念和学习过程的理解程度。第一类评价工具收集整合了来自第二类和第三类的数据，来自第四类评价工具的数据则补充了前三类的数据，整体形成了对大概念学习落实的系统考评。

三、线性链模式

美国学者沃克在参与五年实验计划《透过艺术改造教育》的研究中深刻体会到大概念在课程与教学设计中的重要角色，因为学生可以通过大概念去贯穿不同的主题，从不同视角有组织地探索一系列相关问题。沃克以线性链模式提出了围绕大概念的课程设计步骤，帮助教师在运用时掌握正确的方向。

沃克认为课程设计的基本架构主要由大概念、课程原理、关键概念和探索问题四类课程元素构成。大概念在选择时，需要不断地反思和检视其对于学生的重要价值，可根据课程标准或者教研组讨论确定。通常情况下，为了避免太抽象的大概念，往往先要确定一个大的主题或者目标。课程原理为大概念的选择提供合理性以及价值性论证，帮助教师保证大概念方向不会偏离。关键概念是由抽象模糊的大概念展开延伸的特定的具体概念，用以引导学生思考，增加大概念的指导实用性。探索问题的功能在于综合关键概念并提出具体问题，从不同角度表征重要概念，一般一到三个为宜，太多的探索问题会削弱其整合关键概念的力量，使课程变得分散。下面以"沟通是生活必需品"为例简述课程设计步骤。

第一步：确立大概念

沟通是生活必需品。

第二步：说明课程原理

学生每天需要面对大量的语言或者非语言信息，但因为其并未具备足够的能力去理解和处理，可能会出现理解迷失的现象，因而学习解读信息背后所隐含的意义就变得十分重要了。在信息化飞速发展的今天，学生除了应该学习日常生活中的沟通技巧以外，还应该从更高的视角审视沟通的重要性及文化内涵，探讨沟通艺术和沟通形式非常重要。此外，学生在学习有关沟通的技巧、形式以及文化等内容时，在审美感知方面也会有所启发。

第三步：从大概念到关键概念

从大概念所蕴含的可能主题出发，列出 15～25 个可供具体讨论的关键概念。例如：沟通包括语言及非语言形式；沟通需要经过解读；沟通可以是个人的或者公开的；沟通可以是直接的或者间接的；沟通有可能被误解；沟通可以经由语言或者符号达成；沟通是一门艺术，内容及风格同样重要；沟通是生存的基本工具；沟通可以说服他人；沟通产生互动；沟通可以是正式或非正式的；沟通因状况不同而改变；沟通是生存的基本工具；沟通需要借助一种语言形式；沟通可以带来控制权；等等。

第四步：遴选关键概念

并不是所有的关键概念都值得继续探究，需要筛选出具备思考延伸空间，可以作为各单元活动讨论项目的关键概念并具体阐释。例如，"沟通需要经过解读"这一关键概念，指出沟通所涉及的复杂性及困难程度；"沟通可以是个人的或者公开的"这一关键概念则是关于沟通的功能及角色，以及沟通方式之间的相同点和不同点。

第五步：设计探索问题

大概念过于宽泛抽象，而关键概念虽然范围缩小、实用性强，但是层面丰富多样，不适合引导具体教学活动。探索问题正好将大概念与关键概念联系起来，提供更为具体的思考方向，也精简了关键概念的范围，为教师提供了评价学生学习活动的指标，帮助学生提前了解评价内容，清楚确立了探索方向。探索问题应该用学生易于理解的语言表达，并且越精简越好。以"沟通是生活必需品"为大概念的探索问题及其与关键概念的对应关系如表 2-1 所示。

表 2-1　大概念"沟通是生活必需品"的主要问题

主要问题	关键概念
什么是沟通	（1）沟通可以是个人的或者公开的 （2）沟通可以经由语言或者符号达成 （3）沟通是一门艺术，内容及风格同样重要
为什么沟通很重要	（1）沟通可以说服他人 （2）沟通产生互动 （3）沟通是生存的基本工具

第六步：建立课程（单元）目标

在大概念、关键概念和探索问题确立之后，教师需要将其转化为课程（或单元）目标，以学生学习行为的具体表现阐述课程目标。例如，学生将会了解为什么沟通对人类生活很重要，为什么沟通不是件容易的事，什么是沟通，沟通可以因解读而意义不同，如何运用沟通说服别人，个人以及公众沟通之间的差异性，等等。

第七步：建立课程（单元）联结

课程设计元素确立之后，其便成为设计及规划单元活动内容、评价内容等各方面内容的依据，这就是课程（单元）联结。换句话说，每个课程（单元）中所包含的各项内容应该进行有意义的联结。同时，课程（单元）之间也不是孤立的，而是互相协调配合的，进而帮助学生从不同的角度来思考大概念的内涵。

大概念代表了学科本质，具有超越课堂的可持续价值，围绕大概念进行课程设计能够使学生的学习更加深入贯通，帮助学生形成学科观念，让学生像学科专家一样看待和思考学科知识，便于知识的提取和迁移，最终使学生形成带得走的能力，而不是背不动的书包。

以上介绍了金字塔模式、系统网模式以及线性链模式三种围绕大概念进行课程设计的案例。总体而言，金字塔模式从大概念出发，明确了大概念与其他各级概念之间的层叠关系；系统网模式从学习任务出发，在与大概念的交互过程中，构建了围绕大概念的任务体系；线性链模式从大概念出发，按照逻辑脉络步步推演，最终建立起基于大概念的课程设计体系。这三个案例仅仅是提供了不同的可能思路，中心都是为了学生的发展。在具体实践操作中，不必拘泥于任何一种，而应根据具体问题进行适宜调整，这三个案例也为我们围绕学科大概念进行课程设计的具体落实提供了重要启示。

第四节　大概念组织大单元教学基本路径

现行教学中学生所做的往往是认识并解析教材已有的理论模型，并将这一模型应用于新的未知领域。大概念教学中学生要学会从现象中建构理论模型。大概念教学采用模型建构的策略有利于学生学会记录、描述、分析实验数据，有利于多视角深化知识的理解，有利于对学科理论的重新阐明与表征。大概念教学并非完全为了获取具体的特定概念，而是希望学生在实践中能够形成解决未知问题的意识倾向。此外，现行教学形式中的情境大多是为了练习而创造出的虚拟情境。教师提供的是预先验证过的练习场域，学生只需要按照程序学习在给定场域下如何发挥作用就可以了。由于知识长期与真实生活场景割裂，学生一旦离开练习的场域大多寸步难行。根植于真实情境中的大概念教学，强调的是非预期、自然的实践场域。实践的场域就是将问题置于复杂的、有意义的真实情境之中，此时问题也将更加刺激，更加富有挑战性。教师通过问题的导向性搭建脚手架，将知识的真实性融入学生生活的功能性、社会性之中。学生在实践中学会如何建构大概念的过程就是在体验知识内隐的科学家思维推理的过程。师生在对话中反思专家建构知识的方式和理解的策略，形成高级的思维能力。部分学者在理论与实践的探索中积累了围绕大概念组织大单元教学的一般经验，其中崔超老师在大概念视角下英语单元教学的重构方案具有比较突出的典型性。

1. 确定单元教学大概念

单元教学设计始于大概念的确定。识别、选择包涵单元教学内容的大概念，对于整合单元课程内容以及基于核心概念建构单元知识脉络图具有决定性意义。那么，该如何确定单元教学大概念呢？这需要教师依据课程标准，厘清单元内容之间的联系。单元学习的主题是音乐，单元文本呈现了乐队的历史、不同地区的音乐形式及不同音乐类型的特征等知识，这是学生需要熟悉的基本知识，属于信息层。贯穿于这些信息表述之中的，是学生需要掌握和完成的重要语言学科内容，主要包括词汇、短语、句型等语素、介词+which 引导的定语从句、说明文体的阅读与写作等内容。此时已经出现了语素、从句、问题等语言学科的中层概念。居于中层概念之上的就是核心概念，包括语言规则系统、价值观变迁等。这些概念都是课程标准中反复出现、重要的学科基础概念。大概念群基本覆盖了整个单元内容，概念简短、重要且综合，为教学过程提供了指导。

2. 编写单元教学目标

识别大概念为教师提取或整合单元目标提供了有力帮助，应该说，掌握和理解这些概念构成了单元教学目标。"基于大概念编写单元教学目标，可以采用逆向思维来确定学习目标，即需要确定预期的学习结果，学生在学习活动中应该知道什么、理解什么，或者能够做什么。"基于上述对单元学习内容的有限顺序划分和大概念的架构，可以确立三个单元学习核心目标，分别是：（1）通过对词汇、短语和句型等的学习，掌握英语语言规则系统认知图式，包括语音规则系统、语法规则系统和文体语义系统；（2）通过篇章内容整体学习，强化略读、查读、寻找关键信息等阅读技能；（3）了解社会价值观变迁与音乐的互动关系，接触不同地区的音乐，深化对音乐的认识，提高音乐素养，培养学生的跨文化交际能力，凸显语言的实际交际功能和社会价值。这三个目标是针对单元学习内容提出并不断深入的，逐渐把问题的讨论引向更深层次，同时学习目标中又隐含了识别出来的大概念。

3. 再构单元教学文本

单元教学的显著特点是突破教材文本的局限，打破单篇教学的思路，基于整体性观念规划单元教学。编写单元教学目标后，教师需要在大概念的指引下，全面系统地再构单元教学文本。单元教学文本再构不是为了增加教学的难度，而是要体现大概念的张力和空间。教学文本可以分为两类，一类是以教材为主的主体教学文本，另一类是为了帮助学生语言学习而增加的辅助文本。基于现实教学需要，在主体教学文本外，教师可以适度增加两类辅助文本，一是音乐作品，如准备好单元中涉及的 roll、folk、jazz 等类型的代表作品各一首，在教学中适时借助音乐作品等非语言信息进行理解或语言表达；二是其他英文教学文本，教师将其有机整合到教学过程中，目的是让学生体验到学习新内容又联系旧知识，通过激发先备知识使得学生比较新旧知识成为可能，更加有利于由易到难螺旋式上升大概念的把握。

4. 开发单元学习活动

大概念的获得和理解，是在不断探究问题并完成学习任务中发生的。因此，教师要基于学习目标开发各种学习活动，由学生自己发现并理解大概念，并在小组合作中得到强化。音乐单元可侧重开发四类学习活动：（1）信息收集。单元教学前要求学生查找相关乐队信息，并在课堂教学中展示搜集到的不同类型的音乐。采取任务驱动的方式，可以让学生近距离了解乐队发展史，感受不同音乐类型的特点与魅力，把被动的学习变成主动的学习，提升学生对单元信息层的掌握程度。（2）小组合作。课堂教学采取四人一组的形式，要求进行一个小型的社会调查，了解组员及其父母最喜欢的音乐类型、乐队，并由一位代表作出总结，通过不同音乐类型特点、不同年龄段音乐爱好差异性的呈现与讨论，引导学生从单纯地找文本信息转向对文化、价值观的深入讨论，让情感态度与课程学习有机结合。（3）深度阅读。讨论之后，教师引导学生回归课本，利用主体文本与辅助文本，在深度阅读中引导学生去发现、归纳、感悟本单元的语言目标结构。（4）读后讨论。教师可以设计开放式问题，由于高中生热爱音乐，而且处于思想活跃期，应当深化学生对音乐的认识。基于上述开放式问题，可以把语言规则系统、价值观变迁等核心概念融入讨论之中，进行整体语篇输出，帮助学生建构起学科大概念。

5. 设计单元教学评价

为了解学生大概念的学习情况，单元教学还要进行教学评价活动。由于单元教学侧重于学生对可持久理解的、可迁移运用的大概念的获得，因此要以开放性教学评价为主。教师可综合考虑三类评价方式：（1）基础知识评价。要求学生完成布置的语词填空、阅读理解等传统任务，在此过程中评价语言知识掌握和信息获取能力。（2）教育叙事评价。单元学习后，教师引导学生表述自己对音乐的见解，通过复述、讲故事等方式，综合评价学生是否从本质上理解单元大概念。在学生表述过程中，教师要及时引导促进，加深学生对大概念的理解。（3）读写融合评价。采取小论文撰写方式，让学生自由发表观点，强化学生对原理、概念等的理解程度，引导学生在全球化背景下的跨文化认知、态度和行为取向。

教学研究篇

第三章
学科大概念统摄下的初中
化学大单元教学设计

第四章
学科大概念统摄下的高中
化学大单元教学设计

第三章 学科大概念统摄下的初中化学大单元教学设计

案例 ❶ 微观世界初探

一、学科大概念统摄下的大单元教学背景分析

1. 大单元教学主题确定

从教材内容来看，本单元的教学要求学生初步形成基于元素和分子、原子认识物质及其变化的视角，建立认识物质的宏观和微观视角的关联，知道物质的性质与组成、结构有关。从核心素养的化学观念来看，学生需要知道物质是由元素组成的，物质具有多样性，可以分为不同的类别；物质是由分子、原子构成的，化学变化的本质是原子的重组。在整个教学过程中通过探究过程，发展学生对物质世界和微观世界的好奇心、想象力和探究欲，并保持对化学学习和科学探究的浓厚兴趣。因此，将分子、原子、元素整合成由"物质的组成与结构"统领下的单元整体教学，初步建构宏微观、元素观、守恒观。

2. 大单元教学内容分析

（1）在教材中的地位和作用

本节课的三个课题"分子和原子""原子及原子结构""元素"以及其中涉及的基本概念，在初中化学中占有很大的分量，这些生长性强的基本概念是支撑和建构初

中化学知识结构的重要结点。正确理解这些基本概念，熟练运用有关化学术语和用语是学习元素化合物、化学实验和化学基本计算等其他知识板块的重要基础和工具。

（2）在教学中的功能和价值

对于本单元的教学，在物质由微观粒子构成的观点、元素组成物质以及化学变化中元素守恒思想的建构过程中，通过观察、比较、分类、归纳等方法形成一定的证据推理能力；能以宏观、微观、符号相结合的方式认识和表征化学变化；初步建立物质及其变化的相关模型。同时培养学生的好奇心、探究欲，形成严谨求实、追求真理的科学态度。

3. 大单元教学学情分析

（1）学生已有知识与能力

学生在学习本节内容之前已经学习了物理变化、化学变化、物质的性质以及物质的初步分类，并有一定的区分辨别能力；已经学习了物质的三态变化、热胀冷缩等相关知识，并具备一定的微观现象的感性认识。

（2）学生学习障碍点

学生已有的对宏观表象的理解可能对微观想象的发展有阻碍，对微观现象的理解缺乏理性认识，抽象思维能力欠缺，难以理解微观粒子的一些特殊性质。

（3）学生学习发展点

本单元的微观教学过程进一步培养了学生的抽象思维和想象能力，在元素教学中学生初步了解了元素周期表中元素的分布特点以及大致规律，为高中阶段元素周期表、周期律的学习打下基础。

二、学科大概念统摄下的大单元知识结构图

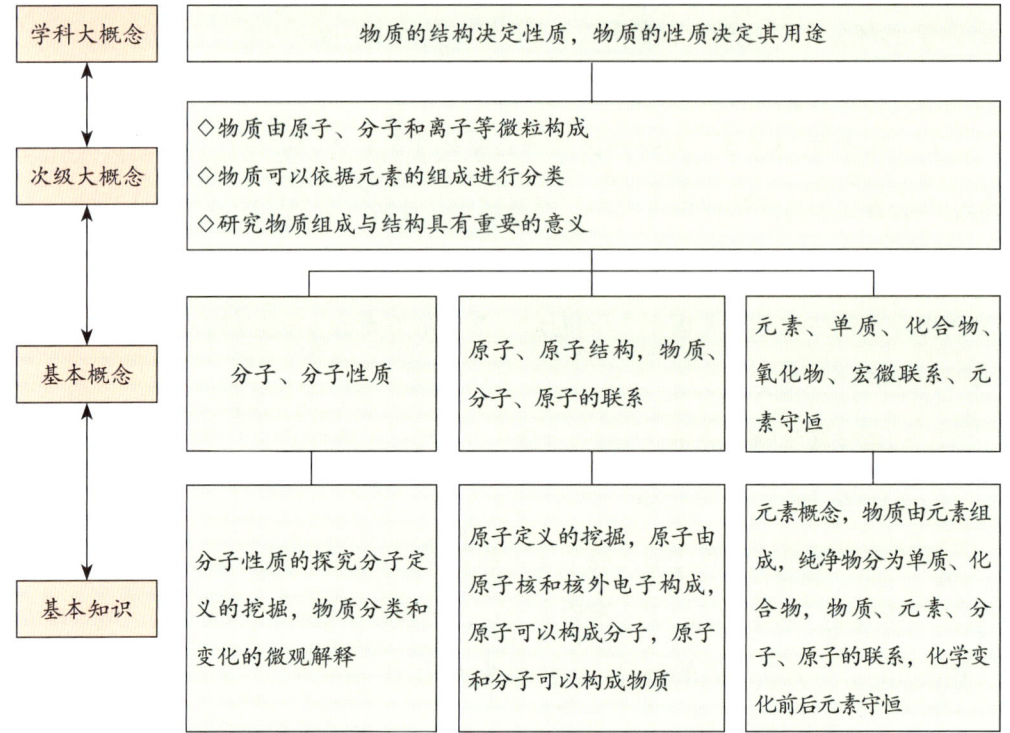

三、学科大概念统摄下的大单元教学与评价目标设计

1. 教学目标

（1）了解物质是由分子、原子等微观粒子构成的。

（2）知道分子是保持物质化学性质的最小粒子，原子是化学变化中的最小微粒。

（3）知道原子的构成以及构成粒子之间的关系。

（4）知道元素的含义，知道物质是由元素组成的。

2. 评价目标

（1）以分子为例，能用微观粒子运动的观点解释生产、生活中的一些常见现象。

（2）学习类比、模型等科学方法，培养抽象、想象、分析和推理等思维能力。

（3）了解化学在宏观物质和微观粒子之间建立联系的途径和特点。

（4）通过学习分子、原子、元素的知识，使学生对物质的宏观组成与微观结构的认识统一起来。

四、学科大概念统摄下的大单元规划流程图

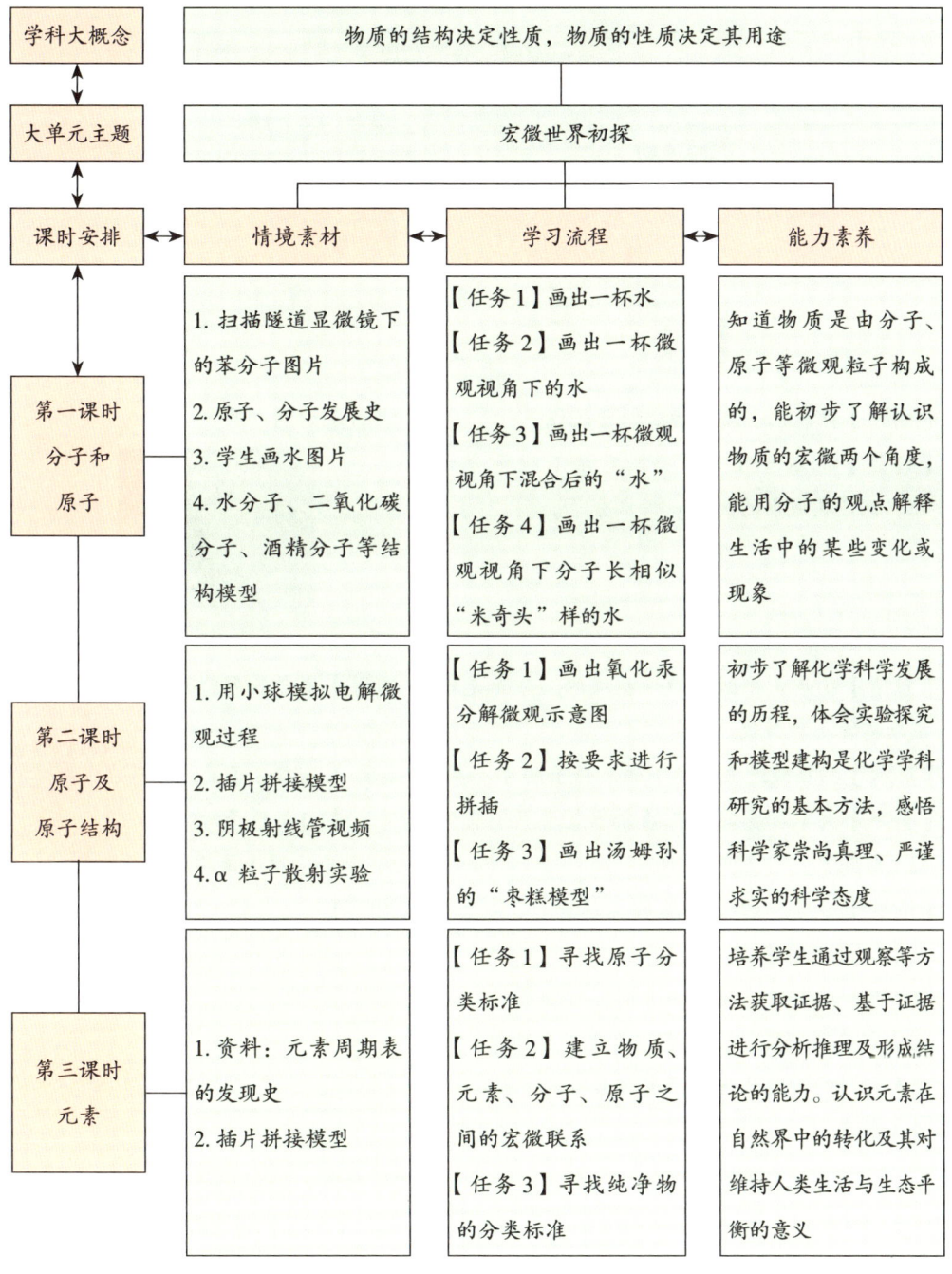

五、学科大概念统摄下的大单元教学流程设计

第一课时　分子和原子	
环节一：物质由微观粒子构成	
教师活动	学生活动
【引入】请学生画一杯水。 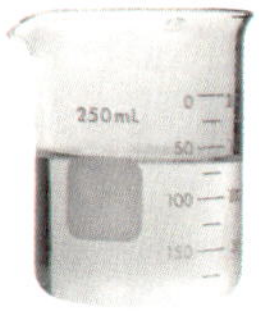 【引导】你能把一滴水切割到什么程呢？ 【过渡】把水一直分下去，直至不能再分为止，就是构成水的微粒——水分子。 【总结】物质是由微观粒子构成的，分子是构成物质的一种微粒。 【展示】扫描隧道显微镜下的苯分子图片。 【引导】大家对真实存在的分子或者原子有哪些了解呢？ 【讲解】分子、原子的发展史简介，"原子－分子"学说的建立。 【总结】人类经过漫长的时间，对物质的认识也从宏观到了微观，这是人类的重大进步，也使人们对物质的认识有了更深层次的了解。	第一次画"水"。 【展示】 【活动】切割水滴。 【倾听】体会物质的微观构成。 【观看】感知分子的真实存在。 【分享】（1）原子弹的爆炸。 （2）分子、原子是构成物质的基础。 【倾听】 【思考】
设计意图： 　　通过第一次画出宏观的一杯水，到将一杯水进行再分，引出物质的微观构成。通过苯分子的图片展示，说明微观粒子的真实存在，引导学生进入物质的微观世界。	

（续表）

第一课时　分子和原子	
环节二：分子的性质	
教师活动	学生活动
【引导】水既然是由水分子构成的，那么这些分子又具有哪些特征呢？ 【展示】一滴水的图片，并用数据说明一滴水中水分子的数目。 【问题】(1)通过这些数据可以看出分子有哪些特征呢？ (2)既然分子很小，如果用一个圆圈来代表水分子，那么刚才的那杯水又该如何表示呢？ (3)A、B、C中哪一个更符合真实水分子的状态？我们用实验来进行验证。 【演示实验一】分子在不断运动实验。 品红、热水、冷水、两只烧杯　　 【追问1】通过上述实验可以得到什么结论呢？第二次画的"水"哪一个更符合实验事实？ 【追问2】A和B虽然不能反映分子的运动状态，但画法并不相同，那么分子间是否存在间隔呢？ 【演示实验二】水和酒精的混合、按压注射器。 【追问3】同学们根据观察的现象，A、B两图哪个更精准一些？ 【小结】通过实验验证，发现了真实存在的分子具有"小、动、间隔"的特点。而在真实的生活中很多的宏观现象都可以用粒子的这些特征从本质上进行解释。 【练习】对下列现象进行解释。    　　　　　　　　　　　　　　不断蒸发	第二次画"水"。 【展示】 　A　B　C 【观察回答】分子在不断运动，并且不同情况下分子运动速度不一样。温度越高分子运动速度越快。C图更能反映分子在不断运动的状态。 【猜想】可能存在间隔。 【观察并得出结论】50 mL酒精和50 mL水混合总体积小于100 mL。用手分别按压注射器中的水和空气，被挤压的幅度各不相同。说明分子之间有间隔且不相同，气体分子之间的间隔较大，更易被压缩。 【倾听】 【分享】完成练习。 (1)闻到花香说明分子在不断运动。 (2)夏天湿衣服更易晒干，说明温度越高分子运动速度越快。 (3)水从液态变为气态，分子之间的间隔变大了。

-47-

（续表）

第一课时　分子和原子		
环节二：分子的性质		
设计意图： 通过第二次画"水"，让学生充分感知水是由大量水分子聚集而成的。伴随着实验的验证，逐步建构出分子的特征，也更能深入理解宏观现象的微观本质。实验过程中充分利用了控制变量、对比等实验方法，充分锻炼了学生的观察能力。		
环节三：宏观现象的微观解释		
教师活动		学生活动
【展示】水和酒精混合后的溶液，同学们能否用微观粒子画出这杯液体呢？ 【问题1】A、B、C中哪一个能反映酒精溶液的微观构成呢？说明原因。 【展示】实际上每种分子都有自己真实面目，请同学们再次画出这杯水。 【问题2】区分这两杯"水"的不同，完成学案。 　水　　　酒精溶液 【归纳】纯净物和混合物的微观构成。 【问题3】从微观角度区分水的两种变化。 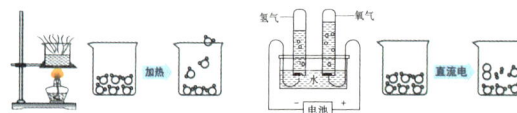 【归纳】物理变化和化学变化的微观解释。 【引导】通过本节课的学习，谈谈自己对宏观和微观的理解。 【练习】完成学案中的练习。		第三次画"水"。 【讨论完成】 　　　　　　A　B　C 【讨论回答】B和C用大小的不同、颜色的不同表示了不同的分子，能反映出酒精溶液的微观构成。 【倾听】 第四次画"水"。 【分析】第一杯"水"中只有一种分子，属于纯净物；第二杯"水"中有两种分子，属于混合物。 【讨论】第一个变化过程中只有分子之间的间隔发生变化，没有新分子生成；第二个变化中水分子变为了氢气分子和氧气分子，分子种类发生了改变。 【讨论总结】 （1）同种物质分子的化学性质相同，不同种物质分子的化学性质不同。 （2）分子是保持物质化学性质的最小微粒。 【分享】可以从宏观物质的种类区别纯净物和混合物，也可以从微观分子的种类区分；可以从宏观物质种类是否变化区分物理变化和化学变化，也可以从微观分子种类是否改变区分物理变化和化学变化。 【巩固】完成练习。

(续表)

第一课时　分子和原子
环节三：宏观现象的微观解释

设计意图：
　　通过第三次和第四次画"水"，使学生认识到分子是具有真实结构的。宏观的物质分类和变化，也可以从微观的角度进行本质的认识。

板书设计：

第一课时　分子和原子

1. 分子是保持物质化学性质的最小微粒
2. 同种物质分子性质相同，不同种物质分子性质不同

分子定义……分子性质
1. 分子很小
2. 分子在不断运动
3. 分子之间有间隔

第二课时　原子及原子结构		
环节一：原子的引出		
教师活动		学生活动
【过渡】观看视频——水电解的微观过程。 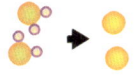  【问题】通过观看视频回答下列问题： （1）在变化过程中分子种类是否改变？ （2）在变化过程中分子是否被再分？ 【引导】（1）根据微观示意图能否总结出原子的定义呢？ （2）根据水分子的变化过程，氧化汞的分解又该如何表示呢？ 【讲解】金属汞的基本构成微粒是汞原子。 【问题】由以上过程回答下列问题： （1）化学变化的微观实质过程是什么？ （2）分子和原子的主要区别是什么？ 【小结】分子和原子都是真实存在的微观粒子。		【观看】 【讨论回答】在化学变化中分子种类发生了改变，分子被再分了；一个水分子被再分成三个微粒后不再继续分了。 【回答】原子是化学变化中的最小微粒。 【讨论】画出氧化汞分解的微观过程。 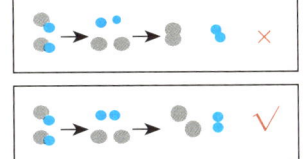 【思考、讨论、回答】 （1）化学变化是分子再分为原子，原子重新组合的过程。 （2）在化学变化中，分子可以再分，原子不能再分。

(续表)

第二课时 原子及原子结构	
环节一：原子的引出	
设计意图： 　　通过水电解的微观演示过程，得出原子的概念，认识化学变化的微观实质，从而加强对知识的理解。能把抽象内容形象化，增强学习这部分知识的兴趣。通过微观演示氧化汞的分解，形成探究问题的证据意识。	
环节二：建立分子、原子和物质间的联系	
教师活动	学生活动
【过渡】通过学习，了解到宏观的物质也可以用微观粒子来表示。那么分子、原子、物质这三者间有何联系呢？请同学们根据要求用手中的插片进行拼插。 　氢原子　　碳原子　　氧原子 【活动】（1）拼插出氢分子、氧分子、水分子、二氧化碳分子。 （2）用拼插出的分子表示出氢气、氧气、水、二氧化碳这些物质。 【问题1】根据拼插过程，指出水是如何构成的。 【展示】将铁原子排列在铜表面的图片。  【问题2】请画出物质、分子、原子之间的联系。 【巩固练习】完成学案中的练习。	【按要求拼插】 【讨论】  【观看】再次感受原子的真实存在；原子也是构成物质的一种微粒；铜由铜原子构成，铁由铁原子构成。 【总结】分子、原子、物质的关系：   【展示交流】

(续表)

第二课时 原子及原子结构

环节二：建立分子、原子和物质间的联系

设计意图：
　　通过直观地拼接出分子并表示物质，初步建立起宏观和微观之间的联系。同时，将微观粒子具体化的方法可以有效帮助学生对微粒的理解。

环节三：原子的结构

教师活动	学生活动
【提问】在原子定义中是否可以去掉"在化学变化中"这个限定范围？人类并不能看到原子内部结构，那么人类是怎么认识原子的呢？	【倾听】思考并产生疑问。
【讲述】"实心球"模型的建立和应用可以帮助我们理解化学变化的微观过程。	【练习】用磁扣摆出电解水微观过程。
【演示实验】摩擦起电。	
【质疑】若原子为实心球，那如何解释摩擦起电呢？	【猜想】可能是原子中有带电的微粒。
【播放】阴极射线的实验视频，证实原子中电子的存在。	
【建立"枣糕模型"】要求学生根据所给信息建立原子模型，经过分析建立枣糕模型。	【建立模型】
【质疑】据所画模型，发现正电荷分布不均。	【分析讨论】根据现象猜想原子结构。原子核居于原子中心，体积小，得出原子的"核式结构"。
【播放】α粒子散射实验。	
【讲述】介绍原子核由质子和中子构成。	
【总结】三个模型建构的基本方法。	【倾听感受】科学家的研究思想。
【展示】不同原子的质子、中子、电子数目，并寻找各微粒的数量关系。 	原子种类	核电荷数	质子数	中子数	核外电子数
---	---	---	---	---
氢原子	1	1	0	1
碳原子	6	6	8	6
氮原子	7	7	7	7 | 【练习】完成学案中的练习。	【分析总结】 （1）原子中不一定有中子。 （2）原子中质子数和中子数没有多少的决定关系。 （3）质子数＝核外电子数＝核电荷数。

（续表）

第二课时　原子及原子结构
环节三：原子的结构

设计意图：

本环节用问题引入，引起学生认知的冲突，引发学习兴趣。再通过三个模型的建构过程体会科学家的研究思想，培养学生严谨求实的科学态度，增进对科学本质的理解。

板书设计：

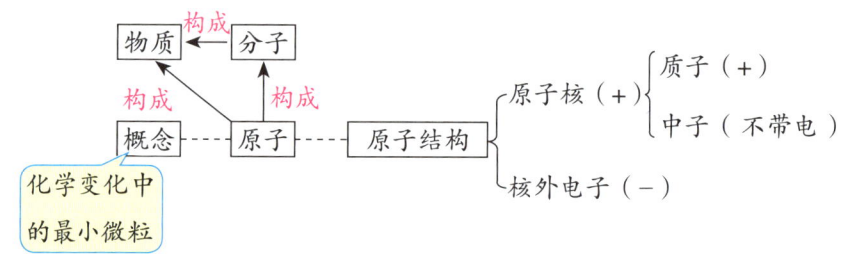

第三课时　元素
环节一：元素概念的引出

教师活动	学生活动
【过渡】在上节课拼插的分子中，将构成它们的原子进行归类，并指出归类标准。 【质疑】仔细观察手中的同类"原子"，虽外观和颜色一致，但仔细看是否完全相同？ 【问题1】归为一类原子的标准是什么呢？可能与什么有关？ 【展示】各原子（或离子）内部的质子数、中子数、电子数。 	【讨论】可以将所有分子中相同外观和颜色的插片分为一类，共有三类原子。 【回答】不完全相同，它们中间的字母不一样。 【讨论回答】可能与原子的内部结构有关。 【分析】通过氧-16、氧-17、氧-18原子以及碳-12、碳-13、碳-14原子的中子数，可以排除元素的种类由中子数决定；通过钠原子和钠离子的电子数不同，可以排除元素的种类由电子数决定。因此，决定元素种类的微粒是原子内部的质子数即核电荷数。

	氧-16	氧-17	氧-18	碳-12	碳-13	碳-14	Na	Na⁺
质子数	8	8	8	6	6	6	11	11
中子数	8	9	10	6	7	8	12	12
电子数	8	8	8	6	6	6	11	10
元素	氧元素			碳元素			钠元素	

（续表）

第三课时　元素	
环节一：元素概念的引出	
教师活动	学生活动
【总结】 （1）决定原子种类的是核内的质子数，也就是核电荷数。 （2）元素是具有相同核电荷数即质子数的一类原子的统称。（宏观概念） 【问题2】如何从宏观元素和微观分子、原子角度分析水？ 【问题3】完成宏观、微观之间的联系。 【练习】指出下列物质的微观构成和元素组成。 　H_2O　P_2O_5　H_2O_2　CO_2 【介绍】自然界中的元素分布、元素的种类和元素周期表的发现史。	【思考交流】 氧原子 构成→ 水分子 构成→ 水　　统称→ 氧元素　组成 氢原子 ↗　　　　　　　　　　　　氢元素 　　　　　　　　　　　　　　　　统称 【讨论】物质由元素组成，物质由分子或原子构成；分子由原子构成。 【练习】完成学案中的练习。 【倾听】

设计意图：
　　根据拼插分子中的原子寻找分类标准，由外观和颜色一致、中间字母并不相同引起思维冲突，再根据表格中各微粒的个数找到原子种类的分类标准——质子数是否相同，从而引出元素这一宏观概念，使抽象的概念形象化，激发学生兴趣。后续通过分析水的宏观组成和微观构成，使学生对物质的宏观组成和微观结构的认识统一起来。

环节二：物质的分类	
教师活动	学生活动
【讲解】介绍现在发现的元素种类和物质种类。为何100多种元素却可以得到3 000多万种物质？	【分析】物质可以由一种元素组成，也可以由多种元素组成，而且同种元素也可以组成不同的物质。因此，组成的物质种类要比元素种类多。

(续表)

第三课时　元素	
环节二：物质的分类	
教师活动	学生活动
【引导】根据给出的元素组出最多的物质。 C　H　O　Fe　K　Mn　P 【展示】已学过的物质。 【问题1】将上述物质按照一定标准进行分类。 【讲解】按照元素种类对纯净物进行划分，给出单质和化合物的划分方法。 【问题】根据所给氧化物的化学式，请同学们根据物质的元素组成找到共同点。 【总结】随着知识的延伸，对物质的分类标准也逐步多样化，目前只是根据物质的种类进行了一级分类，根据元素的种类进行了二级分类。请同学们根据这两种分类标准进行物质分类的总结。 【巩固练习】完成学案中的练习。	【分享交流】 H_2O_2　H_2O　H_2O_2　$KMnO_4$　C CO　P_2O_5　K_2MnO_4　Fe_3O_4 MnO_2　CO_2　O_3 【回答】 学生甲：按照是否含有氧元素划分； 学生乙：按照物质状态划分； 学生丙：按照是否含有金属元素划分； …… 【完成学案】 （1）单质：由一种元素组成的纯净物。 （2）化合物：由不同种元素组成的纯净物。 （3）按照所给标准对单质和化合物进行分类并举例一到两种单质和化合物。 【观察交流】由两种元素组成，其中一种是氧元素的化合物。 【讨论展示】 物质 { 混合物；纯净物 { 单质；化合物 { 氧化物；…… } }

（续表）

第三课时　元素
环节二：物质的分类

设计意图：

　　用几种已知的元素组合出多种不同的物质，让学生感知物质的多样性。通过寻找物质组成元素的规律，寻找出单质、化合物、氧化物的概念，建立起物质分类的方法，使物质分类系统化。

环节三：化学变化中的元素守恒思想	
教师活动	学生活动
【过渡】回忆电解水的反应表达式，并再次用插片演示出电解水的微观实质过程。 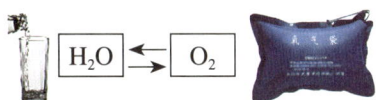	【回答】写出电解水的表达式，并用插片演示电解的微观过程。 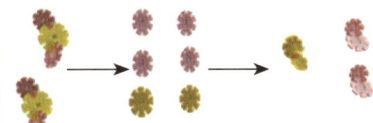
【引导】从微观原子的种类和宏观元素种类的角度分析，在反应前后有何特点？	【讨论】在化学变化前后原子的种类不变，元素种类也不变，只是重新组合。
【结论】在化学变化前后，原子和元素的种类不变。	
【拓展1】元素守恒的应用 （1）蔗糖隔绝空气加热生成碳和水，试推测蔗糖的元素组成。 （2）某物质在空气中燃烧，生成二氧化碳和水，试推测这种物质的元素组成。	【讨论】通过蔗糖分解，可以推测蔗糖由C、H、O三种元素组成。 通过该物质的燃烧，可以推测出物质中一定含有碳、氢元素，可能含有氧元素。
【拓展2】讨论自然界中二氧化碳的来源和消除方法，理解碳达峰、碳中和的含义。了解自然界的碳循环，深入体会化学变化中的元素守恒思想。	【交流分享】二氧化碳的产生原因：化石燃料的燃烧、呼吸作用、动植物的腐烂等。 二氧化碳的消除方法：海洋吸收、再利用等。 可以通过改变能源结构减少二氧化碳的释放；用物理方法或者化学反应对二氧化碳进行捕捉，可以有效减少空气中的二氧化碳，实现可持续发展。

（续表）

第三课时　元素
环节三：化学变化中的元素守恒思想

设计意图：

　　从已知的反应出发，初步感知元素"变"与"不变"；再通过自然界的碳循环中二氧化碳的产生和消失，深刻理解化学变化中的元素守恒观。通过对碳达峰、碳中和的介绍，增强学生的社会责任感。

板书设计：

第三课时　元素

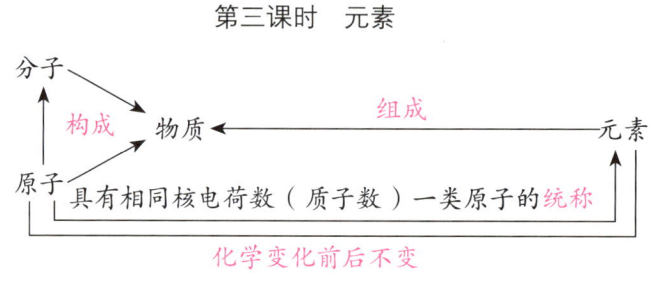

单元整体知识体系

板书设计：

微观世界初探

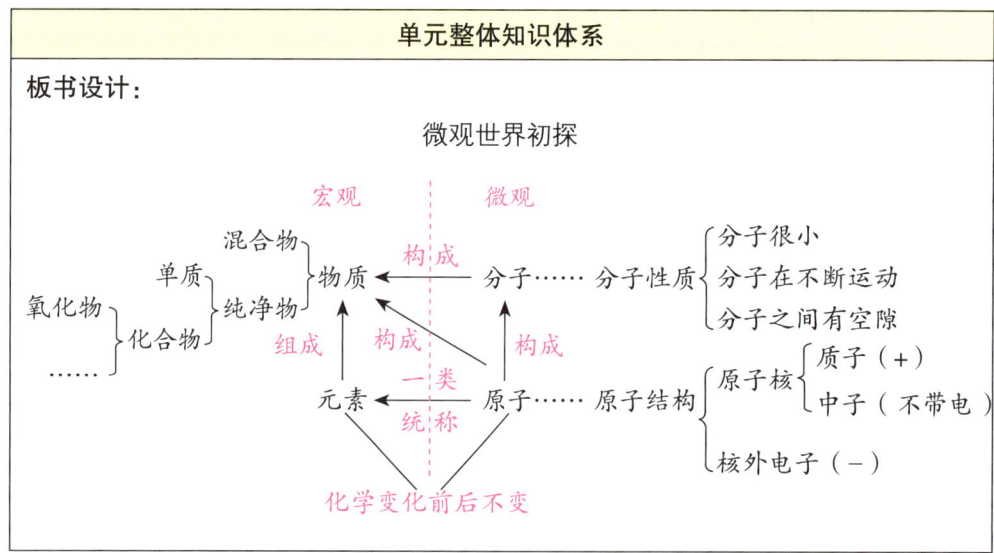

六、学科大概念统摄下的大单元教学设计及教学反思

1. 大单元教学设计特色说明

　　本单元的教学打破了教材中传统的教学单元，将分子、原子、元素中的部分知识进行整合，组成了一个大概念统领下的单元教学。整个过程以"宏微观的建立"

为主线，以"水"为副线，共分为三课时完成。

第一课时经过四次"画水"，从对宏观物质水的认知，到微观粒子存在的感知，再到分子性质的得出，以及宏观现象的微观解释，层层推进。用启发式、探究式等教学方法，使学生初步形成了认识物质的微观视角。

第二课时通过"水电解"的微观过程，分析化学变化的微观实质，引出原子的概念；通过插片的拼接，初步建立物质、分子、原子之间的联系。对原子结构的得出也并没有采用常规的直给式教学，而是通过思维冲突，逐步建立三个原子结构模型，强化了模型建构的思想。

第三课时仍然借助插片拼接对"水"的宏观元素组成和微观构成进行系统总结，建构了物质和变化的宏微观。同时借助插片寻找元素种类的划分标准，挖掘元素定义。通过元素组成物质的规律，将物质进行二级分类。通过再次拼插"水的电解"过程，感知化学变化前后原子的种类和元素的种类不变，建立化学变化前后元素的守恒观。

在整个宏微建构过程中，引导学生通过事实与逻辑进行独立思考和判断，对不同的信息、观点和结论进行质疑与批判，提出创设性见解；培养学生从宏观、微观、符号相结合的视角探究物质及其变化规律的认识方式。

2. 大单元教学设计教学反思

通过本单元的学习，学生能够从元素、原子、分子的角度分析物质的组成与变化；能以宏观、微观、符号相结合的方式认识和表征化学现象；初步建立起宏微观。但是在教学过程中，对微观的解释大部分都靠学生的想象，没有太多的生活情境可以借助，学生学起来比较困难，因此借助画图、拼插、摆磁扣等方式帮助学生理解，培养学生"证据推理与模型认知"的素养。

北京市怀柔区第三中学　戚晓坤

案例 ❷ 自然界的水

一、学科大概念统摄下的大单元教学背景分析

1. 大单元教学主题确定

《义务教育化学课程标准（2022年版）》中提到化学课程的性质和理念以及基础性教育课程改革的指导思想，由此得出化学课程改革的重点如下：以提高学生的科学素养为主旨，重视科学技术与社会的相互联系，倡导多样化的学习方式，强化评价的诊断激励与发展功能。

本单元属于课程标准中的"物质的性质与应用"，本主题的教学要注重从日常生活和生产中选取学生熟悉的素材，注重引导学生通过观察和实验探究活动认识物质及其变化，用五彩缤纷的化学物质和丰富多彩的化学变化，让学生体验化学。通过本主题的教学，使学生认识到学习化学的重要性。

2. 大单元教学内容分析

（1）在教材中的地位和作用

水是学生日常生活中很熟悉的物质。围绕水这一主题，本单元安排了三个课题：爱护水资源、水的净化、水的组成。整个单元以水为线索，按照从自然界到实验室、从社会到科学、从宏观到微观的顺序由浅入深地介绍水的知识，引出化学式与化合价的知识。本单元以水为载体，将化学基本概念和基本实验操作的学习贯穿其中，将学科知识与社会现实问题融为一体。从学科核心素养发展角度看，本单元对进一步发展学生的"科学态度与社会责任""证据推理与模型认知"素养具有重要作用。在此过程中，结合"科学探究与创新意识""宏观辨识与微观探析"的学科素养渗透，逐步引导学生从化学视角掌握研究物质组成和结构的方法，提升学生从多角度认识物质的水平，让学生在掌握好学科知识的基础上，提升解决问题的能力，培养学科核心素养。

（2）在教学中的功能和价值

水是学生在学习了空气、氧气以及分子和原子等概念之后，另一种与人类关系

密切、人们非常熟悉的物质。本单元知识难度不大，但在教学中的功能比较重要，其作用有三：第一，水是继空气、氧气之后学生学习的又一具体物质；第二，可以充分利用本节课引出水的净化、水的组成；第三，可以从水的分布、水与人类社会的关系及水的污染问题引入节水和水资源保护，是培养学生节约用水、爱护水的环保意识的知识阵地。

3. 大单元教学学情分析

（1）学生已有知识与能力

学生通过小学科学和生活常识，对水的物理性质有了一定的了解；学生知道天然水是混合物，水中有不溶物和细菌；认识了水的化学式。

（2）学生学习障碍点

学生对于辩证看待"水资源丰富"和"水的短缺"会存在一定的思维困惑；不了解自来水厂的具体生产过程，对于软水、硬水的区别以及净化水的过程和方法不太了解；对于水的组成，学生并不完全了解；缺乏微粒观点，对于几种微粒之间的区别和联系存在混淆。

（3）学生学习发展点

在教学中可以仿照人类认识水的组成的历史进程，模拟实验，通过对实验现象的证据推理，分别从宏观和微观视角认识水的组成。在体会人类认识水的组成的历史进程中，建构"物质的组成与结构"这一学科大概念。

二、学科大概念统摄下的大单元知识结构图

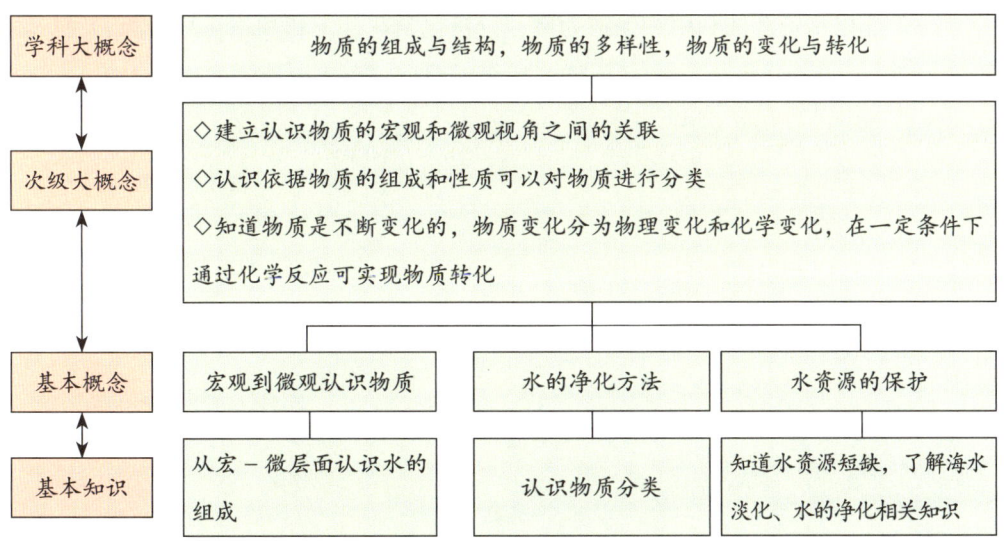

三、学科大概念统摄下的大单元教学与评价目标设计

1. 教学目标

（1）通过氢气燃烧和电解水实验，从宏观到微观、从定性到定量对水的组成进行分析、推理和判断，形成敢于质疑、崇尚科学、不迷信权威、严谨求实的科学态度和勇于创新的科学精神。

（2）能用化学式等化学用语表征化学物质，对物质进行简单分类，分析和解决有关物质组成的问题，形成多角度认识和研究身边物质的思维。

（3）了解水资源的状况，能从节约用水和防止水体污染两个角度爱护水资源。了解过滤、蒸馏等净化水的常见方法，将水的净化等知识与生产、生活实际相结合，分析和讨论生产、生活中的简单化学问题，感受化学对改善人类生活和促进社会发展的积极作用。

2. 评价目标

（1）以研究水的组成为例，初步了解研究物质组成的一般方法，初步建构研究物质组成的思维模型。建立元素守恒思想和物质分类思想，形成多角度认识物质的思维。

（2）通过学习化学用语，能结合生产、生活情境看懂商品标签上标示的组成元素及其含量，初步学习获取化学信息的方法。

（3）能以水资源的利用和保护为例，分析化学在开发和利用自然资源、保护环境、促进科技发展和社会文明等方面的价值和贡献，形成可持续发展理念。

四、学科大概念统摄下的大单元规划流程图

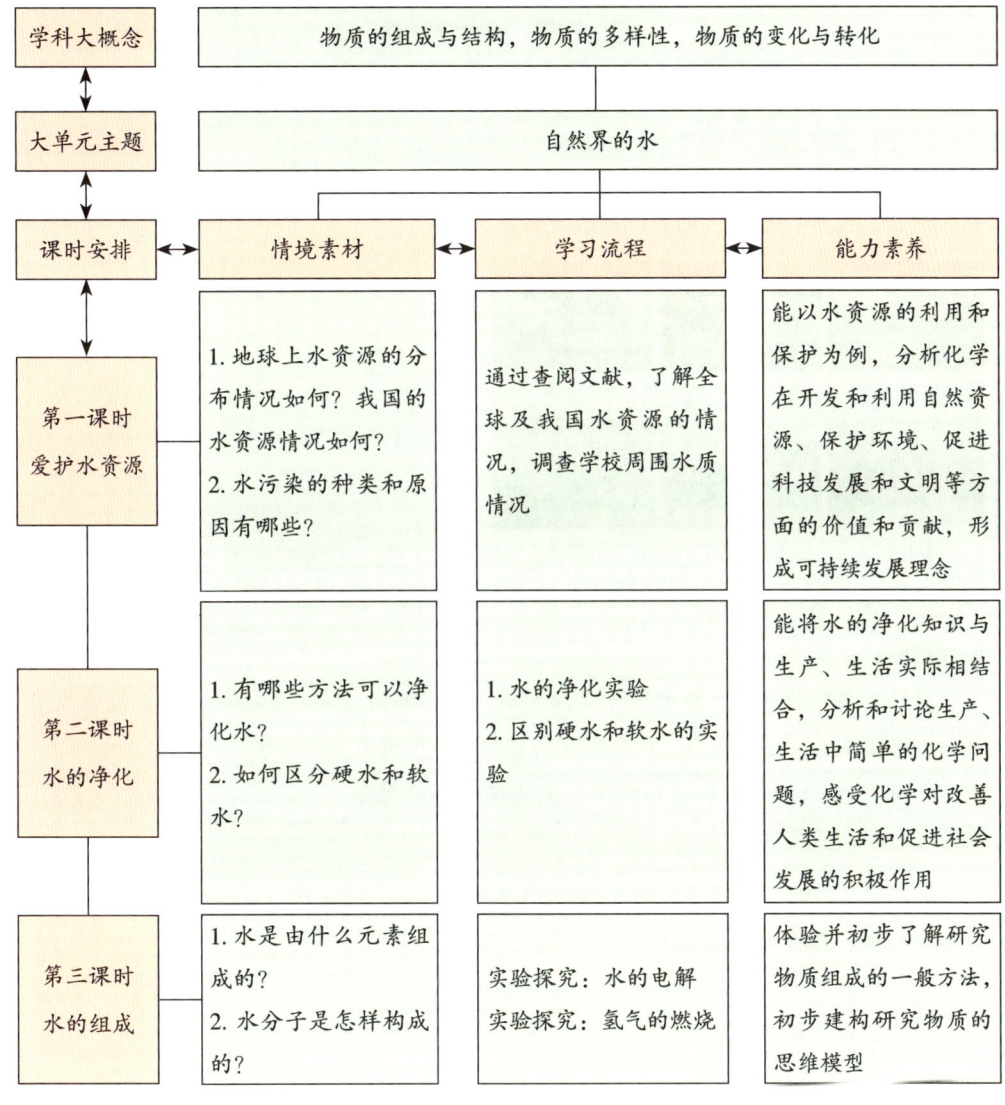

五、学科大概念统摄下的大单元教学流程设计

第一课时　爱护水资源

环节一：引入

教师活动	学生活动
【展示】（1）投影海洋水、湖泊水、河流水、地下水、大气水、生物水几种形态水的图片。  海洋水 　　湖泊水 　　河流水  地下水 　　大气水 　　生物水 （2）介绍海水淡化技术，播放视频。	学生观看图片。 观看视频，了解海水淡化技术。

设计意图：
　　通过多样化的图片，吸引学生的注意力，从而知道自然界中水的来源。让学生了解海水淡化技术，可以从海水中获取人们日常生活中所需要的淡水。

环节二：人类拥有的水资源

教师活动	学生活动
【过渡】看了上面几张图片，我们知道水是地球上最普通、最常见的物质之一，不仅江河湖海中有水，各种生物体内也含有水。其实我们人类拥有的水资源是很丰富的，具体是怎么样的呢？ 请同学们阅读课本，然后回答以下问题： （1）地球的表面约有多少被水覆盖着？ （2）地球上最大的储水库是什么？ （3）淡水约占全球总储水量的多少？ 【小结】引导学生总结水资源特点。	 【回答】学生阅读课本后回答问题： （1）地球表面约71%被水覆盖着。 （2）海洋是最大的储水库。 （3）淡水只约占全球总储水量的2.53%。 【总结】水资源丰富；淡水资源极度短缺。

（续表）

第一课时　爱护水资源	
环节二：人类拥有的水资源	
设计意图： 　　通过图片和数据，让学生直观感受和了解地球的水资源状况，既培养了学生归纳总结的能力，又达到了提高爱护水资源的社会责任意识的目的。	
环节三：淡水资源短缺的原因及爱护水资源	
教师活动	学生活动
【展示】投影缺水图片。  阅读课本，思考是什么原因造成淡水资源短缺危机。 【过渡】淡水资源短缺严重影响人们生活，制约经济发展，我国水资源状况又是怎样呢？ 【展示】投影世界人均水量和我国人均水量图片。 【小结】种种数据、图表等资料都说明了淡水资源短缺的危害。水资源已成为全世界关注的首要问题之一，目前的状况也时刻提醒人们爱护水资源。	倾听、观看、思考。 【回答】淡水资源短缺危机的原因： （1）水资源的时空分布不均，南多北少，夏秋多冬春少。 （2）对水资源的污染和浪费严重。 （3）人口增加，工农业生产用水、生活用水增加。 【总结】节约用水标志的含义。 
设计意图： 　　能以水资源的利用和保护为例，分析化学在开发和利用自然资源、保护环境、促进科技发展和文明等方面的价值和贡献，形成可持续发展理念。	

(续表)

第一课时　爱护水资源
板书设计： 　　　　　　　　　　第一课时　爱护水资源 　　　1. 储量　⎫　人类拥有　⋯⋯　淡水资源　⎧ 1. 原因分析 　　　　　　　⎬　的水资源　　　　短缺　　　⎨ 2. 不利影响 　　　2. 分布　⎭　　　　　　　　　　　　　　⎩ 3. 节约用水

第二课时　水的净化	
环节一：创设问题情境，引入新课	
教师活动	学生活动
【展示】鲁滨逊流落荒岛后从池塘中取泥水的图片。 【提问】鲁滨逊流落到荒岛上，他从池塘中取得一些泥水，这些泥水可以饮用吗？他能否从中提取较洁净的饮用水？	【观看】观看图片，思考。 【回答】泥水不可以直接饮用。可以从泥水中取得较洁净的饮用水。
设计意图： 　　运用学生学过的《鲁滨逊漂流记》作为课前引入，引起学生的学习兴趣，让学生知道自然界的水是混合物，我们可以用一些方法从自然界的泥水中得到饮用水。	
环节二：分析问题，引发思考	
教师活动	学生活动
【提问】 （1）鲁滨逊从池塘中获得的泥水含有哪些杂质？ （2）展示浑浊的天然水图片，想一想，有哪些方法可以对水进行净化？ 	【思考回答】 （1）水中含有不溶的杂质、可溶的杂质、微生物等。 （2）沉淀、过滤、消毒等方法都是生活中常用的净水方法。
设计意图： 　　提出问题，引发学生思考，践行"从生活走进化学，从化学走向社会"的学科理念，让学生知道自然界的水可以用化学方法净化，得到饮用水。	

（续表）

第二课时　水的净化	
环节三：发现方法，实验操作	
教师活动	学生活动
【活动探究一】探究水的净化方法——沉淀 这杯水放置一会儿，上层水会更清澈，这种方法可以称为沉淀。没有加入明矾的方法，我们称为静置沉淀，而加入明矾的称为吸附沉淀。明矾在这个过程中起的作用是吸附其周围小的沉淀颗粒，然后逐渐变成大颗粒，当达到一定质量时，沉到容器底部。我们把明矾称为絮凝剂。	【聆听、理解、总结】 沉淀：让水中的大颗粒物在重力作用下沉降，包括静置沉淀和吸附沉淀。
【活动探究二】探究水的净化方法——过滤 【任务2.1】如何将沉降下来的这些不溶性的杂质分离出去？ 【任务2.2】评价方案的可行性。 【任务2.3】实验探究。 分析实验中出现的问题，得出实验中的注意事项。交流讨论实验结果，引导学生归纳过滤操作注意事项：一贴、二低、三靠。	【小组讨论，设计方案】 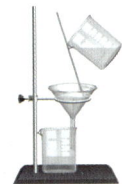
【提问】 （1）为什么滤纸一定要和漏斗贴紧，不能留有气泡？ （2）为什么滤纸的边缘要低于漏斗的边缘？ （3）小明对浑浊的水经过一次过滤后，发现滤液仍旧浑浊，请帮他分析原因。 （4）对于仍浑浊的水，应该怎么办？	【回答】 （1）有气泡会影响过滤速度。 （2）防止液体溢出。 （3）过滤时滤纸破损、液面高于滤纸边缘、玻璃仪器或滤纸不洁净等； （4）再次过滤，直到干净。

第二课时　水的净化	
环节三：发现方法，实验操作	
教师活动	学生活动
【活动与探究三】探究水的净化方法——吸附思考通过沉淀、过滤操作得到的水是否为纯净物。	【讨论回答】不是纯净物。
【提问】颜色和异味我们要如何除去？大家回想一下，我们家的冰箱里所放的除臭剂是什么？	
【展示】活性炭净水器示意图。 活性炭利用其自身疏松多孔的结构，将有颜色和气味的分子储存其内，所以可以用于除臭和除颜色。这种方法称为吸附。 出水口 粒状活性炭层 入水口 活性炭结构：疏松多孔	
【提问】鲁滨逊利用自制的过滤柱过滤泥水，然后把过滤后的水煮沸。鲁滨逊制取的水可以喝吗？	【回答】不可以，有颜色和异味，含有一些可溶性杂质。
【讲述】介绍蒸馏及其操作方法。	

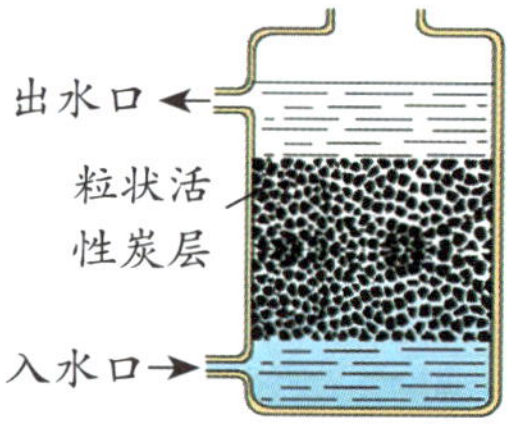

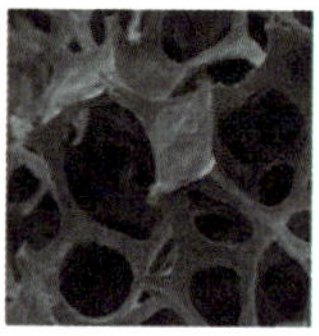

设计意图：
　　让学生通过实验掌握水净化的方法，与生产生活相联系，让学生知道可以通过应用净水的原理解决人类生存中的问题，改善生活质量。同时明确过滤和蒸馏是初中化学重要的实验操作技能，要对这两种技能深入学习理解。

（续表）

第二课时　水的净化

环节四：联系实际，生活应用

教师活动	学生活动
生活中的问题： （1）为什么用井水、泉水烧水时常有水垢？ （2）为什么用某些地区的井水、河水或泉水洗衣服，使用很多肥皂，衣服仍洗不干净？ （3）什么是硬水？如何检验？ （4）硬水对生产生活有什么影响？ （5）什么是软水？如何把硬水变为软水？	硬水软化的方法： （1）生活中常用煮沸的方法降低水的硬度。 （2）实验室常用蒸馏的方法得到蒸馏水，以降低水的硬度。 （3）在工业上常用离子交换法和药剂法得到软水。

设计意图：

提出问题，引发思考，让学生知道通过应用净水原理解决人类生存中的问题，改善生活质量。同时理解硬水、软水的概念，认识硬水的危害以及学习硬水软化的方法。

板书设计：

第二课时　水的净化

1. 沉淀
2. 过滤
3. 吸附
4. 消毒
5. 蒸馏（净化程度最高）

净化方法……硬水和软水

1. 概念
（1）硬水：含有较多可溶性钙镁化合物的水
（2）软水：不含或含有较少可溶性钙镁化合物的水
2. 硬水和软水的区分：用肥皂水
3. 硬水软化的方法：煮沸、蒸馏等

第三课时　水的组成

环节一：情境引入

教师活动	学生活动
【展示】中国古代五素说。 【提出问题】水是一种元素吗？	【聆听思考】 【回答】是或不是。

（续表）

第三课时　水的组成

环节一：情境引入

设计意图：

创造认知冲突，激发学生学习兴趣。让学生带着任务，参与课堂学习。开展任务驱动，充分调动学生的积极性，让学生在学习中感悟"身边的化学""有用的化学"，认识化学在促进社会发展中的积极作用，体现学科育人的价值。

环节二：探究水的宏观组成

教师活动	学生活动
【导入】介绍普利斯特里、卡文迪许关于氢气燃烧的实验以及拉瓦锡实验。下面我们模仿古人的实验来探究水的组成。 【演示实验】氢气的燃烧——合成法。 【提问】如何检验生成物是水？ 小资料：水的检验方法——氧化钙、无水硫酸铜。 【提问】如何进一步证明水是由氢、氧元素组成的？ 方法指导：从拉瓦锡探究水组成的实验中，归纳研究物质组成的常用方法："分法"和"合法"。 【设计实验方案】水的高温分解或者通电分解。 【实验探究】演示电解水实验——分解法。 【提问】看到什么现象？液体上是什么？两玻璃管内产生的气体一样多吗？两边产生的气体一样吗？应该怎样检验生成的气体？生成氢气和氧气证明水中含有什么元素？为什么？水中只含氢、氧元素吗？	【聆听思考】 【观察、记录实验现象】根据实验现象，大胆猜想、提出假设：水不是一种元素，而是由H元素和O元素组成的。 【思考】回顾拉瓦锡所做的实验，思考、总结研究纯净物组成的常见方法："分法"和"合法"。 【活动】设计并评价实验方案。 【观察、思考、回答】结合元素守恒思想分析归纳。 得出结论：水是由氢元素和氧元素组成的。 写出电解水的现象文字和符号表达式。

设计意图：

在该环节，学生体验了完整的探究过程（提出问题："水是一种元素吗？"→回顾历史，寻找证据→重现氢气燃烧实验→提出新问题，作出假设→设计实验方案，实施实验并观察、记录实验现象→解释和得出结论），有利于培养学生的"证据推理与科学探究"核心素养。

（续表）

第三课时 水的组成	
环节三：探究水分子的微观构成	
教师活动	学生活动
【过渡】确定物质的组成，不仅要了解元素的种类，还要分析构成物质的微粒。水是由水分子构成的，要进一步定量推断水分子的微观构成情况。	【聆听思考】
【提问】水分子中的氢、氧原子个数比怎么得出？	【计算、推导、得出结论】通过计算、推导得出：一个水分子中的氢、氧原子个数比是 2∶1，水分子的化学式是 H_2O。
	【建构模型】归纳和应用研究物质的一般方法，分析未知物质的组成，初步建构分析物质组成的思维模型。
【小结】化学学科区别于其他学科的重要特征是"宏观－微观－符号"三重表征的研究。	【小组合作】模拟水加热和水分解的过程。 体会化学变化的微观实质。 完成微观示意图，推测每个水分子的原子构成，得出水的微观分子构成。
【学以致用】碱式碳酸铜是一种绿色粉末状固体，加热后可分解生成氧化铜、二氧化碳和水。推断碱式碳酸铜的组成，并说明依据。	【完成学以致用】
设计意图： 　　从宏观到微观、由定性到定量证明水的组成，在推导中既建立了"宏观－微观－化学式"关系，又发展了学生的学科核心素养。	

（续表）

第三课时　水的组成	
环节四：确定水的物质分类	
教师活动	学生活动
【提问】水属于哪类物质？水和氢气、氧气有什么区别？ 【小组活动】请同学们画出氢分子、氧分子和水分子，感受化合物的微观构成。 【随堂练习】根据微观示意图，对以下物质分类。	【思考回顾】根据所含元素种类，纯净物可以分为单质和化合物，其中氧化物是化合物中特殊的一类。 建构物质的简单分类树。 纯净物由同种分子构成。 单质由一种分子构成，并且每个分子中只有一种原子。 化合物由一种分子构成，每个分子由两种以上的原子构成。 【完成随堂练习】

设计意图：
　　分类法是化学学习中的一种重要方法。让学生说出自己知道的、学过的物质，感受物质种类的庞大和分类的重要性。通过观察、思考，让学生寻找分类的依据，自主建构物质的简单分类树。结合画分子模型，引导学生不仅从宏观元素种类来进行纯净物的分类，还要理解微观实质，宏微结合，更好地进行概念的建构。

环节五：总结提升	
教师活动	学生活动
小结本课时学习内容： 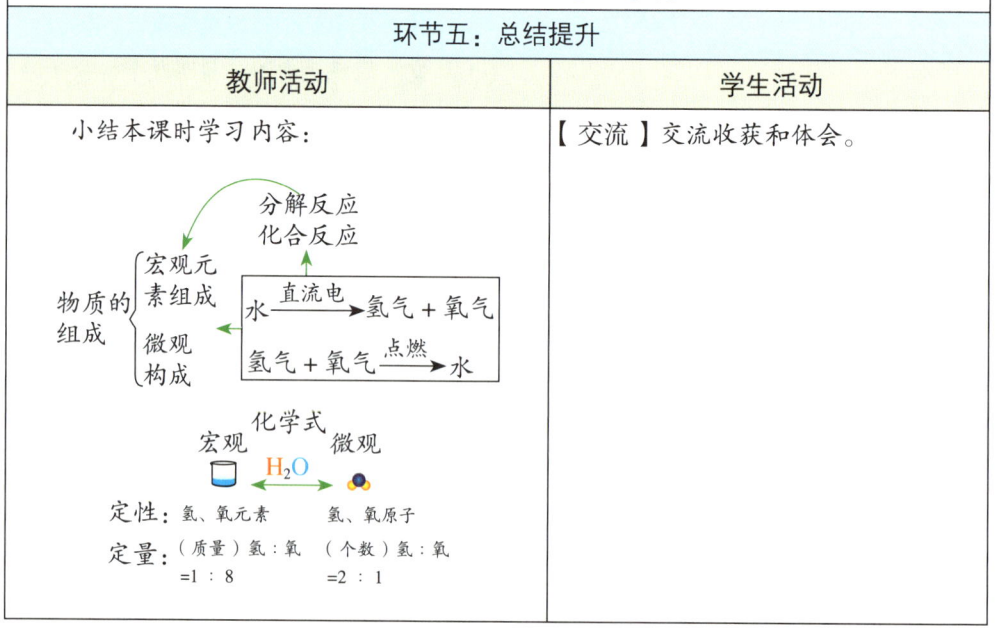	【交流】交流收获和体会。

（续表）

第三课时　水的组成
环节五：总结提升

设计意图：
　　梳理本课时内容，深化对水的组成的认识，让知识系统化。认识水的合成和水的分解，了解研究纯净物组成的一般思路，初步建构分析物质组成的思维模型，使化学守恒思想和方法内化、模型化，并能在日后的学习中迁移运用分类思想。

板书设计：

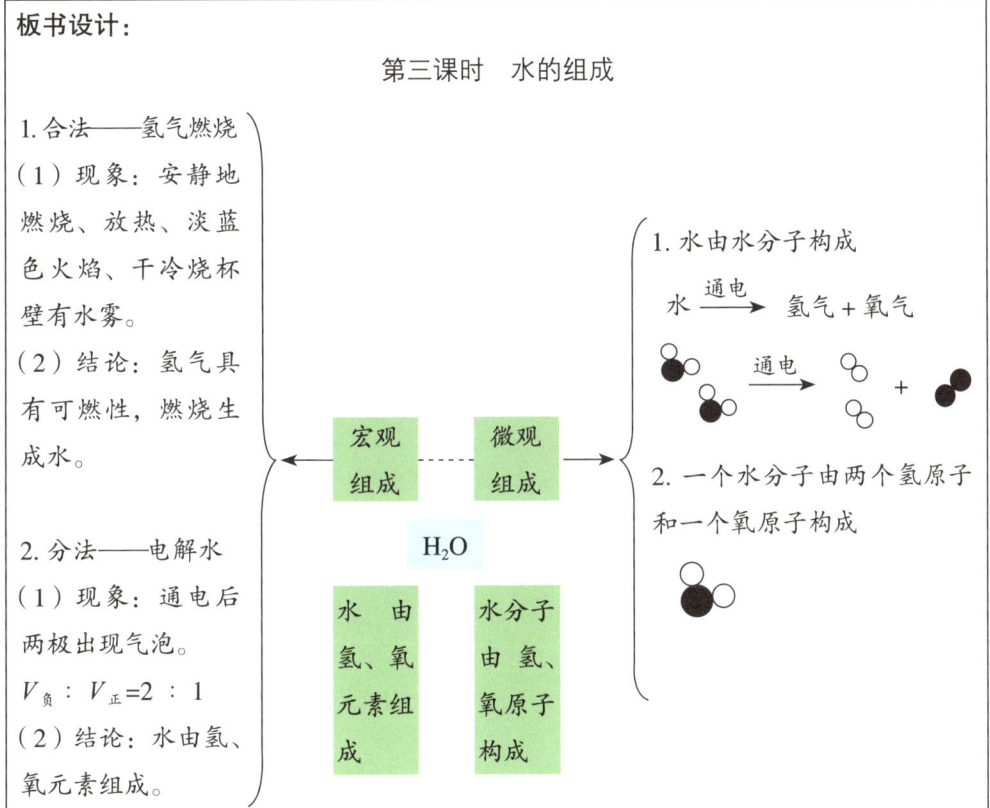

六、学科大概念统摄下的大单元教学设计及教学反思

　　第一课时"爱护水资源"相对简单，第二课时突出过滤这一实验操作技能。因为学校实验器材的问题，不能够让学生亲身体验这一操作。而过滤、蒸馏等净水操作是本节课的教学重点，也是学生应掌握的难点。第三课时更是学生们学习的重点和难点。本课时通过电解水的实验，观察氢气和氧气的生成情况，从而确定水的组成。这个实验学生只能以视频的形式进行观察，效果不太理想。

从总体教材的情况和学情来看，本单元从社会实际和学生的生活实际出发，在展现水与人类密切关系的同时，又以水为载体，将单质、化合物、物质的组成等内容及沉淀、过滤、蒸馏等化学基本操作技能的学习贯穿其中。本单元的特点是将内容与实际生活相联系，把化学的一些概念和基本操作穿插于生活中，使学生能够借助生活中的知识理解所学内容，将教材上学到的知识应用到生活中，同时提高了学生保护环境的意识。

从学生平时作业和做题的情况来看，学生们对电解水实验掌握不深，对于简单的选择题和填空题能够做对。但对于实验探究，仍存在很大的困难，除了主观上不愿作答外，客观上也与知识的掌握程度有很大的关联。因此，在以后教学中要使学生不断增加对实验探究的兴趣。

北京市怀柔区渤海中学　王莹莹

案例 ❸ CO_2 的前世今生

一、学科大概念统摄下的大单元教学背景分析

1. 大单元教学主题确定

《义务教育化学课程标准（2022年版）》中指出：科学探究是获取科学知识、理解科学本质、认识客观世界的重要途径。科学探究过程包括提出问题、猜想与假设、制订计划、进行实验、收集证据、解释与结论、反思与评价、表达与交流等要素。学生通过亲身经历和体验科学探究活动，激发化学学习的兴趣，增进对科学的情感，理解学科的本质，学习科学探究的方法，初步形成科学探究的能力。将化学知识与技能的学习、化学思想观念的建构、科学探究与解决问题能力的培养、创新意识和社会责任感的形成等方面的要求融为一体，形成完整的化学核心素养体系。建构主义教学理论认为，教学是授与受的过程，不是机械地告诉与被告诉的过程，而是学习者主动学习的过程。初中化学着眼于学生发展和社会发展的需要，强调密切联系社会生活实际，关注身边的事物，注重化学与生活、社会之间的相互影响和相互联系。

因此，本单元以《关于全面深化课程改革　落实立德树人根本任务的意见》《义务教育化学课程标准（2022年版）》为理论依据，从学生已有经验出发，积极创设以实验和社会热点为主的课题情境和学习情境，帮助学生认识化学与人类生活的密切关系，学习用化学科学观念、化学科学知识和化学科学方法来观察、认识自然与社会，初步形成主动参与社会决策的意识，逐步树立珍惜资源、爱护环境、合理使用化学物质的可持续发展观念。

2. 大单元教学内容分析

（1）在教材中的地位和作用

本单元在教材中占有十分重要的地位。它是培养学生在实验室中制取某种气体时，理清药品的选择、装置的设计、实验的方法等思路的良好素材，也是与生活实际联系极其密切和广泛的一种重要物质。掌握此内容对学生今后学习元素化合物知

识、化学基本实验操作及实验探究能力都有深远影响。

（2）在教学中的功能和价值

从学科价值来看，二氧化碳是初中化学要求掌握的重要化合物知识之一，安排在空气、氧气、水之后，是教材第一次较全面介绍的元素化合物知识。按照"单质—氧化物—酸碱盐"这一由简到繁的顺序，二氧化碳作为典型的非金属氧化物，是其中联系的纽带，起着承上启下的作用。二氧化碳性质的学习为后续学习酸碱盐知识以及高中基于类别认识的酸性氧化物的学习打下基础。二氧化碳可发生的化学变化较多，实验丰富，是培养和训练实验操作技能和实验探究能力的良好素材。从应用价值来看，二氧化碳对动植物的生存、生长具有重要意义，二氧化碳也是造成温室效应、碳排放的主要物质，合理使用二氧化碳，有效控制二氧化碳的生成和转化，是化学科学重要的研究课题，也是学生们应该主动关注的问题。从学生认识发展价值来看，通过本节内容的学习，学生对二氧化碳的认识从零散到系统，建立认识物质角度的系统性，认识身边化学物质的一般思路也更为完善稳固，实验探究能力得到发展。从环境保护方面，对减少二氧化碳的途径和方法形成系统性认识。

3. 大单元教学学情分析

（1）学生已有知识与能力

从学生心理情况看，学生学习了氧气的实验室制法，已基本掌握了研究物质的方法，对本节课的学习有较大帮助。对于气体的制取原理、装置、收集有一定基础，已有初步设计实验室制取二氧化碳的知识、技能，所以本课题的难度不会很大。本节知识是生活中能够接触到的物质，十分贴近生活，容易引起学生的学习兴趣，激发学生的探索欲望。从学生学习能力上看，学生刚接触化学不久，对化学尤其是化学实验充满兴趣。

（2）学生学习障碍点

学生对二氧化碳十分熟悉，所以对二氧化碳性质的具体内容学生较容易理解，不构成学习障碍。对学生而言，本主题学习较为困难的是如何理解探究活动方案与探究问题及预期假设间的关系，并能依据实验结果形成探究活动结论。同时，学生关于二氧化碳对环境的影响了解不够，看问题停留在表面，缺乏深思和探究意识。虽然学生能提出保护环境、减少污染等口号，但在思想和意识上没有形成强烈的感受。

（3）学生学习发展点

通过学习，学生已经了解了从多角度认识物质及其变化的一般思路，知道"物质的结构决定性质、性质决定用途""质量守恒""物质在一定条件下可以相互转化"等学科思想。同时，也基本具备了较为熟练与规范的基本化学实验技能，有了进一步发展设计实验方案和评价方案的能力。本节课基于学生对二氧化碳的了解，通过先自主设计实验后实验探究的模式，让学生主动思考实验的目的和装置，取代传统教学中被动接受书上的实验，从而激发学生学习的主动性，培养"科学态度与社会责任"核心素养。

二、学科大概念统摄下的大单元知识结构图

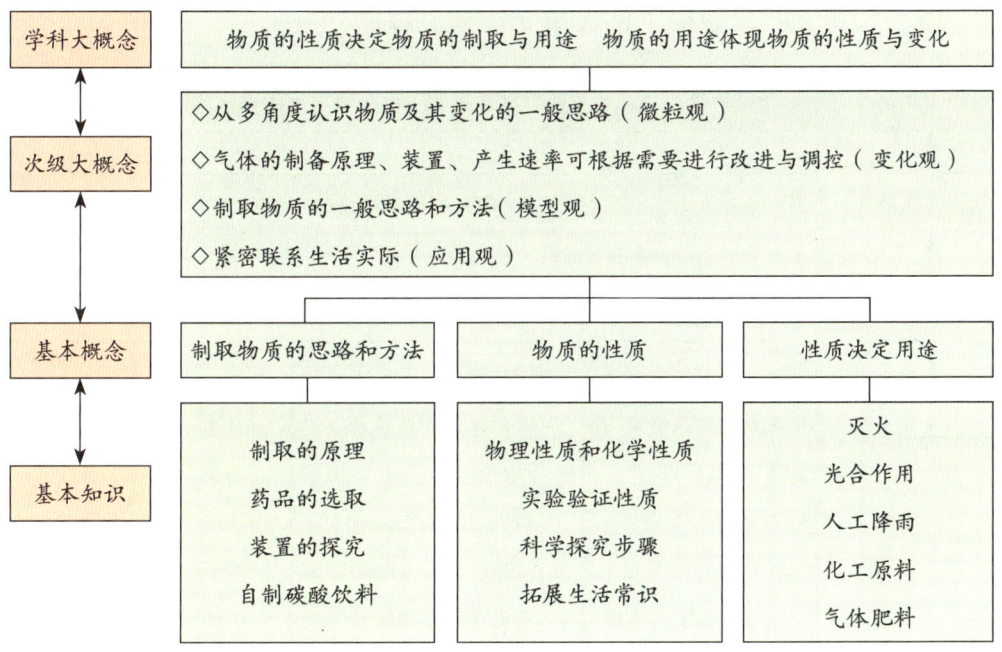

三、学科大概念统摄下的大单元教学与评价目标设计

1. 教学目标

（1）通过探究实验室中制取二氧化碳的反应原理和性质，了解二氧化碳的用途；通过阅读了解自然界中碳的循环，知道温室效应，了解防止温室效应进一步增强应采取的措施。

（2）引导学生自主、合作、探究学习，学会使用实验方法获取信息，并用比较、归纳等方法对获取的信息进行整理总结。通过实验探究及对实验现象的分析，

培养学生善于观察思考的能力，培养学生勇于发现问题、解决问题的能力，培养学生归纳总结能力和语言表达能力。

2. 评价目标

（1）通过实验探究，培养学生求实创新、规范合作的科学品质，诊断并发展学生的实验探究水平。

（2）通过采用小组合作的形式，表达自己的观点，诊断并发展对化学价值的认知水平。

（3）通过体验、反思和完善实验设计，诊断学生依据所学化学知识和方法解决生产、生活中化学问题的水平，发展学生可持续发展意识和绿色化学观念。

四、学科大概念统摄下的大单元规划流程图

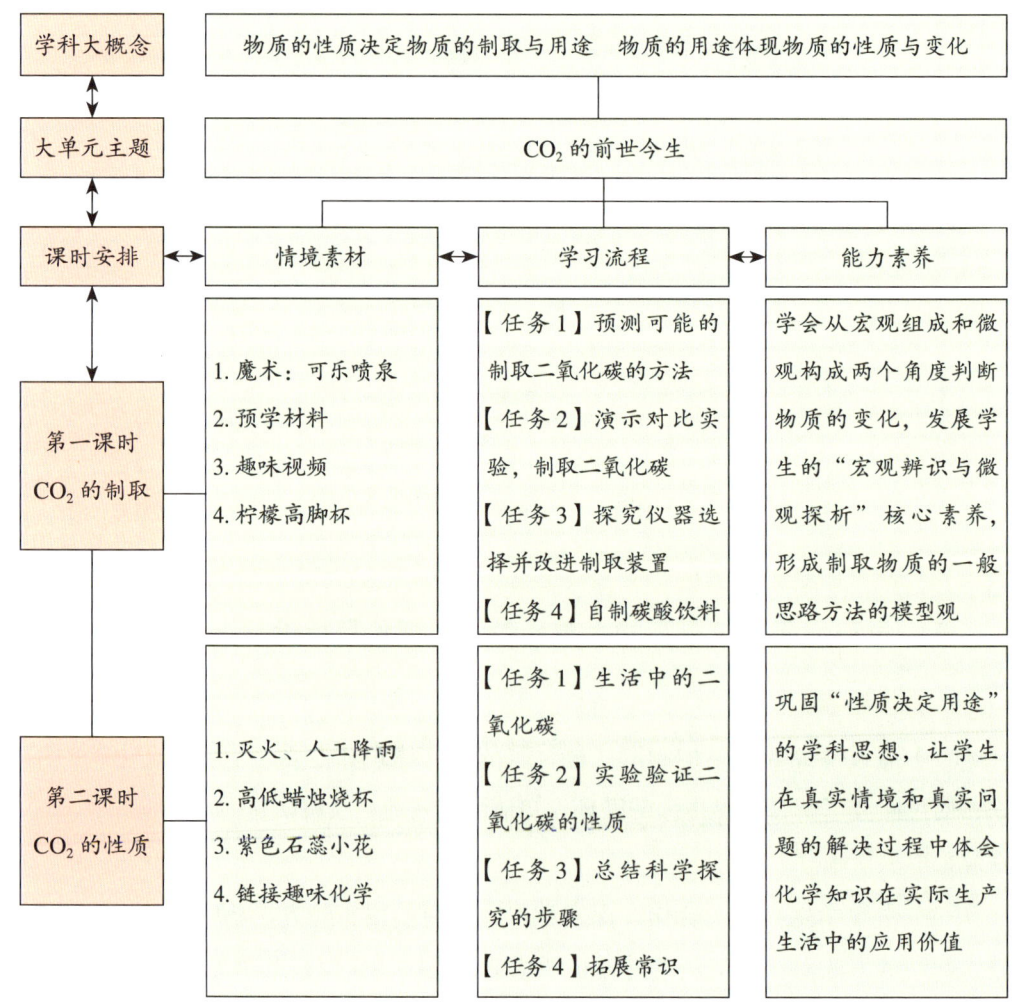

五、学科大概念统摄下的大单元教学流程设计

第一课时　CO_2 的制取

环节一：创设情境，引入新课	
教师活动	学生活动
【引课】真实情境素材，春节晚会魔术节目。 【任务1】请同学们完成化学课堂上的魔术：可乐喷泉。 【提问】可乐和薄荷糖发生了什么反应？ 【解释】可乐属于碳酸饮料，内含大量的二氧化碳。当薄荷糖掉入其中时，二氧化碳大量溢出，造成瓶子内部压强过大，可乐便喷涌而出。	【实验观察】 【回答】生成了 CO_2 气体。
设计意图： 　　以魔术引出可乐和薄荷糖的趣味实验，帮助学生认识生活中的 CO_2，激发学习化学的兴趣，引导学生自觉、主动地参与学习。	

环节二：CO_2 的实验室制取	
教师活动	学生活动
【任务2】预学检测，课前作业：寻找制取 CO_2 的方法、药品和装置。 【点评】展示导学案，分出等级奖励。 【问题】借助制取氧气思考：实验室制取气体的思路和方法有哪些？	【小组讨论】 $$2H_2O_2 \xrightarrow{MnO_2} 2H_2O + O_2\uparrow$$ 液 + 固 ──── 不加热 $$2KMnO_4 \xrightarrow{\Delta} K_2MnO_4 + MnO_2 + O_2\uparrow$$ 固 + 固 ──── 加热

高锰酸钾制取氧气 / 双氧水制取氧气

- 反应原理 ⇄ 研究反应原理 ⇄ 反应原理
- 实验装置图 ⇄ 由反应物的状态、反应条件、生成气体的密度和溶解性确定 研究实验装置 ⇄ 实验装置图
- 检验方法：使带火星木条复燃 ⇄ 由气体的特性确定　操作、检验 ⇄ 检验方法：使带火星木条复燃

（续表）

第一课时　CO_2 的制取	
环节二：CO_2 的实验室制取	
教师活动	学生活动
【问题】依据制取氧气的思路我们来制取二氧化碳，请同学们点评方法的优缺点。 【归纳】 （1）气体纯度要高； （2）装置、操作要简单； （3）反应条件要求简单； （4）原料廉价易得； （5）反应速率适中。	【解释】方法和理由： （1）呼出 CO_2，不易收集； （2）干冰价格高，原料不易得； （3）发酵速度太慢； （4）石灰石和酸反应认为可行； （5）碳和氧气点燃，不纯； （6）氧化铁和一氧化碳装置复杂，条件苛刻。
设计意图： 　　应用开放式教学模式、头脑风暴法，让学生通过网络、微课寻找制取 CO_2 可能的方法，汇总20余种方案，应用制取气体原则逐一讨论，选出最佳方案。	
【任务3】探究 CO_2 的制取原理。 【引导】 （1）大理石和碳酸钠都可以制取 CO_2，哪个更好？ （2）稀盐酸和稀硫酸选择哪一个？ （3）学生操作对比实验。 （4）比较反应快慢。 反应药品：石灰石（大理石）、稀盐酸。 反应原理：$CaCO_3 + 2HCl = CaCl_2 + H_2O + CO_2\uparrow$ 【任务4】探究 CO_2 的制取仪器。 【问题】通过制取氧气的仪器选择，分析有三种制取气体的装置。 　　固＋固——加热 　　固＋液——加热 　　固＋液——不加热	【小组讨论】完成对比实验。 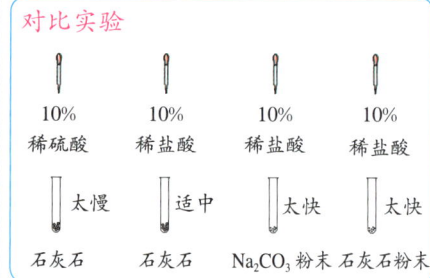 ①粉末取一小勺，固体夹取一块； ②试管"一横、二放、三慢竖"； ③取5～8滴酸液，将滴管垂直于试管口正上方悬滴。 【活动】根据反应物状态和条件选出合适的装置。
设计意图： 　　学生通过对比实验，探究得出实验室制取 CO_2 的理想试剂。列举初高中气体发生装置类型，进行系统讲解，使初高中知识有序衔接，梯次递进，并展示创新装置，培养高阶思维。	

（续表）

第一课时　CO_2 的制取	
环节二：CO_2 的实验室制取	
教师活动	学生活动
【任务5】制取 CO_2 实验操作。 实验步骤： 连接仪器→检查气密性→装大理石→加稀盐酸→收集气体  检验方法 　　澄清石灰水变浑浊　　验满方法  【提问】观察实验盒中的仪器，有没有图示所有仪器，请同学们设计并完成实验。	【思考】 【观察】观察图中实验步骤，小组合作。 【改进实验】改进实验室制取 CO_2 的装置。 用注射器代替长颈漏斗，用具支试管替换锥形瓶。 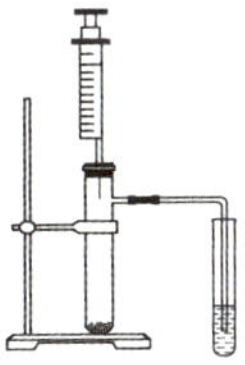

设计意图：
　　图示列举实验步骤，实操性强，实验目的明确，小组合作、分工清晰。通过用注射器代替分液漏斗、具支试管替换锥形瓶，改进了实验室制取 CO_2 的装置。实验中锻炼了学生动手能力和操作能力，培养了学生制取气体时发生、净化、收集、尾气处理的全面性和严谨的思维习惯。

（续表）

第一课时　CO_2的制取	
环节三：生活中制取CO_2	
教师活动	学生活动
【拓展】视频：二氧化碳与过氧化钠的反应。 视频：二氧化碳与镁条的反应。 【任务6】巩固链接。 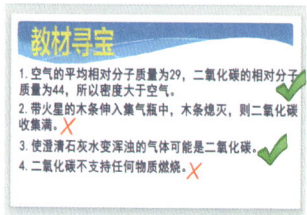 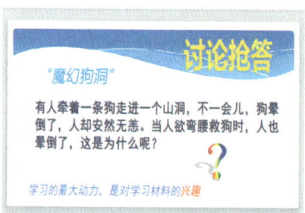 【任务7】学生自主创新实验。 【厨房小贴士】高脚杯1个、半杯开水、碳酸氢钠、醋酸、蔗糖、柠檬、吸管。 给出实验材料，自制碳酸饮料，让学生分析涉及的化学知识，并完成实验，摆出精美造型。 【交流】请同学们读取CO_2浓度传感器读数，检测教室内课后CO_2浓度，并与课前浓度对比。 | 空气中CO_2的体积分数	对人体健康的影响 | |---|---| | 1% | 使人感到气闷、头昏、心悸 | | 4%～5% | 使人感到气喘、头痛、眩晕 | | 10% | 使人神志不清、呼吸停止，乃至死亡 |	【分析】初高中知识衔接，得出结论：一般情况下，二氧化碳不燃烧也不支持燃烧。培养了辩证推理能力。 【展示交流】 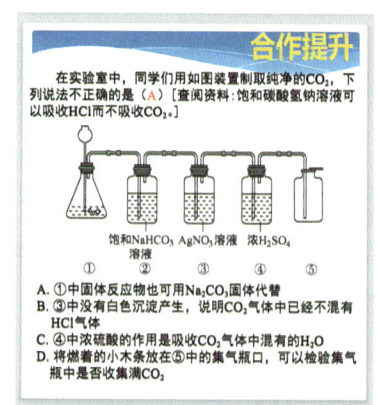 【实验】小组合作，录制、拍摄实验过程，按要求摆拍精美造型，全体师生即时同步分享。  【读数】课后室内CO_2浓度明显升高，提出室内要开窗通风。 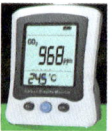 【评价】自评、互评。
设计意图： 　　视频目的是拓展高中实验，体现初高中知识衔接，得出结论：一般情况下，二氧化碳不燃烧也不支持燃烧，培养学生的辩证推理能力。任务7，生活中处处有化学，将课堂气氛推向高潮。传感器读数，体现二氧化碳对人类及环境的双面性。	

(续表)

第一课时　CO_2 的制取
板书设计： 第一课时　CO_2 的制取 一、反应原理　　$CaCO_3+2HCl =\!\!= CaCl_2 + H_2O + CO_2\uparrow$ 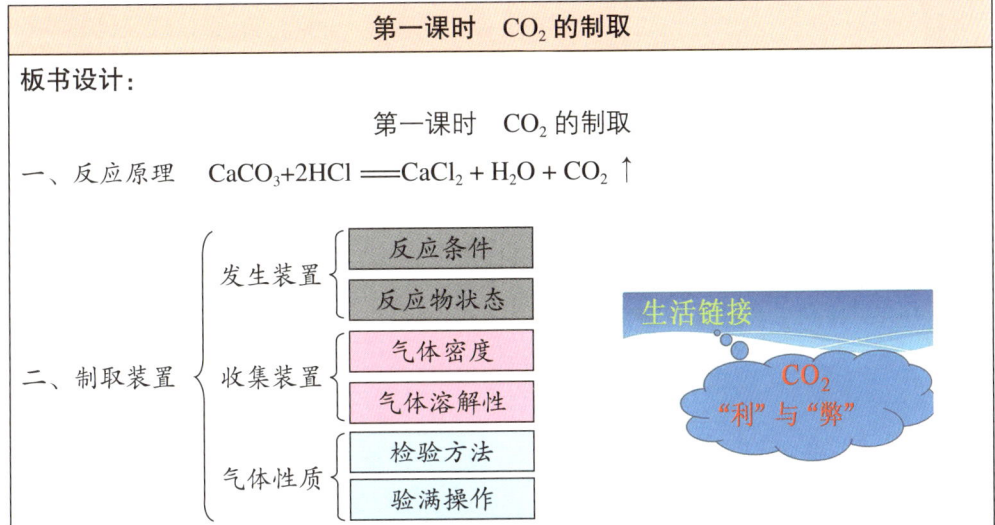

第二课时　CO_2 的性质	
环节一：展示图片，引入课题	
教师活动	学生活动
【图片】灭火、人工降雨、光合作用、可乐冒泡。 【提问】以上图片都用到了一个物质，是什么？ 【引导】探究 CO_2 的性质。 【板书】CO_2 性质的探究。 【检测】学习 CO_2 之前，我们做了一个问卷调查。从问卷中总结出了大部分同学认同的 CO_2 的相关性质和用途，并且展示在黑板上。请同学们分析左边和右边分别是什么性质。 【板书】 无色、无味气体　　　　不可燃 密度大或小于空气　　　不助燃 溶于水　　　　　　　　使澄清石灰水变浑浊 【教师】在问卷中，同学们比较感兴趣的一个问题是 CO_2 为什么能用来灭火，另外一个问题是 CO_2 是否溶于水，今天我们就来系统研讨一下。	【讨论】探究原因，结合生活经验和上节课的储备。 【回答】是二氧化碳，并给出依据。 【展示】问卷。 【回答】物理性质和化学性质。 【思考】对比、判断、整理。

(续表)

第二课时 CO_2 的性质	
环节二：解释 CO_2 能够用来灭火的原因	
教师活动	学生活动
【引入】首先解决同学们比较感兴趣的问题：CO_2 是如何灭火的？老师手中有一瓶 CO_2 气体，我们像倒水一样把 CO_2 倒入装有高低蜡烛的烧杯中，请同学们观察并记录实验现象，填写导学案。	【思考】 【聆听】
【演示实验】将 CO_2 倾倒入有高低蜡烛的烧杯中。 【提问】 （1）蜡烛自下而上熄灭，说明什么？ （2）蜡烛熄灭了，说明 CO_2 有什么样的性质？ 【追问】通过这个实验，你知道 CO_2 能够灭火的原因了吗？ 【说明】正因如此，CO_2 常被用来灭火。	【观察并记录实验现象】 【回答】 （1）CO_2 密度比空气大。 （2）不可燃，不助燃。 【回答】原因是 CO_2 密度比空气大，且不可燃、不助燃，CO_2 覆盖在可燃物表面，隔离了氧气。
【创新实验】	【分享】学生展示查询的方法。

设计意图：

突出重点，激发兴趣，梳理猜想，提出质询。所做的二氧化碳灭火实验是一个经典的化学实验，对其现象深入剖析，不难得出二氧化碳的一个化学性质，即二氧化碳不燃烧，也不支持燃烧；一个物理性质，即二氧化碳密度比空气大。拓展创新实验，开阔视野。

环节三：探究 CO_2 能否溶于水	
教师活动	学生活动
【导学】请同学们观察实验盒中的两个饮料瓶。打开瓶盖，观察有什么现象？ 【提问】这些气泡是什么？能否溶解在水中？ 【启发】根据老师提供的药品和器材，同学们能否设计实验方案证明 CO_2 是否能溶于水？ （药品和器材：集满 CO_2 的软塑料瓶、集满 CO_2 的集气瓶、蒸馏水、水槽）	【回答】有响声且瓶内有气泡。 【回答】CO_2。能（或不能）溶解在水中。

（续表）

第二课时　CO_2 的性质	
环节三：探究 CO_2 能否溶于水	
教师活动	学生活动
【问题】请同学们汇报实验方案。 （提示：什么证据支持你的猜想？密闭空间内 CO_2 的体积减小，压强减小。） 【教师】通过此实验，我们可以得出什么结论？CO_2 溶于水的这个过程是什么变化？ 【介绍】实际上，在生产中也是利用 CO_2 溶于水这条性质来制碳酸饮料的。	【预测】塑料瓶会变瘪。  【回答】CO_2 能溶于水。物理变化。

设计意图：

　　通过设计实验方案，让学生分组充分讨论，确定合理的实验方案，然后选择优秀方案进行实验探究。这种立足于教材又不局限于教材的做法充分调动了学生的思维，培养了学生的创新精神、科学探究能力及证据意识。

环节四：探究 CO_2 能否与水发生化学反应	
教师活动	学生活动
【分析】瓶子变瘪的原因是 CO_2 溶于水，导致瓶内气体体积减小，压强降低，这是一个物理变化过程。气体体积减小，原因是否只是 CO_2 溶于水这个物理变化过程呢？	【回答】也可能是 CO_2 与水发生了化学变化。
【提问】如何证明 CO_2 与水是否发生化学变化了呢？	【回答】需要证明 CO_2 溶于水后有无新物质生成。
【追问】如何判断这个瓶子中是否有新物质生成？	【回答】看作用后是否有之前的物质所不具有的化学性质。
【资料】石蕊是从石蕊地衣的植物中提取出来的固体，经除去杂质、加水溶解、稀释后配成石蕊溶液。石蕊溶液常被用作酸碱指示剂，常态下为紫色，遇到酸性物质会变为红色。	
【演示实验】我们将塑料瓶中的液体倒入试管中，滴加紫色石蕊溶液，你看到了什么现象？	【回答】紫色石蕊溶液变红了。

第二课时 CO₂的性质

环节四：探究CO₂能否与水发生化学反应

教师活动	学生活动
【提问】溶液变红，能否说明CO_2与水发生化学变化生成新物质了呢？ 【布置任务】小组讨论，溶液变红还有可能是哪些原因？设计实验并验证你的猜想。 【注意】此处重点是让学生明确CO_2与水反应后生成的碳酸使石蕊变红，重点关注学生如何排除CO_2与水两种物质的干扰。 【实验步骤】取四朵用石蕊溶液染成紫色的干燥的纸花。 （1）第一朵纸花喷上稀醋酸。 （2）第二朵纸花喷上水。 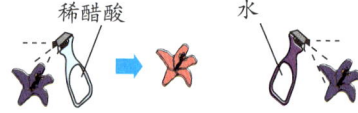 （3）第三朵纸花直接放入盛满二氧化碳的集气瓶中。 （4）第四朵纸花喷上水后，再放入盛满二氧化碳的集气瓶中。  【教师】这也正是咱们喝的"二氧化碳饮料"叫作"碳酸饮料"的原因。 【板书】$CO_2 + H_2O == H_2CO_3$	【回答1】不能，因为不一定是新物质使溶液变红。 【回答2】能，因为溶液变红了，所以一定有新物质生成。 【观察】对比，认真记录实验现象，小组研讨、汇报。 【分析】思考，对比记录。 二氧化碳能与水发生反应生成酸性物质。

设计意图：

学生对CO_2使石蕊溶液变红的原因认识常有错误，通过探究验证生成新物质来证明发生化学反应，落实设计实验控制变量的思想。CO_2通入紫色石蕊溶液中，溶液变红，学生会误认为是CO_2使其变红。要使学生认识到CO_2通入水中，一部分溶解，另一部分与水反应生成碳酸，是碳酸使紫色石蕊溶液变红，而不是CO_2。以探究的形式完成实验设计，加深对此内容的理解，走出认识上的误区。

（续表）

第二课时　CO_2 的性质	
环节五：实验室检验 CO_2 的方法	
教师活动	学生活动
【介绍】同学们在问卷中都写到了用澄清石灰水来检验 CO_2。反应原理如何呢？根据下面的资料完成该反应的化学方程式。 【资料】澄清石灰水是氢氧化钙的水溶液，当溶液中的氢氧化钙与二氧化碳相遇时，形成了不溶于水的碳酸钙沉淀。 【介绍】酸性氧化物的性质，触类旁通。	【书写】学生根据信息写出化学方程式。 【交流展示】 $CO_2 + Ca(OH)_2 == CaCO_3\downarrow + H_2O$ 【整理】知识点。

设计意图：

运用元素守恒思想，培养学生的变化观念与平衡思想，学会正确的符号表征，发展学生的整体认识观和守恒规律。在分析的时候，充分让学生讨论，使他们的思想火花互相交流、撞击，体现了合作学习的特点。

环节六：归纳小结，关联性质	
教师活动	学生活动
【教师】本节课我们学习了 CO_2 具有的性质，也了解了 CO_2 的用途，请同学们思考性质与用途的关系。 【学以致用】　生活链接　CO_2 "奇"与"妙" "俭"与"奢"	【回答】性质决定用途，用途体现性质。 【归纳】联系生活实际，畅所欲言。

设计意图：

化学无处不在，有趣有用，链接生活，了解碳达峰、碳中和的重要意义。

板书设计：

第二课时　CO_2 的性质

物理性质	化学性质	用途
无色、无味 常温下为气体 固体为干冰 密度大于空气 能溶于水	不可燃，不助燃 能使澄清石灰水变浑浊： $CO_2 + Ca(OH)_2 == CaCO_3\downarrow + H_2O$ 能与水反应： $CO_2 + H_2O == H_2CO_3$	灭火 人工降雨 光合作用 碳酸饮料

六、学科大概念统摄下的大单元教学设计及教学反思

1. 大单元教学设计特色说明

（1）在建立学科大概念的过程中使单元教学结构化

《普通高中化学课程标准（2017年版2020年修订）》明确指出了课程标准修订的主要内容变化："进一步精选了学科内容，重视以学科大概念为核心，使课程内容结构化，以主题为引领，使课程内容情境化，促进学科核心素养的落实。"可见，围绕大概念进行课程与教学设计已成为当前科学教育的发展趋势和热点问题。核心素养教育时代的教师须从高处俯瞰学科知识体系，提升教学设计的站位，变关注"零碎知识点"为关注"大单元设计"。解决知识碎片化问题的出路并非教学设计所需要的时长，而是揭示教学内容之间有怎样的关系，这就要求教师必须能够看到具体知识背后的大概念，进而围绕大概念组织教学。实践中发现大单元教学设计能发挥大概念的统领作用，在构建必备知识、提高关键能力、发展学科素养方面也有较大的优越性。从教育目的看，二氧化碳对自然界的生命活动，对整个地球的生态平衡都起着重要作用。目前，由于二氧化碳含量的增加造成的温室效应已引起了全人类的共同关注，所以全面系统研究二氧化碳的性质具有现实意义。学生对气态化合物二氧化碳并不陌生，无论吸入的新鲜气体还是呼出的浊气都含有二氧化碳。虽然学生在现实生活中具备了一些二氧化碳的知识，但多是零散的、不成系统的。通过本单元的教学，将学生头脑中已有的知识系统化、网络化，与前面的物质学习联系起来，织成知识网，完善并提高学生对二氧化碳在自然界、生命活动中作用的认识。

（2）大单元教学注重翻转课堂与信息技术相结合

二氧化碳是生活中常见的物质，本单元通过翻转课堂的教学模式，微课助学、教材自学、学案导学、在线测学。利用微课上传、统计、拍照、画图、抢答、直播等功能，激发学生兴趣。把信息技术引入课堂，辅助教学，实现线上线下教学模式相结合。

2. 大单元教学设计教学反思

单元整体设计是从单元出发，研究教学系统、教学过程和制订教学计划，它以传播理论和学习理论为基础，应用系统的观点和方法，分析教学中的问题和需求，确立目标，建立解决问题的步骤，选择相应的教学策略和教学媒体，然后分析评价其结果，使教学效果最优化。本单元设计基于以上思想理论指导，初步学习二氧化

碳的实验室制取方法，结合实例说明二氧化碳的主要性质和用途，了解自然界中的碳循环，知道物质对人体健康的影响，认识物质的多样性等，进行教学设计。通过趣味实验、对比实验、演示实验、创新实验、改进试验、拓展实验等，充分体现实验主题，丰富单元教学内容。高中实验仪器在本节课的呈现，体现初高中知识一体化融合衔接，凸显大单元教学的优势。课前通过翻转课堂、调研问卷、微课助学、预学检测、学案导学等策略，了解学生对实验室制取气体及其性质的认知。在此基础上，通过制造矛盾冲突及实际问题解决，达到由"科学探究"向"创新意识"的转变，深化"科学态度与社会责任"化学学科核心素养。

北京市第一〇一中学怀柔分校　魏洪波
北京市顺义区教育研究和教师研修中心　谢立平
北京市顺义牛栏山第一中学　白志强

案例 ❹ 奥运火炬发现之旅

一、学科大概念统摄下的大单元教学背景分析

1. 大单元教学主题确定

《义务教育化学课程标准（2022年版）》指出"义务教育化学课程有利于激发学生对物质世界的好奇心，形成物质及其变化等基本化学观念，发展科学思维、创新精神与实践能力，养成科学态度和社会责任，为学生的终身发展奠定基础。"化学是推动人类社会可持续发展的重要力量，在应对能源危机、环境污染、突发公共卫生事件等人类面临的重大挑战中发挥着不可替代的作用。教材对燃料及其利用单元构建上以"燃料燃烧"为基础，体系结构呈现以"现象–本质–应用"为线索。综上所述，本单元以"奥运火炬发现之旅"为出发点。第一课时"火炬传递之旅"，从火炬传递开始分析，探究燃烧的条件，到研究解决办法。第二课时"火炬燃料之旅"（化学反应——能源本质、元素守恒）和第三课时"火炬节能之旅"，重社会责任和实际应用。整个单元知识逻辑性很强，内容的呈现注意从学生熟知的事件、亲身体验出发，选择学生熟悉的、生活中常见的知识和现象，并适当融入与社会发展、新科技进展等相关的资料，加强学生的科学探究、证据推理、创新意识，开阔学生的眼界和正确的科学态度。突出化学在科技、社会、生活中的作用，体现化学的应用价值，对于学生认识化学的重要性、体会化学与人类的关系、增强化学观念等都具有重要意义。

2. 大单元教学内容分析

（1）在教材中的地位和作用

本单元属于"化学与社会"主题，将化学学科知识与社会问题紧密联系起来，涉及能源、环境等社会问题，突出化学在科技、社会、生活中的作用，体现化学的应用价值，对于学生认识化学的重要性、体会化学与人类的关系、增强化学观念等都具有重要意义。本单元通过丰富的内容突出了化学对社会发展的重要作用，拓展了学生的视野，不仅让学生对化学知识产生兴趣，也让学生知道自然资源并不是"取之不尽、用之不竭"的，认识到人类要合理地开发和利用资源，树立保护环

境、与自然和谐相处的意识，使社会可持续发展。

（2）在教学中的功能和价值

本单元内容分燃烧和灭火、燃料的合理利用与开发、燃烧条件三个课题。在学习氧气的性质时，我们对燃烧有了一定的认识；学习二氧化碳的性质和制法时，我们又知道了一些灭火的方法。本单元从常见的燃烧现象入手，介绍燃烧的条件和灭火原理以及一些安全知识。利用燃烧反应的实例有很多，生活中利用最多的是燃料燃烧，所以在介绍了燃烧等知识后，又介绍了燃料及其用途，以及使用燃料对环境的影响等。

本单元内容综合性强，学习本单元内容，能帮助学生综合运用知识分析和解决问题，有助于学生全面认识物质的性质及其对人类和社会的影响。既看到它们对人类社会发展的重要作用，也看到处理、使用不当时会给人类社会带来一系列的危害，帮助学生形成学习科学、应用科学、为人类社会驱害谋利的意识。学习本单元内容，还能帮助学生了解化学科学的发展前景，认识化学在解决人类社会面临的问题上所能发挥的重大作用，可以进一步激发学生学好化学的积极性。

本单元在学了氧气的助燃性、化学变化的基本特征、化学反应中的质量守恒定律、二氧化碳会造成温室效应、一氧化碳可以用作燃料同时又是一个"无形的杀手"等内容之后，对燃烧与灭火的知识再一次学习，使学生从模糊的表观认识到本质的理解，使知识更系统化。

本单元学科性知识点不多，主要以联系生活、社会的实用知识、观念性问题为主，从常见的燃烧现象入手，介绍燃烧的条件和灭火原理以及一些安全知识。在介绍了燃烧等知识之后，又介绍了燃料及其用途，以及使用燃料对环境的影响等。让学生知道自然资源并不是取之不尽、用之不竭的，认识人类要合理地开发和利用资源，树立保护环境与自然和谐相处的意识，保障社会可持续发展。

3. 大单元教学学情分析

（1）学生已有知识与能力

燃烧与我们的生活以及社会发展有着密切的联系，学生在日常生活中已经接触到了燃烧现象。在学习氧气时观察了红磷、木炭、硫粉、铁丝等物质在氧气中燃烧的实验现象；在学习水的组成时知道纯净的氢气能安静地燃烧、不纯的氢气遇明火会爆炸；在学习碳的氧化物时知道一氧化碳能燃烧、二氧化碳不支持燃烧。学生对燃烧有了一定的认识，只不过还没有获得系统、规范的概念。因此，教学可以从红磷、白磷的对比实验出发，帮助学生获得概念，形成较为动态的知识体系。化石燃料是生活和生产中常用的燃料，煤、石油、天然气等燃料对学生来说并不陌生。通过介绍化石燃料对人类社会发展所起的重要作用，以及估算化石燃料的使用年限，让学生认识到我国面临的化石燃料危机，意识到节约能源和开发新能源的重要性。在知识储备方面，学生已有的生活经验使他们已经获得了一些有关化石燃料的感性认识，学生知道煤、石油、天然气等化石燃料的重要用途，认识到化石燃料是人类重要的自然资源，对人类生活起着重要作用。在学习技能方面，具备一定的实验观察和分析能力，能从酸雨危害模拟实验体会酸雨对金属材料、大理石雕像的腐蚀。

（2）学生学习障碍点

学生在此之前已经接触过对比实验的方法，但对于红磷、白磷燃烧的对比实验，要具体对比哪些实验现象、需要获取哪些证据来支持相应的实验结论，这种思维方式学生还不太熟悉，所以教学中仍需对学生加以引导。此外，很多学生对着火点概念的理解还不够准确，有的学生甚至认为灭火的方法之一就是降低可燃物的着火点，教学中需要帮助学生正确获得概念。有些学生对化石燃料储备的有限性认识不够全面，不能正确认识使用化石燃料对环境的影响。在教学中应提供大量情境素材、数据让学生交流、讨论，形成正确的观念，强化学生的社会责任意识。

（3）学生学习发展点

本单元是落实"从生活走进化学，从化学走向社会"课程理念的重要载体，教学中应从生活实际出发，帮助学生从化学视角认识化学对社会发展的重要作用。化学视角主要体现在化学学习的方法和思路。学习"生石灰与水反应放出热量"，引导学生观察实验现象，重点关注用手轻轻触碰试管外壁的感觉，获取证据，得出"该反应放热"的实验结论，再形成"化学反应伴随着能量变化"的结论，进而认识到人类社会发展所需的大部分能量来自化学反应。"化学与社会"主题以资源、能源、材料、环境和健康为线索，涉及的内容既有燃料燃烧、金属冶炼、合成材料、微量元素等方面的知识，又有燃烧条件的探究和大气、水、土壤污染物的来源及危害情况调查等方面的活动。本单元属于"化学与社会"主题的重要组成部分，注重引导学生从化学视角看待社会问题。因此，在教学时，应创设更多的真实问题情境，抽象出主要涉及的化学知识，帮助学生从化学视角看待社会问题，形成解决问题的基本思路和方法，为本主题后续内容的学习奠定良好的基础。教材中通过粉尘爆炸实验说明可燃物爆炸的原理，提供了常见可燃性气体的爆炸极限、常见的防火和防爆安全标志、易燃物和易爆物的使用注意事项等相关内容，让学生认识到安全的重要性，增强学生的安全意识，并通过可燃物燃烧、化石燃料燃烧对环境的影响树立环境意识。

二、学科大概念统摄下的大单元知识结构图

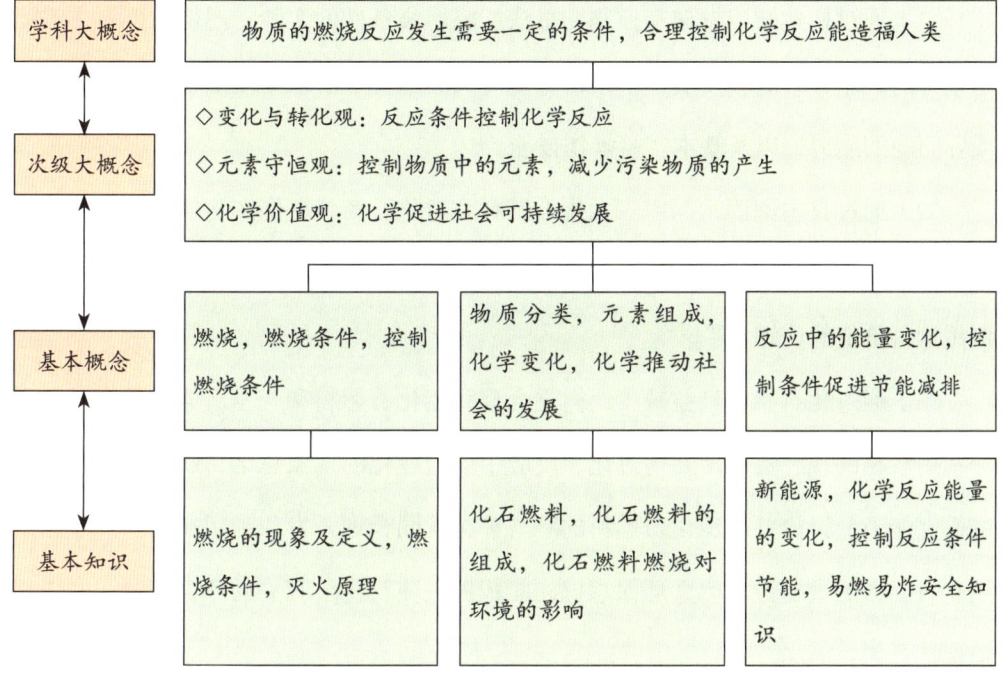

三、学科大概念统摄下的大单元教学与评价目标设计

1. 教学目标

（1）通过开展实验、探究等活动，认识燃烧的条件和灭火原理；了解易燃物和易爆物的相关安全知识，树立安全意识。

（2）认识化石燃料是人类重要的自然资源，认识化石燃料及其燃烧对环境的影响，认同环境保护和资源开发的重要性，强化社会责任意识，积极参与有关化学问题的社会决策。

（3）认识开发能源的重要性和新能源的种类，认识化学反应伴随着能量的变化，能从控制化学反应条件来控制化学反应，达到节能减排的作用，能从化学视角认识化学对社会发展的重要作用。

2. 评价目标

（1）通过构建知识框架和控制变量法探究燃烧条件的实验、燃烧与灭火在实际生活中的运用，诊断和发展学生建构燃烧与灭火三要素的认知模型、设计方案解决实际问题的能力，以及基本实验操作技能。

（2）通过自主阅读，探究三大化石燃料和对化石燃料燃烧产物的推断，诊断和发展学生对材料的阅读分析能力、对质量守恒中元素守恒的认知水平、对实际问题应用学科价值的认知水平。

（3）通过化石燃料日益减少，树立合理利用化石燃料和开发新能源的意识，充分利用教材的现有资源，并通过化学反应中能量变化的现象总结，诊断和发展学生的探究能力。讨论并认识化石燃料的利与弊，认同合理开发和利用新能源、节约使用化石燃料的重要性，树立环保意识，能积极关注与化学有关的环境问题，增强环境保护意识。

四、学科大概念统摄下的大单元规划流程图

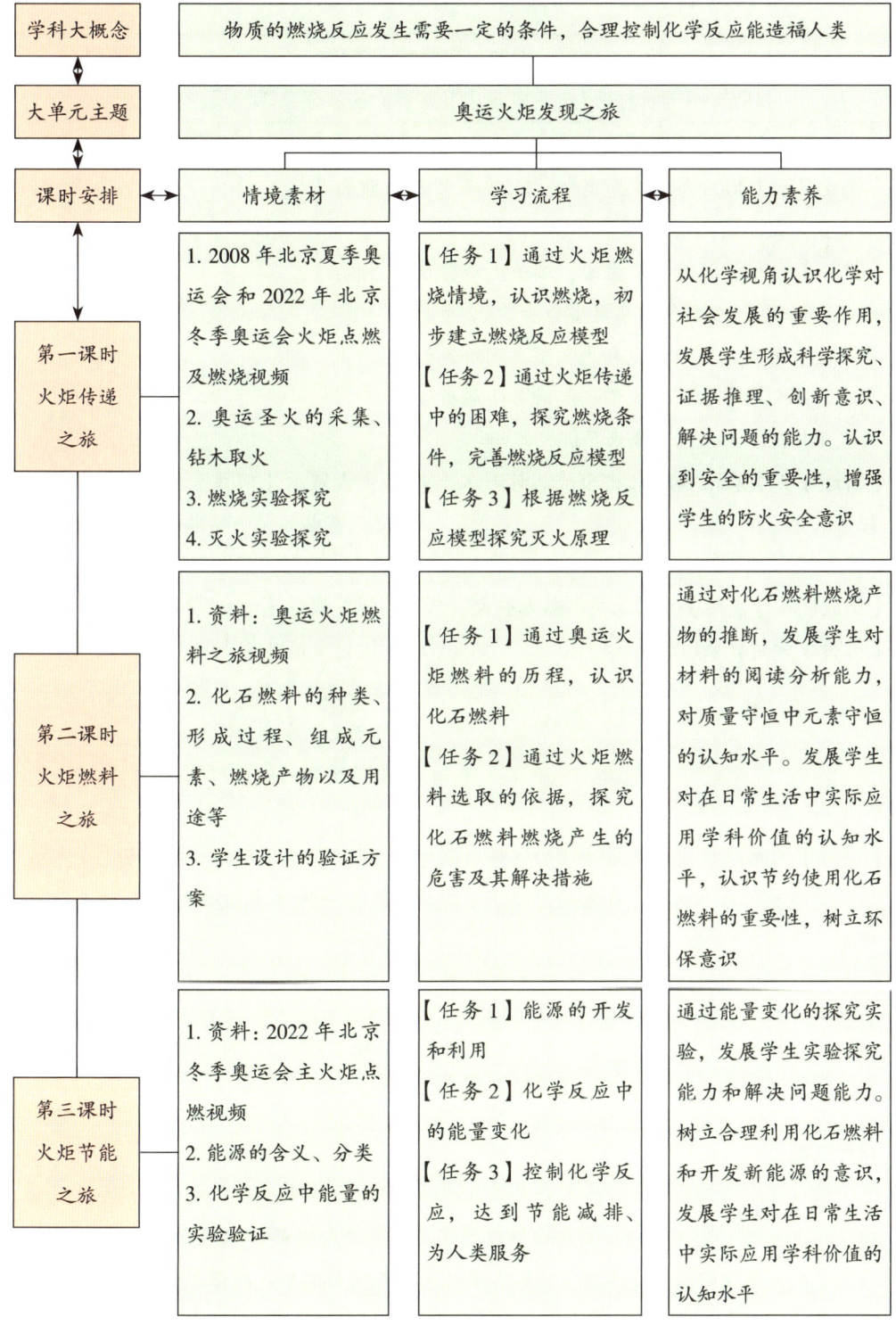

五、学科大概念统摄下的大单元教学流程设计

第一课时　火炬传递之旅	
环节一：通过火炬点燃情境认识燃烧，初步建立燃烧反应模型	
教师活动	学生活动
【播放视频】2008年北京夏奥会、2022年北京冬奥会火炬点燃视频。	【观看】
【讲解】火与我们的日常生活、工业生产密切相关。特别是2008年北京夏奥会和2022年北京冬奥会的奥运火炬传递和主火炬点燃给我们留下了深刻的印象，让我们一起沿着两届奥运会火炬传递和主火炬燃烧来了解火的知识。	【倾听】
【讲述】人类从远古时代就开始逐渐认识并使用火。	【个人展示】回顾人类认识燃烧的历史：雷电起火→钻木取火→各种物质燃烧在生活中的用途。
【播放视频】奥运圣火的采集、钻木取火。	【观看视频】
【分析】分析取火的原因。	【讨论交流】分析两种取火过程中物质燃烧的原因。 可燃物：易燃气体、稻草； 支持燃烧的物质：氧气； 温度：太阳光聚热、摩擦生热。
【设问】回顾蜡烛、木炭等物质的燃烧，思考这些燃烧有什么共同点，你能给燃烧下个定义吗？	【讨论回答】燃烧是可燃物与氧气发生的一种发光放热的剧烈的氧化反应。
【总结】给出燃烧的定义，初步建立燃烧模型： 可燃物 + 氧气 $\xrightarrow{\text{一定条件}}$ 生成物 + 能量	【思考理解】
设计意图： 　　通过观看北京夏奥会、冬奥会火炬点燃以及奥运圣火的采集等视频，让学生认识燃烧现象。通过分析讨论，总结出燃烧的定义，体会人类的认识过程是逐渐加深的，并初步建立燃烧的模型。在学生回顾人类认识燃烧的历史中，增强学生归纳、整理和处理信息的能力，同时激发学生的爱国情怀和浓烈的学习兴趣。	

（续表）

第一课时　火炬传递之旅	
环节二：通过火炬传递探究燃烧条件，完善燃烧反应模型	
教师活动	学生活动
【观看图片】 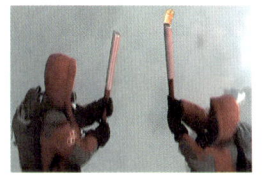 　　图1　　　　　　图2 【讲述】以上两张图片是奥运火炬在传递中的两项创举，图1是奥运火炬在水中的传递，图2是在世界最高峰珠穆朗玛峰上的传递，体现了奥林匹克的精神。 【设问】为什么火炬传递在以上两个地方非常难？要解决什么难题才能让火炬燃烧？请各位同学带着两个问题一起进行下面的研究。 【提问】大家根据日常生活经验和常识来猜想一下，燃烧应该具备哪些条件呢？ 【追问】如何设计实验证明燃烧的条件呢？ 【提示】这是一个多因素影响一个事物的问题，我们可以利用控制变量法设计对比实验，把一个因素作为变量进行研究。例如，把可燃物作为变量，让另外两个因素相同，进而进行研究。一共需要设计几组对比实验？请各位同学设计实验。 例如： | 改变因素 | 控制因素 || 现象 | |---|---|---|---| | 温度 | 可燃物 | 氧气 | | | √ | √ | √ | | | × | √ | √ | | 得出结论：	【思考】火炬传递中的困难是什么？ 【倾听】 【思考讨论】氧气稀薄、温度低、风速大。 【讨论回答】可燃物、氧气、温度。 【思考讨论】通过"对比"的方法验证燃烧条件。 【思考讨论】3组。 【讨论交流】改变因素为温度的实验设计。

（续表）

第一课时　火炬传递之旅	
环节二：通过火炬传递探究燃烧条件，完善燃烧反应模型	
教师活动	学生活动
【实验验证】提供的材料：煤块、木炭、玻璃片、纸条、酒精灯、坩埚钳、火柴。	【学生实验】大家根据提供的材料填写实验单并进行实验。同时比一比，看看哪组同学做得快，并且得出正确的结论。
【巡视】查看学生实验情况。	【归纳总结】各小组汇报实验情况，在汇报时强调把哪个条件作为变量以及实验现象和结论。
【资料】每种物质燃烧都需要达到一定温度，物质燃烧所需的最低温度叫着火点。着火点是物质的一种固有属性，不同物质的着火点是不同的。	
【小结】通过实验我们得出，只有3个条件同时具备，燃烧才能发生。	
【设问】刚才设计的实验使用了多种不同的装置和药品，能不能设计一个装置同时探究出可燃物燃烧必备的条件呢？一起来看下面这个实验。	【思考】
【问题】在这个实验中用到了两种药品，你能想到一共控制了几组变量吗？每组实验能看到哪些现象？分别控制的是哪个条件作为变量？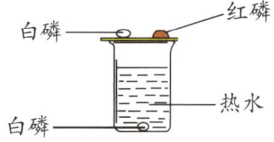	【讨论交流】两组变量。 可燃物：铜片上的白磷燃烧，红磷不燃烧。 氧气：铜片上的白磷燃烧，水中的白磷不燃烧。
【展示视频】白磷有毒，请大家观看实验视频。	【观看思考】 【讨论回答】回答实验现象。
【小结】通过这个实验，再一次验证了燃烧需要3个条件同时具备才能发生。	
【完善燃烧模型】	可燃物＋氧气 $\xrightarrow[\text{达到着火点}]{\text{温度}}$ 生成物＋能量
【扩展应用】为什么火炬在水中和珠穆朗玛峰上传递非常难？要解决什么难题才能让火炬燃烧？	【思考回答】水中缺氧。在海拔8 848.86 m的"地球之巅"，温度常在－40 ℃，风速达到10级，含氧量仅为海平面的1/3。 解决方法：有氧气，使用避风装置，利用0 ℃以下的易燃物质。

（续表）

第一课时　火炬传递之旅
环节二：通过火炬传递探究燃烧条件，完善燃烧反应模型
设计意图： 　　通过燃烧条件的探究，培养学生观察实验现象和归纳分析问题、主动探究和设计实验的能力。运用所学知识分析实验现象得出结论，培养学生的科学探究能力和严谨的思维方式，强调控制变量法在科学探究中的重要性。继续完善燃烧模型，进一步养成有序思维。
环节三：根据燃烧反应模型探究灭火原理

教师活动	学生活动
【过渡】火的使用推动人类文明不断进步，燃烧好比一把双刃剑，既可以造福人类，也会给人类带来灾难。如何有效控制燃烧，为人类造福？	【倾听思考】
【设问】如何控制条件使燃烧停止呢？下面大家就利用给出的实验材料探究蜡烛熄灭的方法，并根据模型总结出灭火的原理。 可燃物＋氧气 $\xrightarrow[\text{达到着火点}]{\text{温度}}$ 生成物＋能量 【提供的材料】烧杯、水、沙、剪刀、碳酸钠、盐酸、湿抹布、铜线、坩埚钳。 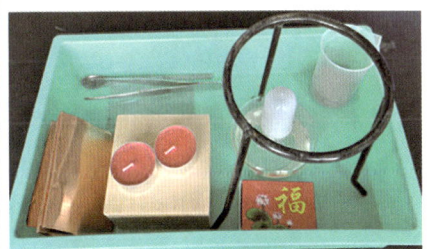 【巡视】查看学生实验情况。	【思考讨论】 【学生实验】探究蜡烛熄灭的方法： ①烧杯盖灭； ②用水浇灭； ③用剪子剪掉灯捻； ④用嘴吹灭。 【学生汇报】蜡烛熄灭的方法及灭火原理： ①烧杯盖灭——隔绝氧气； ②用水浇灭——温度降低到可燃物着火点以下，隔绝氧气； ③用剪子剪掉灯捻——移走可燃物； ④用嘴吹灭——温度降低到可燃物着火点以下。

(续表)

第一课时　火炬传递之旅	
环节三：根据燃烧反应模型探究灭火原理	
教师活动	学生活动
【小结】通过控制反应物、反应条件，可得出灭火原理分别是：移走可燃物、隔绝氧气、降低温度到可燃物着火点以下。需要强调的是，降低温度不是降低可燃物的着火点，着火点是物质的固有属性。 【提问】灭火原理和燃烧条件有什么关系？ 【过渡】明确了灭火的原理，就要根据燃烧时的具体情况，采取适宜的方法灭火。比如熄灭蜡烛最简单的方法就是吹灭，但是森林着火遇到风反而更加剧烈，这是为什么呢？ 【追问】森林着火一般怎么灭火呢？ 【点拨】飞机喷洒灭火剂，必要时砍伐树木制造隔离带——将大火蔓延线路前的一片树木砍掉。 【提问】遇到下面这些情形应该如何灭火呢？利用了什么原理？ ①炒菜时油锅中的油不慎着火； ②堆放的纸箱着火了； ③酒精灯不慎洒到桌面上着火； ④家用电器着火； ⑤火炬熄灭。	【归纳总结】 【分析】灭火的原理就是破坏燃烧的一个条件。我们只要从三个原理中任选其一，就能够达到灭火的目的。 【回答】温度达到一定高度时，风很难把温度降低到着火点以下，反而加速了空气的流通。 【思考】用水、沙土。 【思考回答】 ①锅盖盖灭——隔绝空气； ②用水浇灭——降低温度，隔绝空气； ③湿抹布盖灭——隔绝空气，降低温度； ④先断电源，再按情况灭火； ⑤隔绝可燃物。
设计意图： 　　通过燃烧反应模型，讨论并解释日常生活中常见的灭火措施，理论联系实际，进一步理解燃烧与灭火的关系，加深对燃烧反应模型的认识和理解。通过对灭火原理的探究，学会将所学知识应用到实际中去。	

（续表）

第一课时　火炬传递之旅
板书设计： 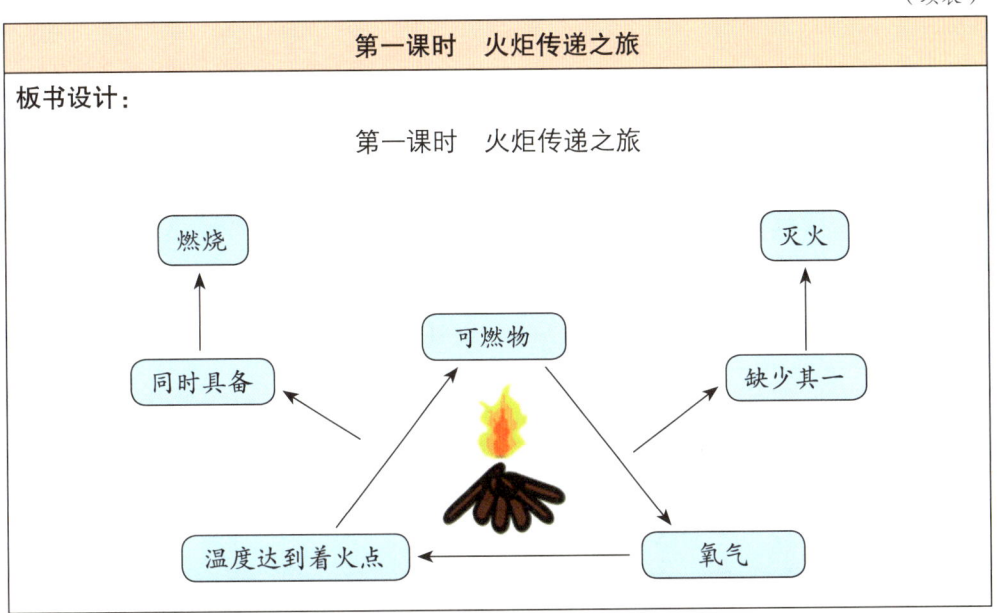

第二课时　火炬燃料之旅	
环节一：通过奥运火炬燃料的更新，认识化石燃料	
教师活动	学生活动
【视频】奥运火炬燃料之旅。 【资料】1936年柏林奥运会火炬燃料以复合镁粉为主；后来的奥运会火炬燃料还使用过天然树脂、液化石油气。 1984年洛杉矶奥运会火炬燃料以丙烷、丁烷为主。 2020年东京奥运会火炬燃料为氢气。 2022年北京冬奥会火炬燃料为氢气。 【设问】2022年北京冬奥会火炬燃料为氢气，人类使用的燃料有很多，为什么选用氢气？	【观看思考】 【思考回答】氢气是最清洁的燃料，其他燃料燃烧可能产生有污染的物质。

（续表）

第二课时 火炬燃料之旅	
环节一：通过奥运火炬燃料的更新，认识化石燃料	
教师活动	学生活动
【讲述】当前我们所使用的燃料主要是化石燃料，化石燃料有哪些？它们是怎样形成的？含有哪些成分？ 【小结】 	化石燃料	组成元素	燃烧产物
---	---	---
煤	主要是C H和少量的S	CO_2（不完全燃烧时CO、C） H_2O、SO_x等
石油	主要是C、H	CO_2（不完全燃烧时CO、C）、H_2O
	少量的S、N等	少量的SO_x、NO_x等
天然气	主要是C、H	CO_2（不完全燃烧时CO、C）、H_2O | 【视频】补充介绍有关煤、石油、天然气等燃料的其他资料。 【视频】甲烷燃烧实验。 【小结】组成燃料的元素在燃烧过程中生成对应的氧化物。例如，甲烷完全燃烧生成CO_2和H_2O，不完全燃烧的产物是CO，甚至是C。 【实验探究】证明蜡烛的组成中含有C、H元素。 【组织交流】交流探究方案、实验现象及结论。	【汇报】结合预习，各小组成员汇报化石燃料的种类、形成过程、组成元素、燃烧产物以及用途。 【思考】反应物的组成与其燃烧产物有什么关系？ 【观看】 【观看】交流实验现象：发出淡蓝色火焰；火焰上方罩一干冷烧杯，一会儿烧杯内壁出现无色液滴，向烧杯中倒入澄清石灰水，振荡，石灰水变浑浊。 【设计实验】根据所提供的仪器、药品设计实验方案。 【实施实验】根据设计方案，通过实验证明蜡烛中含有C、H元素。

（续表）

第二课时　火炬燃料之旅	
环节二：通过火炬燃料选取的依据，探究化石燃料燃烧产生的危害及其解决措施	
教师活动	学生活动
【导入】结合化石燃料的燃烧产物，思考燃料燃烧产物对环境的影响。 【归纳】<table><tr><td>化石燃料</td><td>燃烧产物</td><td>对环境的影响</td></tr><tr><td rowspan="4">煤</td><td>CO_2</td><td>温室效应</td></tr><tr><td>CO</td><td>污染气体</td></tr><tr><td>C</td><td>可吸入颗粒物</td></tr><tr><td>SO_x 等</td><td>污染气体</td></tr><tr><td rowspan="4">石油</td><td>CO_2</td><td>温室效应</td></tr><tr><td>CO</td><td>污染气体</td></tr><tr><td>C</td><td>可吸入颗粒物</td></tr><tr><td>SO_x、NO_x 等</td><td>污染气体</td></tr><tr><td rowspan="3">天然气</td><td>CO_2</td><td>温室效应</td></tr><tr><td>CO</td><td>污染气体</td></tr><tr><td>C</td><td>可吸入颗粒物</td></tr></table> 【视频】介绍燃料燃烧产物对环境的影响，思考形成这些环境问题的原因。    森林受到酸雨破坏　　1908年　　1969年 　　　　　　　　　雕像受到酸雨侵蚀  雾霾的影响	【归纳】查阅相关资料，结合身边的事例，交流燃料燃烧产物对环境的影响。 【思考】燃烧产物产生的原因。 元素守恒 $C+O_2 \xrightarrow{\text{点燃}} CO_2$ $2C+O_2 \xrightarrow{\text{点燃}} 2CO$ $S+O_2 \xrightarrow{\text{点燃}} SO_2$ 【观看视频，交流体会】酸雨、温室效应、雾霾等的危害。 SO_x、NO_x——酸雨 CO_2——温室效应 【思考】产生雾霾的原因是什么？

（续表）

第二课时　火炬燃料之旅	
环节二：通过火炬燃料选取的依据，探究化石燃料燃烧产生的危害及其解决措施	
教师活动	学生活动
【提问】如何解决燃料燃烧产物对环境的影响？ 【补充并归纳】针对化石燃料不完全燃烧产生的污染，可以采用的措施有：燃烧时要有足够的空气，燃烧时要有足够的接触面积，除去化石燃料中在燃烧时会产生污染的元素，采用清洁燃料。	【讨论回答】完全燃烧，除去化石燃料中在燃烧时会产生污染的元素，采用清洁燃料。
【介绍】化石燃料中含有多种成分，当作燃料直接燃烧既浪费资源又会产生大量污染物，应对化石燃料进行炼制分离及综合利用。	【理解】
【多媒体展示】介绍煤、石油的综合利用及其各种产品。	【列举】生活中的石油产品及其用途。
【讨论】按照化石能源基础储量和年产量，谈谈你对化石燃料使用与开发的看法。	【思考讨论】化石燃料是不可再生能源，使用一年少一年。
【讨论】通过元素观，大家想一想，2022年北京冬奥会火炬燃料为什么选用氢气？	【思考】氢气中只含有氢元素，燃烧产物只有水，所以对环境不会产生影响。

设计意图：

联系生活实际，创设丰富的教学环境，组织学生参与相关问题的讨论，让学生通过元素观来分析奥运火炬燃料的选取，让学生对内容有更全面的认识和深入的体会，更高效地达成目标。

板书设计：

第二课时　火炬燃料之旅

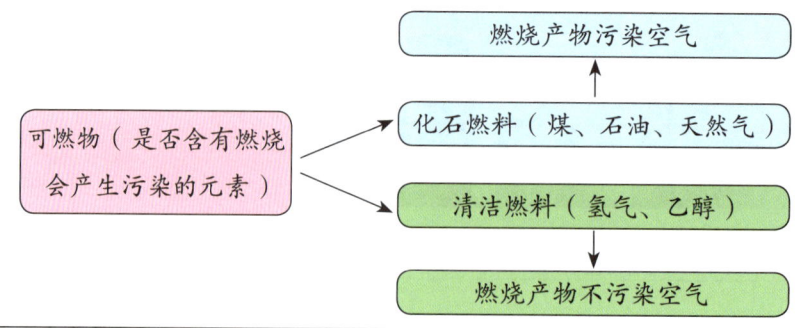

第三课时 火炬节能之旅

环节一：能源的开发和利用

教师活动	学生活动
【视频】2022年北京冬奥会主火炬点燃。【设问】对比以往奥运会，2022年冬奥会主火炬燃烧有什么不同？寓意是什么？【讲述】2008年北京夏季奥运会，主火炬的熊熊大火燃烧一个小时要消耗5 000 m³的天然气，同时排放大量的二氧化碳。为了给主火炬输送天然气，鸟巢甚至专门建设了一个能源站，源源不断地输送能源。在2022年北京冬奥会，将火炬变为"微火"之后，所产生的排放量只有之前的五千分之一。与以往冬奥会采用天然气或丙烷等气体作为燃料不同的是，本届冬奥会采用氢气作为火炬燃料，这是冬奥会历史上首次采用氢气作为火炬燃料。【设问】为什么我们国家大力提倡节能减排？在能源开发上同学们有什么看法？【讲述】能源的含义、分类。	【思考】化学对社会发展的重要作用，拓展视野。【思考回答】首次使用"微火"形式，寓意"绿色冬奥""科技冬奥"。【聆听】加深理解"绿色冬奥""科技冬奥"的含义。【思考回答】化石燃料是不可再生能源且燃烧会产生污染物，化石能源基础储量逐年减少。应大力开发清洁新能源。

（续表）

第三课时　火炬节能之旅	
环节一：能源的开发和利用	
教师活动	学生活动
【介绍】可燃冰、氢能。 【分析】从我国能源的变化、储量、成本、环境和技术水平等方面评价太阳能、风能、地热能、核能等几种新能源的作用。 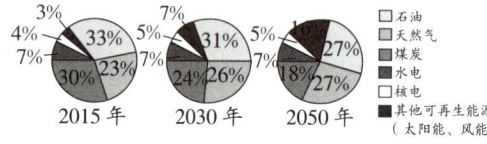 【讲述】虽然新能源各有优缺点，在替代传统化石能源的道路上任重而道远，但新能源的利用可以缓解化石能源面临耗尽的问题，并在一定程度上减少对环境的污染。目前约有14%的能源利用来自非化石能源，太阳能等新能源在某些领域已经取得了很好的应用。 【资料图片】天宫一号、天问一号、太阳能汽车充电站、核电站、风电场等我国已取得的成就。 【扩展】2022年北京冬奥会利用了哪些新能源？	【小组展示】 （1）再生能源：乙醇、风能、水能、潮汐能、太阳能。 （2）非再生能源：煤、石油、天然气。 （3）燃料型能源：煤炭、石油、天然气、泥炭、木材。 （4）非燃料型能源：太阳能、水能、风能、地热能、潮汐能。 【倾听】理解新型能源和清洁能源的重要性。 【思考】我国能源发展是逐渐减少化石燃料的使用率，提高其他可再生能源的利用率。根据图示分析什么能源的使用率在下降，什么能源的利用率在提高。 【思考】能源的现状和发展。 【观看】体会新能源的应用。 【查阅】

设计意图：
　　通过丰富的内容，突出化学对社会发展的重要作用，拓展了学生的视野。不仅让学生对化学知识产生兴趣，也让学生知道自然资源并不是"取之不尽，用之不竭"的，认识到能源的重要性，人类要合理地开发和利用能源，树立保护环境、与自然和谐相处的意识，实现社会可持续发展。

（续表）

第三课时　火炬节能之旅	
环节二：化学反应中的能量变化	
教师活动	学生活动
【讲述】能源是"可从其获得热、光和动力之类能量的资源"，能量一般是从化学反应得到的。 【设问】化学变化中只有燃烧是放热吗？化学变化只有放热的反应吗？	【倾听】体会能源、能量的含义。 【思考回答】不是，其他化学反应也可能有放热现象，还可能有吸热反应或能量变化不大的反应。
【实验验证】 （1）点燃一根火柴，感受热量变化。 （2）氧化钙和水反应。 （3）镁条和稀盐酸反应。 （4）氯化铵和氢氧化钡反应。	【实验操作】完成学案。 （1）燃烧放热　　（2）不燃烧放热 （3）不燃烧放热　（4）吸热
【小结】认识到所有的化学变化都同时伴随着物质变化和能量变化。能量变化常表现为热量变化，有的化学反应要放出热量，有的要吸收热量。	【理解】加深对化学反应能量变化的理解。
【设问】化学反应中的能量变化在生活中有什么作用？	【展示】展示调查图片。 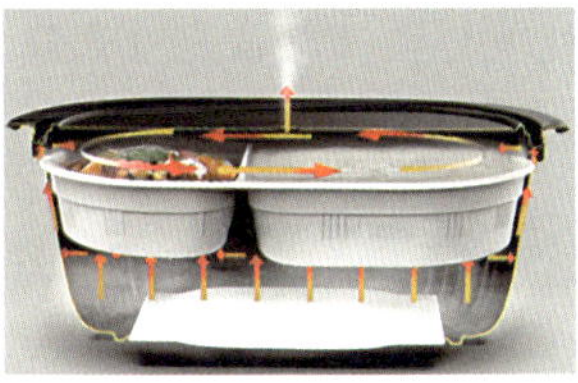

设计意图：

将常见的生活素材引入课堂，激发学生的求知欲。通过氧化钙和水反应、镁条和稀盐酸反应、氯化铵和氢氧化钡反应等实验，总结化学反应中吸放热现象并完成实验报告，培养学生实验探究能力，提升学生化学观念、科学思维、模型认知等核心素养。

(续表)

第三课时　火炬节能之旅	
环节三：控制化学反应，节能减排，为人类服务	
教师活动	学生活动
【图片展示】 （1）烧煤块和烧蜂窝煤做饭对比。 （2）鼓入足够的空气和不鼓入空气，可燃物燃烧的对比实验。	【思考讨论】控制反应物间的接触面积和氧气浓度可以控制化学反应的能量释放。 【分析展示】结合燃烧实例，从控制可燃物和控制氧气两个角度分析。结合蜂窝煤可知，增大可燃物与氧气的接触面积，可充分燃烧；由鼓入足够的空气使可燃物燃烧更旺的对比实验可知，增大氧气浓度可充分燃烧。
【设问】什么是完全燃烧？什么是不完全燃烧？完全燃烧的重要性有哪些？	【查阅资料】完全燃烧：在燃烧产物中没有继续可以燃烧的物质。不完全燃烧：在燃烧产物中有继续可以燃烧的物质。 可燃物完全燃烧的重要性： ①节约资源和能源； ②减少有毒气体的排放，保护环境。
【小结】节能减排要让物质充分燃烧。	
【视频】展示粉尘爆炸实验，分析通过科学控制反应如何避免这类爆炸的发生。	【观看、讨论、回答】打扫干净（移除可燃物）、禁止烟火（防止温度达到着火点）。
【知识应用】野炊时，如何使篝火燃烧更旺？如何熄灭篝火？	【讨论回答】架空或扇风；用水或沙土。
【小结】 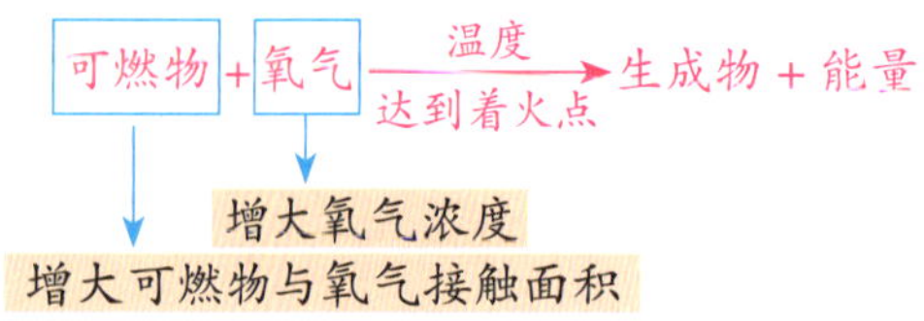 可燃物+氧气 →(温度达到着火点)→ 生成物+能量 ↓ 增大氧气浓度 增大可燃物与氧气接触面积	【与教师共同总结】
【扩展】查询2022年北京冬奥会有哪些节能减排的创新。	【课下查询】

（续表）

第三课时　火炬节能之旅
环节三：控制化学反应，节能减排，为人类服务
设计意图： 　　加深对燃烧反应模型的理解，通过控制可燃物与氧气的接触面积、氧气的浓度等因素来影响化学反应，改变不利因素，扩大有利因素为人类服务。内容重点与生产、生活相结合，重在理论联系实际，让学生通过学习解决生活中的问题，提高学生的创新意识。
板书设计： 第三课时　火炬节能之旅 化学反应 →伴随→ 能量变化（吸热反应／放热反应）→ 能源利用 →枯竭→ 应对策略（充分燃烧／合理开发新能源）

单元整体知识体系
板书设计： 奥运火炬发现之旅 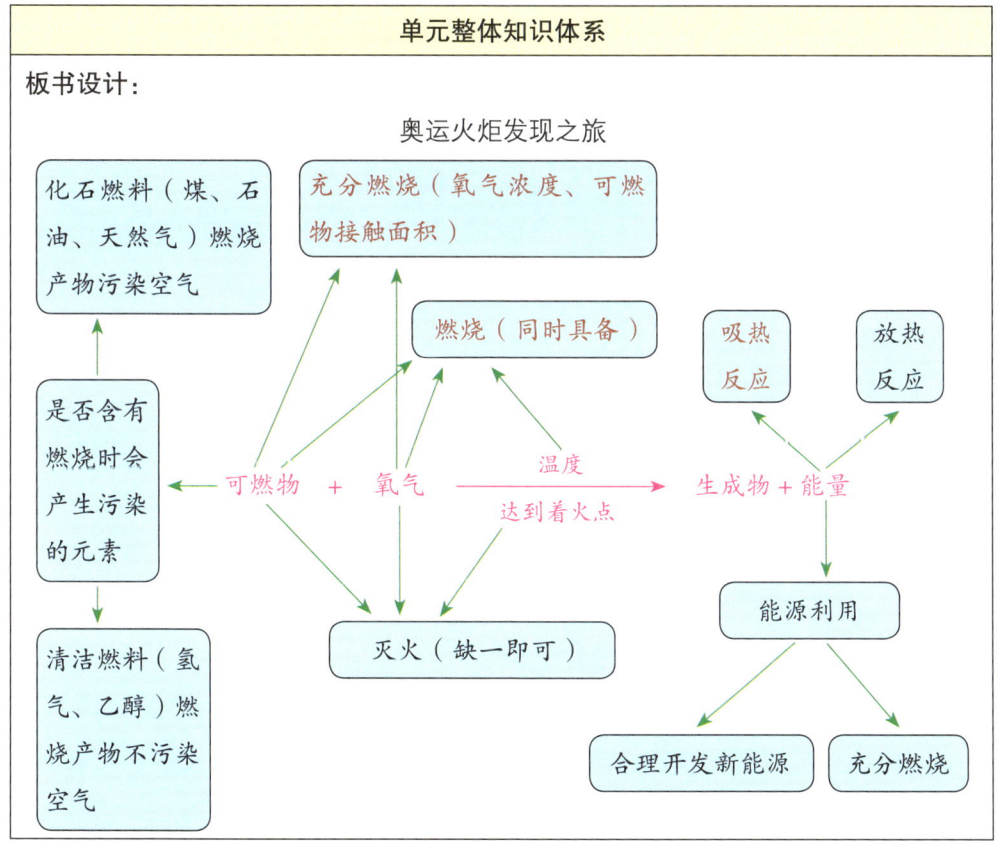

六、学科大概念统摄下的大单元教学设计及教学反思

1. 大单元教学设计特色说明

（1）重视学生的思想意识

本单元通过丰富的内容突出了化学对社会发展的重要作用，拓展了学生的视野。不仅让学生对化学知识产生兴趣，也让学生知道自然资源并不是"取之不尽、用之不竭"的，认识到人类要合理开发和利用资源，树立保护环境、与自然和谐相处的意识，使社会可持续发展。

（2）重视认知观念的建立

学科大概念是指学科内具体知识背后更为本质、更为核心的思想，基于大概念的教学，能帮助学生在一个相对集中的时间内深入学习与一个大概念相关联的知识。在新授课阶段，学生已初步建立具体知识与大概念之间的对接，把学科零散的知识进行了结构化的建构。在复习课阶段，不仅要强化学生对物质及其变化的多角度认识，还应该引导学生能够主动利用构建的知识体系，经历并体验实际问题的解决过程，从而帮助学生将知识转化为认识，能应用所学知识灵活地解决实际问题。本单元设计以"元素观、应用观"两个大概念进行统领，以"奥运火炬发现之旅"中的传递、燃料、节能为核心内容，展开学习，经历"火炬传递之旅"（燃烧和灭火）、"火炬燃料之旅"（化石燃料及其燃烧对环境的影响）、"火炬节能之旅"（开发新能源、化学反应中的能量变化、节能方法）三个课时的实际问题的解决过程，体会证据推理、实验探究、元素守恒、能量变化、反应条件、社会责任、环保意识，从而提升学生思想意识。

（3）重视知识的情境化

本单元的设计重视真实情景下的学习，每个课时研究的都是基于真实的有学科价值的生活问题。课程论专家钟启泉教授认为"核心素养不是教师教出来的，而是在问题情境中借助问题解决的实践培育出来的"。学生在学习过程中，将生活问题拆解为多个小的化学问题，在攻克每一个化学问题的过程中，实现对学科核心知识的深度理解、学科思想和方法的迁移与运用。

（4）重视学生的活动设计

本单元创设了供学生参与的学习活动，这些活动的创设，不仅能唤起学生的参与热情，激发学生的学习愿望和乐趣，也能激发学生的思维，让学生在质疑、对

话、释疑等过程中促进反思，形成深度学习思维，提高思维品质，同时还有助于发展"证据推理""科学探究"等核心素养。

（5）重视学生证据推理能力的培养

整个单元教学过程中，以丰富的资料、数据、探究实验，让学生在信息提取、数据分析、方案设计、交流讨论、实验探究、评价改进等一系列的活动中体会、经历科学探究的过程，发展学生基于证据进行分析推理、证实或证伪假设的能力。

（6）重视学生社会责任的培养

通过介绍使用化石燃料对环境的影响，说明使用清洁能源及环境保护的重要性；同时通过介绍为消除化石燃料燃烧对环境的影响所采取的措施，以及科学家在开发和利用新能源方面所做的努力，帮助学生认识化学在治理污染中的重要作用，进而让学生认识学习化学对环境保护、可持续发展所起的积极作用，让学生意识到节约能源要从自身做起，增强社会责任感。

2. 大单元教学设计教学反思

（1）加强真实情境教学

通过2008年北京夏季奥运会和2022年北京冬季奥运会火炬的传递、火炬燃料的研发、2022年北京冬季奥运会主火炬以"微火"形式燃烧，引出燃烧与灭火、燃料和能量、使用燃料对环境的影响三个主题的研究。在研究任务过程中，学生通过"燃料 + 氧气 $\xrightarrow{条件}$ 产物 + 能量"的思路将以上三个主题有机结合起来。

（2）鼓励学生参与学习活动，体验深度学习

本单元的学科核心知识点并不多，教学难度不大。在教学中应鼓励学生积极参与学习活动，为学生讨论和表达观点提供足够的空间，帮助学生体验深度学习。讨论"化石能源是有限"的话题时，可以让学生在课前做好准备，搜集相关信息或数据，课堂上基于证据进行讨论和表达，再谈谈对能源保护、开发和利用的看法。讨论"认识酸雨及其危害"话题时，以一系列驱动性问题，如"酸雨是如何产生的""化石燃料是一类什么样的燃料""为什么化石燃料燃烧会导致酸雨""如何减少空气污染"等，引导学生从化学视角进行深度学习。讨论"氢气未能作为燃料被广泛应用的原因"时，可以引导学生从氢气的存在、性质及制备等方面进行讨论，最后形成观点。

(3)重视指导学生通过观察获得关键信息,进一步达成"证据推理"素养

本单元安排了"燃烧的条件""粉尘爆炸""生石灰与水反应放出热量"等实验。"燃烧的条件"是基于对比实验的方法,通过观察获取证据,推理得出实验结论;"粉尘爆炸"是通过观察实验现象分析爆炸原因;"生石灰与水反应放出热量"是基于观察实验现象,获取证据、得出实验结论。可见,本单元涉及的化学学科思维主要体现在证据推理,在教学中应着重培养学生通过观察获取关键信息、基于证据进行分析推理、形成科学结论的能力。

(4)引导学生用辩证的态度认识燃料使用过程中的问题,深入体会化学的学习价值

长期以来,人们在化石燃料应用的过程中看到的问题比其优点多,恰恰是由于人们缺乏基本的化学素养,不合理使用化石燃料才造成的。因此,在教学中一定要改变学生的这种认识。通过介绍使用化石燃料对环境的影响,说明使用清洁能源及环境保护的重要性;通过介绍为消除化石燃料燃烧对环境的影响所采取的措施,以及科学家在开发和利用新能源方面所做的努力,帮助学生认识化学在治理污染中的重要作用,进而让学生认识学习化学对环境保护、可持续发展所起的积极作用。

北京市怀柔区北房中学　　李广林

案例 ❺ 溶液

一、学科大概念统摄下的大单元教学背景分析

1. 大单元教学主题确定

溶液在实际生产及社会生活中扮演着重要角色，有些溶液为化学反应提供适宜环境，使反应速率不断加快；有些溶液参与医疗救治过程，为病人带来生的希望；还有一些溶液被制成农药和化肥，促进粮食增收；人体每天的生命过程也是在溶液中完成的。可以说，社会生产离不开溶液，生命过程更离不开溶液。同时，溶液是初中化学的重要内容，是学生学习身边化学物质的重要组成部分。这部分内容从简单到困难、从定性到定量、从宏观到微观，多角度、多层次讲解溶液相关知识，为学生理解溶液概念提供了全方位的视角。

单元整体教学基于发展学生核心素养制订教学计划，强调教学整体与部分之间的联系，突出"大观念、大主题、大过程"。重新设计与规划的教学内容为学生提供了较为宏观的视野，通过知识关联促进学生形成更高位的认知水平，使学生全面理解知识，以便更好地进行迁移和应用。这些优点恰恰是传统溶液教学中所缺少的，因此把本部分内容进行单元整体教学设计，有利于优化学生溶液知识的认知结构，有利于学生形成化学核心观念，也有利于化学学科核心素养的落地。

2. 大单元教学内容分析

（1）在教材中的地位和作用

本课题是新课程标准中一级主题"物质的性质与应用"下的二级主题"溶液"。溶液是化学学科的核心概念之一，是混合物体系的重要代表物。在本部分内容之前教材的重点集中在研究纯净物上，虽列举了空气、合金、过氧化氢溶液等混合物，但侧重点是了解它们的成分，并没有对混合体系进行系统研究。区别于纯净物，混合物有"分散形成"和"状态共存"两大特点，因此混合物与纯净物的研究思路并不相同。本单元为学生学习混合物打下坚实基础，不仅提升了教材前几章中水的组成、二氧化碳和氧气制取等知识的认知高度，也关联着高中将要学习的分散系、离子反应、化学平衡等内容。

（2）在教学中的功能和价值

溶液是物质共存的一种状态，是初中化学遇到的唯一一类分散体系。在前面的教学中学生多次遇到溶液问题，但只有感性认知，并没有深入研究。本单元从定性和定量、微观和宏观多个角度初步认识溶液，为研究一类物质提供研究角度和科学方法。后面将要学习常见的酸和碱，有关它们之间的化学反应几乎都是在溶液里进行的，学好这些内容要求学生系统掌握溶液有关知识。因此，从知识层面看，本单元起到了承上启下的作用；从方法层面看，本单元为科学研究一类物质提供迁移基础。

3. 大单元教学学情分析

（1）学生已有知识与能力

学生对于溶液这个词并不陌生，对物质溶解后形成溶液的现象比较熟悉。学生不仅在生活中经常接触并应用溶液，在实验室也见过溶液。但是学生对于溶液的认知存在很大误区，例如，认为溶液都是液体，只有水才能作为溶剂，溶质可以无限溶解于溶剂等。学生具备一定数学计算能力，但控制变量思想还没有形成。通过前面的学习学生已经具备了基本实验操作能力，对科学的探究方法如对比法、归纳法有一定的了解，对于小组合作学习方式有一定经验。但自主选择正确科学方法进行实验探究的能力还不完备，所以在本单元的学习中，要重点培养学生多角度认识物质的观念和自主探究的能力。

（2）学生学习障碍点

认为溶液都是液体，溶剂都是水，无法分清溶质和溶剂；无法从微观角度认识溶解过程，不会从定量角度表示溶液的组成，计算能力不好；缺乏研究一类物质的经验，没有形成研究一类物质的研究方法；认为溶解过程没有限度，溶质溶解后就消失了；阅读图像和理解图像的能力欠缺，对饱和溶液与不饱和溶液的转化过程很难理解。

（3）学生学习发展点

以生理盐水为背景，通过一系列的活动探究过程，使学生形成研究一类物质的学习方法。尝试从宏观和微观两个层面认识溶液的组成、溶解过程，理解饱和溶液与不饱和溶液转化过程。培养学生"宏观－微观－符号－曲线"多层面认识方法。理解物质组成、性质、用途三者之间的关系，初步帮助学生形成微粒观、物质观、变化观等化学观念。让学生在实验探究的过程中逐步形成科学的研究方法，发展学生研究未知事物的能力。

二、学科大概念统摄下的大单元知识结构图

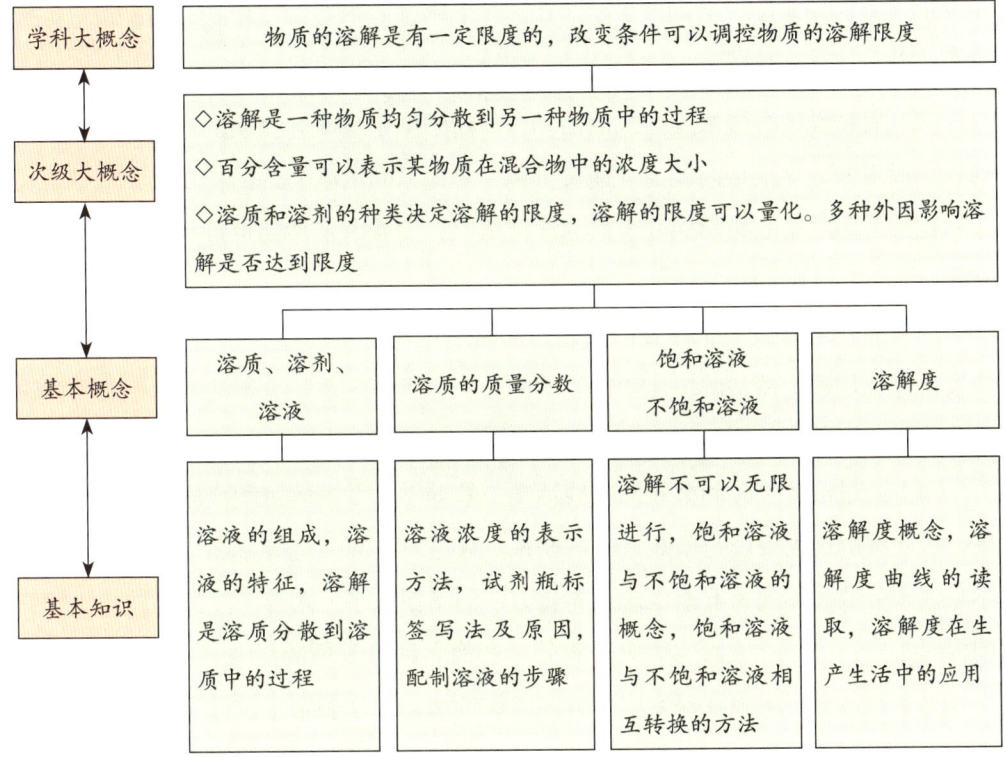

三、学科大概念统摄下的大单元教学与评价目标设计

1. 教学目标

（1）通过溶质的溶解过程，体会溶液是一种混合物，从宏观和微观两个角度初步认识溶液形成过程。

（2）通过盐水的配制过程，了解溶质的质量分数概念，建立从定性到定量、从宏观到微观、从静态到动态的化学学科思想。

（3）通过对电导率曲线的分析，建立饱和溶液与不饱和溶液相互转换的条件模型，动态感知转化的宏观和微观过程。

（4）在溶解度概念的探究过程中，形成控制变量的科学思维，理解溶解都是有限度的，限度大小与外界温度有关。

2. 评价目标

（1）通过区分几份溶液中的溶质和溶剂，诊断学生是否理解溶解的实际过程，培养学生由一般到特殊的演绎能力。通过对溶液性质叙述对错的判断，诊断学生是否掌握了溶液的概念，帮助学生形成从宏观和微观两个角度认识物质的视角，发展学生研究混合物的思维方法。

（2）通过设计溶液浓度公式的活动，诊断学生定量研究物质的水平，发展学生通过一般现象建立模型的能力。通过分析、对比不同浓度公式的特点，了解学生关于对比法、归纳法等科学探究方法的掌握情况，发展由定性到定量研究物质性质的意识。

（3）通过书写试剂瓶标签的活动，诊断学生对溶质质量分数公式的理解水平，发展学生利用理论模型解决化学问题的能力。通过一定质量分数溶液的配制实验设计，诊断学生设计实验的能力。

（4）通过溶解步骤和微粒图连线活动，掌握学生对溶解过程限度问题的理解程度，建立溶解过程宏观与微观之间的联系。通过对时间 – 电导率图像的解释，掌握学生饱和溶液和不饱和溶液概念及转化方法的掌握水平。培养学生阅读图像、解释图像的能力，培养"宏观 – 微观 – 符号 – 图像"四重表征的能力。

（5）通过对溶解限度探究实验方案的评价活动，掌握学生设计实验、评价反馈的能力，培养学生控制变量研究化学问题的意识。通过溶解度曲线的绘画活动，掌握学生定量研究化学问题的能力，理解溶解的限度可以量化。

四、学科大概念统摄下的大单元规划流程图

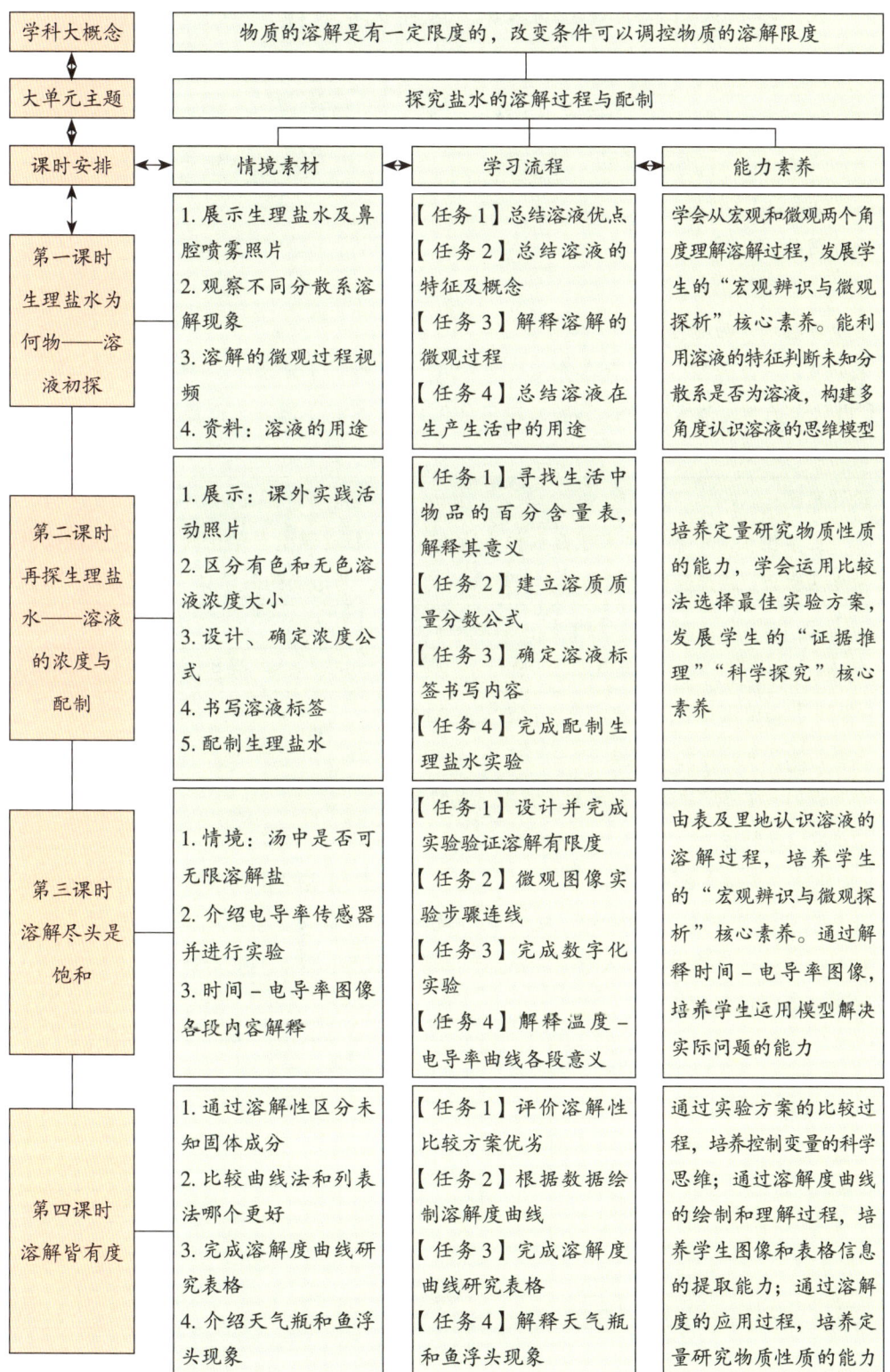

五、学科大概念统摄下的大单元教学流程设计

第一课时　生理盐水为何物——溶液初探

环节一：认识生活中的生理盐水	
教师活动	学生活动
【教师活动1】情境引入。 展示图片： ①病人在医院输液； ②生理盐水产品标签。 教师展示一瓶鼻腔喷雾，简单介绍喷雾作用。 【提问】为何输液或者清洗鼻腔时不用氯化钠固体而用溶液？	【聆听】记录。 【回答】溶液方便操作、便于人体吸收，固体不能维持细胞活性等。

设计意图：

　　把学生生活中常见的生理盐水作为情境背景，拉近课堂与学生的距离，快速吸引学生注意力。教师的问题帮助学生理解溶液的优点，为后面的教学环节打下基础。

环节二：理解溶液的特征及概念	
教师活动	学生活动
【提问】和固体相比，溶液有什么优点？到底什么样的液体才能称之为溶液呢？今天我们就重点解决这两个问题。首先，我们来认识溶液的特征。 【指导学生实验】配制溶液。 分别取少量氯化钠、硝酸钾、硫酸钙、硫酸铜、植物油于试管中，加入2～3 mL水振荡，观察现象，填写学案。 	药品	氯化钠	硝酸钾	硫酸钙	硫酸铜	植物油
---	---	---	---	---	---
振荡后是否均一					
静置后是否分层					
静置后是否均一							【分组实验】观察、记录，分组汇报实验成果。主要观察振荡后是否完全溶解，以及静置后是否完全溶解。 | 氯化钠	硝酸钾	硫酸钙	硫酸铜	植物油
---	---	---	---	---
√	√	√	√	×
×	×	√	×	×
√	√	×	√	×	

(续表)

第一课时　生理盐水为何物——溶液初探	
环节二：理解溶液的特征及概念	
教师活动	学生活动
【教师活动2】引入溶液的特征及概念。 通过实验现象，你认为上述混合物中属于溶液的是哪些？ 【总结】溶液的特征：均一性、稳定性。 溶液的概念：由一种或几种物质分散到另一种物质中形成的均一、稳定的混合物就是溶液。 简单介绍悬浊液和乳浊液的概念。 【反馈】分析以下几种溶液的组成。 	溶液	被溶解的物质	溶解其他物质的物质
---	---	---
氯化钠溶液		
硝酸钾溶液		
硫酸铜溶液		
碘酒		
汽水		| 依据溶液的概念，引导学生总结溶液的组成。 【小结】 溶液 $\begin{cases} 溶质：被溶解的物质。\\ 溶剂：能溶解其他物质的物质。\\ 特征：均一性、稳定性。 \end{cases}$ 【反馈】判断上述表格中溶液的溶质及溶剂，并判断对错。 ①溶液均为混合物； ②溶质均为固体； ③溶剂就是水； ④溶液都是澄清透明的； ⑤溶剂也可以是固体或气体； ⑥溶液的体积等于溶质的体积加溶剂的体积。 【小结】（1）水是最常用的溶剂，汽油、酒精也可以作为溶剂。 （2）溶液的质量＝溶质的质量＋溶剂的质量	【回答】氯化钠溶液、硝酸钾溶液、硫酸铜溶液。 【思考】通过对比浊液和溶液的不同，总结溶液的特征、概念和组成。 【讨论】通过寻找溶液中的不同成分，体会溶液的组成。 | 溶液	被溶解的物质	溶解其他物质的物质
---	---	---
氯化钠溶液	氯化钠	水
硝酸钾溶液	硝酸钾	水
硫酸铜溶液	硫酸铜	水
碘酒	碘	酒精
汽水	二氧化碳	水	 【讨论回答】溶液由两部分组成，分别为被溶解的物质（溶质）和溶解其他物质的物质（溶剂）。 【讨论回答】 ①√ ②× ③× ④× ⑤√ ⑥× 【理解聆听】

（续表）

第一课时　生理盐水为何物——溶液初探
环节二：理解溶液的特征及概念

设计意图：
　　以动手实验为例，让学生通过观察实验过程，总结实验成果，得出溶液概念。通过对实验过程的观察，学生亲眼看到了溶液均一性、稳定性的特征，也体会到溶质、溶剂相互溶解的过程，降低了理解难度。最后以判断题巩固刚形成的溶液概念，既便捷省时，又达到即刻复习的效果。

环节三：溶解的微观过程	
教师活动	学生活动
【设问】从微观的角度看，溶液是怎样形成的呢？氯化钠溶于水后消失了，它们去哪儿了？以什么形式存在于水中？ （辅助动画：①氯化钠溶解过程；②蔗糖溶解过程。）  　氯化钠溶解微观过程　　蔗糖溶解微观过程	【思考回答】①氯化钠由 Na^+、Cl^- 构成，溶解过程中 Na^+、Cl^- 在水的作用下均匀运动到水分子间隙中。 ②蔗糖由分子构成，溶解过程中蔗糖分子在水的作用下均匀运动到水分子间隙中。
【教师活动3】溶液的用途。 【提问】（1）生活中还有什么地方是将固体配成溶液使用的？ （2）实验室中的药品为什么配成溶液后再反应？ 【展示图片】无土栽培、细胞、体液的成分等。 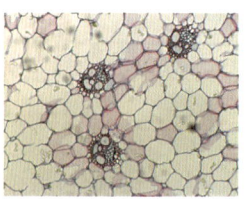 　　无土栽培　　　　动物细胞	【交流讨论】了解溶液在动植物细胞中的作用。

（续表）

第一课时　生理盐水为何物——溶液初探	
环节三：溶解的微观过程	
教师活动	学生活动
【总结提升】溶液在很多领域都起到了非常积极的作用，小到衣食住行，大到尖端科技。溶液的发展前景是无限的，这正需要同学们去探索发现。 【科普阅读】《溶液让化工生产进入"飞速时代"》	【总结、阅读、回答】
设计意图： 　　通过阅读材料，帮助学生形成阅读化学科普类文章时关注化学学科最新发展的习惯。引导学生从宏观和微观两个角度再次认识溶液，发展学生的"宏观辨识与微观探析"核心素养。通过介绍溶液在化工生产中起到的关键作用，让学生对界面化学有初步认识，丰富学生业余知识，拓宽学生眼界。	
板书设计： 　　　　　　　　　第一课时　生理盐水为何物——溶液初探 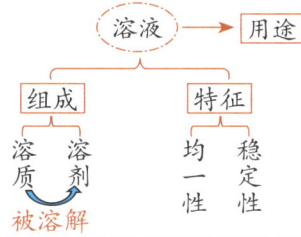	

第二课时　再探生理盐水——溶液的浓度与配制	
环节一：建立浓度公式	
教师活动	学生活动
【引入】投影展示课外实践活动的照片，照片中学生们正在超市观察记录常见食品的成分表。请各小组长解释手中食品说明书上百分含量的意义。 食品说明书	【观察思考】

(续表)

第二课时 再探生理盐水——溶液的浓度与配制

环节一：建立浓度公式

教师活动	学生活动
【小结】可以用质量分数表示固体混合物中某物质的含量。 【展示】展示并比较三种不同浓度的硫酸铜溶液。 【问题1】你认为哪种硫酸铜溶液的浓度最大？依据是什么？ 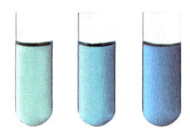 三种浓度不一样的硫酸铜溶液 【小结】对于有颜色的溶液，可以大致通过观察颜色的深浅辨别浓度高低。 【问题2】对于无色的溶液，如何判断浓度的大小呢？ 【演示实验】比较食盐水的浓度。 （1）称量5 g、10 g氯化钠，分别加入45 g水，充分溶解。哪个溶液的浓度更大？依据是什么？ （2）称量5 g氯化钠，分别加入45 g水和90 g水。哪个溶液的浓度更大？依据是什么？ 【提问】下面4瓶溶液哪瓶的浓度更大？依据是什么？ 	试剂瓶	溶质质量/g	溶剂质量/g	溶液质量/g
---	---	---	---
1	5	45	50
2	5	90	95
3	20	180	200
4	30	270	300		【思考交流】 【学生活动1】区分溶质质量分数大小。 【回答】三种溶液的颜色深浅不一样，颜色越深的溶液浓度越大。 【思考回答】 （1）同样的水，后者氯化钠更多，故第2个的浓度更大。 （2）前者氯化钠与水的比例为5∶45（1∶9），后者氯化钠与水的比例为5∶90（1∶18）。前者氯化钠更多，浓度更大。 【回答】第1瓶溶质与溶剂的比例为5∶45（1∶9）；第2瓶溶质与溶剂的比例为5∶90（1∶18），第3瓶溶质与溶剂的比例为20∶180（1∶9），第4瓶溶质与溶剂的比例为30∶270（1∶9）。第1、3、4瓶的浓度是相同的，第2瓶的浓度最小。

(续表)

第二课时 再探生理盐水——溶液的浓度与配制

环节一：建立浓度公式

教师活动	学生活动
【提问】分析评价哪个方案更好。 【引导学生分析评价】描述溶液的浓度，应该用溶质作分子，溶液的浓度不宜大于百分之百，所以方案2更好。 【总结】 溶质的质量分数 = $\dfrac{溶质的质量}{溶质的质量 + 溶剂的质量}$	【学生活动2】设计溶液浓度公式。 【小组讨论】设计一个可以计算溶液浓度的通用公式，其中质量分数用 w 表示，溶质质量用 m（质）表示，溶剂质量用 m（剂）表示。 方案1： $w = m(质)/m(剂)$ 方案2： $w = m(质)/[m(质)+m(剂)]$ 方案3： $w = m(剂)/[m(质)+m(剂)]$

设计意图：

通过探究实践活动，让学生走入生活，从熟悉的物质中发现有价值的问题。区分硫酸铜溶液和食盐水浓度两个活动，引导学生从定性走向定量，体会利用百分数表示溶液溶度的原理和优势。学生自主设计浓度公式，并对方案的优劣提出评价，帮助学生理解定义的真实内涵，变记忆公式为内化公式。

环节二：理解浓度公式

教师活动	学生活动
【设问】表格展示了4瓶溶液的质量状态，分小组书写试剂瓶标签，并说明为什么这么书写。 | 序号	溶质质量/g	溶剂质量/g	溶质质量分数 | |---|---|---|---| | 1 | 5 | 45 | | | 2 | 10 | 90 | | | 3 | 20 | 180 | | | 4 | 30 | 27 | | 【追问】哪个方案最好？其他方案有什么问题？必须书写溶液名称和溶质质量分数的原因是什么？不必书写溶质和溶液质量的原因是什么？	【学生活动3】书写标签。 【回答】 方案1：写溶质和溶液质量； 方案2：写溶质和溶剂质量； 方案3：写溶质质量分数和溶液质量； 方案4：写溶质质量分数和溶液名称。 【讨论】溶液中溶质和溶剂的质量会随着实际的使用而改变，但各组分间的质量关系是固定的。因此，标签上要写明溶液名称和溶质质量分数。

（续表）

第二课时　再探生理盐水——溶液的浓度与配制	
环节二：理解浓度公式	
教师活动	学生活动
【交流】谈谈你对0.9%NaCl溶液的认识。 【小结】溶质质量分数实质就是溶液中部分与整体的相对质量关系，0.9%即溶质质量：溶液质量=0.9：100。	【交流】每100份溶液中有0.9份氯化钠作为溶质。

设计意图：
　　通过选择和书写标签，理解溶质质量分数不会因为溶液质量的改变而变化，进一步理解浓度的含义。再次利用生理盐水的情境帮助学生理解概念。

环节三：概念应用	
教师活动	学生活动
【引入】医学上用的生理盐水为0.9%的NaCl溶液，如何配制0.9%的生理盐水呢？ 【布置任务】完成实验报告。	【学生活动4】配制生理盐水。 【实验报告】 计算：配制100 g 0.9%的NaCl溶液，需要NaCl ____ g，需要水 ____ g。 配制过程： 1. 称量：称量NaCl需要的实验仪器为 _____。 2. 量取：量取水需要的实验仪器为 _____。 3. 溶解：需要的仪器为 _____。 4. 转移。 5. 贴标签：标签内容为 _____。 学生总结实验过程，展示实验报告。

设计意图：
　　在实际问题的实验设计过程中，总结配制溶液的一般方法，形成典型问题的思维模型，巩固模型的应用，提升对溶液浓度概念的理解深度。

（续表）

第二课时 再探生理盐水——溶液的浓度与配制
板书设计： 第二课时 再探生理盐水——溶液的浓度与配制 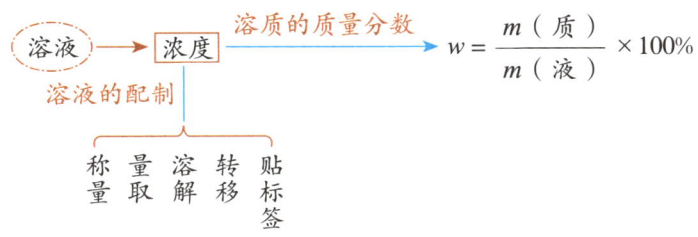

第三课时 溶解尽头是饱和	
环节一：宏微结合感受溶解限度	
教师活动	学生活动
【引入】氯化钠除了配制生理盐水外，也是家庭烹饪的必备调料。老师昨晚在家做了一锅汤，尝了一口觉得淡，就加了一点盐，之后尝了尝还是淡，就继续加盐。 老师突然产生了一个问题：这锅汤里能不能无限加盐？是不是无论加多少盐都能溶解在这锅汤里呢？  【布置任务】简单设计实验，通过实验验证你们的猜想。 教师修改学生设计实验，并提供实验表格。 | 步骤	操作	现象记录 ||---|---|---|| 1	取 20 mL 水，加 10 g 氯化钠，搅拌	|| 2	再加 10 g 氯化钠，搅拌	|| 3	再加 30 mL 水，搅拌			【学生活动1】探究氯化钠的溶解性。 根据教师提供的表格进行实验，记录现象。 | 步骤	现象记录 ||---|---|| 1	完全溶解 || 2	有固体剩余 || 3	完全溶解	

第三课时　溶解尽头是饱和

环节一：宏微结合感受溶解限度

教师活动	学生活动
【教师活动1】引导学生思考实验中各步骤溶解的微观过程，提供三个微观示意图，学生根据自己的理解进行连线。 ![微观示意图1 2 3]	连接图像。 | 步骤 | 现象记录 | 图像 | |---|---|---| | 1 | 完全溶解 | 3 | | 2 | 有固体剩余 | 2 | | 3 | 完全溶解 | 1 |
【提问】溶质可以无限溶解在定量水里吗？	【回答】不可以，溶解有限度。

设计意图：
设置情境，抛出溶质溶解的限度问题。动手操作实验，体会溶解过程和溶解的限度问题，对宏观现象进行定性分析。通过微观图连线，理解溶解过程的限度问题，建立溶解过程宏观与微观之间的联系。

环节二："宏－图－表"多重感受硝酸钾溶解过程

教师活动	学生活动
【教师活动2】介绍电导率传感器。 电导率测的是水的导电能力，对于离子组成的物质，溶解的溶质越多，电导率越大。请同学们尝试测测手边几组溶液的电导率。 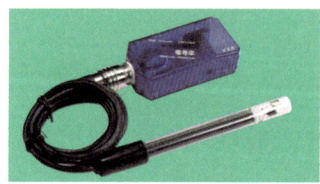 电导率传感器 【设疑】是否所有的物质在水中都有一个溶解限度呢？ 我们再利用电导率传感器做一个实验，这次用到的溶质是硝酸钾，它是实验室经常用到的一种试剂。硝酸钾能否无限制地溶解在一定量（40 mL）的水中呢？	【观察】学习电导率传感器的用法，尝试操作测溶液的电导率。

(续表)

第三课时　溶解尽头是饱和

环节二："宏－图－表"多重感受硝酸钾溶解过程

教师活动	学生活动
【提示】利用电导率传感器进行实验，提供实验报告，组织学生进行实验，巡视实验过程，帮助学生完成实验。 【总结】溶质的溶解能力与温度有关。	【学生活动2】进行实验，记录现象。<table><tr><td>步骤</td><td>溶剂质量</td><td>溶质质量</td><td>记录图像</td></tr><tr><td>在40 mL 水中加入10 g KNO_3，搅拌</td><td></td><td></td><td></td></tr><tr><td>再加入10 g KNO_3，搅拌</td><td></td><td></td><td></td></tr><tr><td>加热</td><td></td><td></td><td></td></tr><tr><td>冷却</td><td></td><td></td><td></td></tr></table>

设计意图：
　　通过实验的直观数据提供证据，帮助学生理解任何溶质都是有溶解限度的，温度和溶剂的量对溶液的饱和与否有影响。初步感知饱和溶液与不饱和溶液可以相互转化，完成宏观（记录现象）—符号（记录质量）—曲线（图像记录）表征过程，深刻理解饱和与不饱和状态。

环节三：状态转化

教师活动	学生活动
【教师活动3】引导学生思考： （1）依据溶质的溶解限度，溶液分为几种状态？ （2）饱和溶液和不饱和溶液的概念是什么？ （3）解释整个实验过程的时间－电导率图像，哪些时间段内出现了饱和溶液和不饱和溶液相互转化的过程？是通过什么方法实现的？	【观察回答】 （1）两种状态。 （2）在一定温度下，在一定量的溶剂里不能再溶解某种溶质的溶液，叫作这种溶质的饱和溶液；反之，叫作这种溶质的不饱和溶液。 （3）总结： ① BC 段温度不变，增加了溶质质量，溶液由不饱和溶液变为饱和溶液，说明增加溶质是不饱和溶液转换为饱和溶液的方法之一。

（续表）

第三课时 溶解尽头是饱和	
环节三：状态转化	
教师活动	学生活动
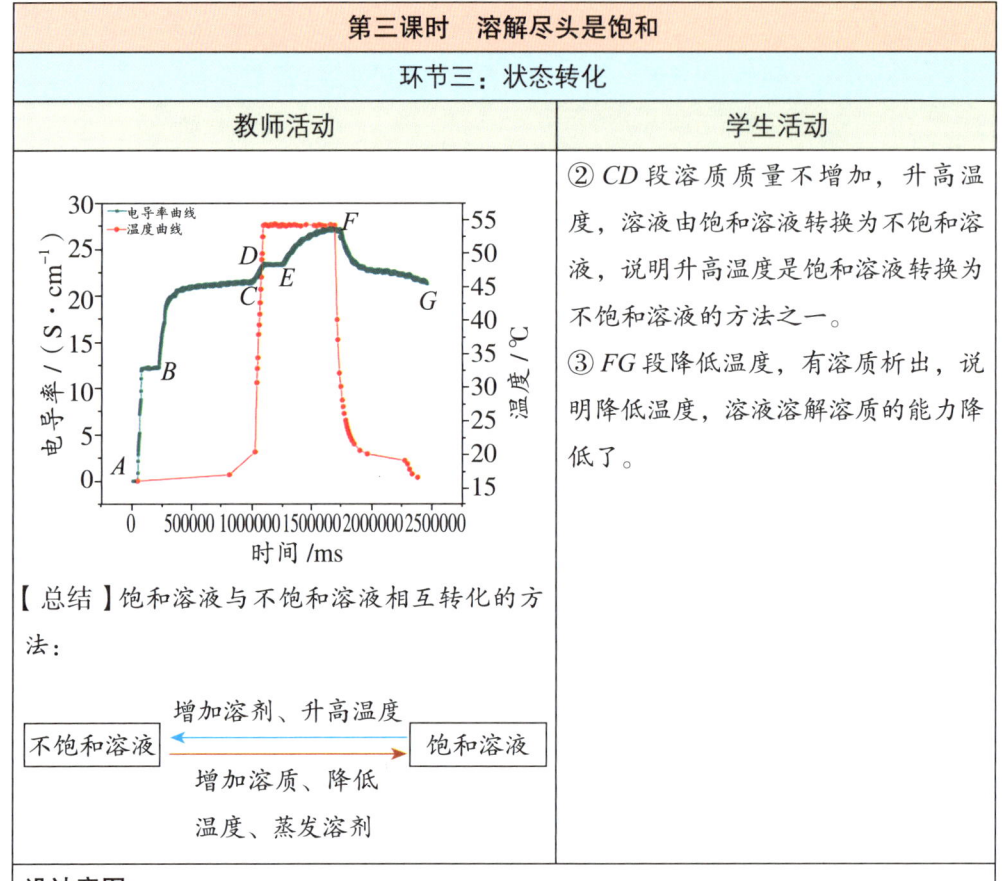 【总结】饱和溶液与不饱和溶液相互转化的方法：	② CD 段溶质质量不增加，升高温度，溶液由饱和溶液转换为不饱和溶液，说明升高温度是饱和溶液转换为不饱和溶液的方法之一。 ③ FG 段降低温度，有溶质析出，说明降低温度，溶液溶解溶质的能力降低了。
设计意图： 1. 通过提出转化方法和对应图像的猜想，学习饱和与不饱和溶液的转化方法。 2. 学会用图像解释现象出现的原因，巩固四重表征的能力。 3. 帮助学生理解饱和溶液与不饱和溶液相互转化的原理。	
板书设计： 第三课时 溶解尽头是饱和 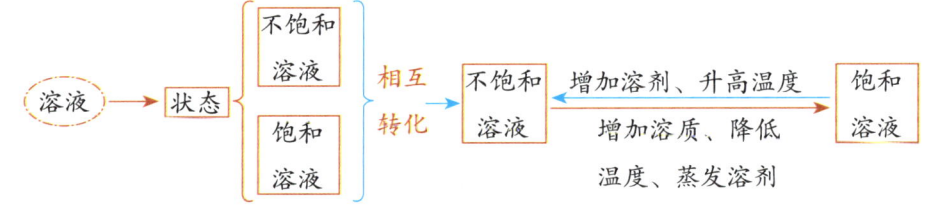	

第四课时 溶解皆有度

环节一：评价比较溶解性大小方案

教师活动	学生活动
【引入】在配制生理盐水时，发现两瓶无标签试剂，一瓶是氯化钠，一瓶是硝酸钾。通过查阅资料得知，20℃时氯化钠的溶解性好于硝酸钾，如何通过溶解能力大小来区分两瓶试剂？ 【实验方案】 方案1：20℃，NaCl加入20 g水中，KNO_3加入100 g水中，比较谁溶解得多。 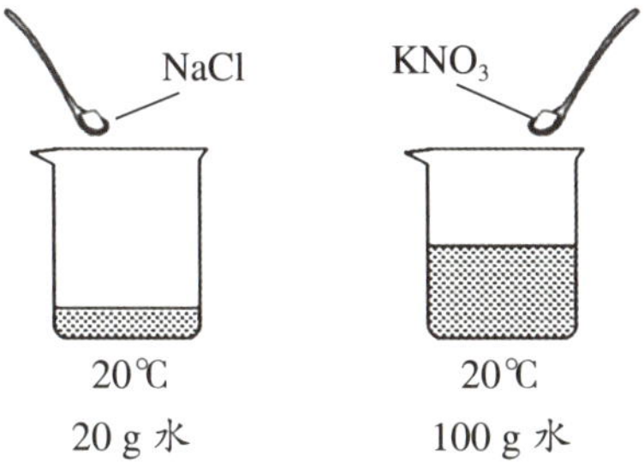 方案2：NaCl加入100 g、20℃的水中；KNO_3加入100 g、40℃的水中。 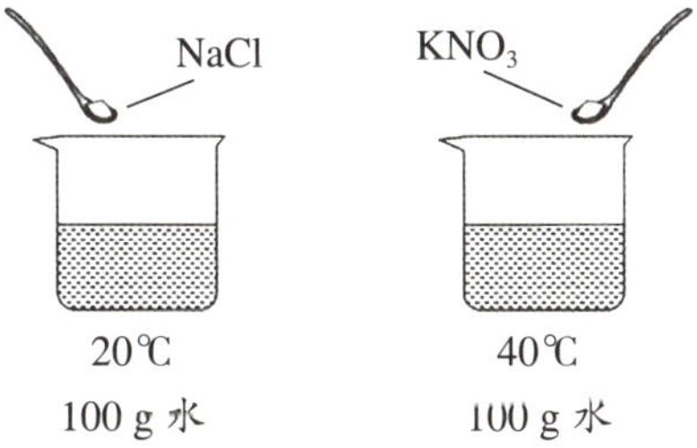 方案3：NaCl加入100 g、20℃的水中；KNO_3加入100 g、20℃的油中。 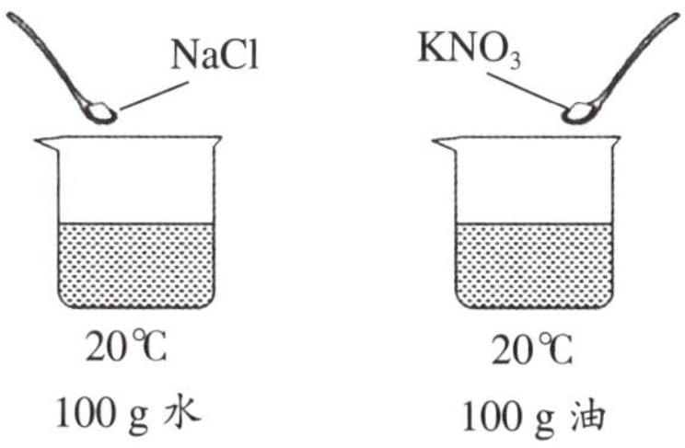	【评价方案】 方案1：不可以，两杯水的量应该统一。 方案2：不可以，两杯水的温度应该统一。 方案3：不可以，溶剂种类应该统一。

(续表)

第四课时 溶解皆有度

环节一：评价比较溶解性大小方案

教师活动	学生活动
方案4：10 g NaCl 加入 100 g、20℃的水中；15 g KNO₃ 加入 100 g、20℃的水中。 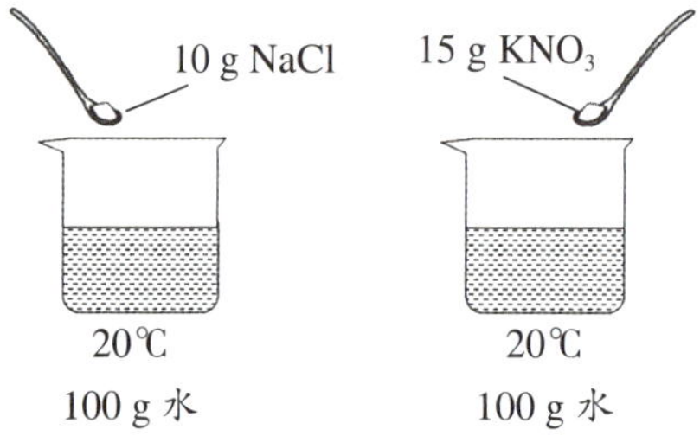 （烧杯示意图：10 g NaCl，20℃ 100 g 水；15 g KNO₃，20℃ 100 g 水） 【设问】如何比较两种溶质的溶解性强弱？ 【总结】比较两种溶质的溶解性大小，需要控制的变量有①温度、②溶剂的质量、③饱和状态。 【过渡】今天我们要学习的溶解度就是一个可以用来比较溶质溶解性大小的物理量，我们来看看它的定义。	方案4：不可以，两瓶溶液没有达到饱和状态。 【设计方案】在相同温度、同种溶剂、相同质量的溶剂中溶解两种物质，哪种溶质溶解的质量多，哪种溶质的溶解性就好。

设计意图：
通过对比四种实验方案，感受溶解度定义，培养控制变量的思想。

环节二：感受溶解度曲线

教师活动	学生活动
【引入概念】溶解度：在一定温度下，某固体物质在 100 g 溶剂里达到饱和状态时所溶解溶质的质量。 【提问1】 （1）在溶解度的概念里，一共控制了几个变量？分别是什么？ （2）30℃时氯化钾的溶解度是 37.0 g 的意义是什么？	【回答】 （1）温度、溶剂质量、饱和状态，共3个变量。 （2）30℃时，氯化钾在 100 g 溶剂里达到饱和状态时可以溶解 37.0 g。

（续表）

第四课时 溶解皆有度

环节二：感受溶解度曲线

教师活动	学生活动
【提问2】每种物质在每一个温度都有一个溶解度，下面有两种溶解度的表示方法，试比较哪种方法更好，并说明原因。 方法1：列表法 | 温度/℃	0	10	20	30	40	50 | | --- | --- | --- | --- | --- | --- | --- | | KNO_3溶解度/g | 13.3 | 20.9 | 31.6 | 45.8 | 63.9 | 85.5 | | 温度/℃ | 60 | 70 | 80 | 90 | 100 | | | KNO_3溶解度/g | 110 | 138 | 169 | 202 | 246 | | 方法2：曲线法 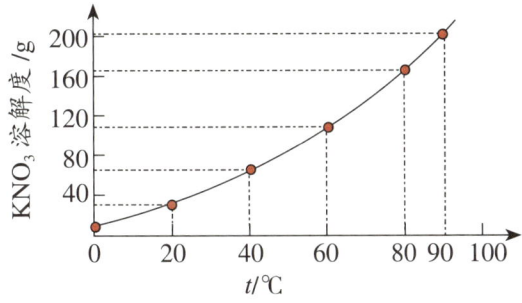 【任务1】每人手里都有一张坐标纸，请根据老师提供的数据，在坐标纸上画出三种物质的溶解度曲线。 | 温度/℃		0	20	40	60	80 | | --- | --- | --- | --- | --- | --- | --- | | 溶解度/g | NaCl | 35.7 | 36.0 | 36.6 | 37.3 | 38.4 | | | KNO_3 | 13.3 | 31.6 | 63.9 | 110 | 169 | | | $Ca(OH)_2$ | 0.19 | 0.17 | 0.14 | 0.12 | 0.10 | 提示：$Ca(OH)_2$的溶解度与其他物质相差过大，要单独画在一张图上。	【评价回答】方法2更好，因为曲线法更直观，并且数据全面，可以读出图示范围内所有温度的溶解度。 【画图】 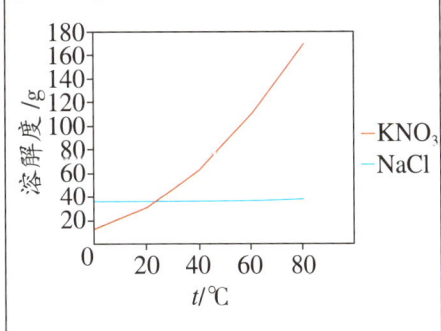 KNO_3和NaCl溶解度曲线

（续表）

第四课时　溶解皆有度	
环节二：感受溶解度曲线	
教师活动	学生活动
【任务2】依据所画图像填写研究报告。 　　　　　溶解度曲线研究报告 　　　　　　姓名：_____ （1）从图中可以读出不同物质在_____时的溶解度。 （2）曲线与曲线交点的含义：表示两种物质在_____时有相同的_____。 （3）能很快比较出两种物质受温度变化影响的大小：多数物质溶解度随温度升高而_____，有的变化_____（如NaCl），少数随温度升高而_____〔如Ca（OH）$_2$〕。 （4）影响固体物质溶解度的因素有_____（内因）、_____（外因）。	Ca（OH）$_2$溶解度曲线 【回答】 （1）不同温度 （2）某温度　溶解度 （3）升高　不大　降低 （4）溶质和溶剂的种类　温度
设计意图： 　　通过动手画图，感受曲线法直观、数据具体的优点。动手画图的过程让学生理解氢氧化钙溶解度随温度降低而降低的特点。最后填写研究表格，帮助学生理解溶解度的特点，理解外因和内因对溶解度的影响原理。	

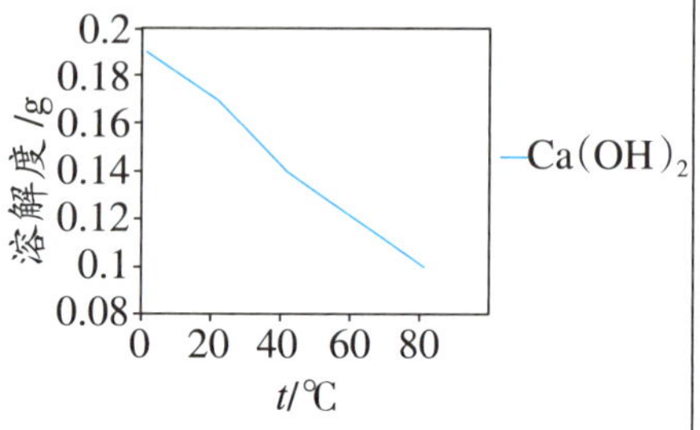

（续表）

第四课时　溶解皆有度	
环节三：溶解皆有度	
教师活动	学生活动
【设置问题】溶解度在生活中有很多应用，请用今天学习的知识解释下列现象。 （1）天气瓶是在瓶中装入透明溶液形成的密闭玻璃瓶，溶液内的樟脑在乙醇内的状态会随着外界温度变化而改变。当温度降低时，瓶内液体中有雪白色晶体析出，好像"预知"了天气变化而提前在瓶内下了一场皑皑白雪。  天气瓶 （2）在家中养金鱼或在池塘里养淡水鱼，我们能看到一个往水中不断通空气的电动机在工作。但是炎热的夏天，尤其是黎明时期仍然会看到池塘里有大量鱼浮到水面上（即"浮头"），严重时还造成鱼群大量死亡（即"泛塘"）。  鱼浮头	【思考回答】 （1）天气瓶中溶液的溶解度随温度的下降而下降，当温度较低时，瓶中溶液从不饱和溶液变为饱和溶液，从而有溶质晶体析出。 （2）池塘中的水与溶解的氧气形成了气态溶液，当温度上升时，溶解度下降；黎明时分压强最小，溶解度下降。两个因素共同作用，使得水中的氧气含量减小，鱼缺少了氧气出现"浮头"现象。

设计意图：
　　列举生活中的实际案例可以拉近知识与生活的距离，体现化学从生活中来、到生活中去的理念。在解决问题的过程中对溶解度的概念进行深化理解，同时完善了气体溶解度的相关知识。

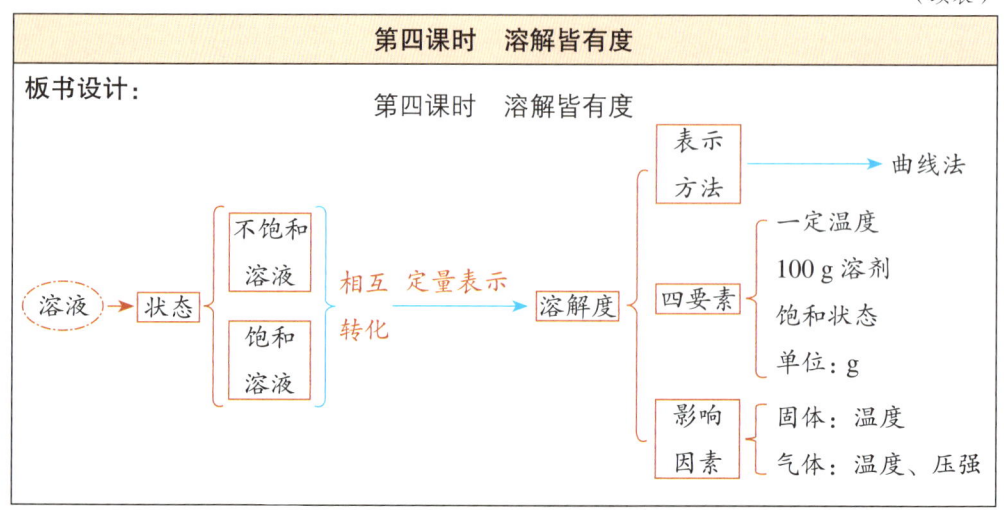

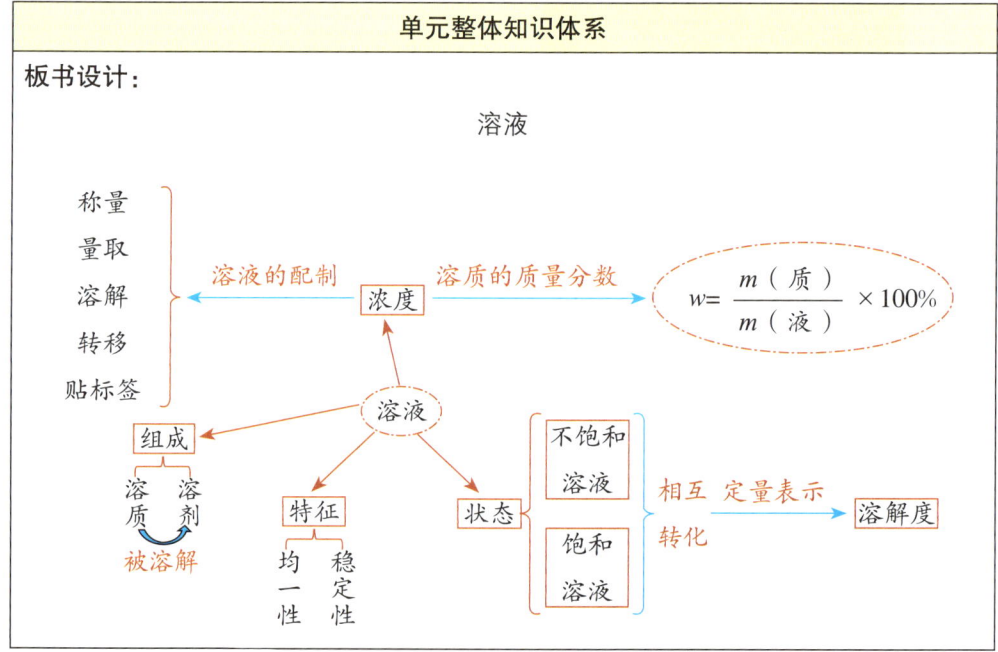

六、学科大概念统摄下的大单元教学设计及教学反思

1. 大单元教学设计特色说明

本研究内容是基于大概念统摄下的大单元教学思想对溶液一章内容进行的课程设计,一共分为四部分:(1)以探究生理盐水是何物为背景,学习溶液的概念及特征;(2)以生活中常见物品的百分含量为背景,学习溶液浓度的表示方法并初步应

用浓度公式配制生理盐水；（3）以溶解是否可以无限度为背景，探究溶解宏观和微观过程，寻找饱和溶液与不饱和溶液相互转化的方法；（4）以选择比较不同溶质溶解性实验方案为背景，学习溶解度概念和溶解度曲线知识，培养学生定量研究物质性质的能力，理解溶解皆有度。

教学过程重视情境在整体设计中的连贯性，通过宏观、微观、符号、图像等多层面表征溶液性质，帮助学生理解溶液的本质特征和溶解微观过程。通过定量、定性结合的学习方法，多角度认识混合物的组成及表征方式。四个课时的学习由表及里、由浅入深，帮助学生形成研究一类物质的一般方法，同时层层递进理解"溶液是一种混合物，溶解是有限度的"这一单元大概念。教学设计中学生探究实验占了很大比重，教师成为课堂进行的推动者，帮助学生在实验过程中寻找问题解决办法，自己总结未知概念及公式，比较评判多种实验方案的优劣。通过独立思考——小组讨论——分享交流——总结归纳等学习过程，形成知识概念体系。

2. 大单元教学设计教学反思

本单元情境贯穿得并不通畅，尤其第四课时中生理盐水只作为一个实验背景出现，没有渗透到重点知识的讲解中，这使得单元主题在最后一课时有所弱化。如果能设计出更适合生理盐水的教学情境，让盐水溶解的过程帮助学生理解溶液限度问题，将更显示单元整体设计优势。同时，本单元设计中有很多学生活动，如实验过程设计、实验方案评价等，这些对教学进度有一定影响。在授课过程中应合理分配时间，掌握课程内容的主次，确保教学计划顺利实施。

北京市怀柔区庙城中学　陈婷婷
北京市怀柔区渤海中学　陈浩

案例 ❻ 认识一种常用的消毒剂——酒精

一、学科大概念统摄下的大单元教学背景分析

1. 大单元教学主题确定

"物质的性质与应用""物质的组成与结构""物质的化学变化"等是《义务教育化学课程标准（2022年版）》指导下的初中化学课程中的核心内容。通过新授课的学习，学生已经对物质及其变化有了初步的了解，知道要从物质的组成、结构、性质、用途和制备等多角度研究物质；知道物质的变化丰富多彩，要从物质的变化、反应条件、反应现象和反应类型等多角度形成对化学变化的认识；而且对于物质的认识，要从宏观、定性走向微观、定量认识。但是，学生真正在使用知识解决问题过程中，存在着不会用或用不好的情况。究其原因，是学生只掌握了相关的知识，并没有把这些知识转化为认识。因此，要想将有关物质观、变化观中的相关知识转化为认识，需要将知识的功能和价值展现给学生，要让学生实际经历并体验，赋予真实的情境，让学生在真实的情境中调用各种类型的知识和所给信息去分析、合作、实验、应用，进而解决一个个问题，最终形成稳定化、概括化的角度和思路。本单元设计是以"物质的多样性""物质的组成""物质的变化与转化"这些大概念为统领、基于真实情境下对身边的化学物质的探索与实践。依托情境认知理论和项目学习理论，本单元以"认识一种常用的消毒剂——酒精"为主驱动任务，从"了解酒精的性质、变化、应用并从定性的角度认识酒精的元素组成"，到"从定量的角度认识酒精的化学式并了解其含义"，再到"从结构的角度认识酒精的结构式并制作固体酒精"，通过小组合作完成，发展学生多角度、多水平认识物质及其变化的基本规律，体现物质"结构决定性质，性质决定用途"的学科思想，同时应用所给的信息，结合已有知识，培养学生的问题解决能力和综合思维能力，提高学生的科学素养，促进学生全面发展。

2. 大单元教学内容分析

（1）在教材中的地位和作用

化学是引领学生认识物质世界的科学，通过探索物质的性质，对物质的组成和结构的研究来认识千变万化的物质世界。其中认识物质的组成和性质是中学化学的核心内容。初中阶段学生对于物质认识的发展经历了不断进阶的过程，经历从个别到一般，并逐步从定性、宏观走向定量、微观的认识过程，逐步建立结构－性质－用途的研究思路。这种认识和思路不仅对具体的物质、化学反应的学习有指导意义，还能促进学生真正理解化学科学。

（2）在教学中的功能和价值

本单元基于身边的物质进行教学，旨在利用新物质指导学生进行已有知识迁移提升和应用，解决实际问题，从而实现反思和循环上升的学习，并指向学生更深层次的学习。

①发展"变化观念与平衡思想"素养。本单元第一课时了解酒精的性质、变化、应用并从定性的角度认识酒精的元素组成；第二课时从定量的角度认识酒精的化学式并了解其含义，促进学生的"物质是由元素组成的""物质是由分子、原子构成的""在一定条件下通过化学反应可以实现物质转化""质量守恒定律"等化学观念的形成。

②发展"科学探究与实践"素养。本单元在实施过程中，通过变式实验"验证酒精燃烧有水生成""制作固体酒精"等实验任务，巩固和发展学生设计实验、动手操作、收集证据、分析论证、反思评价等实验探究能力。在讨论交流的过程中，培养学生合作实践、质疑创新的科学思维。

③发展"宏观辨识与微观探析"学科思维。本单元在实施过程中，通过分析完成"酒精的微粒构成""酒精化学式的四重含义：物质、元素、分子、原子角度""乙醇分子的结构"等任务，帮助学生逐步形成"宏观－微观－符号"三重表征的认识方法，同时培养学生的问题解决能力和综合思维能力，提高学生的科学素养。

④发展"证据推理与模型认知"学科思维。本单元的实施，逐步形成从"组成结构、性质、用途、转化（变化）"等多角度认识物质的一般思路，诊断和发展学生在陌生情境中分析问题、解决问题的逻辑推理能力，提升学生运用已有知识、方法、模型解决实际问题的系统思维能力，提高学生的科学素养。

3. 大单元教学学情分析

（1）学生已有知识与能力

通过之前授课的学习，学生已经了解了从多角度认识物质及其变化的一般思路，了解"结构决定性质、性质决定用途""质量守恒定律""在一定条件下通过化学反应可以实现物质转化"等化学观念，同时也具备了一定的基本化学实验技能，有了进一步发展设计实验方案和评价方案的能力。

（2）学生学习障碍点

对于多角度认识物质及其变化有了初步了解，但在实际问题解决过程中，存在不会用、不知怎么用的现象，不能从较为陌生的情境中提取化学问题，不能主动调用已有认知进行综合迁移应用；在科学探究方面，学生在设计方案的部分存在较大的问题；"缺少应用守恒观"；对"物质是由元素组成的""在一定条件下通过化学反应可以实现物质转化"等化学观念进行有序推理，以及"宏观－微观－符号"三重表征的化学思维方式还没有完全形成。

（3）学生学习发展点

通过多角度认识酒精，让学生明确科学探究的方法是认识身边化学物质的一种重要途径。在研究物质及其变化的时候，要从多角度去认识、学习，体会多角度间的逻辑关系，如从用途、现象角度入手推断物质的组成、性质及其变化，从性质的角度进行物质的鉴别与检验、转化与制备等。认识物质的组成、结构、性质与用途之间的关系，帮助学生逐步形成"宏观－微观－符号"三重表征的认识方法，形成学习化学知识的完整思维体系。初步形成"物质是由元素组成的""物质具有多样性""物质的结构决定性质、性质决定用途""在一定条件下通过化学反应可以实现物质转化""物质是由分子、原子构成的"等基本化学观念。通过探究实验，理解科学探究的意义，学习科学的研究方法，发展学生科学探究的能力。同时了解酒精在生活、医疗等领域的应用，让学生体会化学学科的重要价值。

二、学科大概念统摄下的大单元知识结构图

学科大概念	物质的组成，物质的变化与转化
次级大概念	◇物质由元素组成，由分子、原子等微观粒子构成 ◇物质具有广泛的应用价值，物质的变化体现性质、性质决定用途 ◇物质是在不断变化的，在一定条件下通过化学反应可以实现物质的转化，化学反应中的各物质间存在定量关系
基本概念	物理变化与化学变化，物理性质与化学性质 | 化学式及其含义 | 质量守恒定律及其微观本质
基本知识	酒精的物理性质、化学性质、用途等 | 酒精的化学式及其四重含义，酒精的结构式 | 依据质量守恒定律，确定酒精的元素组成和分子构成，根据谱图分析了解酒精的结构式

三、学科大概念统摄下的大单元教学与评价目标设计

1. 教学目标

（1）通过多角度了解酒精，认识物质的多样性；采用分析综合、归纳演绎等方法强化学生从组成结构、性质、用途、转化（变化）等角度认识物质及其变化的一般思路和方法。

（2）通过完成"验证酒精燃烧有水生成""制作固体酒精"等实验和分析"酒精化学式的四重含义""酒精分子的结构"等任务，帮助学生建立起认识物质及其变化的不同角度之间的关系，并尝试从不同角度入手，进行实际问题的解决，提升学生证据推理和科学探究的能力，逐步形成"宏观－微观－符号"三重表征的认识方法，发展学生的核心素养，同时体会化学知识的实际应用价值。

2. 评价目标

（1）通过酒精燃烧生成物的检验，诊断学生是否会运用变化和守恒的观念认识物质的元素组成，发展学生的"变化观念与平衡思想"素养。

（2）通过酒精化学式的确定、认识酒精化学式的四重含义、认识酒精分子的结构等，诊断学生是否会从"宏观－微观－符号"三个维度认识物质，发展学生的

"宏观辨识与微观探析"素养；诊断学生能否从定性到定量认识物质的结构组成等，逐步使学生形成由定性到定量进行科学研究的意识。

（3）通过设计"验证酒精燃烧有水生成""制作固体酒精"等实验，诊断学生能否利用实验解决化学问题，提升学生的"证据推理与科学探究"能力。

四、学科大概念统摄下的大单元规划流程图

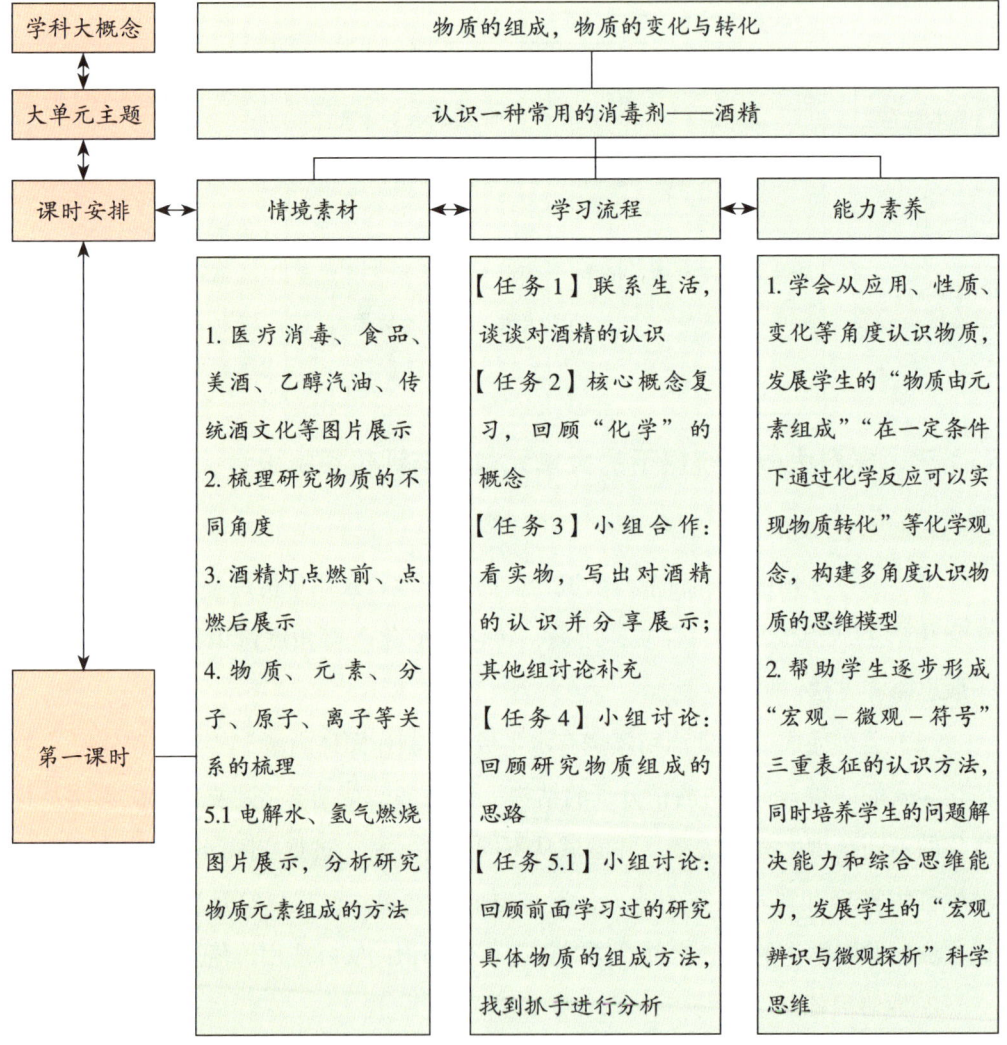

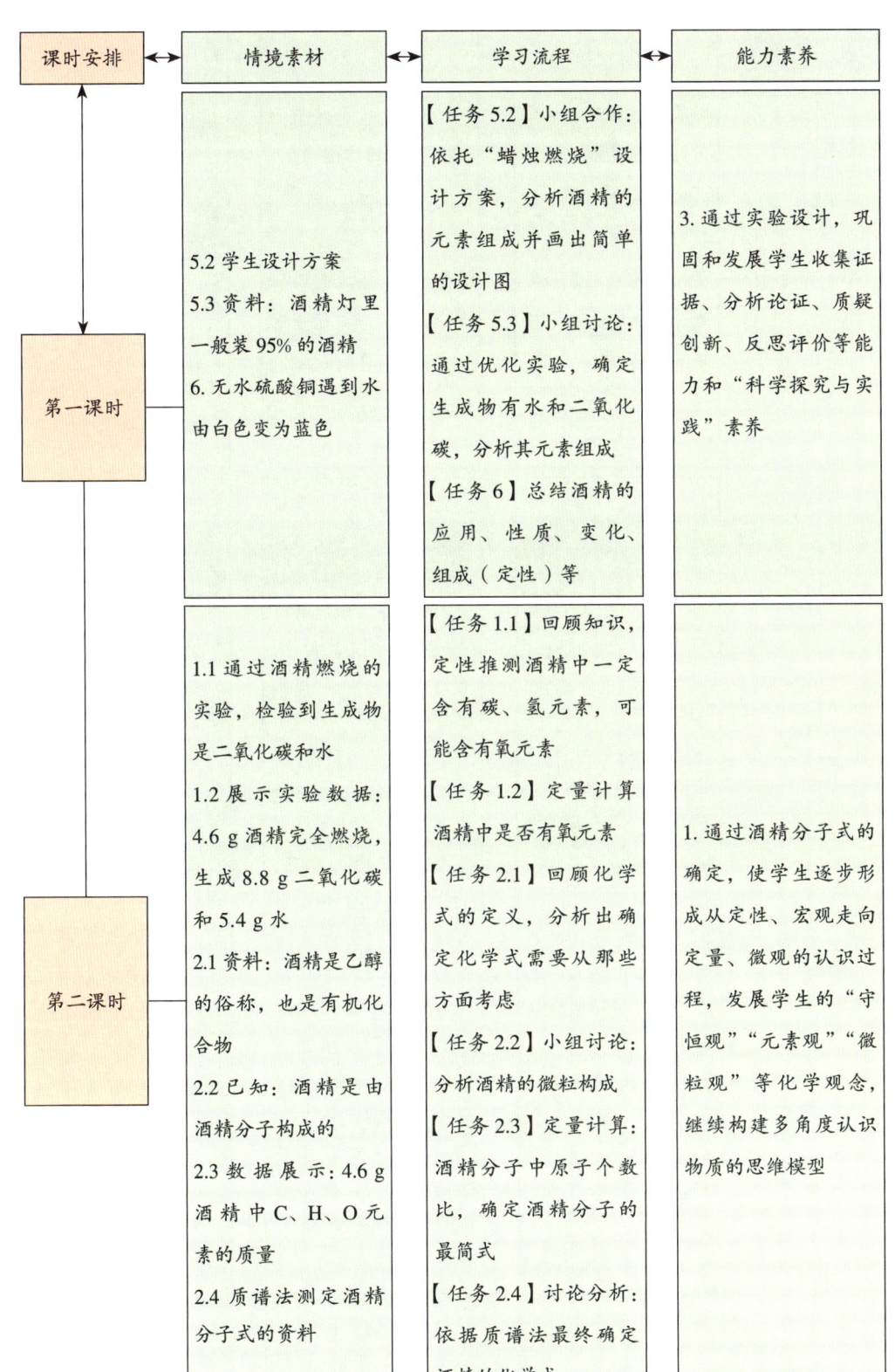

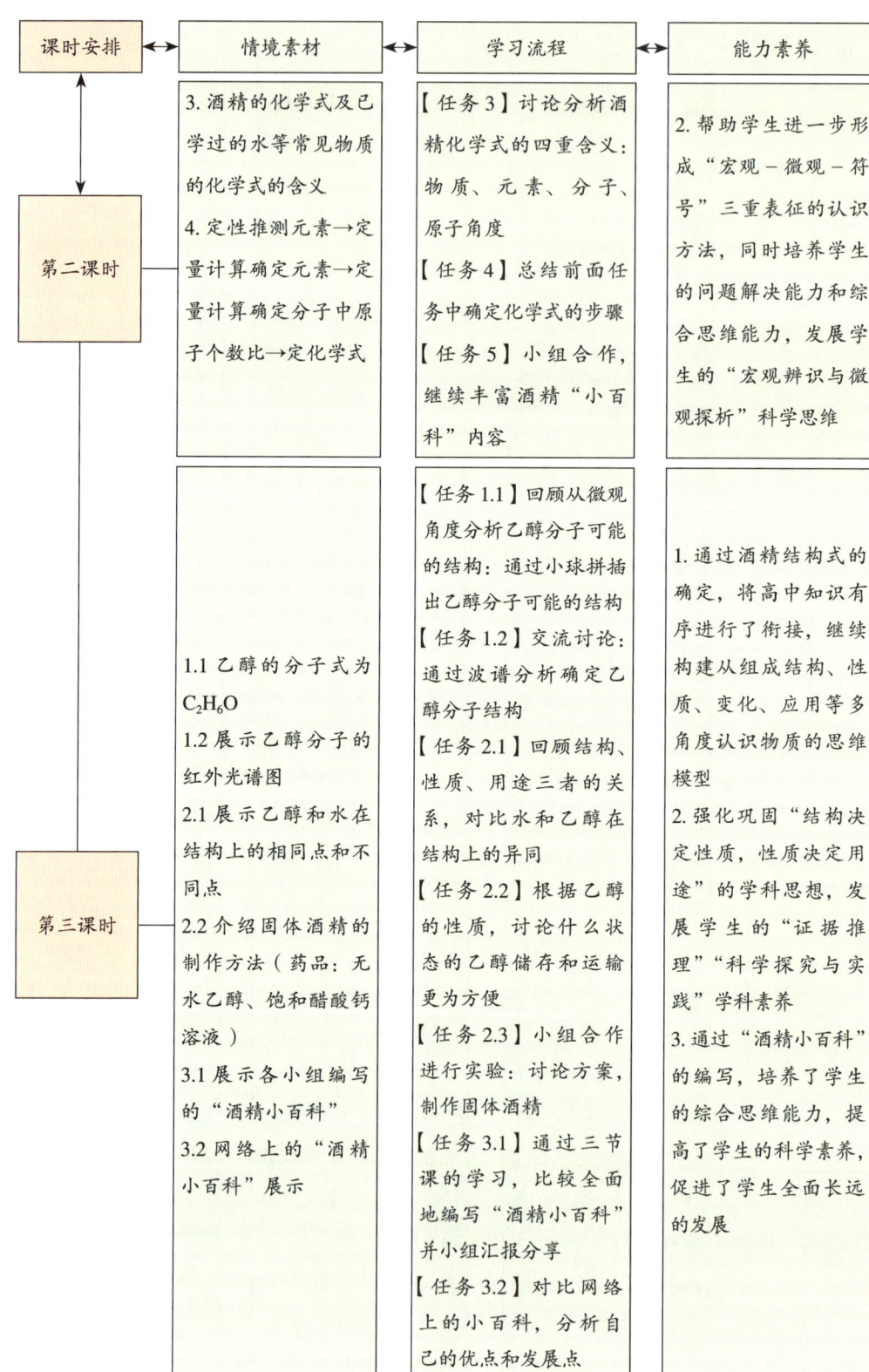

五、学科大概念统摄下的大单元教学流程设计

第一课时	
环节一：酒精在生产生活中的应用——聚焦核心物质	
教师活动	学生活动
【引入】日常生活消毒的图片展示——引出酒精。  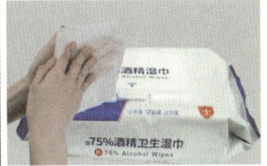 【提问】谈谈酒精在其他方面的应用。 【追问】站在化学的角度思考，我们应该从哪些方面了解酒精呢？ 【引导】这节课我们将沿着"化学"这一核心概念指向的方面了解酒精，并给酒精编写一个小百科。 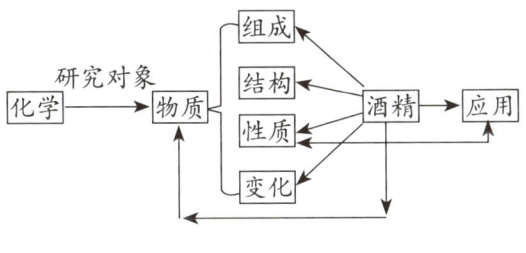	 【回答】化学工业、乙醇汽油、酒精灯、食用美酒等。 【回答】性质、变化、用途等。 【认真听讲，思考回答】交流性质与用途之间的关系。

设计意图：

　　让学生感知生活中熟悉的对象，从最新的热点材料出发，激起学习的兴趣，导入新课。通过学习，让学生认识到"化学源于生活又服务于生活"，同时感受民族自豪感和绿色化学可持续发展观，感悟到学科真正的社会价值。从"化学"这一核心概念出发，帮助学生逐步形成从组成结构、性质、用途、转化（变化）等多角度认识物质及其变化的一般思路和方法。

（续表）

第一课时
环节二：分析梳理酒精的性质、变化

教师活动	学生活动
【任务】看图片谈谈你对酒精的认识。 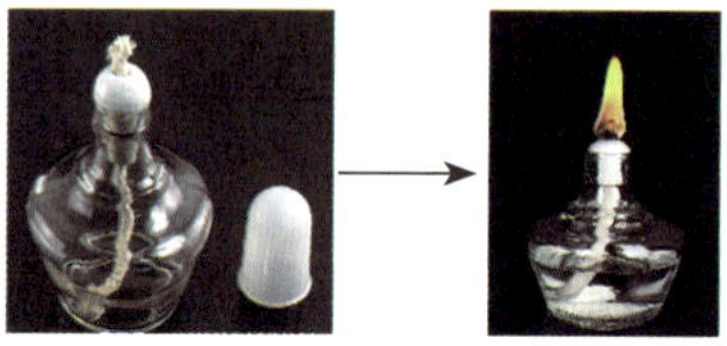 【追问】通过什么实验或依据能得出酒精的这些性质和变化呢？变化和性质怎样区分呢？ 【引导】我们还能从什么角度去研究酒精呢？	【填写学案】小组合作、思考交流，分享展示并完善。 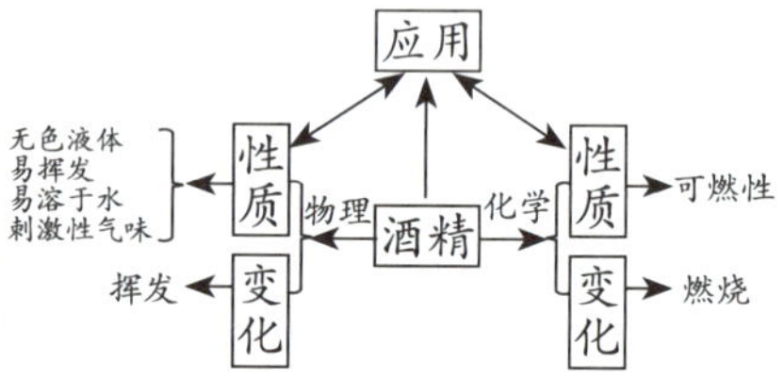 （性质、变化关系图：无色液体、易挥发、易溶于水、刺激性气味——物理性质；挥发——物理变化；可燃性——化学性质；燃烧——化学变化；应用） 【思考】观察、闻气味，酒精溶液能点燃等；回顾化学、物理变化，化学、物理性质的定义。

设计意图：
重视知识的归纳总结能力培养，体现性质和用途的关系。在区分化学性质和物理性质、化学变化和物理变化的过程中，使学生养成有序思维，发展"物质具有独特的物理性质和化学性质""在一定条件下通过化学反应可以实现物质转化"等化学观念。

环节三：研究酒精的元素组成

教师活动	学生活动
【思考交流】研究物质的组成需要考虑哪些方面？它们之间又有什么关系呢？ 【点拨完善】 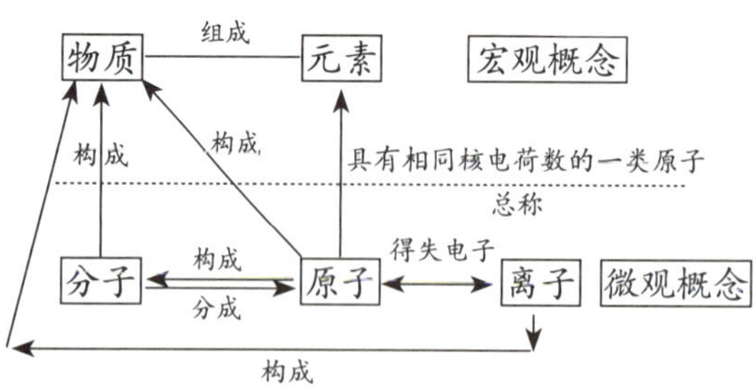 （概念关系图：物质——元素（宏观概念）；物质由分子、原子、离子构成；原子得失电子变成离子；分子由原子构成，分成原子；具有相同核电荷数的一类原子总称——元素，微观概念）	【小组讨论，思考回答】 宏观——元素组成 微观——分子、原子、离子构成

（续表）

第一课时	
环节三：研究酒精的元素组成	
教师活动	学生活动
【追问】前面学习过的研究元素组成的方法有哪些？ 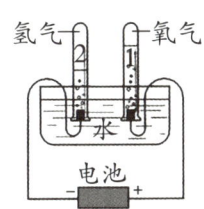 【结论】水是由氢元素、氧元素组成的。 【任务一】用什么方法测定酒精由哪些元素组成？ 【要求】小组合作，设计方案，并画出简单的设计图。 | 简单设计图 | 操作 | 现象 | 结论 | |---|---|---|---| | | | | | 【追问】烧杯壁上有白雾，一定能证明有水生成吗？ 【小资料】无水硫酸铜遇到水由白色变为蓝色。 【任务二】优化方案，确定酒精燃烧有水生成。 【任务三】分析酒精的元素组成。 【引导】根据酒精燃烧产物的验证，依据质量守恒定律分析酒精由哪些元素组成。	【思考回答】 $2H_2O \xrightarrow{\text{通电}} 2H_2\uparrow + O_2\uparrow$ 分解 ⎫ $2H_2+O_2 \xrightarrow{\text{点燃}} 2H_2O$ 化合 ⎬ 研究物质组成 　　　　　　　　　　　　　　　　　⎭ 【小组讨论交流】 【填写学案】小组合作，思考交流，分享展示并完善。 燃烧法：检验酒精燃烧后的生成物。 操作：分别将内壁沾有石灰水的烧杯和干冷烧杯扣在酒精火焰上。 【变式实验】  【小组讨论，思考回答】 酒精 + $O_2 \xrightarrow{\text{点燃}} CO_2 + H_2O$ 元素种类不变 ↓ O → C H O 　　　　　C H O？ 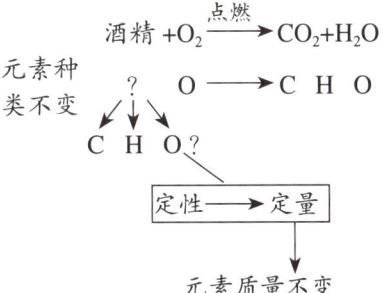 定性 → 定量 元素质量不变

（续表）

第一课时
环节三：研究酒精的元素组成
设计意图： 　　通过设计"燃烧法验证酒精燃烧产物"的实验以及"验证酒精燃烧有水生成"的变式实验，同时结合研究物质的组成需要考虑哪些方面的知识梳理，引导学生尝试从不同角度入手，进行实际问题的解决，提升学生证据推理和科学探究的能力，逐步形成"宏观－微观－符号"三重表征的认识方法，发展学生的核心素养，也提升了学生批判性思维等高阶思维品质。
环节四：承上启下

教师活动	学生活动
经过本节课的学习，你能给将要制作的"酒精小百科"写上哪些内容呢？同时期待后两节课的学习，让你的小百科更加丰富。	认真听讲，思考。

设计意图：
　　承上启下，为后续学习做好铺垫。

板书设计：

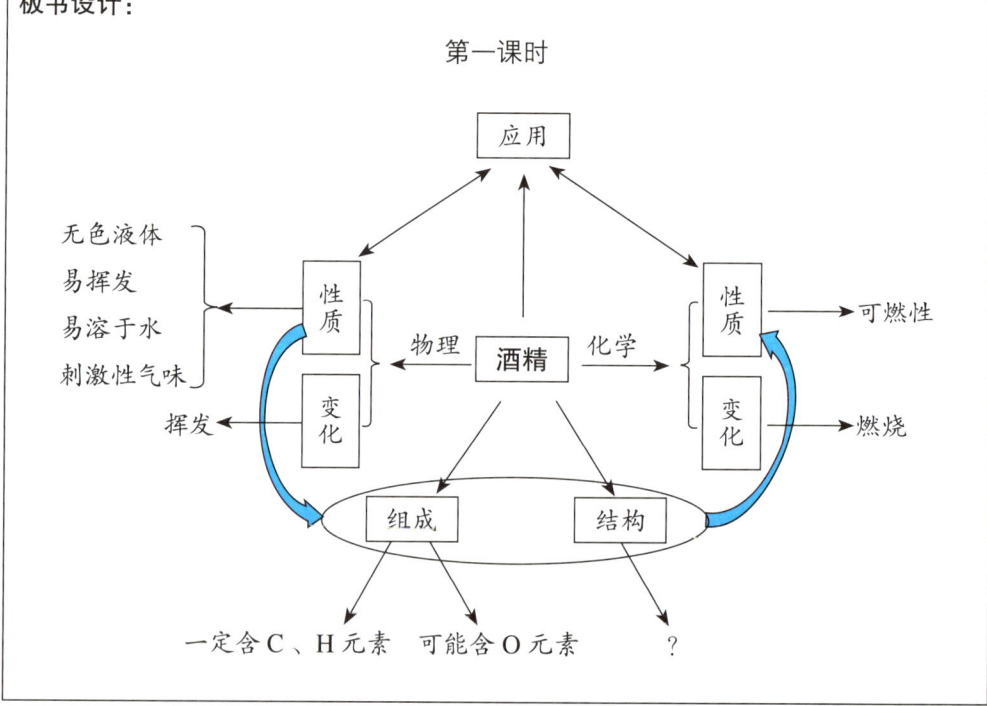

第二课时	
环节一：定量确定酒精中是否存在氧元素	
教师活动	学生活动
【引入】回顾酒精燃烧的实验，检验到的生成物是什么？ 定性推测：酒精燃烧→检验生成物→推测酒精中一定含有碳、氢元素，可能含有氧元素。 【任务】定量计算酒精中是否有氧元素。 展示实验数据：4.6 g 酒精完全燃烧，生成 8.8 g 二氧化碳和 5.4 g 水。 【问题1】参加反应的氧气的质量是多少？ 【问题2】生成物二氧化碳和水中氧元素的质量分别是多少？如何计算？ 【结论】酒精中一定含有碳、氢、氧三种元素。	【思考回答】酒精燃烧生成二氧化碳和水。 【思考计算】学生讨论出两种定量确定氧元素是否存在的方法，各组依据已知实验数据计算反应物和生成物中氧元素或碳、氢元素的质量。 酒精 + 氧气 $\xrightarrow{\text{点燃}}$ 二氧化碳 + 水 4.6 g　9.6 g　　　　8.8 g　5.4 g 方法1： CO_2 中氧元素质量为 $8.8 \text{ g} \times \dfrac{32}{44} = 6.4 \text{ g}$ H_2O 中氧元素质量为 $5.4 \text{ g} \times \dfrac{16}{18} = 4.8 \text{ g}$ 生成物中氧元素质量总和为 11.2 g， 反应物氧气中氧元素为 9.6 g， 则酒精中含有氧元素，质量为 11.2 g $-$ 9.6 g $=$ 1.6 g。 方法2： CO_2 中碳元素质量为 $8.8 \text{ g} \times \dfrac{12}{44} = 2.4 \text{ g}$ H_2O 中氢元素质量为 $5.4 \text{ g} \times \dfrac{2}{18} = 0.6 \text{ g}$ 生成物中碳、氢元素质量总和为 3.0 g， 酒精中所有元素质量总和为 4.6 g， 则酒精中含有氧元素，质量为 4.6 g $-$ 3.0 g $=$ 1.6 g。

(续表)

第二课时
环节一：定量确定酒精中是否存在氧元素

设计意图：
　　通过定量计算酒精中是否含有氧元素，引导学生尝试从不同角度入手，进行实际问题的解决，在判断的过程中巩固化学变化中不变的量和守恒思想，提升学生证据推理和提取关键信息的能力，发展学生的核心素养。

环节二：确定酒精的化学式（分子式）	
教师活动	学生活动
【提问】知道酒精的元素组成，能否书写出其化学式呢？	【思考讨论】
【引导】回顾化学式的定义，以水为例，分析出确定化学式需要从那些方面考虑。	【思考回答】是纯净物、元素符号、分子中原子个数。
【小资料】酒精是乙醇的俗称，是有机化合物。 【问题1】酒精是由什么微粒构成的？ 【问题2】酒精分子是由什么构成的？ 【问题3】1个酒精分子是由什么构成的？	【思考交流】小组讨论，分析酒精的微粒构成。
【任务】定量计算酒精分子中原子个数比，确定酒精分子的最简式。 【已知】数据展示：4.6 g酒精中C元素有2.4 g，H元素有0.6 g，O元素有1.6 g。 【问题】算出C、H、O原子的个数比为2∶6∶1，那么酒精的化学式写成C_2H_6O、$C_4H_{12}O_2$或$C_6H_{18}O_3$都可以吗？	【思考、讨论、交流、计算】 $C_xH_yO_z$　4.6 g酒精中 $\begin{cases} C元素：2.4\ g \\ H元素：0.6\ g \\ O元素：1.6\ g \end{cases}$ 酒精中C、H、O元素质量比＝2.4∶0.6∶1.6＝1个酒精分子中C、H、O原子质量比＝$(12x)$∶$(1\times y)$∶$(16z)$ 酒精中C、H、O原子的个数比 $x∶y∶z = \dfrac{2.4}{12} ∶ \dfrac{0.6}{1} ∶ \dfrac{1.6}{16} =$ 2∶6∶1

（续表）

第二课时
环节二：确定酒精的化学式（分子式）

教师活动	学生活动
【资料】  质荷比：分子离子、碎片离子的相对质量与其电荷的比值。质谱图中质荷比的最大值就是样品分子的相对分子质量。 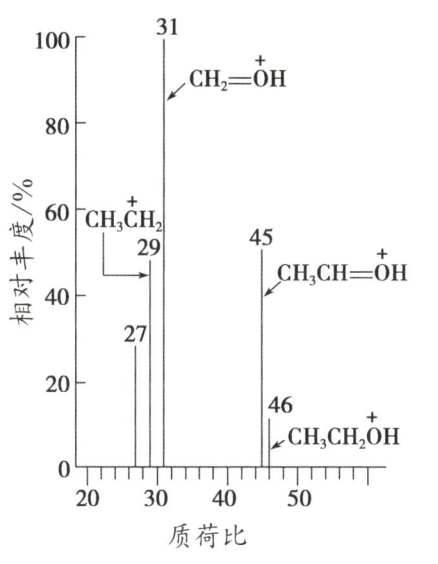	【质谱法分析】分析得出酒精的相对分子质量为46，所以计算得出其化学式为 C_2H_6O。

设计意图：

通过酒精分子式的确定，使学生逐步形成从定性、宏观走向定量、微观的认识过程，发展学生的"守恒观""元素观""微粒观"等化学观念，继续构建多角度认识物质的思维模型。

（续表）

第二课时	
环节三：明确酒精化学式的含义	
教师活动	学生活动
【任务】讨论分析酒精化学式的四重含义：物质、元素、分子、原子角度。	【思考、回顾、总结】小组讨论，分享评价。 预设： 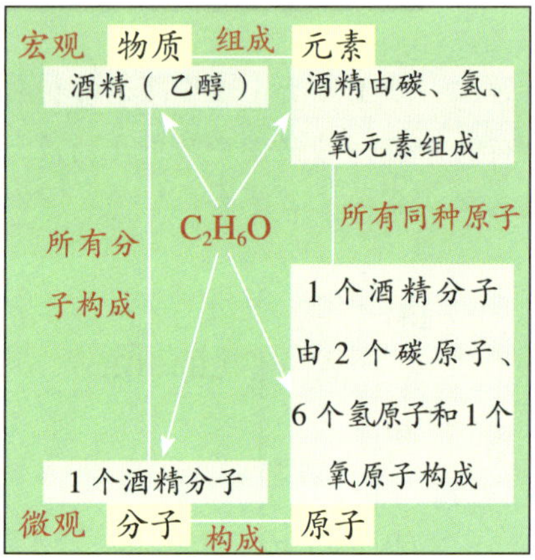 宏观　物质　组成　元素 　　酒精（乙醇）　　酒精由碳、氢、氧元素组成 所有分子构成　　C_2H_6O　　所有同种原子 　　　　　　　　　　1个酒精分子由2个碳原子、6个氢原子和1个氧原子构成 　　1个酒精分子 微观　分子　构成　原子

设计意图：

　　帮助学生进一步形成"宏观－微观－符号"三重表征的认识方法，同时培养学生的问题解决能力和综合思维能力，发展学生的"宏观辨识与微观探析"等科学思维。

环节四：承上启下	
教师活动	学生活动
经过本节课的学习，你又能给将要制作的"酒精小百科"加上哪些内容呢？同时期待下节课的学习让你的小百科更加丰富。	认真听讲，思考，书写。

设计意图：

　　承上启下，为后续学习做好铺垫。

（续表）

第二课时
板书设计： 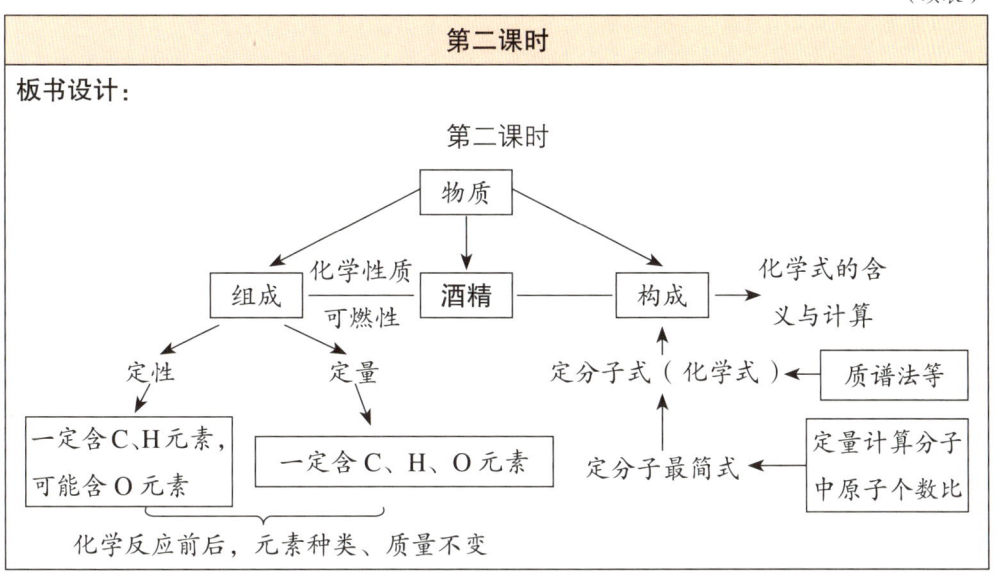

第三课时	
环节一：确定酒精分子结构	
教师活动	学生活动
【引入】乙醇的分子式为C_2H_6O，从微观角度分析酒精分子可能的结构。 【任务】通过波谱分析确定酒精分子的结构。 【资料】有机化合物受到红外线照射时，能吸收与它的某些化学键或官能团的振动频率相同的红外线。通过红外光谱仪的记录，形成该有机化合物的红外光谱图。谱图中不同的化学键或官能团的吸收频率不同，因此分析有机化合物的红外光谱图，可获得分子中所含有的化学键或官能团的信息。 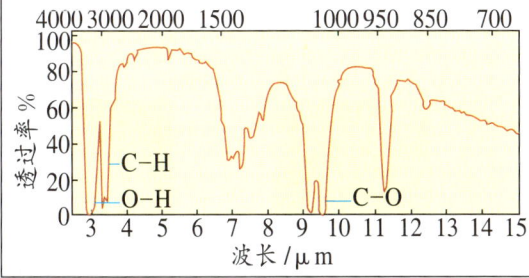	【交流】用小球拼插出乙醇分子可能的结构。 H H H H | | | | H—C—O—C—H H—C—C—O—H | | | | H H H H 【分析谱图，思考交流】 从酒精（化学式为C_2H_6O）的红外光谱图中可以找到C—O、C—H和O—H的吸收峰，推出其结构式为： H H | | H—C—C—O—H | | H H

（续表）

第三课时
环节一：确定酒精分子结构

设计意图：
通过酒精结构式的确定，将高中知识有序进行了衔接，继续构建从组成结构、性质、变化、应用等多角度认识物质的思维模型。这样循环上升的学习，指向学生的深度学习。

环节二：依据酒精的相关性质制作固体酒精	
教师活动	学生活动

【任务一】回顾结构、性质、用途三者的关系。对比水和乙醇在结构上的异同，说一说乙醇和水在性质上的相同点和不同点。
 	
H H
  | |
H—C—C—O—H   H—O—H
  | |
H H
 	
【问题】根据乙醇的物理性质和可燃性，思考什么状态的乙醇储存和运输更为方便。
【任务二】小组合作进行实验，讨论方案，制作固体酒精，然后交流分享。
【介绍固体酒精制作的方法】
药品：无水乙醇，醋酸钙饱和溶液。
操作：先在烧杯中加入醋酸钙饱和溶液，然后向里面加入无水乙醇溶液，边加边搅拌，直到有较多的固体产生，静置即可。
【资料】
不同温度下醋酸钙的溶解度
 	
| 温度/℃ | 0 | 10 | 20 | 30 | 40 | 60 | 80 |
|---|---|---|---|---|---|---|---|
| 溶解度/g | 37.4 | 36 | 34.7 | 33.8 | 33.2 | 32.7 | 33.5 |
	【思考交流，讨论分析】
	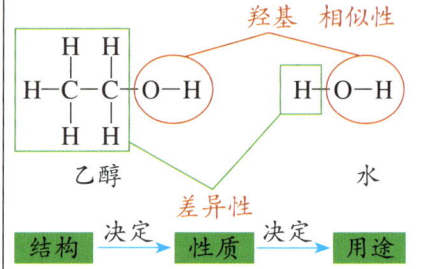
	乙醇可以与水以任意比例互溶
	
	【思考回答】固体酒精。
	
	【分析交流，合作分享，动手实验】
	（1）室温下，在25 mL水中加入醋酸钙，配制成饱和溶液。
	（2）用注射器将酒精加入到配置好的醋酸钙饱和溶液中搅拌，制作成凝胶。在实验过程中记录分次加入酒精产生凝胶的效果。
	
	| 序号 | 1 | 2 | 3 | 4 | 5 |
	|---|---|---|---|---|---|
	| 加入乙醇的体积/mL | 10 | 20 | 30 | 40 | 50 |
	| 现象 | 无明显现象 | 有很少量晶体析出 | 有少量晶体析出 | 有较多量晶体析出 | 有大量晶体析出 |

	 → 

（续表）

第三课时
环节二：依据酒精的相关性质制作固体酒精
设计意图： 　　通过固体酒精的制作，帮助学生感悟实际生产的设计过程，体会药品的量、操作等在实际生产中的价值。在设计的过程中，进一步帮助学生认识物质的组成、性质还会影响物质的制备与转化关系。强化巩固"结构决定性质，性质决定用途"的学科思想。同时通过小组交流讨论，发展学生的批判性思维以及"证据推理""科学探究与实践"等学科素养。
环节三：完成"酒精小百科"的编写

教师活动	学生活动
【任务】通过三节课的学习，比较全面地编写"酒精小百科"，并小组汇报分享。 【交流】对比网络上的"酒精小百科"，分析自己组的优点和发展点。 【简单展示】乙醇是一种有机化合物，结构简式为 CH_3CH_2OH 或 C_2H_5OH，分子式为 C_2H_6O，俗称酒精。 乙醇在常温常压下是一种易挥发的无色透明液体，低毒性，纯液体不可直接饮用。乙醇的水溶液具有酒香的气味，并略带刺激性，味甘。 乙醇易燃，其蒸气能与空气形成爆炸性混合物。乙醇能与水以任意比互溶，能与氯仿、乙醚、甲醇、丙酮和其他多数有机溶剂混溶。 乙醇可用于制造醋酸、饮料、香精、染料、燃料等，医疗上常用体积分数为 70%～75% 的乙醇作消毒剂。乙醇在化学工业、医疗卫生、食品工业、农业生产等领域都有广泛的用途……	【思考讨论】各小组编写"酒精小百科"并展示分享。下图为学生作品。 

设计意图：
　　通过酒精小百科的编写以及和网络百科的对比，培养学生的分析能力、综合思维能力，提高学生的科学素养，促进学生全面长远发展。

第三课时
板书设计： 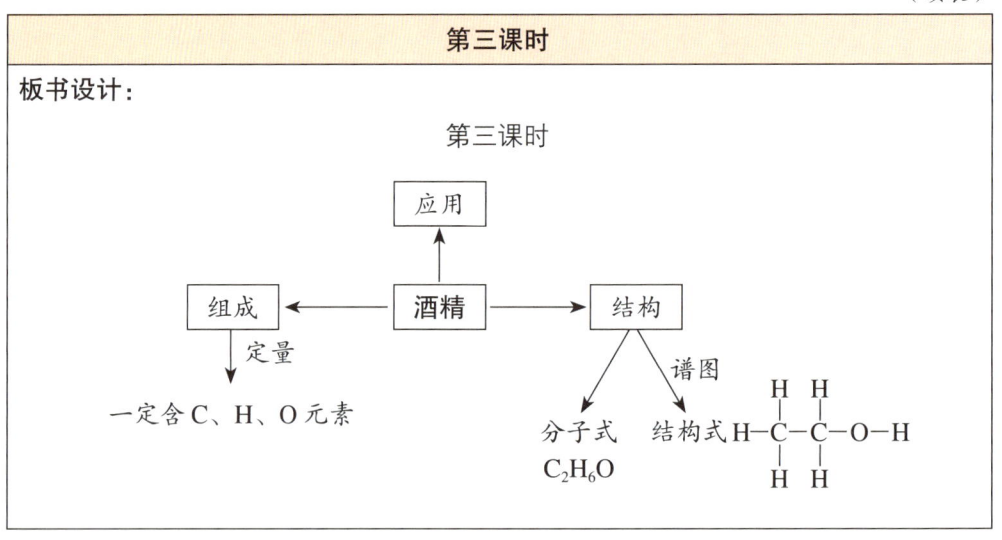

单元整体知识体系
板书设计： 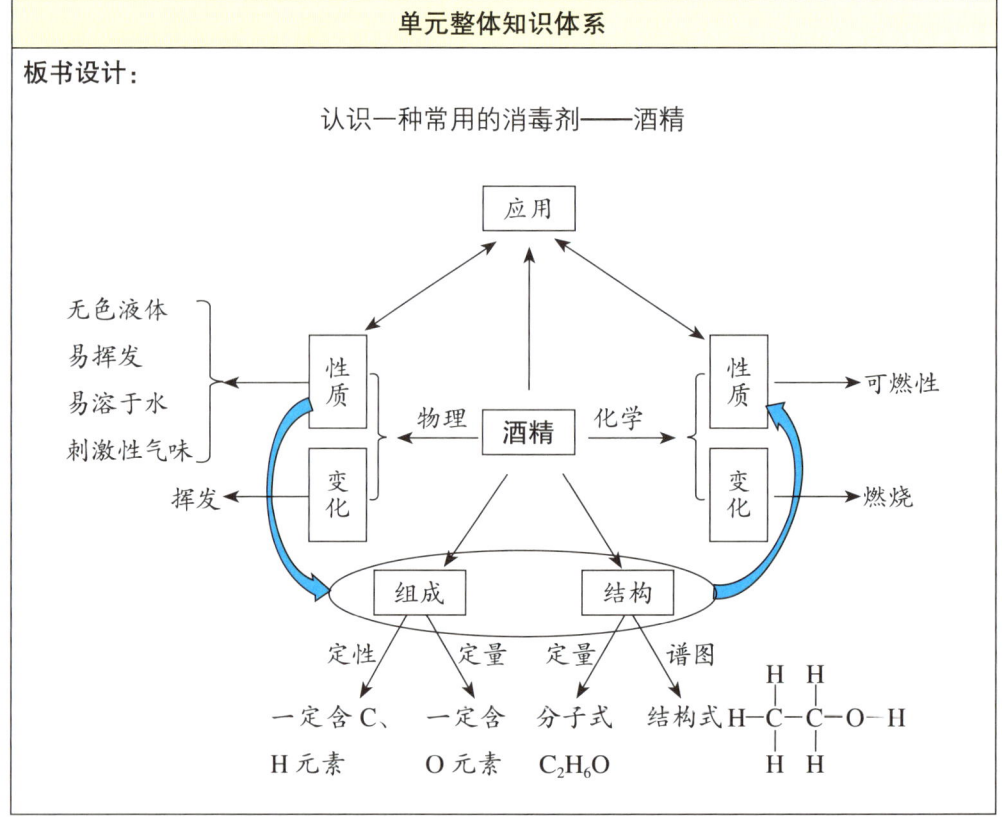

六、学科大概念统摄下的大单元教学设计及教学反思

1. 大单元教学设计特色说明

（1）重视科学思维的发展

本单元通过了解酒精的性质、变化、应用，从定性的角度认识酒精的元素组成，从定量的角度认识酒精的化学式及其含义，从分析资料（谱图）等角度认识酒精的结构式，还完成了"验证酒精燃烧有水生成""制作固体酒精"等实验，发展了学生的"变化观念与平衡思想""宏观辨识与微观探析""科学探究与实践"等素养。

（2）重视化学观念的建立

本单元通过三课时的实施，经过实际问题的解决过程，使学生体会到物质的组成、结构、性质、用途、制备等知识的内容关联，并形成从定性、宏观走向定量、微观的认识过程，逐步建构结构－性质－用途的研究思路，从而提升学生在新的陌生情境中能主动迁移应用已有知识、习得新知的能力，逐步建立"物质是由元素组成的""物质是由分子、原子构成的""物质结构决定性质，物质性质决定用途""在一定条件下通过化学反应可以实现物质转化""化学反应遵守质量守恒定律""理解质量守恒定律的微观本质"等基本化学观念。

（3）重视知识的结构化和衔接性

在本单元教学中，每一课时都重视对本节课所承载的知识进行结构化的梳理，在任务不断进阶过程中，不断完善学生对"物质是由元素组成的、在一定条件下通过化学反应可以实现物质转化"等基本观念的建立，形成知识间的关联，同时做好初高中知识衔接，以便学生在解决实际问题中进行知识的选择、调用和迁移，为学生后续深度学习和长远发展做好铺垫。

2. 大单元教学设计教学反思

本单元设计以"立德树人"为引领，以"新课标、教材"为抓手，以"中考改革"为导向，以"培养能力、发展核心素养"为落点，是基于"物质观、变化观、守恒观"等化学观念在解决实际问题中的应用的复习升华课。旨在通过实际问题的解决，帮助学生在复习巩固所学重点知识的基础上，诊断学生是否能主动调用已形成的多角度认识物质的思路方法去解决新物质的学习问题。

（1）通过经历与体验，使学生真正形成对物质以及变化多角度认知的思维模型（如教学流程设计中的"单元整体知识体系"）。

（2）情境素材选择时事化、生活化、熟悉化。本单元可选择"酒的传统文化""乙醇汽油""酒精灯"等，让学生通过学习认识到"化学源于生活又服务于生活"，感受民族自豪感和绿色化学可持续发展观，感悟到学科真正的社会价值。

（3）"酒精小百科"的编写可以使学生的思维具有趣味性、结构性、有序性、进阶性，同时通过小组间的交流分享以及和网络小百科的对比，激发学生学习的动力，提升学习的兴趣，同时提升学生批判性思维等高阶思维品质。

（4）知识梳理注重结构化和衔接性。学生通过定性实验确定酒精的元素组成，定量计算确定酒精的分子式，通过谱图的分析确定酒精的结构式，逐步形成"宏观－微观－符号"三重表征的认识方法，也将初高中知识进行了巧妙衔接，指向学生的深度学习，利于学生全面长远发展。

总之，单元教学是一种思维方式的转变，是在现有的教学模式上打破固有的思维模式，需要我们基于课标、基于教材、基于学情，建立整体性的教学思路，从而促进学生深度长远发展。本设计是基于复习又升华于复习的单元教学的初步尝试，今后还将继续学习和实践。

北京市第二中学通州校区　郭三仙

北京市通州区教师研修中心　王庆元

案例 ❼ 锅之 zhì

一、学科大概念统摄下的大单元教学背景分析

1. 大单元教学主题确定

金属是生活中重要的材料，金属冶炼、腐蚀是造成环境问题的原因之一，金属资源的合理开发和利用影响社会的可持续发展。可以说，"金属"单元承载了《义务教育化学课程标准（2022年版）》"物质的性质与应用""化学与社会"两个学习主题中的内容。

大概念是指反映学科本质，具有高度概括性、统摄性和迁移应用价值的思想观念。本单元整体设计以"同类物质具有相似的性质"这个大概念为统领，以生活中常见的锅为载体，通过对锅的材质和性能、锅的发展史、金属的腐蚀与防护的调查和研究，体会科技对材料的推动作用，培养学生的问题解决能力和综合思维能力，建立保护并合理使用金属资源的社会责任感；通过铁生锈的条件、金属化学性质的探究，培养学生利用控制变量思想设计实验的能力，发展科学探究能力；通过多环节对锅的研究，形成对金属组成与结构、性质与变化、制备与应用等多角度的认识，初步学会研究一类物质的方法，感知化学知识在生产生活中的价值（图 3-1）。

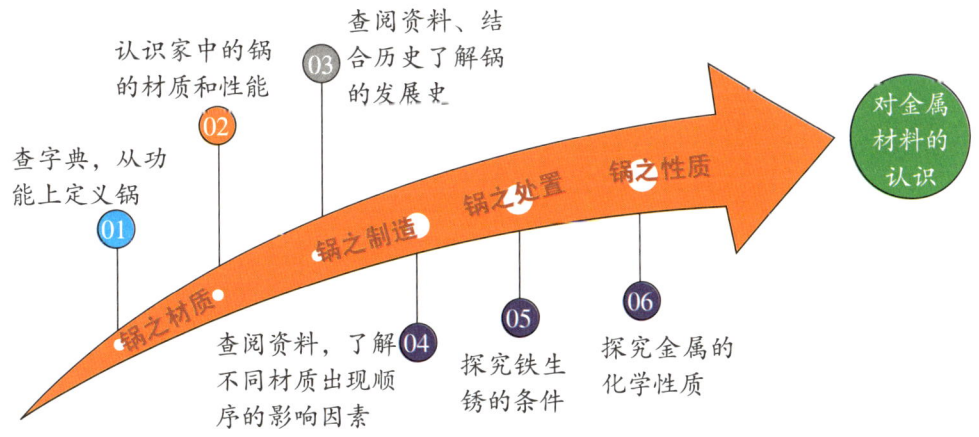

图 3-1 以锅为载体认识金属材料

2. 大单元教学内容分析

（1）在教材中的地位和作用

在《义务教育化学课程标准（2022年版）》中，"金属"单元属于"物质的性质与应用"学习主题下的"金属与金属矿物"。这一主题的教学要从与学生生活密切相关的物质入手，从性质、应用等多角度认识物质，揭示生活中与化学密切相关的问题。除了主体内容对材料、金属性质、金属活动性顺序、置换反应的认识之外，本单元内容与之前学习的氧气、二氧化碳以及之后将要学的酸碱盐等物质共同承载了"结构决定性质，性质决定用途"这一大概念，形成研究物质的一般思路和方法，对今后高中学习物质有着重要的方法引领作用。

（2）在教学中的功能和价值

材料是初中化学的重要组成部分，与生活和社会发展的关系非常密切。"金属"单元和以后的"化学合成材料"共同构成了学生初中阶段对材料的系统性和发展性认识。生活中锅具的材料多样，它承载了金属和化学合成材料两部分内容。锅的使用，利用了金属的许多性质，所以本单元以"锅"为载体开展项目学习，通过"锅之材质""锅之制造""锅之处置""锅之性质"四个主题，从组成、结构、性质、变化、制取、应用等多角度形成对金属这一类物质的认识。

本单元采用基于真实情境的教学，在项目的引导下解决实际问题，从而实现反思和循环上升的学习，指向学生深度学习。

3. 大单元教学学情分析

（1）学生已有知识与能力

①生活基础。通过问卷调查，发现学生知道许多"锅"，如炒锅、蒸锅、电饭锅等，初步了解不同锅的用途，也发现了锅的材料中最多的是金属。但对金属（锅）背后蕴含的化学原理却很少关注，也不十分清楚物质用途与其性质之间的内在联系。

②知识基础。通过前面的学习，学生已经知道镁条、铁丝等金属能与氧气反应，知道某些金属与酸、盐溶液的反应，比如镁与稀盐酸、镁与稀硫酸、铁与硫酸铜溶液的反应，但知识是零散的，并没有形成对金属化学性质的整体认识。

在前面的学习中，学生对物质的组成及其表示方法、化学方程式等基础知识已经有了一定了解，并能用化学用语描述物质的性质与变化。

在日常生活中，学生已经知道钢铁制品容易生锈，也了解一些防止钢铁生锈的简单方法，但从原理上对钢铁腐蚀以及防止锈蚀没有清晰的认识，更没有形成保护金属资源的意识。

③方法基础。在学习本单元之前，学生知道物质的性质由微观结构决定，在对碳单质性质的研究中，学生进一步体会了结构与性质之间的关系。通过"构成物质的微粒"的学习，学生认识了原子结构，知道了最外层电子数与元素化学性质之间的关系。但仍有部分学生不能主动从"结构"的角度来分析"性质"。相信本单元学习之后，学生对于"结构决定性质"的理解会更全面、更深刻。

（2）学生学习障碍点

如何从对某种物质化学性质的研究过渡到对一类物质（金属）化学性质的研究，并能主动利用"结构决定性质"这一大概念解释金属化学性质共性、差异性的微观原因是学生思维上的障碍点。

（3）学生学习发展点

本单元共分为4课时，第一课时"锅之材质"，从调查家中的锅展开项目学习，通过对锅不同部位所用材料和功能的认识，体会材料的多样性，归纳总结出金属这一类物质的物理性质，巩固"性质决定用途"这一大概念；第二课时"锅之制造"，以锅的出现年代为数轴，通过标记不同材质锅的发展进程，体会金属的性质与冶炼、使用之间的密切联系，形成科学和技术的发展促进社会发展的观念；第三课时"锅之处置"，通过探究铁钉生锈的活动，了解铁生锈的条件及防锈原理，培养学生利用控制变量思想设计实验的能力和科学探究能力，建立合理使用、保护金属资源的社会责任感，培养辩证的思维方法和趋利避害的观念；第四课时"锅之性质"结合学生对金属化学性质的已有认识，通过探究金属与酸、盐溶液的反应，了解金属活动性顺序及其应用，进一步完善对金属化学性质的认识，建立一类物质性质的研究方法，培养学生基于实验事实进行证据推理的科学思维能力，同时通过从微观角度解释物质性质，培养"宏观辨识与微观探析"相结合的学科核心素养。

二、学科大概念统摄下的大单元知识结构图

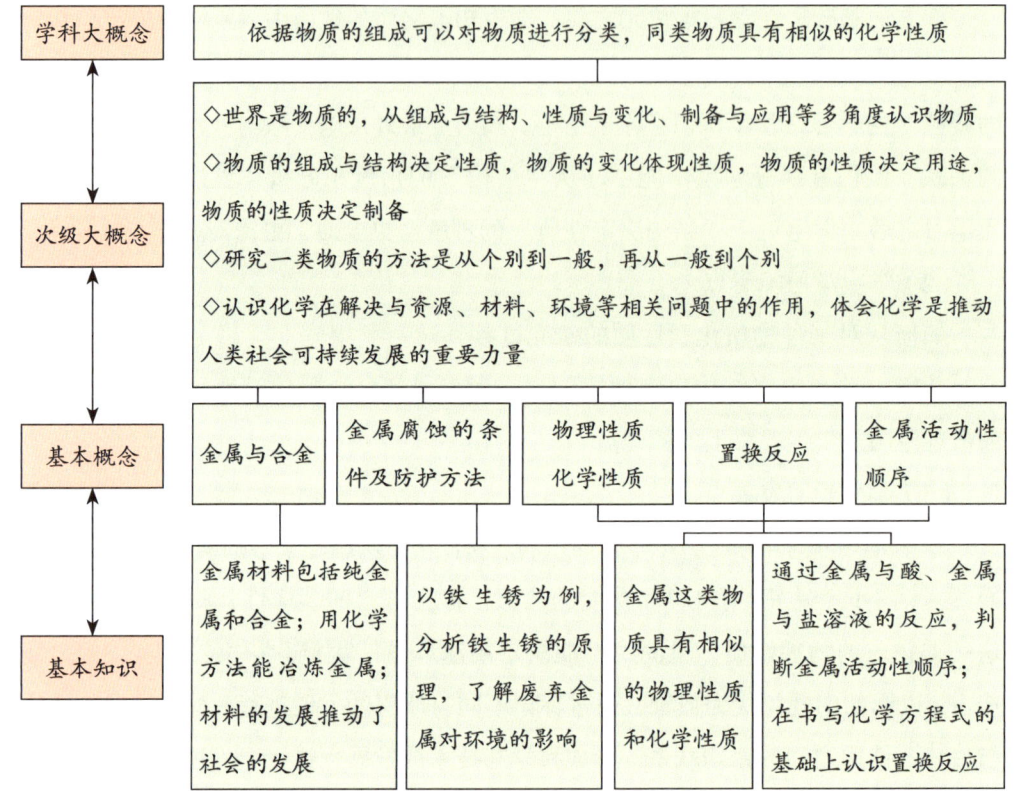

三、学科大概念统摄下的大单元教学与评价目标设计

1. 教学目标

（1）通过对家中锅的材料、功能等的调查，认识材料的多样性，了解金属的物理性质，认识合金的重要性。

（2）通过调查锅的制造、发展史，了解金属冶炼的原理，体会科技进步对社会生产力发展的促进作用，认识化学的社会价值。

（3）通过探究铁锅生锈的条件，体验提出问题、猜想与假设、设计和实施探究方案、获取证据并分析得到结论、反思评价的探究过程，培养学生利用控制变量思想设计实验的能力和科学探究能力。

（4）从个别到一般，通过实验探究，认识金属的化学性质，了解金属活动性顺序及其应用，并在探究过程中初步学会研究一类物质的方法。

（5）通过金属物理性质、化学性质的学习，认识到一类物质的性质既有共性又有差异性，并能从微观角度解释原因，巩固组成、结构与性质之间的关系，培养学生的"宏观辨识与微观探析"核心素养。

2. 评价目标

（1）通过六次课下任务，诊断学生的"科学态度与社会责任"核心素养，诊断学生对化学学科价值的认识水平，保持对化学学习和科学探究的浓厚兴趣，发展乐学善学的素养。

（2）通过对锅不同部位材质及用途的认识，诊断学生能否主动建立物质组成、性质、用途之间的关系。

（3）通过对锅的制造、发展史的调查与研究，诊断学生获取、整合信息的能力，发展批判质疑的能力素养。

（4）通过对利用铁生锈原理实例的认识，诊断学生运用辩证的观点认识物质及其发生的变化的思维水平，发展学生的可持续发展意识及"科学态度与社会责任"核心素养。

（5）通过对铁生锈条件及金属化学性质探究实验的设计，诊断学生是否能主动运用控制变量法设计多因素影响实验的科学思维，发展学生的证据推理能力、模型认知能力和科学探究能力。

（6）通过对金属物理性质、化学性质的共性和差异性原因的分析，诊断学生结构决定性质的化学观念是否内化形成，发展学生的"宏观辨识与微观探析"核心素养。

四、学科大概念统摄下的大单元规划流程图

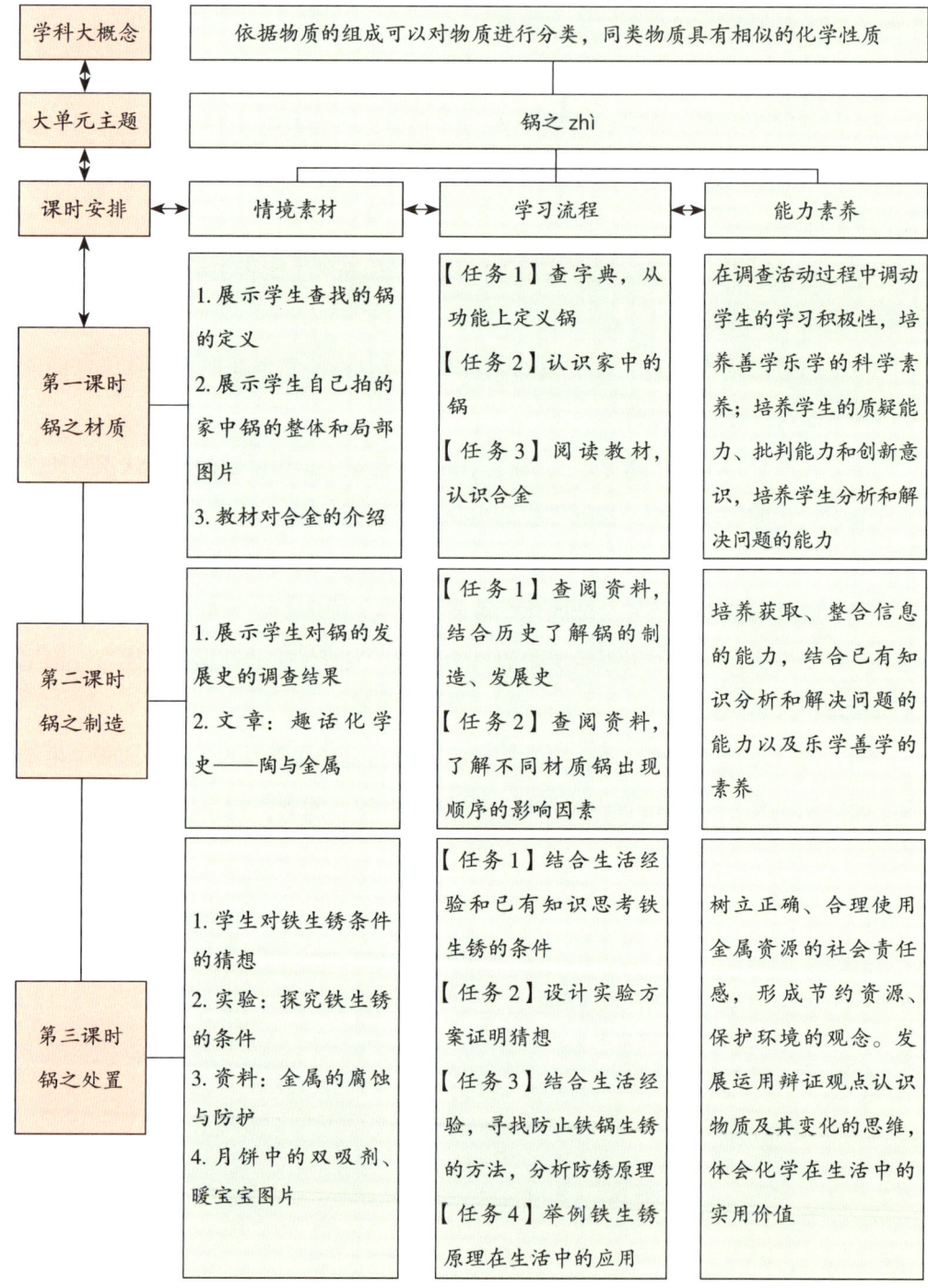

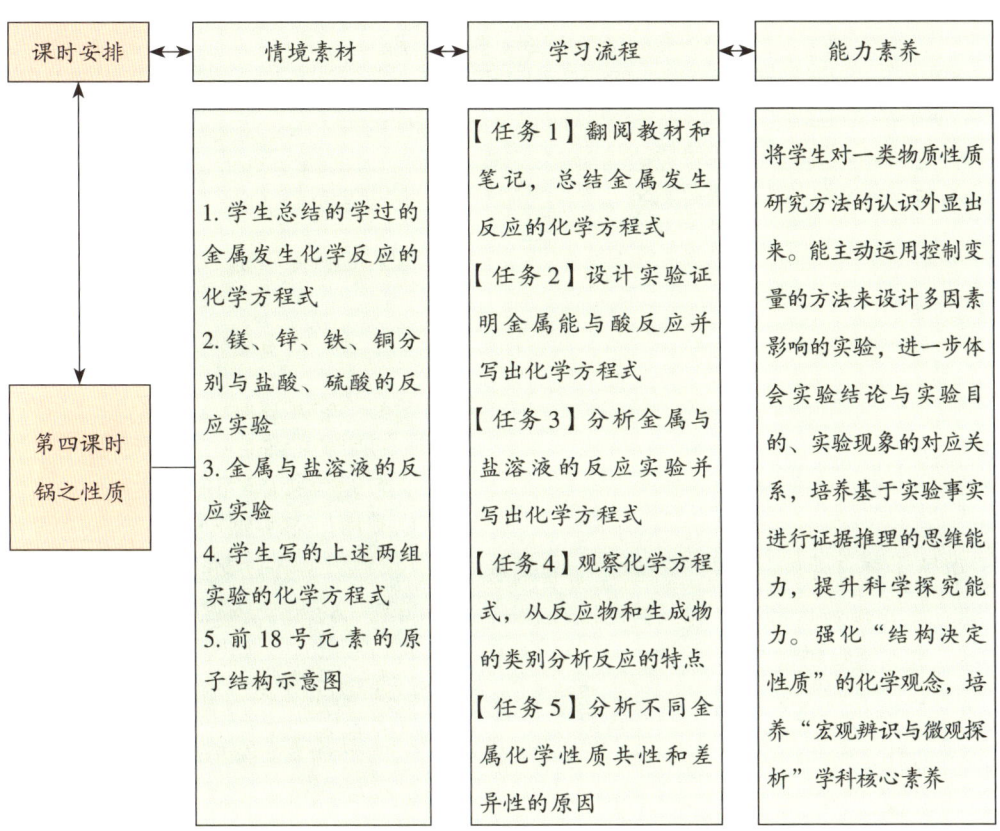

五、学科大概念统摄下的大单元教学流程设计

第一课时　锅之材质	
环节一：认识锅	
教师活动	学生活动
【引入】锅在我们家中很常见，种类也不少，那你知道什么是锅吗？	【课前活动】（任务一）查字典，从功能上定义锅。

(续表)

第一课时 锅之材质

环节一：认识锅

教师活动	学生活动
【展示】学生作品——锅的定义。 【引导】可以看出，锅有多种解释，如炊事用具、装液体加热用的器具、器物上像锅的部分。第3位同学认为都是，第1、2位同学认为只有做饭、烧水用的才是锅，大家同意哪个？为什么呢？ 【总结】从生活中的功能来说，锅主要是用来做饭、烧水的。 【布置课下任务】 （1）寻找家中的锅并拍照（整体、局部）。 （2）了解锅每部分的材料、性质、特点。 （3）完成表格。	【学生作品】 【回答】加热食物、水的是锅。 【课下活动】（任务二）寻找家中的锅，认识家中的锅，并了解锅每部分的材料、性质、特点。 | "锅"的名称 | 整体照片 | 局部照片 | 局部名称 | 局部所用材料 | 锅中该材料的功能 | |---|---|---|---|---|---| | | | | | | |

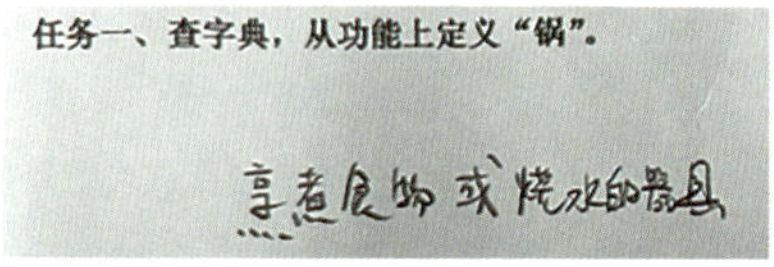

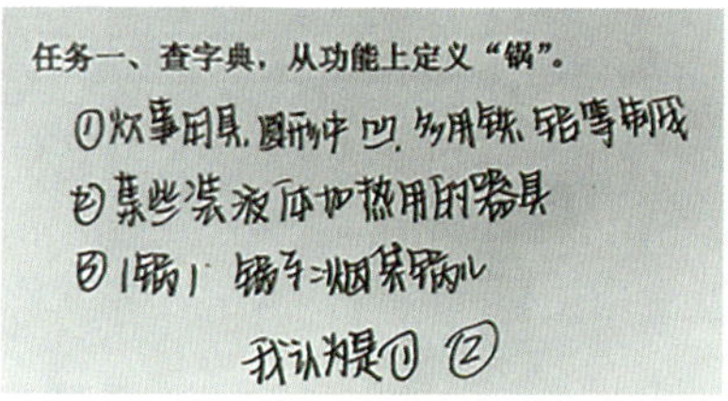

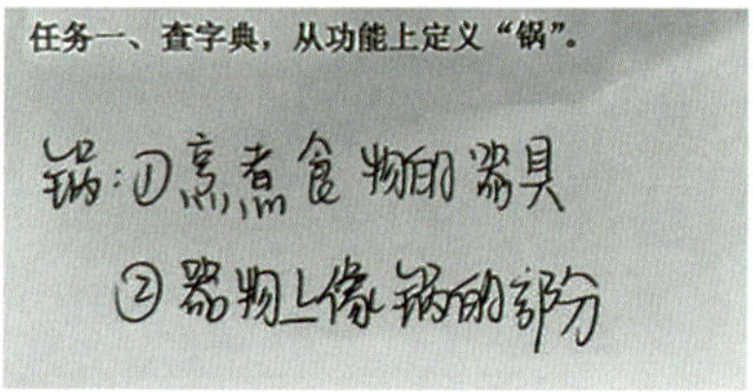

设计意图：

锅在生活中很常见，但往往对锅的认识比较局限，比如有的人认为名字中有"锅"字才是锅。通过查字典，从功能上定义锅，为准确、全面寻找家中的锅做铺垫。

（续表）

第一课时　锅之材质	
环节二：调查家中的锅	
教师活动	学生活动
【展示】学生拍的家中锅的照片（如炒锅、煮锅、电饭锅、砂锅、柴火锅、烤箱等）。 1. 整体认识锅 【提问】这些都是锅，还有的同学拍了烤箱，你们觉得烤箱是锅吗？为什么？ 【追问】大家同意谁的说法？ 2. 认识锅各个部分的材质 【请1组上台分享】 　①炒锅 　②煮锅 　③陶瓷锅	【回答】学生1：是，从功能上看可以加热食物。 学生2：不是，因为名字中没有"锅"字。 【讨论】绝大多数学生认同学生1的说法，认为烤箱是锅。 【1组讲述】 ①炒锅由锅身和锅把构成，锅身的材质是"铁"，但不是纯铁，主要利用了其导热性。铁能制成薄薄的锅体，还利用了延展性。锅把表面是塑料，有隔热、防烫的作用，塑料里面还有一部分不锈钢，比较坚硬，起到固定的作用。 ②煮锅锅身是不锈钢材质，利用了导热性、延展性，其特点是不易生锈。锅把是不锈钢材质。锅盖的材质是玻璃的，透明、稳定性好，还可以增加做饭过程的可视性，增添食欲；由于比较厚重，虽盖锅后压力增大，但水蒸气不容易把锅盖顶下来；盖底、内侧的螺丝钉是钢的，除了不易生锈之外，硬度也比较大，不容易变形。 ③陶瓷锅整体都是陶瓷的，也具有导热性。

(续表)

第一课时 锅之材质	
环节二：调查家中的锅	
教师活动	学生活动
【引导】通过1组同学的分享，了解了材质的多样性，认识到不同的锅材质不一样，同一口锅各部分的材质也不同，各材质的性质也不同。其实有些锅的材质更复杂，如电饭锅、空气炸锅等。	【1组提问】请大家思考这3个问题： （1）加热食物利用了锅材质的什么性质？ （2）既然不锈钢具有导热性，那么锅把为什么不烫？ （3）金属材质的锅和陶瓷锅相比，有什么优缺点？ 【其他同学回答】 （1）导热性。 （2）真空工艺，可以隔热。 （3）陶瓷锅易碎；金属锅结实耐用，且导热快。 【1组总结】陶瓷锅的导热速度没有金属锅快，不容易糊锅，也不容易散热，所以通常用于炖汤。
【请2组同学进行分享】  电饭锅  电饭锅内胆  电饭锅发热盘  电饭锅导线、插头	【2组讲述】电饭锅很多部分的材质和性质跟前面同学说的是相同的，比如外锅体是塑料的、美观、隔热等，这里我们主要说说不一样的。发热盘是铝合金的，导热好、密度小，比较轻盈，密封圈是橡胶的。 【2组提问】大家知道密封圈为什么使用橡胶吗？ 【其他同学回答】柔软有弹性，密封严实。

（续表）

第一课时　锅之材质	
环节二：调查家中的锅	
教师活动	学生活动
	【2组讲述】电饭锅重要的部分还有导线和插头，内层都是铜，利用了它的导电性；绝缘皮是塑料的，绝缘，安全；插头表面镀了锌，可以防止铜氧化。
	【2组提问】铜作导线利用了铜的什么性质呢？
	【其他同学回答】导电性、延展性。
【提问】制作锅的各种材质中，哪类利用的最多？为什么？	【回答】金属材料利用的最多，因为金属不怕摔、种类多、导热快、导电性好。
【总结】金属可以做成薄薄的锅体，利用了延展性。	
【提问】金属有哪些共同的物理性质呢？	【回答】常温下绝大多数是固体，良好的导热、导电、延展性，大部分是银白色的，有光泽。
【追问1】金属的物理性质完全一样吗？请举例说明。	【回答】不一样，比如铜是黄色的，其他很多金属是银白色的。
【追问2】其实还有很多，比如铝的密度比较小、轻。虽然金属都有导电性，但不同金属的导电性有差异。银的导电性最好，可为什么不用银作导线呢？	【回答】银比较贵，地壳中含量低。
【总结】实际应用中选用材质要考虑很多方面，通常我们要选取性价比最高的。	

设计意图：

应用上一环节明确的锅的定义，认识锅。在给家中锅拍照的过程中，了解锅的材质，认识材料的多样性，认识金属的物理性质。这一过程充分调动学生学习的积极性，培养其善学乐学的素养。通过生生互动，促进思考，理解并巩固物质组成、性质、应用之间的关系，培养学生创新思维、批判质疑的能力。通过归纳、对比等科学方法认识金属物理性质的共性和差异性，初步建立一类物质性质的研究方法，培养学生科学的学习方法和能力，为后面酸、碱、盐的学习奠定坚实的基础。

（续表）

第一课时 锅之材质	
环节三：认识合金	
教师活动	学生活动
【提问】制作锅的各种金属材质中，哪些用得最多？ 【任务】阅读教材，思考铁、不锈钢的区别和联系。 【总结】不锈钢是一种合金，合金是指两种或两种以上的金属（或金属与非金属）熔合而成的具有金属特性的物质，比纯金属性能更优良，利用更加广泛。 除了铁合金，在锅的材质中还用到了铝合金等。 锅的材质是多样的，不同的锅可能由不同的材质制造，同一口锅也可能有多种材质，要根据实际需要设计、选取适合的材质。 【布置课下任务】查阅资料，结合历史了解锅的制造、发展史。	【回答】铁、不锈钢。 【阅读思考】 联系：铁、不锈钢都含有铁。 区别：铁是纯净物，不锈钢是混合物；铁容易生锈，不锈钢不易生锈。 【课下活动】（任务三）查阅资料，结合历史了解锅的制造、发展史。

设计意图：

通过自主阅读、学习，在认识合金的优异性能和重要应用的同时，培养学生从材料中获取有效信息，再结合已有知识分析和解决问题的能力。

板书设计：

第一课时　锅之材质

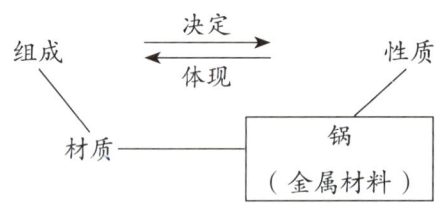

第二课时　锅之制造

环节一：锅的发展史（一）

教师活动	学生活动
【引导】锅的种类和功能越来越多，这是经历了一个漫长的历史变化过程的结果。上节课布置的任务同学们很踊跃，查阅的资料也很详细，下面请3组给大家分享一下。   　　陶器时代　　　东汉 ●ーーーー●ーーーー●ーーーー●ーーーー●ーー▶ 石器时代　青铜器时代　100多年前至今 锅的发展史 【提问】我们发现，不同材质锅的发展是有一定顺序的，为什么是这个顺序？与哪些因素有关？请同学们课下查阅资料，完成下面的任务。 【布置课下任务】查阅资料，了解不同材质锅出现顺序的影响因素。	【小组分享调查结果，聆听、思考】 【3组讲述】人类的文化源远流长，对于锅的发展，可以从文献或者出土的文物中了解。约50万年前的石器时代，有人把一块带着凹陷的石头支起来，把食物放里面加热，这或许是最早的锅了，但是没有找到相关的锅图片。后来人类偶然发现，泥土制成的器具在经过火的高温烧制后会变得非常牢固，于是陶器便由此产生。青铜器时代，"鼎"是最重要的青铜器种类之一，在古代用作烹煮和盛放食物的器具。战国以后青铜质地的炊器越来越少，逐渐被铁釜、铁锅替代。铝锅主要是在20世纪70年代后期开始大量使用的。至今，又发展了各种功能的锅，如高压锅、空气炸等，使我们的美食更丰富、生活更便利。 【课下活动】（任务四）查阅资料，了解不同材质锅出现顺序的影响因素。

设计意图：
　　在调查锅的制造、发展史过程中，调动了学生学习的积极性，培养了获取、整合信息的能力以及乐学善学的素养。

(续表)

第二课时 锅之制造	
环节二：锅的发展史（二）	
教师活动	学生活动
【引导】上次课后给大家布置了任务，有同学在查找、了解不同材质锅出现顺序的影响因素的过程中发现了这样一篇文章。	【阅读文章】（文章内容见下面的附1）
【提问1】阅读后，你觉得不同材质锅出现顺序的影响因素可能是什么？请具体说明。	【思考回答】可能与获取或者生产这种材质的难易程度有关，或者与物质的性质有关。 有些金属性质比较稳定，在自然界中以单质存在；有些不稳定，以化合物存在，需要进行冶炼才能得到金属单质。
【提问2】结合短文，写出炼铁的化学方程式。	【思考】$3CO + Fe_2O_3 \xrightarrow{\text{高温}} 2Fe + 3CO_2$
【提问3】现今，在各种材质的锅中，铁锅应用比较广泛，为什么？	【思考回答】在地壳中铁含量较高，冶炼比较容易，产量高，便宜。
【提问4】使用铁锅有什么优缺点？	【思考回答】 优点：导热性较好； 缺点：容易生锈（如图）。 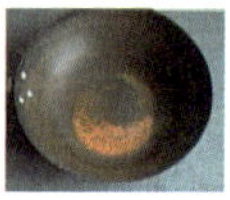
【布置课下任务】结合生活经验和已有知识思考铁生锈的条件。	【课下活动】（任务五）结合生活经验和已有知识思考铁生锈的条件。

附1：趣话化学史——陶与金属

陶器的诞生：陶器的发明起源于新石器时代，人们把黏土加水混合后，制成各种形状的器物，干燥后经火焙烧形成陶器。

铜的冶炼：人们将绿色石头（含有[$Cu_2(OH)_2CO_3$]）和还原剂木炭一起烧制，得到红色光亮的金属铜（铜的熔点为1 083.4℃）。此还原反应需要一定的温度，所以要在加热的状态下才能产生铜单质，故称为"火法冶铜"。

（续表）

第二课时　锅之制造
环节二：锅的发展史（二）

教师活动	学生活动
铁的冶炼：地球上的铁，几乎都是以氧化物形式出现的，根本找不到铁单质。尽管铁在地壳中含量极高，但铁的熔点大约在1 500℃，青铜器时代的冶炼技术根本达不到这个温度，无法得到金属铁。炼炉从最初始的小陶窑不断变胖、增高，炉中的温度也随之提升。最终，最原始的高炉温度终于可以接近铁的熔点。在高温条件下，赤铁矿（含Fe_2O_3）与木炭混合后，放在炼炉中点火鼓风，进行冶炼。木炭燃烧，既造成高温，又生成还原氧化铁的一氧化碳。 铝的冶炼：铝是地壳中含量最丰富的金属，是铁含量的1.5倍。铝太容易被氧化了，所以在自然界中都是以氧化铝的状态存在，而氧化铝的熔点非常高，造成铝的冶炼难度很大。自古物以稀为贵，铝曾经比黄金都昂贵。有了电之后，霍尔以纯净的氧化铝为原料，用熔化的冰晶石（Na_3AlF_6）作熔剂，电解制铝，铝的价格就大大降低了。	

设计意图：
　　通过查阅资料，了解不同材质锅出现顺序的影响因素，认识金属冶炼的原理，了解金属冶炼的条件，体会物质性质与制备的关系。通过文章的阅读与分析，认识到工业制备的原理要考虑原料、目标产物的组成、性质特点，培养从化学视角看待工业生产的能力，了解科技进步能促进社会生产力的发展，认识化学的社会价值，真正落实学科素养。在结合生活经验以及不同金属性质评价材质优缺点的过程中，培养批判质疑的能力。

板书设计：

第二课时　锅之制造

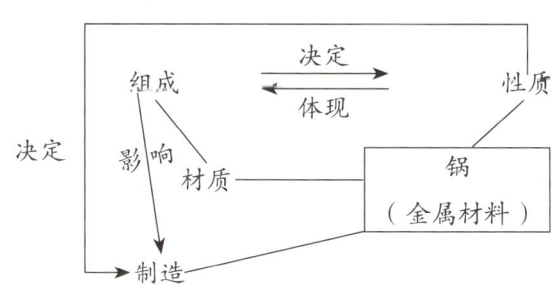

第三课时　锅之处置

环节一：探究铁锅生锈的条件

教师活动	学生活动
【引导】现在锅的材质和功能越来越复杂，其中铁锅应用比较广泛。铁锅在使用后如何处置呢？ 铁锅使用后保存不当容易生锈，铁生锈与哪些物质有关呢？这是上节课的任务，大家对铁生锈条件的猜想，主要有三种情况。（PPT 展示学生的猜想） 【任务】请设计实验方案验证这三种猜想。	【对铁生锈条件的猜想】 猜想1：氧气——铁生锈的反应是缓慢氧化。 猜想2：水——铁锅不沥干水容易生锈。 猜想3：氧气和水——铁生锈的反应是缓慢氧化，不干燥的铁锅容易生锈。 【学生设计实验】 【学生展示设计实验和结果】 （1）对于多因素影响的实验，需要用控制变量法来分析。 （2）学生板书展示方案： | 序号	氧气	水
---	---	---
1	×	√
2	√	×
3	√	√	 （3）投影展示学生设计的方案： 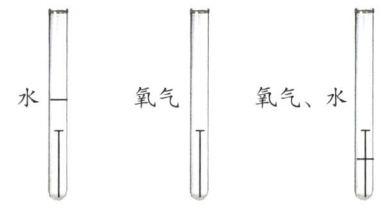 第一支试管让水没过铁钉，让铁钉只接触到水。 第二支试管让铁钉只接触到空气。 第三支试管让铁钉一半浸没在水中，让它接触到空气和水。

(续表)

第三课时　锅之处置	
环节一：探究铁锅生锈的条件	
教师活动	学生活动
【提问】其他同学有补充或有不同意见吗？	【其他同学补充】 第一支试管：水中能溶解氧气，应该把水中的氧气除去。 第二支试管：空气中有水蒸气，应该除去，这样才能做到控制变量。
【追问1】如何解决这两个问题呢？	【思考回答】加热，水中的氧气就跑出来了。 放生石灰，与水反应，除去水蒸气。
【追问2】为什么加热水中的氧气就能跑出来呢？	【思考回答】气体的溶解度随温度的升高而减小，加热可以除去水中溶解的氧气。
【小结并提问】同学们说得非常好，怎样做到控制变量呢？	【思考回答】都加热；冷却后，都为常温。
【提问】为保证室温这个条件，第一支试管用煮沸并冷却的水。为防止空气中的氧气溶解到水中，我们应该怎么办？	【思考回答】加一层植物油。
【小结】植物油可以起到隔绝氧气的作用。	
【提问】生石灰、氧化钙等是常见的干燥剂。第二支试管除了放干燥剂，还应该有什么措施？	【思考回答】盖上胶塞，不让外面空气中的水蒸气进入。
【进行实验】 A：植物油、经煮沸冷却的蒸馏水 B：无水氯化钙、棉花、空气 C：水 温馨提示： （1）氯化钙用1药匙，放在棉花上。 （2）植物油大约0.5 cm厚。 【讲述】铁生锈是缓慢氧化，所以一周后我们再观察结果。	

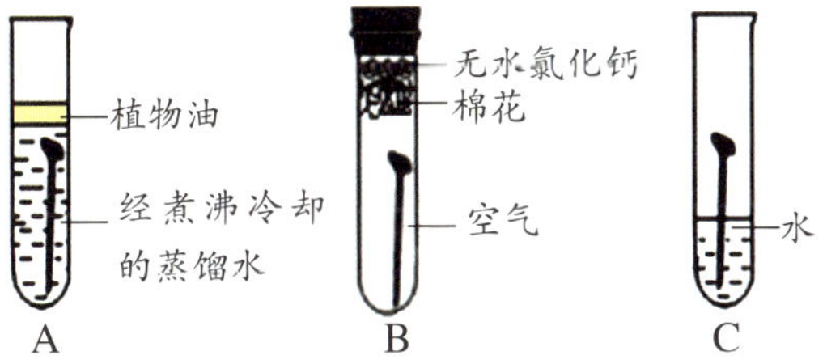

（续表）

第三课时　锅之处置	
环节一：探究铁锅生锈的条件	
教师活动	学生活动
【放置一周】 【提问】你观察到了什么现象？ 请同学分析： 实验____说明铁生锈需要氧气； 实验____说明铁生锈需要水。 【追问】通过实验分析，你能总结铁生锈的条件吗？	【一周后观察实验现象】A、B试管无明显现象，C试管中产生了红棕色铁锈。 A、C对比，说明铁生锈需要与氧气接触。 B、C对比，说明铁生锈需要与水接触。 【思考回答】铁生锈的条件是铁与氧气、水同时接触。
设计意图： 　　在铁生锈条件的探究过程中，学生经历了猜想、设计并实施实验、观察现象获取证据、形成结论、表达交流的科学探究过程；形成了实验探究的一般思路和方法；巩固多因素影响时，运用勾叉法来控制变量的对比实验设计方法，培养了解决真实问题的科学思维。	
环节二：铁锅的防护和利用	
教师活动	学生活动
【提问】铁锅与氧气、水同时接触后容易生锈，铁锅生锈给我们生活带来哪些影响呢？该如何防锈呢？ 【追问】防锈利用了什么原理呢？ 【小结与解释】涂油、保持干燥是通过改变外部条件来防锈，还可以通过添加其他元素来改变内部结构形成不锈钢来防锈。 【提问】铁锅生锈后不能再使用，该如何处理呢？	【思考回答】铁锈对人体不利，铁锅会越来越薄，造成经济损失。 | 防锈方法 | 防锈原理 | |---|---| | 刚买来的锅要烧一下，涂一层油 | 隔绝氧气、水 | | 保持干燥 | 隔绝水 | | 换成不锈钢锅 | 改变内部结构 | 【回答】回收再利用。

(续表)

第三课时 锅之处置	
环节二：铁锅的防护和利用	
教师活动	学生活动
【介绍】据有关资料统计，世界上每年因腐蚀而损失的金属材料和设备约相当于其年产量的1/4左右。由于金属制品腐蚀、损坏和自然淘汰，每年都有大量的废旧金属产生。随意丢弃废旧金属，既造成环境污染又浪费了有限的金属资源。回收1 t废钢铁可以炼得好钢0.9 t，与用矿石冶炼相比，可节约成本47%。所以，垃圾分类处理、回收并循环利用废旧金属有着巨大的经济效益和社会效益。	
【提问】铁生锈给我们的生产生活带来了很大影响和危害，我们要尽量避免、减少铁生锈。铁生锈的过程带来的都是危害吗？请举例。	【思考回答】不全是，比如暖宝宝。
【总结】铁与氧气、水同时接触，在生锈的同时还会放出热量为我们所用。大家要辩证地认识化学反应及其原理，趋利避害，为生活服务，让生活更美好。	
【布置课下任务】 （1）翻阅教材和笔记，总结金属发生反应的化学方程式。 （2）金属原子形成金属离子后带正电荷还是负电荷？请分析原因。	【课下活动】（任务六）总结金属发生反应的化学方程式并思考金属离子带正电荷还是负电荷及其原因。
设计意图：	
依据生活经验，认识防止铁生锈的方法和原理，培养正确、合理使用金属资源的社会责任感，形成节约资源、保护环境的观念。通过对暖宝宝原理的认识，发展运用辩证的观点认识物质及其变化的思维，认识到学习化学的终级目标是趋利避害，提高人们的生活质量，体会化学在生活中的实用价值。	

(续表)

第三课时　锅之处置
板书设计：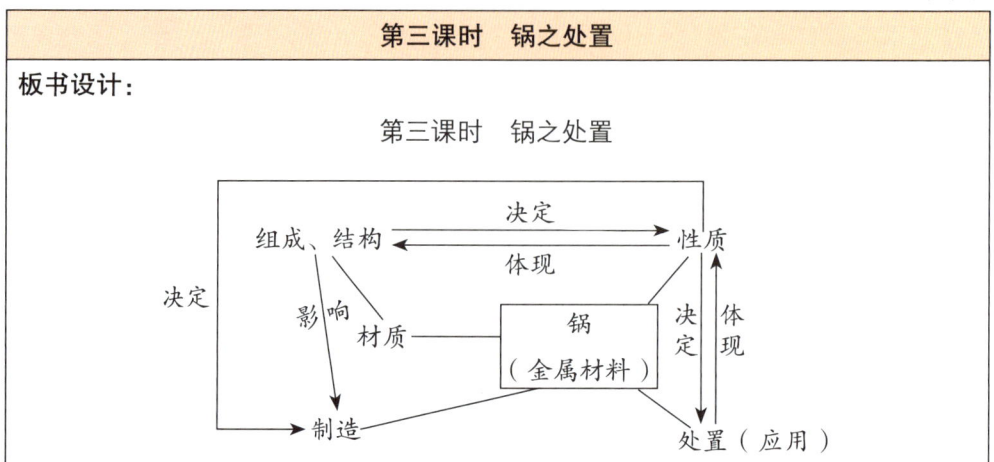

第四课时　锅之性质
环节一：创设情境，引入主题

教师活动	学生活动
【引入主题】锅的材料中大部分是金属，金属有什么化学性质呢？上节课让大家回顾了金属发生的化学变化，我们发现许多金属都能和氧气反应，这是金属的第一条化学性质。	【课前将总结的方程式写在黑板上】 $3Fe + 2O_2 \xrightarrow{点燃} Fe_3O_4$ $2Mg + O_2 \xrightarrow{点燃} 2MgO$ $2Hg + O_2 \xrightarrow{\Delta} 2HgO$ $Fe + CuSO_4 == FeSO_4 + Cu$ $Mg + 2HCl == MgCl_2 + H_2\uparrow$ $Mg + H_2SO_4 == MgSO_4 + H_2\uparrow$

设计意图：

通过梳理金属发生的化学反应，找到金属的第一条化学性质——金属与氧气反应，为后续学习金属的其他化学性质奠定基础，同时认识到性质规律的得出是在多个化学变化的基础上总结而成的。

环节二：探究金属与酸的反应

教师活动	学生活动
【过渡】（学生之前写的方程式： $Mg+2HCl == MgCl_2+H_2\uparrow$ $Mg+H_2SO_4 == MgSO_4+H_2\uparrow$) 镁能与盐酸、稀硫酸反应，其他金属呢？	

（续表）

第四课时 铁之性质	
环节二：探究金属与酸的反应	
教师活动	学生活动
活动一：探究金属与酸的反应 【提出问题】金属是否能与酸反应？要想解决这个问题，应该怎么设计实验呢？ 【追问】哪些变量需要控制？ 【演示实验1】镁、锌、铁、铜与盐酸的反应（四种金属事先已用砂纸打磨光亮）。 盐酸 ↓ ↓ ↓ ↓ 镁 锌 铁 铜 条 粒 丝 丝 ① ② ③ ④ 【提问】请大家仔细观察，将实验现象写在学案上。依据现象，能得出哪些结论呢？ 【追问】请写出发生反应的化学方程式。	【设计实验方案】 学生1：金属、酸都不能是一种。 学生2：得控制变量。 【思考回答】酸的种类、浓度、温度、接触面积（金属的大小、形状）。 【观察并描述现象】 学生1：①②③中有气泡冒出，④中无明显现象。 学生2：①②③产生气泡的快慢不同，①最快，③最慢。 【思考回答】 学生1：依据"①②③有气泡，④无气泡"得出结论：①②③能与酸反应，④不能与酸反应。 学生2：依据有气泡产生，可知有气体生成。 【写化学方程式】 学生困惑：Fe与稀酸反应生成的铁元素的化合价； 学生问题：Cu与稀盐酸不反应，所以不能写出化学方程式。 学生3："产生气泡的快慢不同"说明与酸反应的难易程度不同，依次是 $Mg > Zn > Fe > Cu$。

-175-

(续表)

第四课时 铁之性质		
环节二：探究金属与酸的反应		
教师活动		学生活动
【提问】为什么镁、锌、铁与酸反应的速率不同呢？ 【追问】除了与金属自身的性质有关外，反应速率还受什么因素影响？ 【总结】把这些都控制了，我们才能得出结论。 【演示实验2】镁、锌、铁、铜与稀硫酸的反应。 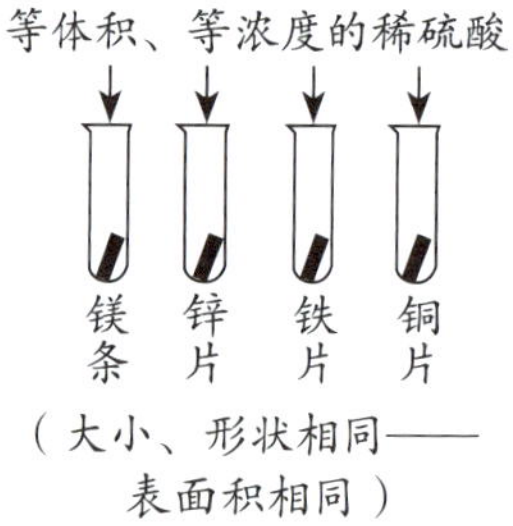 等体积、等浓度的稀硫酸 镁条　锌片　铁片　铜片 （大小、形状相同——表面积相同） 【提问】结果和盐酸的反应相同吗？ 【总结】通过不同金属与盐酸、硫酸的反应实验，我们发现金属能与酸反应，但并非所有金属都能与稀酸反应。		【思考回答】金属不同，化学性质不同。 【思考回答】温度，金属的大小、形状（金属与酸的接触面积），酸的种类、浓度…… 【观察现象】发现能反应，反应速率与盐酸相似。

设计意图：

通过设计实验，将学生对研究一类物质性质方法的认识外显出来：即从个别到一般；对于对比实验，能主动用控制变量的方法来设计。通过对实验现象的分析，进一步体会实验结论与实验目的、实验现象的对应关系，体会证据推理在科学探究中的重要作用。

环节三：探究金属与盐溶液的反应	
教师活动	学生活动
【过渡】（铁与硫酸铜反应的化学方程式） $Fe + CuSO_4 = FeSO_4 + Cu$ 铁是金属，硫酸铜是由金属和酸根组成的化合物，在物质类别上属于盐，金属能与盐类物质发生反应吗？	【思考】初步认识盐。

(续表)

第四课时 锅之性质
环节三：探究金属与盐溶液的反应

教师活动	学生活动
活动二：探究金属与盐溶液的反应 【演示实验1】Fe 与 $CuSO_4$ 溶液、Fe 与 $ZnSO_4$ 溶液、Cu 与 $AgNO_3$ 溶液反应。 $CuSO_4$溶液　$ZnSO_4$溶液　$AgNO_3$溶液 　①铁丝　　　②铁丝　　　③铜丝 【提问】 （1）请将观察到的现象和反应的化学方程式写在学案上。 （2）依据现象，能得出什么结论呢？ 【总结】通过这组实验，我们发现金属还能与盐溶液反应。当然，金属不能与所有盐溶液反应。 【提问】观察这些化学方程式，从反应物和生成物的类别分析，这些反应有什么特点？ $Mg + 2HCl = MgCl_2 + H_2\uparrow$ $Zn + 2HCl = ZnCl_2 + H_2\uparrow$ $Fe + 2HCl = FeCl_2 + H_2\uparrow$ $Fe + CuSO_4 = Cu + FeSO_4$ $Fe + ZnSO_4 ✗$ $Cu + 2AgNO_3 = 2Ag + Cu(NO_3)_2$ 【追问】跟之前学的化合反应、分解反应一样吗？ 【总结】我们将这类反应称为置换反应。 置换反应：一种单质与一种化合物反应，生成另一种单质和另一种化合物的反应叫作置换反应。	【观察并描述现象】 【写出反应的化学方程式】 【思考回答】铁能与 $CuSO_4$ 溶液反应、不与 $ZnSO_4$ 溶液反应，铜能与 $AgNO_3$ 溶液反应。 【思考回答】 单质 + 化合物 === 单质 + 化合物

(续表)

第四课时 锅之性质	
环节三：探究金属与盐溶液的反应	
教师活动	学生活动
【提出问题】这是我们刚才得到的四种金属之间的关系，通过实验我们发现 Fe 与 $CuSO_4$ 反应、与 $ZnSO_4$ 不反应。结合这个关系，你发现了什么？ $Mg > Zn > Fe > Cu > Ag$ $Fe + CuSO_4 == Cu + FeSO_4$ $Fe + ZnSO_4$ ✗ $Cu + 2AgNO_3 == 2Ag + Cu(NO_3)_2$ 【追问1】铁能与硫酸镁溶液反应吗？为什么？ 【演示实验2】向 Fe 片中加入 $MgSO_4$ 溶液。 【追问2】你能解释为什么铜能与硝酸银溶液反应吗？ 【总结】$Mg > Zn > Fe > Cu > Ag$ 【讲述】这其实就是这五种金属的活动性顺序。人们通过长期、大量的实验探究过程，归纳总结出了常见金属在溶液中的活动性顺序。 K Ca Na Mg Al Zn Fe Sn Pb (H) Cu Hg Ag Pt Au 金属活动性由强逐渐减弱 【解释】在金属活动性顺序表中，位置越靠前的金属，其活动性越强。 【应用】金属活动性顺序表在工农业生产和科学实验中有着非常重要的作用。 【提问】你能解释为什么 Mg、Zn、Fe 能与酸反应，而 Cu 不能吗？ 【应用】在上节课研究锅的发展史过程中，我们知道自然界中的铁都是以化合物形式存在的，这是因为铁的化学性质活泼，容易与其他物质发生反应形成铁的化合物。	【思考回答】铁在锌后边，所以不能与硫酸锌反应置换出锌；铁在铜前边，所以能与硫酸铜反应。 【思考回答】不能，因为铁在镁后边。 【观察并描述现象】 【思考回答】铜在银前边。 【思考回答】 因为在金属活动性顺序表中，Mg、Zn、Fe 在氢前，Cu 在氢后。

（续表）

第四课时　锅之性质

环节三：探究金属与盐溶液的反应

设计意图：
　　通过不同金属与不同盐溶液的反应，从个别到一般，认识到金属能与盐反应，初步形成利用化学反应探究物质性质的思路。通过分析金属与酸、金属与盐反应的化学方程式，能从物质类别的角度认识置换反应。通过自主分析金属与盐溶液能否反应及其原因，建构金属与盐溶液这一置换反应的发生与金属活动性之间的关系，培养学生基于实验事实进行证据推理的能力，并能应用得出的规律解决新的问题。通过实验，确认金属活动性顺序确实能够解释金属与盐溶液能否发生置换反应。学生通过猜想、设计实验并验证，再次经历科学探究的一般过程，主动建构金属与酸、金属与盐溶液发生置换反应与金属活动性之间的关系，提升科学探究能力。

环节四：从微观上解释金属存在共性和差异性的原因

教师活动	学生活动
【问题1】你知道不同的金属为什么会有相似的化学性质吗？	【交流讨论】金属原子的最外层一般少于四个电子，容易失去，所以金属的化学性质相似。
【问题2】虽然金属的化学性质相似，但它们也有差异性，主要表现在金属活动性，为什么不同金属的活动性有差异呢？	【思考回答】 学生1：金属不同，原子结构就不完全相同，所以不同金属的性质有所不同。 学生2：质子数不同，最外层电子数不同，失电子能力不同，所以金属活动性不同。
【进一步解释】例如我们熟悉的三种金属Na、Mg、Al，它们的电子层数相同，但最外层电子数依次递增。最外层电子数越多，失电子能力越弱，所以钠最容易失电子，最活泼。三种金属的活动性顺序依次为Na>Mg>Al。	【倾听并理解】
【设问】其他金属是不是也这样呢？如果你有兴趣的话，可以看看高中的元素周期律、金属构成等知识。	

（续表）

第四课时　锅之性质
环节四：从微观上解释金属存在共性和差异性的原因
设计意图： 　　通过金属化学性质相似性和差异性的分析，进一步体会物质结构、性质之间的辩证关系，形成物质结构决定性质的化学观念，培养"宏观辨识与微观探析"学科核心素养。通过对金属活动性顺序的差异性思考，激发学生继续探索的欲望，保持化学学习的积极性。
环节五：总结提升

教师活动	学生活动
【总结】这一单元我们以锅为载体，在四个任务的驱动下，从组成与结构、性质与变化、制备与应用等多角度形成了对金属的认识。应用研究一类物质的思路和方法学习了金属这一类物质的性质——也就是通过一种物质的研究总结出一类物质的性质。如果你对锅、金属还有什么问题，我们可以课下继续交流探讨。	【倾听并体会】要从多角度认识物质及研究一类物质的一般过程。

设计意图：
　　强化从多角度认识物质以及研究一类物质的方法，为后面学习酸、碱奠定基础。

板书设计：

第四课时　锅之性质

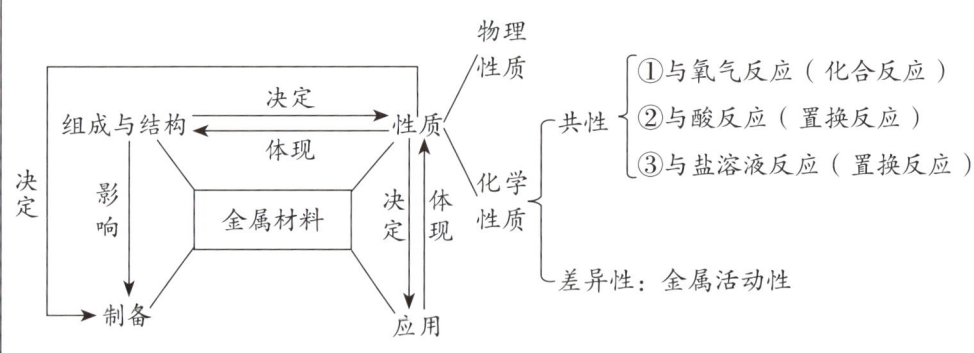

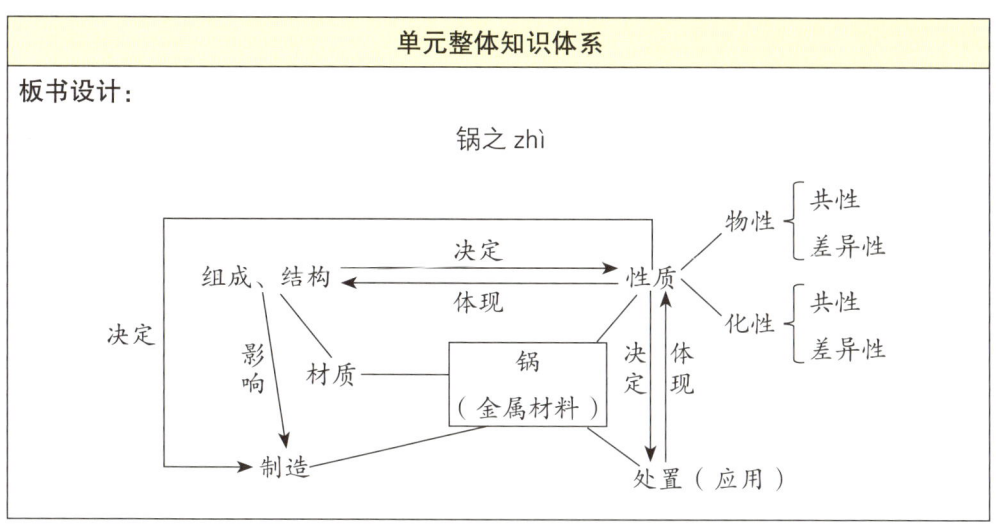

单元整体知识体系

六、学科大概念统摄下的大单元教学设计及教学反思

1. 大单元教学设计特色说明

（1）聚焦生活，项目引领

心理学家皮亚杰指出"认识源自活动"，结合课程标准的要求以及教材中金属的相关内容，以生活中每天都离不开的"锅"为载体，将金属的内容进行整合，确定了学习项目"锅之zhì"，规划了四个学习任务，分别为"锅之材质""锅之制造""锅之处置""锅之性质"。通过六个子任务的推进，对锅的认识逐步深入，形成了对金属的组成与结构、性质与变化、制备与应用等多角度的认知，并初步学会研究一类物质的方法。

（2）发展科学探究与实践能力

六个子任务都是在项目的推动下课后完成的，培养和发展了学生通过网络查询等技术手段获取和加工信息的自主学习能力，以及与他人合作解决问题的能力。

铁生锈的条件以及金属的化学性质，都是经历了猜想、设计实验并验证、交流讨论、得出结论的科学探究的一般过程后得出的，提升了科学探究能力。

（3）凸显实验的研究方法，培养科学思维

每次实验，都从实验操作、实验现象、实验结论三个方面对实验进行认识，为学生提供了研究实验的方法。在分析的过程中，理解实验操作、实验现象、实验结论之间的逻辑关系，培养了学生基于实验事实进行证据推理的能力，促进了学生科学思维发展。

铁生锈的条件以及金属的化学性质都是多因素影响的实验，体现了学生主动运用控制变量和对比实验的方法来设计实验的意识与能力。

（4）突出对一类物质研究方法的认识

"金属"单元首次从一类物质的角度系统认识和研究物质的性质。通过金属物理性质的学习，学生知道了研究一类物质性质的方法，即从个别到一般再到个别。通过对金属化学性质的学习，发展、巩固了对一类物质研究方法的认识，并将学生的这种认识通过设计实验外显出来，初步建立了一类物质性质的研究方法，为今后学习酸、碱、盐乃至高中认识一类物质的性质奠定了基础。

（5）宏微观相结合，培养学科核心素养

通过从结构上理解金属物理性质、化学性质的差异性和相似性，培养"宏观辨识与微观探析"学科核心素养。

（6）重视知识的情境化

本单元的设计重视真实情境下的学习，每个课时研究的都是真实的有学科价值的生活问题。课程论专家钟启泉教授认为"核心素养是在问题情境中借助问题解决的实践培育出来的"。学生在调查研究、攻克每一个化学问题的过程中，实现了对学科核心知识的深度理解、学科思想和方法的迁移与运用。

2. 大单元教学设计教学反思

《义务教育化学课程标准（2022年版）》设置了五大学习主题，每个主题的内容都涵盖了大概念、思路方法、价值取向等内容。新课标倡导基于"大概念"组织单元教学内容，积极开展科学探究、项目式学习、学科内实践以及跨学科实践活动。

金属是生活中重要的材料，金属冶炼、腐蚀是造成环境问题的原因之一，金属资源合理开发、利用影响社会的可持续发展。

结合课程标准的要求以及教材的相关内容，聚焦生活中每天都离不开的"锅"——锅具的材料各异，功能不同，它承载了金属和化学合成材料两部分内容；锅的发展史反映了科学、技术的进步。基于以上分析，确定了学习项目"锅之zhì"，规划了四个学习任务，分别为"锅之材质""锅之制造""锅之处置""锅之性质"。任务一"锅之材质"，通过定义和对锅的观察，体会不同材料在"锅"上的作用，认识金属、合金、塑料、陶瓷等材料及其性能，了解金属的物理性质，体会性质与用途的关系。任务二"锅之制造"，通过调查锅的发展历史，认识材料的发展史,体会科学技术在推动社会可持续发展中的作用,认识金属矿物及金属的冶炼。任务三"锅之处置",通过探究铁锅生锈的原因,了解铁生锈的条件及防锈原理,培养学生利用控制变量思想设计实验的能力和科学探究能力,建立合理使用、保护金属资源的社会责任感,培养辩证的思维方法和趋利避害的观念。金属材料开发的先后、金属腐蚀的难易都与金属的化学性质密切相关,任务二和任务三的这些问题需要从结构上理解金属化学性质的差异性和相似性,于是任务四聚焦对金属化学性质的探究。任务四"锅之性质",结合学生对金属化学性质的已有认识,通过探究金属与酸、与金属化合物溶液的反应,了解金属活动性顺序及其应用,进一步完善对金属化学性质的认识,建立一类物质性质的研究方法,培养学生基于实验事实进行证据推理的科学思维能力。同时,通过从微观角度解释物质性质,培养"宏观辨识与微观探析"学科核心素养。

北京市顺义区杨镇第二中学　潘立红、赵金宝、孙运体

案例 ❽ 探究生活中的食品保鲜剂

一、学科大概念统摄下的大单元教学背景分析

1. 大单元教学主题确定

"物质的性质与应用""物质的化学变化"是初中化学课程中的核心内容。通过新授课的学习，学生已经对物质及其变化有了初步的了解，知道要从物质的组成、结构、性质、用途和制备等多角度研究物质，知道物质的变化丰富多彩，要从物质的变化、能量变化、反应条件、反应现象和反应类型等多角度形成对化学变化的认识，而且对于物质的认识，要从宏观、定性走向微观、定量认识。但是，学生真正在使用知识解决问题的过程中，存在着不会用或用不好的情况。究其原因，是因为只是掌握了相关的知识，并没有把这些知识转化为认知。要想将有关物质观、变化观中的知识转化为认知，需要将知识的功能和价值展现给学生，要让学生实际经历并体验，并赋予真实的情境，让学生在真实的情境中调用各种类型的知识和所给信息去分析、去合作、去实验、去应用，进而解决一个个问题，最终形成稳定化、概括化的角度和思路。本单元整体设计以"物质的变化体现性质，物质的性质决定用途，物质间可以相互转化"这一大概念为统领，以生活中的食品干燥剂的探究为真实情境（图3-2），在食品保鲜原理、变质成分、有效成分的检验中，发展学生多角度、多水平对物质及其变化的基本认识，体现"物质的结构决定性质，性质决定用途"的学科思想；同时应用所给信息，结合已有知识，发展学生的物质观、变化观，培养学生的问题解决能力和综合思维能力，提高学生的科学素养，促进学生全面发展。通过铁粉双吸剂的回收、转化与再利用，让学生感知化学知识在生产生活中的价值。

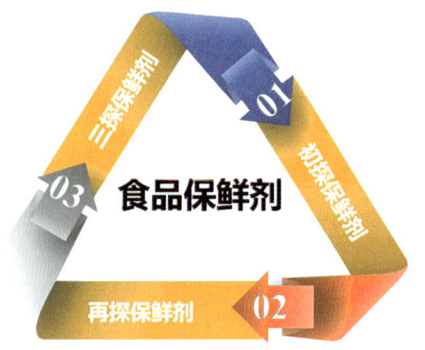

图3-2 "探究食品保鲜剂"教学环节

2. 大单元教学内容分析

（1）在教材中的地位和作用

化学是引领学生认识物质世界的科学，通过对物质的组成和结构的研究，探索物质的性质，认识千变万化的物质世界。其中认识物质的性质是中学化学的核心内容。初中阶段学生对于物质的认识经历了三个不断发展的阶段，经历从个别到一般、从宏观到微观的认识过程，逐步建构分类－结构－性质（个性→共性）－用途（制备、鉴别与检验、分离与提纯）的类别研究思路。对于化学变化的认识，初中生则应当从物质变化、能量变化、反应条件、反应现象和反应类型等角度形成基本认识，并逐步从定性、宏观走向定量、微观的认识。这种认识不仅对具体化学反应的学习有指导意义，还能促进学生真正理解化学科学。

（2）在教学中的功能和价值

本单元采用基于真实情境的教学，旨在利用新的情境指导学生进行已有知识的迁移和应用，解决实际问题，从而实现反思和循环上升的学习，指向学生的深度学习。

食品保鲜剂在生活中有广泛的应用，它们的应用价值与其性质及其变化紧密联系，因此本单元的设计从探索原理入手，经历物质的检验、鉴别、分离、提纯、转化、制备以及再利用的进阶式探索过程，突出体现"从生活走进化学，从化学走向社会"的课程理念。通过学习，有助于引导学生学会从化学的视角去观察、认识、分析生活中的问题，感受化学中渗透的美学、体会化学的学科价值和社会意义，培养学生的科学态度与社会责任。

本单元的活动主线是科学探究，学生经历预测猜想、实验验证、获取证据、科学解释、得出结论等环节，解决一系列的实际问题。通过探究，不仅让学生进一步理解了科学探究的意义，也发展了学生的证据推理意识、微观辨析观念。

3. 大单元教学学情分析

（1）学生已有知识与能力

通过新授课的学习，学生已经了解了从多角度认识物质及其变化的一般思路，知道"物质的结构决定性质、性质决定用途""质量守恒""物质在一定条件下可以相互转化"等学科思想。同时，也基本具备了较为熟练与规范的基本化学实验技能，有了进一步发展设计实验方案和评价方案的能力。

（2）学生学习障碍点

对于多角度认识物质及其变化有了初步的了解，但是在实际问题解决过程中，存在不会用、不知怎么用的现象，不能从较为陌生的情境中提取化学问题，不能主动调用已有认知进行迁移应用；在科学探究方面，学生在设计方案部分存在着较大的问题，如不关注实验体系、不关注所用试剂的量、缺乏排干扰的意识、多角度收集证据的意识不够强等问题。对于化学方程式及现象的书写，基本还是停留在死记硬背的方式上，缺少应用分类观、元素观、反应的一般规律等化学的思维方式进行有序推理，三维表征（宏观－微观－符号）的化学思维方式还没有完全形成。

（3）学生学习发展点

通过解决一系列的生活实际中的问题，使学生明确科学探究的方法是认识身边化学物质的一种重要途径。在研究物质及其变化的时候，要认识物质及其变化等多种角度之间的关系，并尝试从不同角度入手，体会多角度间的推理关系，如从用途、现象角度入手推断物质的性质及其变化，从性质的角度进行物质的鉴别与检验、分离与提纯、转化与制备等。认识物质的组成、结构与性质、性质与用途、性质与制备之间的关系，帮助学生逐步形成"宏观－微观－符号"三位一体的认识方法，构成学习化学知识的完整思维体系，初步形成元素观、微粒观、物质观、变化观等基本的化学观念。通过成分鉴别的探究实验，理解科学探究的意义，学习科学的研究方法，发展学生科学探究的能力。同时，保鲜剂在生产生活中的应用，让学生体会到化学学科的重要价值。

二、学科大概念统摄下的大单元知识结构图

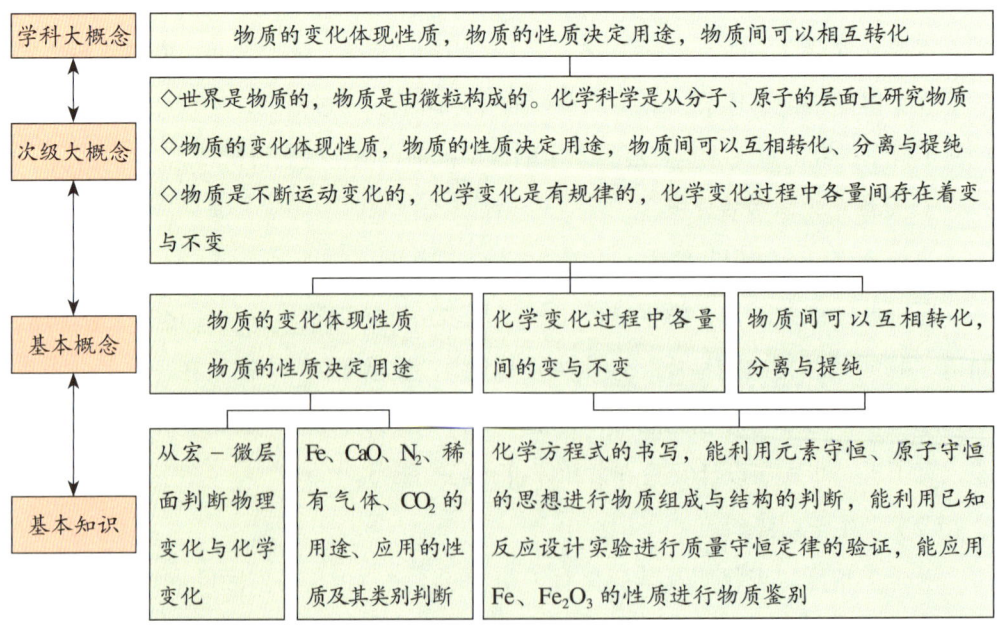

三、学科大概念统摄下的大单元教学与评价目标设计

1. 教学目标

（1）通过探寻食品中的保鲜剂的保鲜原理，采用概括、归纳的方法帮助学生固化多角度认识物质及其变化的思路和方法。

（2）通过对铁粉双吸剂保鲜原理、变质后成分、有效成分以及铁粉的转化、回收与再利用等内容的探究与解决，帮助学生建立起认识物质及其变化的不同角度之间的关系，并尝试从不同角度入手，进行实际问题的解决，提升学生证据推理和科学探究的能力，以及对物质及其变化的认识水平，同时体会化学知识的应用价值。

2. 评价目标

（1）通过对保鲜原理的探寻，诊断学生从微观结构角度解释宏观现象本质的水平，发展学生的"宏观辨识与微观探析"核心素养；诊断学生从定性到定量认识物质性质及其变化的水平，发展学生不同层次的认识水平，形成由定性到定量进行科学研究的意识。

（2）通过设计实验进行物质的检验与鉴别以及暖手宝发热效果的探究，诊断学生利用实验和理论研究模型解决化学问题的水平，发展学生的"证据推理与模型认知"核心素养以及科学探究能力。

（3）通过铁粉双吸剂的转化、回收以及再利用，诊断学生运用所学化学知识和方法解决生产生活中简单化学问题的水平以及对化学学科价值的认识水平，发展学生可持续发展意识和绿色化学观念。

四、学科大概念统摄下的大单元规划流程图

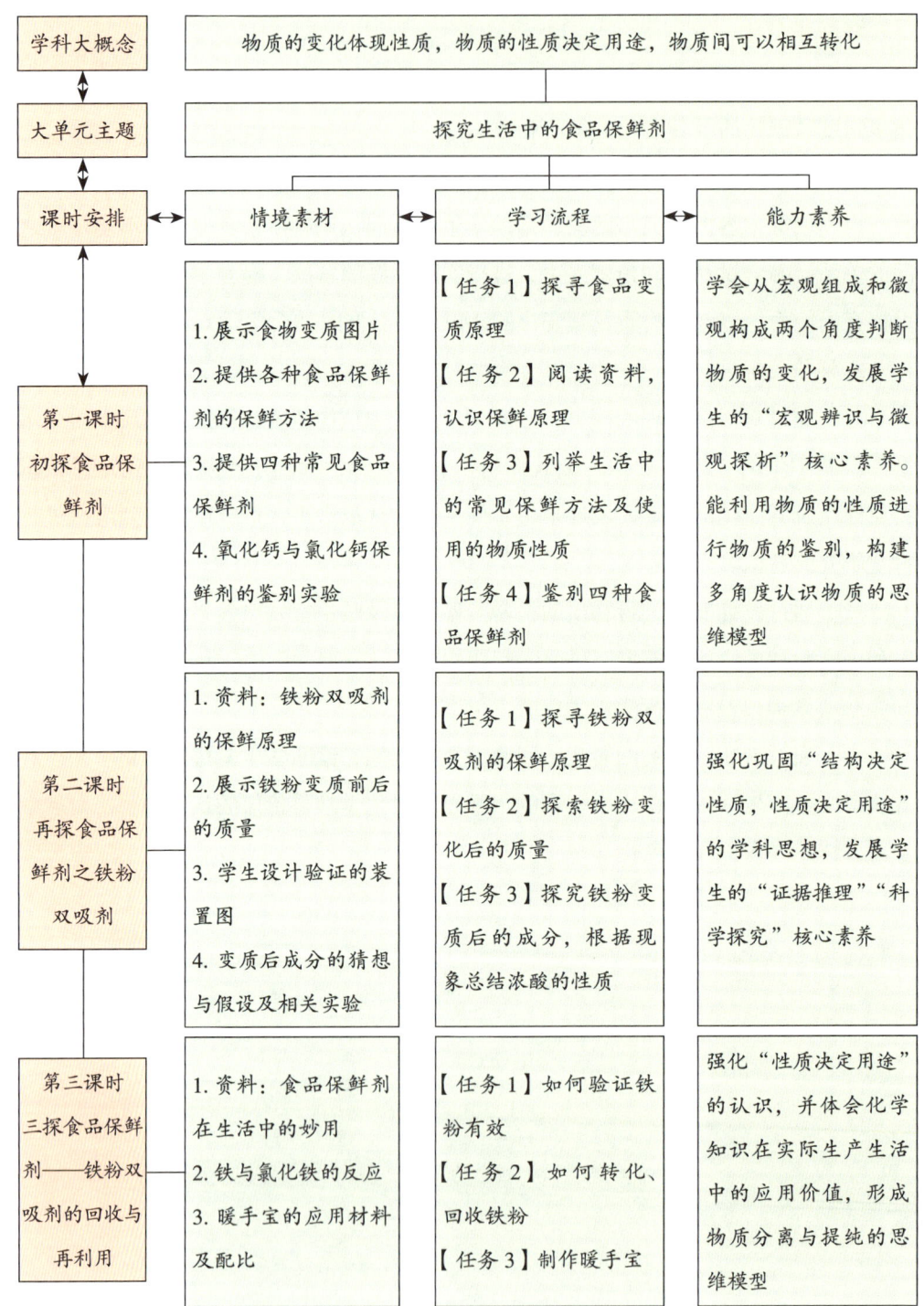

五、学科大概念统摄下的大单元教学流程设计

第一课时　初探食品保鲜剂	
环节一：食品变质的因素	
教师活动	学生活动
【引入】这节课老师给每个小组的同学都准备了一包小零食作为礼物，请同学们打开包装袋，看看里面除了食品外还有什么东西？	【回答】除了食品，袋子里还有干燥剂、防腐剂。
【提问】你能否阅读一下它们的标签？	【回答】食用脱氧剂、生石灰干燥剂、酒精保鲜卡。
【提问】大家所说的这些脱氧剂、干燥剂、保鲜卡统称为食品保鲜剂。在食品包装袋中加入保鲜剂有什么作用呢？	【回答】防止食品变质、防潮。
【引导】这些保鲜剂在食品保鲜的过程中是如何起到保鲜作用的？这节课我们就一起对食品保鲜剂进行探究。	
【展示】食物变质图片。	
【提问】说到食品变质，请大家判断食品变质属于什么变化？依据是什么？如何判断有新物质生成呢？	【回答】食品变质属于化学变化；有新物质生成；有的食物坏了之后变味了，如面包坏了之后会长绿毛。
【小结】我们通过出现现象来判断有新物质生成，这些现象通常表现为颜色的改变，气体、沉淀的出现。因此我们可以判断发生了化学变化。	【倾听】
【提问】有现象出现就一定发生了化学变化吗？无明显现象就一定没有发生化学变化吗？请举例说明。	【回答】不一定，如银白色铁块被磨成黑色的铁粉、干冰升华、饱和溶液中析出晶体等均为物理变化；水和二氧化碳反应生成碳酸、氢氧化钠和二氧化碳反应生成碳酸钠和水、酸碱中和均无明显现象，但发生了化学变化。

(续表)

第一课时　初探食品保鲜剂	
环节一：食品变质的因素	
教师活动	学生活动
【提问】如何证明这些无明显现象的变化确实发生了化学反应呢？证明的思路是什么？	【回答】有两个思路，既可以证明反应物的消失，也可以证明新物质的生成。
【小结】化学变化的特征是什么？	【回答】有新物质生成。
【提问】我们已经知道了食品变质属于化学变化，那么食品变质应满足哪些条件？请同学们阅读相关材料，进行思考。	【回答】微生物、水、氧气。
【追问】食品变质的这三个条件之间应满足什么关系？需要同时满足还是只需要满足其中一两个？证据是什么？	【回答】需要同时满足。材料中提到了食品变质是微生物的原因，而水和氧气是微生物存活的必要条件，所以需要三个条件同时满足。
【引导】这与我们所学过的燃烧条件模型基本一致。请同学们类比灭火的原理，推测一下保鲜的原理是什么。	【小组讨论回答】隔绝氧气；隔绝水；隔绝微生物；隔绝氧气和水。
【小结】保鲜的原理其实就是至少破坏食品变质条件中的一个。	

设计意图：
　　通过阅读材料，培养学生形成良好的阅读习惯，提升获取信息、归纳总结的能力。同时，能类比已学习过的燃烧的条件及灭火原理，关联方法并归纳总结出食品变质的条件，以及防止食品变质的原理和方法，培养学生知识与方法的关联和迁移能力。

环节二：揭秘食品保鲜原理	
教师活动	学生活动
【展示】生活中常见的食品保鲜剂有保鲜缓释卡、硅胶干燥剂、生石灰干燥剂、铁粉双吸剂、有机脱氧剂、氯化钙干燥剂等。这些食品保鲜剂是如何起到保鲜作用的呢？请同学们阅读相关材料，思考下列问题。	【阅读】
【问题1】酒精保鲜卡是如何起到保鲜作用的？在保鲜的过程中发生了哪些变化？	【回答】酒精保鲜卡是通过杀灭微生物起到保鲜作用的。过程中有酒精挥发和酒精杀菌两种变化，酒精挥发属于物理变化，酒精杀菌属于化学变化。

（续表）

第一课时　初探食品保鲜剂	
环节二：揭秘食品保鲜原理	
教师活动	学生活动
【追问】能否从宏观和微观两个角度来解释为什么酒精挥发属于物理变化？为什么酒精杀菌属于化学变化？ 【小结】我们在区分这两种变化的时候，可以从两个角度来思考。从宏观角度看，就是是否有新物质生成；从微观角度看，就是是否有新分子生成。	【回答】酒精挥发从宏观来看是从液态变气态，从微观来看是酒精分子间隔变大，分子的种类没发生改变，所以酒精挥发属于物理变化。酒精杀菌从宏观来看是蛋白质发生变性，从微观来看是蛋白质分子的结构发生改变，分子的种类变了，所以酒精杀菌属于化学变化。
【问题2】其他保鲜剂是如何起到保鲜作用的？利用了物质的什么性质？ 【小结】我们在区分这两种性质的时候，是先判断发生了什么变化，从而判断出在变化中体现了物质的什么性质。因此，区分的方法就是是否需要发生化学变化来体现。若需要发生化学变化才能体现出的性质，则为化学性质；若不需要发生化学变化就能体现出的性质，则为物理性质。	【回答】硅胶干燥剂可以吸附水蒸气，利用了吸水性，属于物理性质；生石灰干燥剂能与水反应，属于化学性质；铁粉双吸剂能与氧气和水反应，属于化学性质；有机脱氧剂能与氧气反应，属于化学性质；氯化钙干燥剂能吸收水蒸气，利用了吸水性，属于物理性质。
【提问】你还知道哪些方法可以防止食品变质？利用了什么原理？	【回答】抽真空，利用了隔绝氧气和水的保鲜原理；充氮气，利用了隔绝氧气和水的保鲜原理；巴氏杀菌，利用了隔绝微生物的原理。
设计意图： 　　通过阅读材料，帮助学生形成阅读化学科普类文章时关注与化学学科相关关键词的习惯。引导学生从宏观和微观两个角度再次认识物理变化、化学变化，发展学生的"宏观辨识与微观探析"核心素养。在区分化学性质和物理性质的过程中，养成有序思维。	

(续表)

第一课时　初探食品保鲜剂	
环节三：食品保鲜剂的鉴别	
教师活动	学生活动
【引入】实验盒内现有硅胶干燥剂、铁粉双吸剂、生石灰干燥剂和氯化钙干燥剂，你能否将它们鉴别出来并贴上标签？	【小组讨论回答】通过观察颜色和状态可判断出透明颗粒为硅胶干燥剂，黑色粉末为铁粉双吸剂；生石灰干燥剂和氯化钙干燥剂均为白色固体，需进一步区分。 方法一：取两种粉末于试管中，加水溶解，滴加酚酞溶液，观察溶液是否变红。 方法二：取两种粉末于试管中，加水溶解，观察是否有固体剩余。
【点拨】由于我们需要通过对比现象来鉴别这两种物质，所以取的固体的量、加入的水的体积以及酚酞溶液的滴数都需要控制为相同的。请各小组按照自己所设计的实验步骤完成实验，并观察现象。	【小组实验，班内点评】各小组按照实验设计进行实验，并观察现象，得出结论。
【小结】如何进行物质的鉴别？	【归纳总结，回答】预设：利用物质的性质来设计实验。先考虑物理性质，再考虑化学性质。通过产生明显且不同的现象达成鉴别的目的。
【提问】目前很多食品包装袋中会放入保鲜剂，小小的一袋干燥剂处置不当危害会很大。请同学们观察将生石灰干燥剂加水后放在密闭瓶中的实验，阅读干燥剂使用的相关资料。思考：在处理食品保鲜剂时我们应该注意哪些问题？	【回答】避免直接丢弃在水多的地方；考虑干燥剂外包装的密封性；放在儿童拿不到的地方等。
设计意图： 　　通过利用物质的性质，设计实验鉴别几种常见的食品保鲜剂，培养学生从材料中获取有效信息，再结合已有知识设计实验解决问题的能力，同时归纳总结鉴别物质的一般思路和方法。通过思考食品保鲜剂的处理方法，提升学生的安全、环保意识，培养学生的绿色化学观念。	

(续表)

第一课时　初探食品保鲜剂

板书设计：

第一课时　初探食品保鲜剂

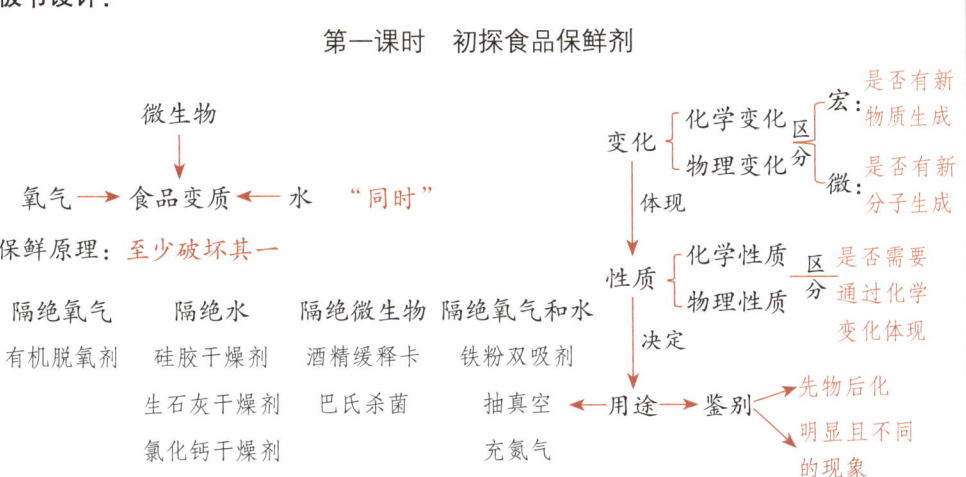

第二课时　再探食品保鲜剂之铁粉双吸剂
环节一：探究铁粉保鲜原理

教师活动	学生活动
【引入】聚焦铁粉双吸剂。 【问题1】铁粉保鲜是铁粉与氧气和水发生了化合反应，反应的生成物由哪些元素组成？	【思考回答】反应前后元素种类不变，生成物只有一种，故生成物应包括反应物中的所有元素，即 Fe、O、H 三种。（是否关注到"化合反应"这个关键信息？）
【问题2】铁粉保鲜其实是一系列复杂的化学变化，过程①发生反应的化学方程式为 $4Fe + 3O_2 + 6H_2O == 4X$，则 X 的化学式是什么？过程②是 X 在一定条件下分解成氧化铁和水，则发生反应的化学方程式是什么？ 过程①  过程②  铁粉　　　　　X　　　　　　?	【思考回答】依据反应前后原子的种类和个数均不变，推断 X 为 $Fe(OH)_3$。过程②的化学方程式为：$$2Fe(OH)_3 \xrightarrow{\text{一定条件}} Fe_2O_3 + 3H_2O$$（判断化学式的依据是否准确，化学方程式的条件是否关注到？） 【总结】化学变化中存在着元素守恒和原子守恒，可以帮助我们判断未知物质的元素组成和化学式。铁粉保鲜其实利用的是铁生锈的原理，最终得到的物质为铁锈——氧化铁（Fe_2O_3）。

（续表）

第二课时　再探食品保鲜剂之铁粉双吸剂
环节一：探究铁粉保鲜原理

设计意图：
　　学生利用元素守恒和原子守恒，自主判断铁粉保鲜的原理，明确发生的反应和最终得到的物质。在判断的过程中巩固化学变化中不变的量和守恒思想，提升提取关键信息的能力。

环节二：探究铁粉保鲜过程中的质量变化	
教师活动	学生活动
【问题】铁粉使用一段时间后，质量是否发生变化？如何变？该反应是否遵循质量守恒定律？  【追问】为什么所有的化学变化都遵循质量守恒定律？ 【追问】若用铁生锈的反应验证质量守恒定律，如何设计实验？请画出装置图，并简述实验步骤。	【观察思考】质量会变大，遵循质量守恒定律，因为化学变化都遵循质量守恒定律。 【思考总结】化学变化前后原子的种类、数目、质量均不变，所以反应前后元素的种类和质量也不变，反应前后物质的总质量不变。质量守恒的本质原因是反应前后原子的种类、数目、质量均不变。（从化学变化的微观实质进行思考。） 【小组讨论展示，组间评价】 需用密闭装置进行验证。 讨论罩玻璃罩和集气瓶加橡胶塞哪种气密性更好。若有气球等用品，讨论压强变化引起的现象。 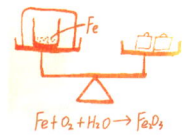

设计意图：
　　通过分析化学变化的微观过程，探寻质量守恒的本质原因，明确守恒是"物质总质量"的守恒。巩固实验验证时"有气体用密闭"的注意事项，并在自主设计环节提升设计实验的能力和创新意识。

（续表）

第二课时　再探食品保鲜剂之铁粉双吸剂	
环节三：探究铁粉变质后的物质成分	
教师活动	学生活动
【问题】实验小组欲探究一包铁粉双吸剂的成分，请帮助他们完成探究。 资料：$Fe + FeCl_3 \rightarrow FeCl_2$ 【布置任务】提供药品：使用过的铁粉双吸剂、稀盐酸；仪器：试管、胶头滴管、药匙、表面皿、磁铁。完成检验铁粉双吸剂物质成分的探究。	【小组讨论展示，组间评价】 先猜想可能的成分：①铁，②氧化铁，③铁和氧化铁；再考虑铁和氧化铁的性质。 选择性质时要考虑可能存在的物质有没有干扰，可能考虑到的方法：用磁铁吸、加酸、通入一氧化碳气体等。在选择加酸的方法时，铁会和生成的氯化铁发生反应，所以不冒泡不能证明没有铁，溶液不变黄不能证明没有氧化铁；用酸检验存在干扰问题，需将铁先分离，再用酸检验氧化铁的存在。 最终确定实验：先用药匙取少量样品于表面皿上，用磁铁吸；再用药匙取少量剩余固体于试管中，加少量稀盐酸。 【小组实验，记录现象，得出结论】 【总结方法】混合体系物质的检验方法： 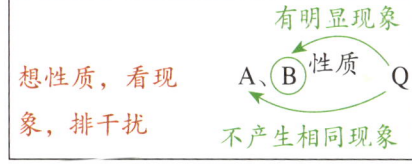

设计意图：

在实际问题的实验设计过程中，总结混合体系中物质检验的方法，提升排干扰的意识，形成典型问题的思维模型，巩固模型的应用，发展"证据推理与模型认知"核心素养。

（续表）

第二课时　再探食品保鲜剂之铁粉双吸剂
板书设计： 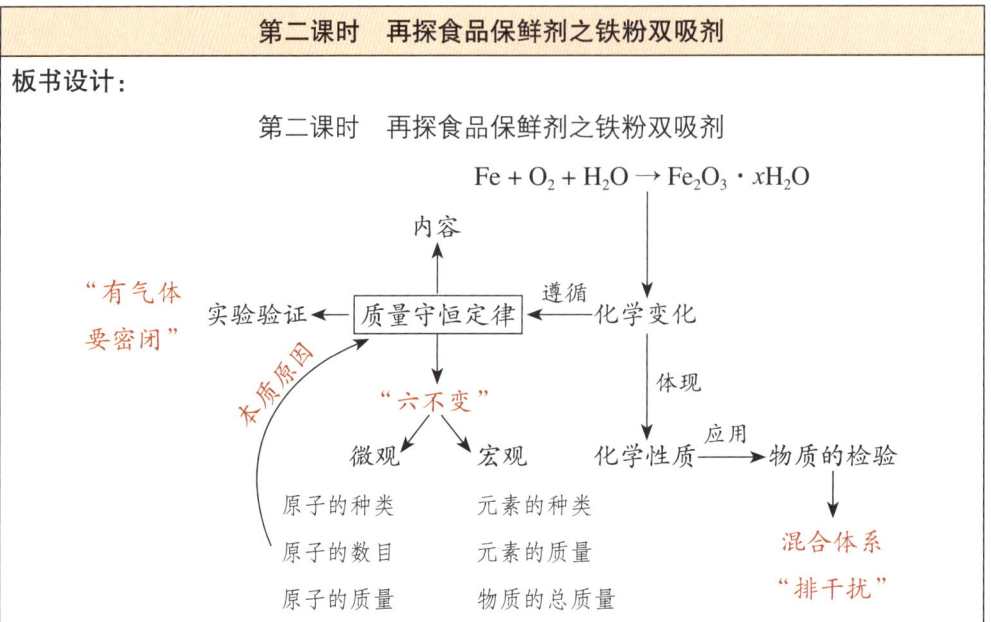

第三课时　三探食品保鲜剂——铁粉双吸剂的回收与再利用
环节一：探究铁粉双吸剂的有效性

教师活动	学生活动
【引入】介绍食品保鲜剂的"生活妙用"，如保鲜剂对受潮薯片、结块冰糖的应用。 【问题1】如何确定铁粉双吸剂是否有效？ 【问题2】请评价同学们所设计的方案是否可行，为什么？ 【总结】方案的设计与评价原则。 设计依据：物质的性质、是否存在干扰。 优选原则：是否达到目的、操作是否简单、现象是否明显等。	【交流】了解保鲜剂在生活中的巧妙应用。 【思考交流】 （1）用磁铁吸。 （2）用稀盐酸，观察是否冒泡。 （3）用硫酸铜溶液，观察是否有红色固体生成或溶液是否变成浅绿色。 【评价】从是否达到目的、现象是否便于观察、是否存在干扰、操作是否简单等多个角度进行评价。 【感悟】通过回顾交流和评价的过程，归纳总结物质检验方案的"优选原则"。

（续表）

第三课时 三探食品保鲜剂——铁粉双吸剂的回收与再利用	
环节一：探究铁粉双吸剂的有效性	
设计意图： 　　通过干燥剂在生活中的妙用，感悟"变废为宝"的过程中所蕴含的化学原理，同时激发学生进一步探究的兴趣。通过检验铁粉双吸剂有效性的实验方案的设计过程，诊断学生能否应用铁的性质进行物质的检验，能否应用"混合体系中物质检验"的一般思路进行方案设计，能否从多角度对方案进行评价，从而达到培养学生应用知识解决实际问题的能力、寻找证据进行分析论证的能力，帮助学生形成缜密的科学思维。同时，体会化学在生活中的实用价值。	
环节二：使用过的铁粉双吸剂中铁粉的转化与回收	
教师活动	学生活动
【问题】如何从使用过的铁粉双吸剂中进行铁粉的转化与回收呢？请结合已有知识和小资料，设计回收流程。  小资料 　　铁与氯化铁溶液反应生成氯化亚铁 【引导分析】 （1）操作的原理是什么？ （2）方案的合理性如何？ （3）方案的"优选原则"是什么？ 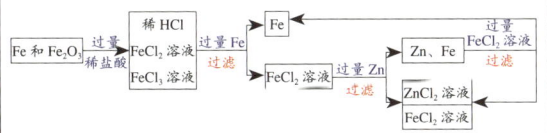	【独立思考，小组合作设计】 （1）磁铁吸取铁粉后，用一氧化碳还原氧化铁。 （2）直接加入氯化铁溶液，然后进行转化。 （3）磁铁吸取铁粉后，加入稀盐酸，再进行转化。 （4）直接加入稀盐酸，然后进行转化。 （方案呈现多样化，学生在设计过程中可能只关注转化与制备，忽略药品用量以及混合物的分离与提纯。）

（续表）

第三课时　三探食品保鲜剂——铁粉双吸剂的回收与再利用	
环节二：使用过的铁粉双吸剂中铁粉的转化与回收	
教师活动	学生活动
【总结】方案的设计与评价原则。 设计依据：物质的性质、分离与提纯的方法。 优选原则：是否达到目的、可操作性、经济、环保等。	【分享交流】 （1）选择典型方案进行小组分享。 （2）组间进行质疑或补充。 （3）在交流中，完善本组的实验方案，达成共识。 Fe和Fe$_2$O$_3$ —用磁铁吸→ Fe / Fe$_2$O$_3$ +CO→ CO$_2$↑ / Fe Fe/Fe$_2$O$_3$ —HCl→ FeCl$_2$/FeCl$_3$ —过量Fe→ FeCl$_2$/Fe —Mg→ 过滤→ Fe Fe, Fe$_2$O$_3$ —HCl→ FeCl$_3$ —磁铁/Fe→ FeCl$_2$, Fe ↓Zn ，过滤← ZnCl$_2$, Fe → Fe 【感悟】通过回顾交流和评价的过程，归纳总结"物质制备与转化、物质分离与提纯"方案的思维方法和"优选原则"。
设计意图： 　　通过设计铁粉双吸剂转化与回收过程的流程图，帮助学生感悟实际生产中的设计过程，体会药品的量、分离与操作在实际生产中的真正价值。在设计的过程中，进一步帮助学生认识物质的组成、性质会影响物质的制备与转化关系。在分析、交流与评价的过程中，感悟在解决问题时，还要考虑一些实际问题，如经济、环保、可操作性、效率等，同时通过组间对话、师生交流，发展学生的批判性思维，培养学生的证据意识，提升学生应用知识解决问题的能力以及分析、推理、论证的能力。	

（续表）

第三课时　三探食品保鲜剂——铁粉双吸剂的回收与再利用	
环节三：铁粉双吸剂的再利用	
教师活动	学生活动
【问题1】观察下图所示的实验，你能获取到的信息是什么？ 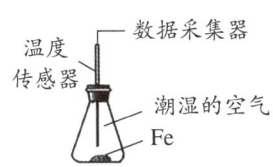 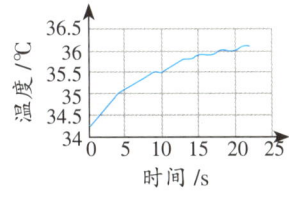	【观察回答】 （1）在实验研究范围内，铁、氧气与水反应的温度随着时间的延长而升高。 （2）铁、氧气与水反应是一个放热反应。
【过渡】铁的这一性质在生活中有什么应用呢？ 【问题2】现提供回收的铁粉、蛭石、活性炭、食盐、水（吸水性树脂），亲自动手制作一个暖手宝。 为了使制作的暖手宝发热效果良好，同学们想一想，在制作前我们应探究哪些内容？采用什么实验方法呢？	【思考回答】 所给原料的最佳质量比；应用对比实验。
【问题3】利用对比实验，我们要采用控制变量的思想。在探究过程中，我们研究的自变量、因变量有哪些？	自变量：各原料的质量配比。 因变量：发热效果，通过发热持续时间、最高温度、开始发热的时间等现象表征。

第三课时　三探食品保鲜剂——铁粉双吸剂的回收与再利用

环节三：铁粉双吸剂的再利用

教师活动	学生活动
【问题4】由于整个探究过程比较复杂，建议同学们利用课余时间进行完整探究。现在，老师提供一个初步研究的方案，请同学们补充完整。 （见下方表格一）	【思考回答】 （见下方表格二）
【引导完成】根据老师提供的方案，完成暖手宝的制作，课后检测暖手宝的温度变化。 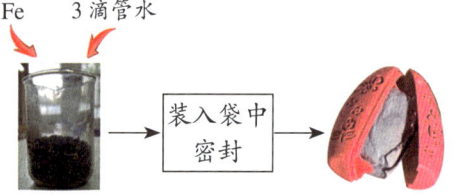	【制作暖手宝】

表格一（教师提供）：

实验编号	实验药品及用量						开始发热时间	持续时间	最高温度
	铁粉/g	活性炭/g	食盐/g	水/g	瓶内气体	蛭石/g			
对照组	40	20	4	5	空气	1			
实验组 1	40				空气	1			
实验组 2	40				空气	1			
实验组 3	40				空气	1			

表格二（学生补充）：

实验编号	实验药品及用量						开始发热时间	持续时间	最高温度
	铁粉/g	活性炭/g	食盐/g	水/g	瓶内气体	蛭石/g			
对照组	40	20	4	5	空气	1			
实验组 1	40	0	4	5	空气	1			
实验组 2	40	20	0	5	空气	1			
实验组 3	40	20	4	0	空气	1			

设计意图：

在暖手宝制作与发热效果的探索过程中，让学生认识到依据物质的性质可以开发其用途，引导学生在问题解决或任务完成的过程中认识物质各个角度之间的关联。经历科学探究的过程，进一步认识控制变量思想在对比实验中的应用，感悟在解决实际问题过程中的复杂性。体会化学知识的应用价值，提升学生的科学探究能力。

（续表）

第三课时　三探食品保鲜剂——铁粉双吸剂的回收与再利用
板书设计： 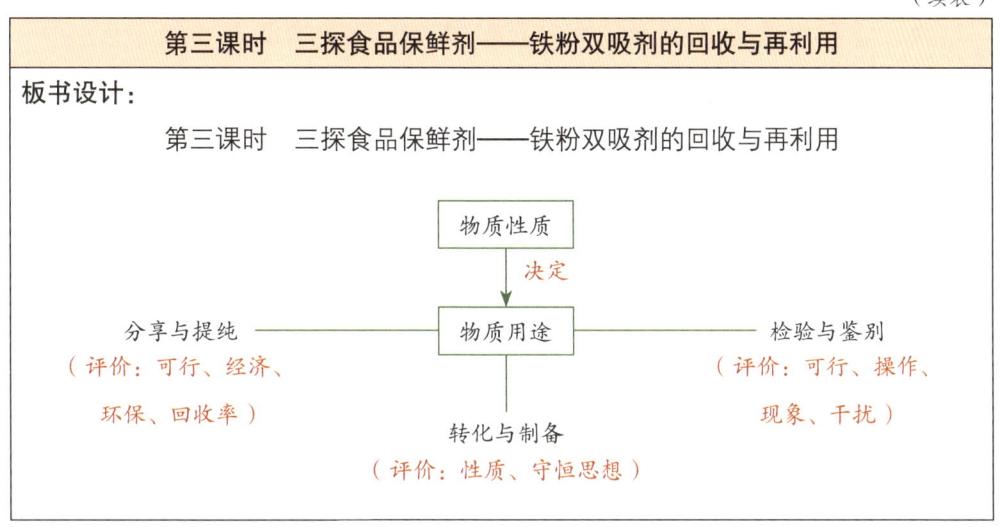

单元整体知识体系
板书设计： 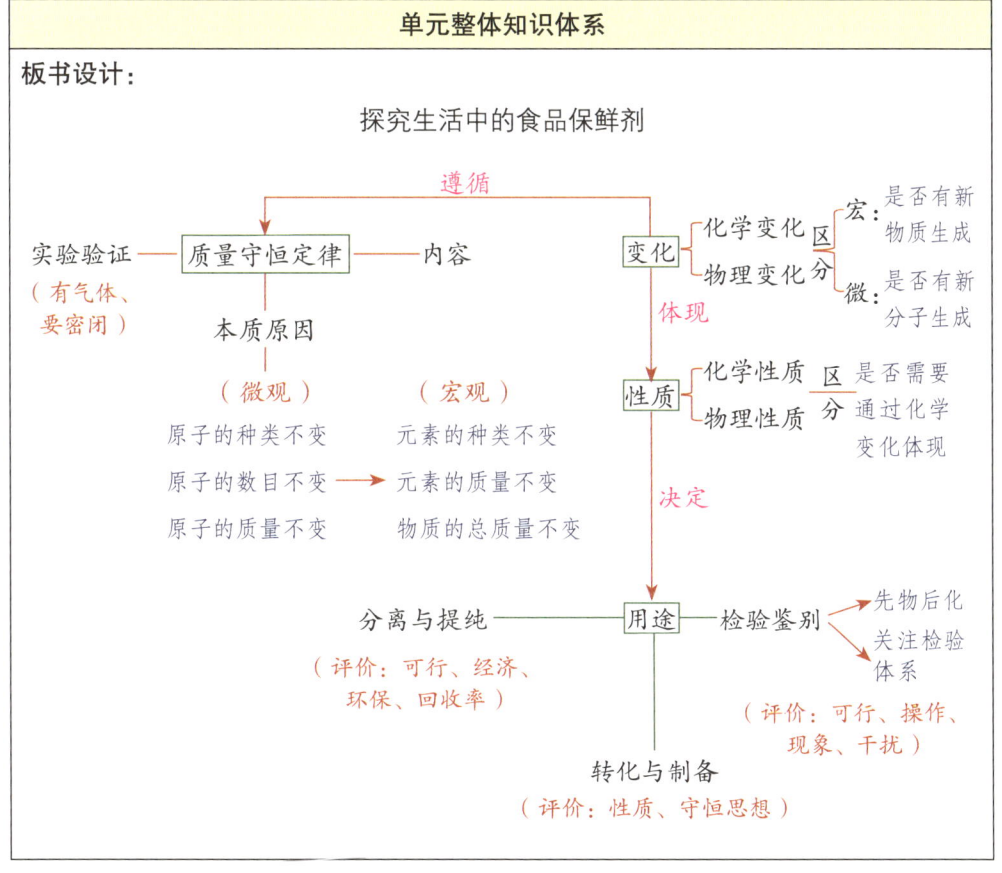

六、学科大概念统摄下的大单元教学设计及教学反思

1. 大单元教学设计特色说明

（1）重视认知观念的建立

学科大概念是指学科内具体知识背后更为本质、更为核心的思想，基于大概念的教学，能帮助学生在一个相对集中的时间内深入学习与一个大概念相关联的知识。在新授课阶段，学生已初步建立具体知识与大概念之间的对接，把学科零散的知识进行了结构化的建构。在复习课阶段，不仅要强化学生对物质及其变化的多角度认识，还应该引导学生能够主动利用建构的知识体系，经历并体验实际问题的解决过程，从而帮助学生将知识转化为认识，能应用所学知识灵活地解决实际问题。本单元设计以"物质的变化体现性质，物质的性质决定用途，物质间可以相互转化"这一大概念进行统领，以"生活中的食品保鲜剂"的原理和铁粉双吸剂为核心内容展开复习，经历"初探保鲜剂（定性认识性质及变化）""再探保鲜剂（定量认识化学变化、应用物质性质进行检验与鉴别）""三探保鲜剂（应用物质性质进行制备、转化、回收、利用）"三个课时的实际问题的解决过程，体会物质的组成、结构、性质、用途、制备等知识的关联性，关注一个化学变化过程中的物质变化、能量变化、反应条件、反应现象、反应类型，以及能否从宏观到微观、从定性到定量对反应进行分析解释，从而形成对化学变化的基本认识，提升学生在新的陌生的情境中主动迁移应用已有知识、习得新知的能力。

（2）重视知识的情境化

本单元的设计重视真实情景下的学习，每个课时研究的都是基于真实、有学科价值的生活问题。课程论专家钟启泉教授认为"核心素养不是教师教出来的，而是在问题情境中借助问题解决的实践培育出来的"。学生在学习过程中，将生活问题拆解为多个小的化学问题，在攻克每一个化学问题的过程中，实现对学科核心知识的深度理解、学科思想和方法的迁移与运用。

（3）重视知识的活动化

心理学家皮亚杰指出"认识源自活动"，本单元每个课时都创设了能够让学生经历"探究、合作、交流、实践"的课堂学习活动。这些活动的创设，不仅能唤起学生的参与热情，激发学生的学习愿望和乐趣，也能激发学生的思维，让学生在质疑、对话、释疑等过程中促进反思，形成深度学习思维，提升思维品质，同时还

有助于发展学生的"证据推理""科学探究"等核心素养。

（4）重视知识的结构化

现代教学心理学的研究成果提出，为了提高学生应用知识的水平，教师在教学中应当帮助学生实现知识条件化、结构化、策略化和自动化。在本单元教学中，每个课时都重视对本节课所承载的知识进行结构化梳理，在任务不断的进阶过程中，完善学生对物质观（元素观）、变化观念的建立，形成知识间的关联，以便学生在解决实际问题的过程中进行知识选择、迁移和调用，最终以板书的形式呈现。

2. 大单元教学设计教学反思

本单元设计是基于"物质观、变化观"在解决实际问题中的应用的单元复习课，旨在通过实际问题的解决，帮助学生复习巩固所学重点物质的知识，诊断学生是否能主动调用已形成的物质及其变化的多角度认知（图3-3）解决遇到的问题。通过经历与体验，使学生真正形成对物质及其变化的多角度认知。

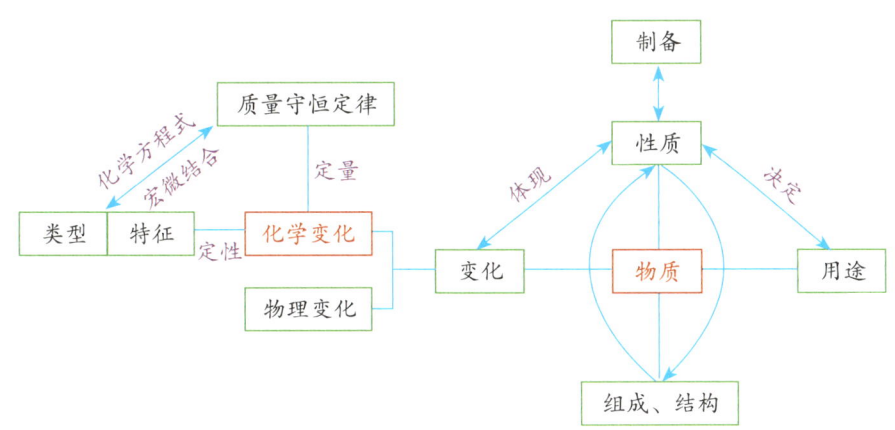

图3-3 物质及其变化的多角度认知模型

本单元设计共分为三个课时，第一课时从多种食品保鲜剂入手，利用已有知识和提供的资料，了解食品变质的本质、各种保鲜剂的保鲜原理、两种保鲜剂的鉴别，通过阅读、讨论、实验等活动，使学生在解决实际问题的过程中，体会可以从哪些数据、信息、现象入手推断论证物质的性质，学会从多角度如物质的组成、结构、性质、变化与用途等方面认识物质及其性质和变化；在遇到陌生物质时，能基于代表物类比的思路或物质组成、结构的特点推测物质的性质，能从宏观到微观地分析解释物质的性质及其相关变化。第二、三课时聚焦铁粉双吸剂，从定性与定量两个角度研究物质的变化、转化与制备、再利用等方面的知识。在这两个课时中，重点是对物质及其变化认识的实际应用，旨在让学生在解决一个个实际问题的过程中，不断提升科学素养。从科学探究能力发展的角度来说，实验探究需要学生经历提出问题、查阅资料、实验设计及实施等多方面任务，这就使得学生的科学探究能力在学习中不断得到积累与增强。从学生问题解决能力发展来看，学生在完成这两课时的内容时，必须调用所学物质及其反应的知识去解决问题。在此过程中，学生不仅要定性进行分析，还需定量研究，或者考虑实际生产中的一些具体问题，如经济、环保、可操作性、回收率等，从而使学生的批判性思维、分析推理等能力得到发展。从学科价值角度看，由于本节课源自生活中的实际情境，最终又能应用于实际生产和生活，因此可以让学生深刻感受化学知识在实际中的应用，感悟到化学科学真正的社会价值。在三个课时的教学中，我们均采用问题解决或任务驱动的教学方式进行，通过独立思考、小组讨论、分享交流、归纳总结等学习过程，最终完成对物质变化以及身边化学物质的重点知识的复习。在三个课时中，都非常重视发展学生收集证据并基于证据进行科学推理的素养，提升学生批判性思维等高阶思维品质。

总之，基于大概念下的大单元教学设计是一种思维方式的转变，是在现有的教学模式上打破固有的思维模式，需要我们基于课标、基于教材、基于学情，建立整体性的教学思路，从而促进学生深度发展。大单元教学中，学生不再是被动的接受者，而是课堂的建构者，教师则转变为组织者、引领者和资源提供者。本设计也是基于大概念下的单元整体复习教学的初步尝试，对于大单元教学的研究正行走在路上。

北京市陈经纶中学　庞艳丽

第四章 学科大概念统摄下的高中化学大单元教学设计

案例 ❶ 化学能转化为电能——电池

一、学科大概念统摄下的大单元教学背景分析

1. 大单元教学主题确定

化学与社会发展以及人们生活质量的提高有密切关系。化学为解决材料问题、能源问题、信息技术发展问题提供了更多的有效途径。其中"化学反应与能量"是高中化学课程的核心内容之一,"化学反应与电能"是其中重要的部分。在信息技术发展的今天,移动媒体设备需要容量更大、充电更快、安全性更高的电池;在新能源汽车快速发展的进程中,需要续航能力更强、充电更快、性价比和安全性更高的电池;为实现碳达峰、碳中和,我国大面积发展光伏发电,相对火力发电、水力发电而言,光伏发电的电压和电流不稳定,储能电池可以先将电能储存起来,再稳定输出,储能电池还能起到削峰填谷的作用。学习电化学和电池相关内容,有重要的社会价值和实际应用价值。

电化学是中学化学的重要部分,是对氧化还原反应、化学反应中的能量变化、电解质溶液等知识的综合运用,同时也是发展学生的"能量观""微粒观"的重要载体。

物质都具有能量;化学变化时,都伴随着物质的变化和能量的变化;能量也可以不同的形式进行转换,转换过程中存在不同原因的损耗,但总能量是守恒的。化学反应中能量的改变与化学键的断裂和形成有关;微粒得电子和失电子的过程也伴

随着能量的变化；通过氧化还原反应，可以实现化学能与电能的相互转化。

在电化学装置中，在电极电势差的作用下电子在电极上被得到或失去，并沿着电子导体定向移动；在电池两极上得到和失去的电子数相等，与电路中转移的电子数相同，体现了电子守恒。电极上得失电子、导体中电子移动的同时，电解质提供的离子也会定向移动，从而保持电极周围环境的电荷守恒；电极附近离子移动带来的电荷净值与电子得失带来的电荷净值数量相同。

面对电化学装置，学生可以借助电极的变化和电流表指针偏转现象，感受到氧化还原反应的发生，进而感受到化学能与电能的转换；可以运用双线桥分析氧化还原反应，进而分析电池两电极所发生的电极反应。学生通过对原电池和电解池工作原理的认识，能认识到电极反应、电极材料、离子导体、电子导体是电化学体系的基本要素，但依旧会存在电化学迷思的概念（电子为何要定向移动、影响电池电压的因素是什么等）。学生通常能感受到电路中有电流产生，但不能基于理论（电池电势）和实验的角度确认电子、电流的方向，也不能基于理论（电池电势、电荷守恒）和实验的角度确认离子的移动方向。这些认识是电化学基于电子和离子的"微粒观"。学生知道在"原电池"装置中，体系总能量是守恒的，化学能转化为电能的同时，还可能转化为热能等。但在思考如何提高化学电池的效率、寿命、性能时，还缺乏思路。借助"能量观""微粒观"，可以帮助学生更好地建立对电化学过程的系统分析思路，提高学生对电化学本质的认识。

2. 大单元教学内容分析

（1）在教材中的地位和作用

化学不仅与经济发展、社会文明的关系密切，也是材料科学、生命科学、环境科学、能源科学和信息科学等现代科学技术的重要基础。"化学反应与能量"是《化学反应原理》模块第1章的内容。认识化学能可以与热能、电能等其他形式的能量之间相互转化，了解化学反应中能量转化所遵循的规律，可以帮助学生认识到化学反应原理对科学技术和人类社会文明所起的重要作用，发展学生的化学学科核心素养。

原电池是化学能转化为电能的装置，是氧化还原反应重要的应用之一；了解原电池及常见化学电源的工作原理，可以更好地理解化学反应中的能量转化，初步建立从装置和原理的维度来认识电化学装置，形成"电极反应、电极材料、离子导体、电子导体是电化学体系的基本要素"的认识，提高学生对电化学本质的认识。原电池的学习，可以帮助学生理解身边的化学电源的工作原理，为后面研究电解池的工作原理、理解金属的腐蚀原理和防腐措施提供理论支持，同时对理解原电池如何加快反应速率、借助双液电池研究氧化还原反应提供了基础。

（2）在教学中的功能和价值

本单元基于实验和真实情境，围绕认识和改进原电池装置、提高电源性能，来认识原电池原理和化学电源的工作原理，加深对氧化还原反应的理解和应用，形成基于电化学装置的"能量观"和"微粒观"。

基于对电子的"来龙去脉"和离子的"移动方向"相关问题的研究，发展学生的"宏观辨识与微观探析"素养；基于能量转化和能量守恒、电荷守恒，发展学生的"变化观念与平衡思想"素养；基于设计电池装置和改进电池装置等任务，发展学生的"科学探究与创新意识"素养；基于对未来电池的设想，发展学生的"科学态度与社会责任"素养；通过建立电化学装置的系统分析思路和电化学分析模型，发展学生的"证据推理与模型认知"素养。

通过本单元的学习，要认识到原电池电流的形成与电极的电势差有关，电源本身的电压也与电极反应物的电极电势有关，闭合电路中的外电路电压还与电池的内阻有关。改变电源的性能，可以从改变电源的电压、电能利用效率、比能量、充放电次数等方面思考，可以通过改变电极反应物、电极材料的活性、电解质的离子导体等方式实现。在设计和改进的过程中，加深对电池结构和工作原理的认识，体现创新意识，发展学科素养。

3. 大单元教学学情分析

（1）学生已有知识与能力

学生知道内能是体系内物质的各种能量的总和，受温度、压强、物质的聚集状态影响；知道化学能可以与热能、电能等其他形式的能量之间相互转化，能量的转化遵循能量守恒定律；知道原电池是将化学能转化为电能的装置，知道Cu-Zn-H_2SO_4装置的工作原理（能判断简单电池的正负极、书写电极反应、判断电子或电流的方向）。

（2）学生学习障碍点

学生没有对原电池中的微粒进行系统分析，对影响电池能量的要素也没有深入分析，对一些问题缺乏思考或思考不够深入。例如：为何是负极失去电子、电子为何从负极经导体（线）到正极表面再被得到？电解质溶液的离子为何要定向移动？离子移动的方向和数量与电极得失电子的数量之间存在什么样的关系？如何提高原电池化学能转化为电能的效率？将原电池转化为实用的电池，要在装置上做哪些改进？怎样设计一款满足需要的电池（如氢氧燃料电池、储能电池）？如何抽提出"电极反应、电极材料、离子导体、电子导体为电化学体系基本要素"的电化学认识模型（装置和原理维度）？这些问题，既是学生面临的障碍点，也是学生认识发展点。

（3）学生学习发展点

通过本单元的学习，学生可以从熟悉的电池案例中抽提出构成原电池的四要素，能结合电极反应、电子和离子的移动方向明确电池工作原理；能结合电极电势数据分析反应体系物质得失电子的趋势，明确电子、离子移动的原因，判断电子、离子移动的方向，并初步判断电池开路电压的大小；通过对常见化学电源的结构和工作原理的分析，掌握陌生电极反应的书写，明确各电池的优缺点，知道电池改进的角度和发展的方向，认识到化学对促进社会发展、人们生活幸福所能作出的贡献；能综合利用电池的知识，设计出适合载人航天器使用的氢氧燃料电池，并根据实际能量转换的需要设计出包含光伏电池、电解水装置、燃料电池、用电设备的综合电路系统，将视野从单个电池转移到整体能量转换的体系中来，学会从整体、系统的角度解决问题，培养学生的创新意识。

二、学科大概念统摄下的大单元知识结构图

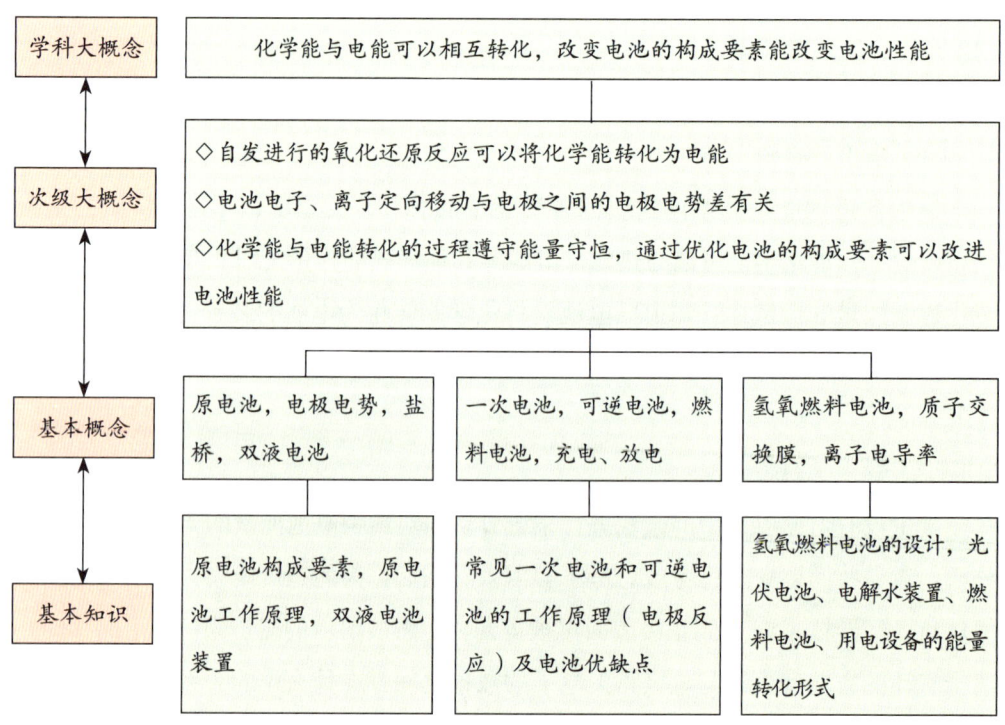

三、学科大概念统摄下的大单元教学与评价目标设计

1. 教学目标

（1）通过从熟悉的电池案例中抽提出构成原电池的四要素，从电极反应和微粒移动的角度认识电池的工作原理，形成电池的认识模型，建立电池的"能量观"和"微粒观"，发展"宏观辨识与微观探析"素养。

（2）应用电池的认识模型，分析常见电池的结构和工作原理，并提出改进电池性能的思路，从中感受化学学科对美好生活和社会发展所作出的贡献，进而发展"证据推理与模型认知"素养和"科学态度与社会责任"素养。

（3）设计载人航天器的氢氧燃料电池装置，并结合电池的构成要素进行优化，对电池的认识模型进行创造性应用，并能从能量转化和能量综合利用的角度设计载人航天器中的能量系统，发展"科学探究与创新意识"素养。

2. 评价目标

（1）通过归纳构成原电池的四要素，诊断学生能否从装置的维度认识原电池的构成条件；通过解释原电池的电子的"来龙去脉"和离子的"移动情况"，诊断学生能否从"能量观""微粒观"认识原电池的工作原理；通过解释盐桥功能、离子交换膜的功能以及设计具体反应的双液电池，诊断学生原电池认识模型的形成情况和初步应用水平，诊断学生"宏观辨识与微观探析"素养和"证据推理与模型认知"素养发展情况。

（2）通过分析常见电池的结构和工作原理，并提出改进电池性能的思路，诊断学生应用原电池认识模型解决具体问题的水平，并诊断学生对电池技术发展方向和展望的认识情况。

（3）通过设计载人航天器所用的氢氧燃料电池装置，以及优化原电池的构成要素，诊断学生创造性应用原电池认识模型的水平，评价学生的"科学探究与创新意识"素养。

四、学科大概念统摄下的大单元规划流程图

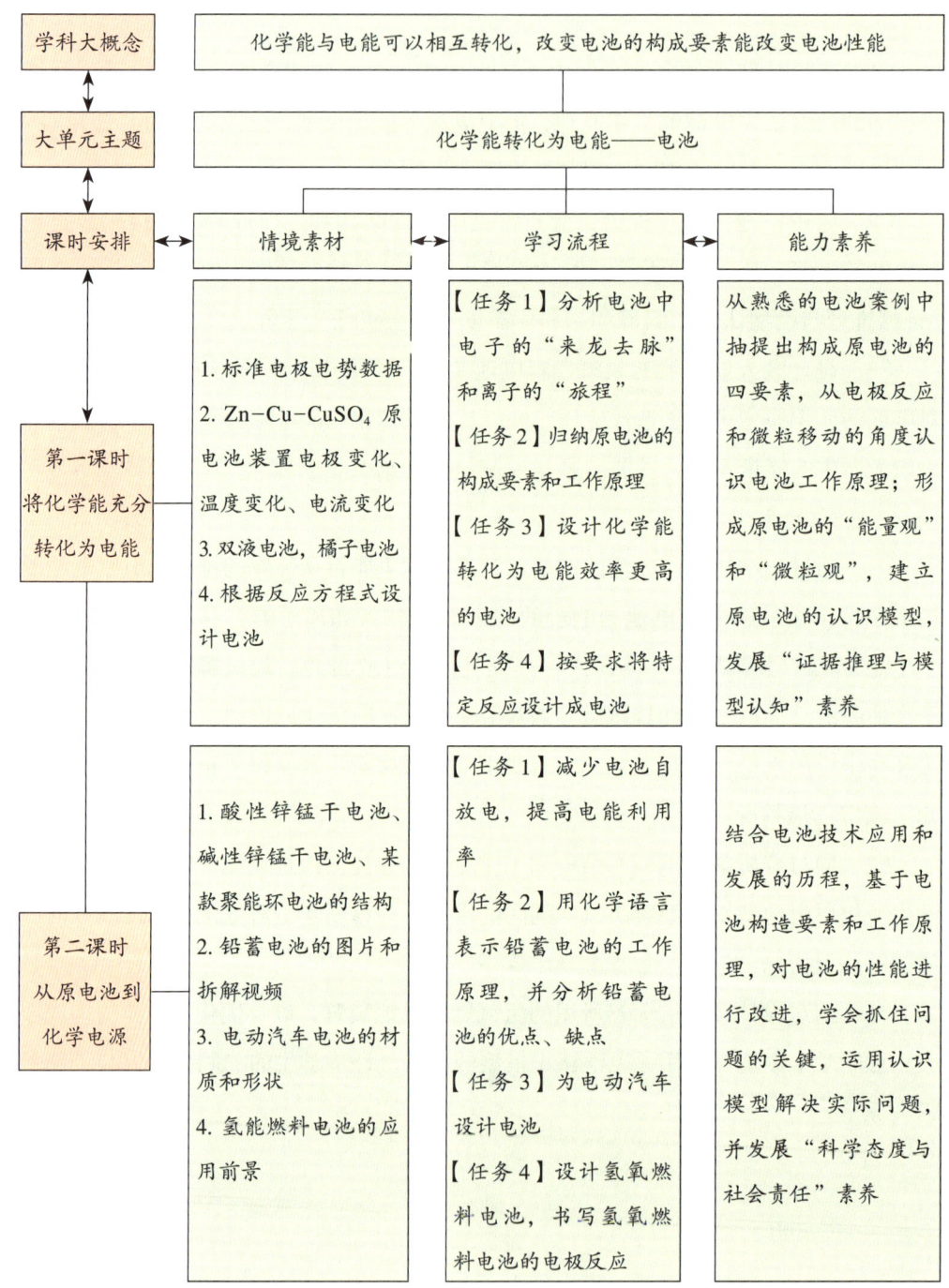

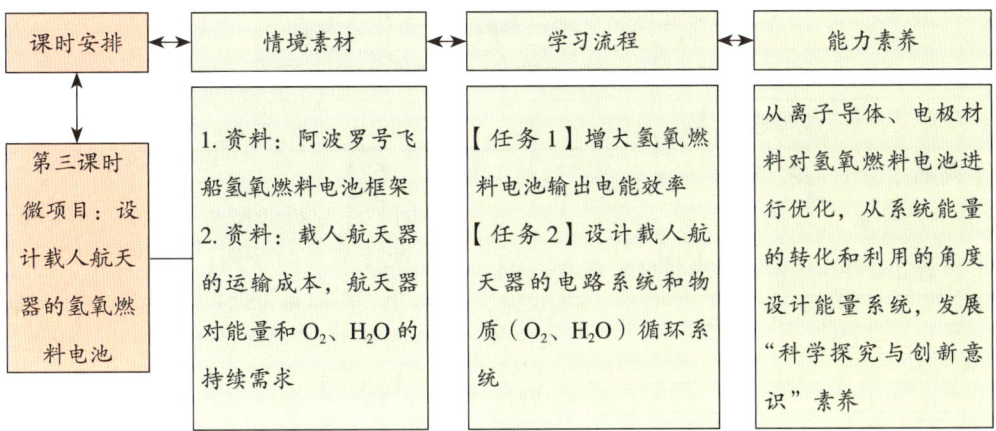

五、学科大概念统摄下的大单元教学流程设计

第一课时　将化学能充分转化为电能	
环节一：原电池装置的构成要素和工作原理	
教师活动	学生活动
【资料】氢能源汽车：氢燃料电池通过液态氢与空气中的氧结合而发电，根据此原理而制成的氢燃料电池可以发电用来推动汽车。	【观看】
【问题】如何将化学能转化为电能呢？以 Zn+CuSO$_4$ ══ ZnSO$_4$+Cu 为例说明。	【回答】利用 Zn+CuSO$_4$══ZnSO$_4$+Cu，形成原电池反应；设计 Zn-Cu-CuSO$_4$ 原电池装置。
【任务1】结合 Zn-Cu-CuSO$_4$ 原电池装置，分析原电池能量的转化方式、电子的"来龙去脉"和离子的"旅程"。	【分析】原电池装置是通过氧化还原反应将化学能转化为电能；结合电极反应，负极 Zn 失电子，电子沿着导体运动到正极，在正极被铜离子得到。

（续表）

第一课时　将化学能充分转化为电能	
环节一：原电池装置的构成要素和工作原理	
教师活动	学生活动
【问题】电子定向移动和离子定向移动的"动力"是什么？ 【资料】298 K下的标准电极电势数据。 | 电极过程	电极电势/V | |---|---| | $Cu^{2+}+2e^-$ ══ Cu | 0.342 | | $Fe^{2+}+2e^-$ ══ Fe | -0.447 | | $Fe^{3+}+e^-$ ══ Fe^{2+} | 0.771 | | $Zn^{2+}+2e^-$ ══ Zn | -0.762 | | Li^++e^- ══ Li | -3.04 | | $MnO_2+4H^++2e^-$ ══ $Mn^{2+}+2H_2O$ | 1.224 | | $PbO_2+SO_4^{2-}+4H^++2e^-$ ══ $PbSO_4+2H_2O$ | 1.691 | | $PbSO_4+2e^-$ ══ $Pb+SO_4^{2-}$ | -0.359 | | $2H^++2e^-$ ══ $H_2\uparrow$ | 0 | | $2H_2O+2e^-$ ══ $H_2\uparrow+2OH^-$ | -0.828 | | $O_2+4H^++4e^-$ ══ $2H_2O$ | 1.229 | | $O_2+2H_2O+4e^-$ ══ $4OH^-$ | 0.401 | 【归纳】①标准电极电势数据越大，物质的氧化性越强；数据越小，右侧物质的还原性越强。②标准电极电势数据不会随电极反应式系数的变化而变化。③电极电势高的为正极，低的为负极；电池的电动势（电压）＝正极电极电势－负极电极电势。 【问题】转移的电子数目和转移的电荷数目有什么关系？ 【讲解】两电极之间存在电势差是电子移动的原因，离子移动的原因是离子分布不均与电荷分布不均。转移的电子数目等于移动的阴、阳离子电荷数的绝对值之和。 【任务2】归纳原电池的构成要素和工作原理。 【归纳】用图示表示原电池的认识模型。	【观察】 【回答】分析电极电势数据、物质得失电子能力的强弱；两极电势不同，电子、阴阳离子做定向移动；电池电压与两极电势有关（单个化学电池的电压都较小，且差别较大）。 【思考】 【归纳】电极材料、电子导体、电解质溶液（离子导体）、$\Delta H<0$的氧化还原反应。还原剂在负极失电子，电子经导体转移到正极，被氧化剂得到。溶液中的阴离子向负极移动，阳离子向正极移动。 【记录】

-212-

（续表）

第一课时　将化学能充分转化为电能
环节一：原电池装置的构成要素和工作原理

设计意图：

通过提供电极电势数据，引导学生分析电极反应物得失电子的难易程度，并由此确定正、负极，解释电子和离子的移动方向，从而提升学生获取信息、归纳总结、分析解释的能力。同时，从熟悉的电池中抽提出关键要素，形成原电池的装置构成要素，从微粒变化的角度形成原电池的工作原理，构建原电池的认识模型。

环节二：双液电池——能量利用率更高的原电池	
教师活动	学生活动
【实验图片】Zn-Cu-$CuSO_4$ 原电池装置工作一段时间后的电极变化和电流变化。 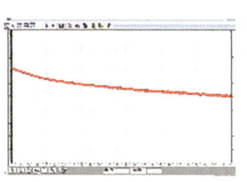	【观察】 【描述】锌片上有铜析出；电流逐渐减小；温度升高。说明负极与氧化剂直接接触发生了反应，有部分化学能转化为热能。
【问题】如何提高化学能转化为电能的效率？ 【任务3】设计化学能转化为电能效率更高的电池。	【分析】避免锌片与 $CuSO_4$ 溶液直接接触，分开盛放；让其他离子移动过来平衡电荷。
【介绍】盐桥的成分和功能。 【展示】Zn∣$ZnSO_4$‖$CuSO_4$∣Cu 双液电池 【活动】结合装置，分析原电池能量的转化和电子、离子的"旅程"，说出盐桥的作用。	【分析解释】盐桥提供离子平衡电荷的过程。
【实验图片】Zn∣$ZnSO_4$‖$CuSO_4$∣Cu 双液电池装置工作一段时间后的电极变化和电流变化。 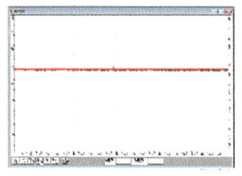	【观察】Zn 电极上无铜单质析出；电流在较长时间保持平稳。
【提问】实际电池（如锂电池）的"盐桥"应该怎样被替代？	【思考】
【实验】"橘子电池"体现膜的隔离和透过功能。	【观察】
【资料】阳离子交换膜、阴离子交换膜、氢离子交换膜的选择透过性。	【归纳】离子交换膜具有隔离作用，能透过特定的离子。

(续表)

第一课时　将化学能充分转化为电能
环节二：双液电池——能量利用率更高的原电池
设计意图： 　　通过分析和设计双液电池，从电池的装置维度和原理维度进行思考，巩固原电池的认识模型，并应用模型解决实际问题。
环节三：设计原电池——原电池原理的初步应用

教师活动	学生活动
【任务4】以 $2Fe^{3+}+Cu \rlap{=}= 2Fe^{2+}+Cu^{2+}$ 为基础，设计一款能量利用效率较高的电池，绘出装置图。 【展示交流】结合原电池的认识模型，从装置和原理两个维度介绍自己设计的电池。 【评价】 1.装置角度 （1）优先选择双液电池；能画出两个电极、两个电池槽、导线、盐桥。 （2）能标明电极材料物质、两个电池槽的电解质名称或化学式、盐桥。 2.原理角度 （1）能正确写出电极反应。 （2）能解释电子的移动方向、离子的移动方向。	【分析设计】 【展示交流】 （1）双液电池装置基本结构：两电极（材料）、两池（两溶液）、盐桥（离子导体）、导线（电子导体）。 （2）用双线桥分析氧化还原反应，将氧化剂、还原剂分开放；氧化剂→还原产物（正极还原反应）放在一个池子内，还原剂→氧化产物（负极氧化反应）放在另一个池子内。 （3）考虑正、负极材料的活性及是否参与氧化还原反应。 （4）检验设计的池子，看是否符合原理。 【评价】自评、互评。

设计意图： 　　从装置和原理的角度形成原电池的认识模型，这个过程是一个归纳的过程；利用认识模型设计电池的过程是一个演绎的过程，这个过程既是对原电池认识模型的巩固和强化，又是运用模型进行应用和实践。

（续表）

第一课时　将化学能充分转化为电能
板书设计： 第一课时　将化学能充分转化为电能 原电池认识模型 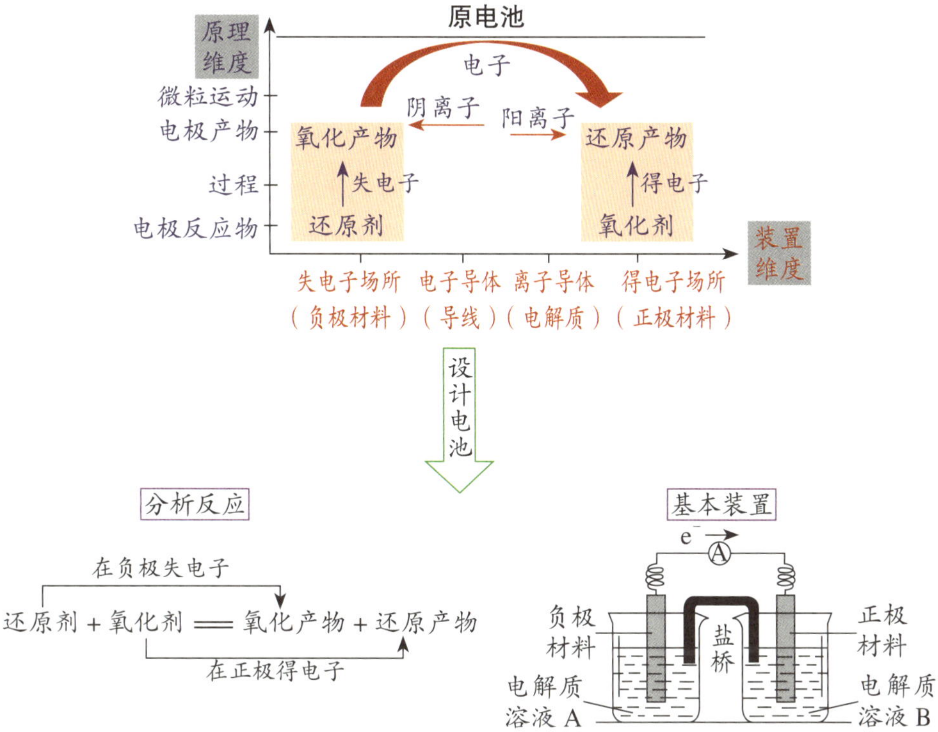 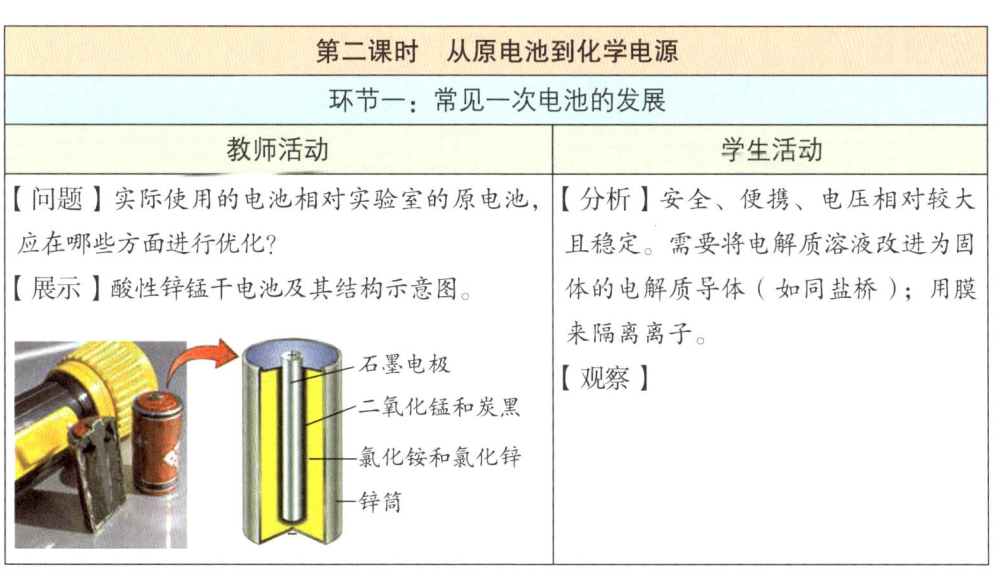

第二课时　从原电池到化学电源
环节一：常见一次电池的发展

教师活动	学生活动
【问题】实际使用的电池相对实验室的原电池，应在哪些方面进行优化？ 【展示】酸性锌锰干电池及其结构示意图。	【分析】安全、便携、电压相对较大且稳定。需要将电解质溶液改进为固体的电解质导体（如同盐桥）；用膜来隔离子。 【观察】

（续表）

第二课时　从原电池到化学电源	
环节一：常见一次电池的发展	
教师活动	学生活动
【提示】酸性锌锰干电池是较早进入市场的实用电池，其电解质溶液（氯化铵和氯化锌混合液）用淀粉糊固化；氯化铵呈酸性。 【活动1】分析酸性锌锰干电池的主要结构、功能和工作原理。 （1）将电解质固化有什么好处？为何选择MnO_2作为氧化剂？ （2）写出负极的电极反应。 （3）分析其主要不足（易发生自放电而导致存放时间缩短、放电后电压下降较快等）的主要原因。 【资料】放电后电压下降较快的原因可能是随着电池的使用，反应物浓度减小，电解质溶液的电导率下降，电池的内阻明显增大；放电的过程中，在酸性物质的作用下电极周围生成了H_2，增大了电池的电阻。 【任务1】改进电池，减少电池自放电，提高电能利用率。 【展示】碱性锌锰干电池结构示意图。  【资料】碱性锌锰干电池壳体可采用镀镍钢壳，而酸性锌锰干电池外壳是锌筒。碱性锌锰干电池结构更优，材料纯度更大。	【分析说明】将电解质固化，电池稳定，不容易漏液；MnO_2的氧化性较强，价格便宜…… 负极反应：$Zn-2e^-$ ══ Zn^{2+} 正极反应：$2MnO_2+2NH_4^++2e^-$ ══ $Mn_2O_3+2NH_3+H_2O$

（续表）

第二课时　从原电池到化学电源	
环节一：常见一次电池的发展	
教师活动	学生活动
【活动2】分析碱性锌锰干电池的结构和工作原理，根据电池反应写出电极反应，指出其主要不足。 电池反应：$Zn + 2MnO_2 + H_2O = ZnO + 2MnOOH$ 【展示】某款聚能环电池的结构。  【问题】红色聚能环的功能是什么？	【观察】聚能环结构示意图。 【分析】聚能环减少自放电，并不是将电池的容量增大，而是减少损耗。
设计意图： 从原电池到干电池，从酸性电池到碱性电池，从液体离子导体到固态离子导体，从提高物质的氧化性、还原性来提高电池的电压，从改变电池内部物质和绝缘结构减少电池的自放电来提高电池的利用效率。在这样一系列的活动中发展学生利用原电池认识模型分析实际问题的能力，初步形成从电池要素出发提高电池效率的认识思路。	
环节二：可逆电池的发展	
教师活动	学生活动
【提问】常见的干电池和一次电池存在什么样的问题？ 【图片】铅蓄电池及其结构示意图。  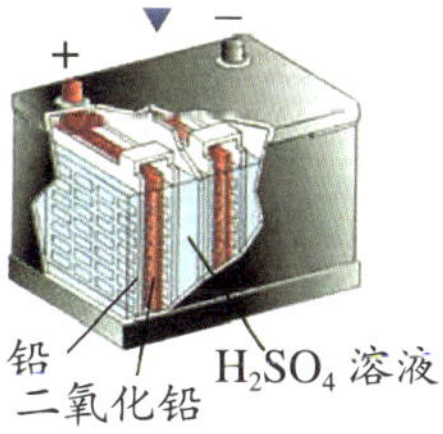 【视频】铅蓄电池的拆解视频。 【提问】单个铅蓄电池的电压为何是2 V？（电池2 V、串联） 【任务2】用化学语言表示铅蓄电池的工作原理，并分析铅蓄电池的优点、缺点。	【思考回答】只能使用一次，物质利用率低，浪费资源；电压低，电流小，应用范围受影响。 【观察】 【思考】

(续表)

第二课时　从原电池到化学电源

环节二：可逆电池的发展

教师活动	学生活动
（1）写出铅蓄电池放电时的电池反应、电极反应。 （2）写出铅蓄电池充电时的电池反应、电极反应。 【提问】铅蓄电池的优点、缺点有哪些？ 【介绍】常见小型充电电池。	【书写并展示】 【思考回答】优点：①通过串联增大电压；②可充电多次使用；③安全，不会燃烧爆炸。 缺点：①铅为重金属，生产和回收处理有污染；②比能量低。 【观察】分析各电池优缺点和改进思路。

电池类型	电压/V	使用寿命/次	备注
铅蓄电池	2	200~300	使用寿命长达10年，但体积和质量是最大的
镍镉电池	1.2	500	耐过充能力较强，有记忆效应
镍氢电池	1.2	1 000	目前最高容量是2 100 mAh，不耐过充
锂离子电池	3.6	800	质量比镍氢电池轻30%~40%，容量高出镍氢电池60%以上，不耐过充
锂聚合物电池	3.7	800	没有电池液，而改用聚合物电解质，可以做成各种形状，比锂电池稳定

教师活动	学生活动
【任务3】为电动汽车设计动力电池。 【提问】 （1）选择哪种电池？ （2）如何提高汽车电池提供的"马力"？ 【资料】电动汽车电池的材质、形状以及最新的几种汽车电池的介绍。	【思考】①选择比能量更高的电池；②通过串联增大电压，通过并联增大电流；③减小电池之间的空隙……

设计意图：

　　通过分析铅蓄电池原理、书写充放电的电极反应，感受化学能可以转化为电能、电能也可以转化为化学能，为后面的电解原理学习做铺垫；练习陌生电极反应的书写；认识到电池通过串联能够提高电池组的电压，不同电池有不同的性能特点；根据电动汽车电池的需要设计汽车电池，运用电池认识模型解决实际问题。

(续表)

第二课时　从原电池到化学电源	
环节三：气体为反应物的燃料电池	
教师活动	学生活动
【问题】根据燃烧热计算，H_2 比能量较高，能否设计以氢气为反应物的电池？ 【任务4】设计氢氧燃料电池，书写氢氧燃料电池的电极反应。 可选择的试剂：KOH 溶液，稀硫酸，K_2SO_4 溶液，石墨棒； 可选择的仪器：长颈漏斗，U 形管，橡胶塞，导线，电流表，电源。 【提示】先设计放热反应，再设计电池装置。 【评价】 （1）如何获得 H_2 和 O_2？ （2）反应物不是固体，H_2 和 O_2 本身不能作电极材料，应选择什么作电极材料？ （3）什么样的电解质来提供离子导体？是否需要盐桥或隔膜？ （4）整体装置结构如何设计和优化？（减少 H_2 和 O_2 的溢出，电极与气体和溶液的接触。） 【视频】铂、钯对氢气的吸附能力。 【活动】分别写出在酸性电解质溶液和碱性电解质溶液中的电池反应和电极反应。（关注酸性、碱性电解质溶液环境的电极反应书写方法。） 【问题】氢能电源的优缺点有哪些？应用前景是什么？ 【点评】优点：能量密度高，环保。缺点：成本高，电池相对独立复杂。 发展前景：太阳能的载体（利用太阳能电解水，再用氢氧燃料电池发电），减少碳排放；特殊场景应用（载人航天器）。	【思考】 【设计】 （1）$2H_2(g) + O_2(g) == 2H_2O(l)$ 　　$\Delta H < 0$ （2）设计装置，展示交流，评价。 【观看】 【书写】 【展示交流】 【回答】

(续表)

第二课时　从原电池到化学电源
环节三：气体为反应物的燃料电池
设计意图： 　　通过认识氢氧燃料电池的工作原理，明确燃料电池具有原电池的装置要素、满足原电池的工作原理，但反应物本身不作为电极材料，且反应物可以不属于电池装置本身，可以通过外加的方式持续提供电能；通过设计氢氧燃料电池的装置，在满足原理的基础上，体现装置和技术的创新，运用电池认识模型解决实际问题；对氢能的应用前景进行分析，为设计载人航天器化学电池做铺垫。
板书设计： 第二课时　从原电池到化学电源 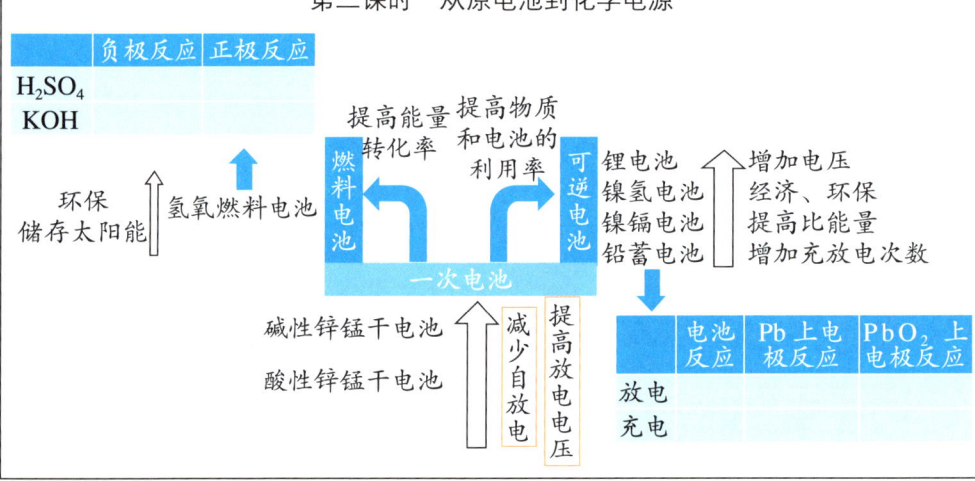

第三课时　微项目：设计载人航天器的氢氧燃料电池
环节一：设计载人航天器使用的氢氧燃料电池

教师活动	学生活动
【引入】向太空运送货物的成本高昂，太空中的载人航天器的电能需要自己"采集"，氧气也需要"自筹"，CO_2 需要"自销"。其中氢氧燃料电池单位质量输出的电能最高，O_2 和 H_2O 可在航天器中循环使用。 【任务1】设计载人航天器的氢氧燃料电池，增大氢氧燃料电池输出电能效率。 问题1：比较阿波罗号飞船氢氧燃料电池框架与自己设计的氢氧燃料电池，有何差异？	【观看】 【思考】设计电池。

（续表）

第三课时　微项目：设计载人航天器的氢氧燃料电池	
环节一：设计载人航天器使用的氢氧燃料电池	
教师活动	学生活动
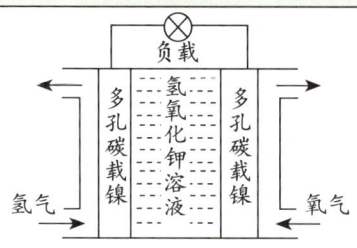 问题2：如何增大电池单位质量输出的电能（提高功率）？ 资料： （1）碳载铂（镍）为催化剂的电极。 （2）无限稀释的摩尔导电率。 | 离子种类	无限稀释的摩尔电导率 $\times 10^4$/（$S \cdot m^2 \cdot mol^{-1}$） | |---|---| | H^+ | 349.8 | | OH^- | 198.0 | | $\frac{1}{2}SO_4^{2-}$ | 79.8 | | Cl^- | 76.3 | | $\frac{1}{2}CO_3^{2-}$ | 72 | | K^+ | 73.5 | | Na^+ | 50.1 | 问题3：电解质选择KOH而不是H_2SO_4的原因是什么？ 问题4：使用KOH溶液作为电解质溶液，一段时间后电池的内阻会增大，原因是什么？如何解决？	【分析】飞船的燃料电池电解质溶液相对密封，电极表面积较大。 【思考回答】使用带催化剂的电极，增大电极的表面积，且使电极表面疏松多孔（有孔洞）；使用酸性或碱性电解质溶液；降低电池内阻。 【分析】酸的腐蚀性强。 【分析】水会稀释电解质溶液，降低导电性；CO_2会与KOH反应生成碳酸根，碳酸根导电率较小。通过冷凝处理水蒸气；碳酸根浓度较大，更换电解质溶液；加质子交换膜可从根本上解决电解质稀释和变质的问题。
设计意图： 　　依据原电池的工作原理和装置的要素，结合电池发展、改进的经验，通过设计载人航天器使用的氢氧燃料电池，在确定电解质溶液、选择电解质溶液的过程中，对电池的放电效率进行优化，从电池的构成要素、离子导体、电极材料等方面对电池进行优化。	

（续表）

第三课时 微项目：设计载人航天器的氢氧燃料电池	
环节二：设计载人航天器的电路系统	
教师活动	学生活动
【介绍】载人航天器中的能量来自太阳能，其电路系统包括太阳能光伏发电装置、太阳能电解水装置、氢氧燃料电池放电装置、用电器。 【任务2】设计载人航天器的电路系统，指明能量传递的方向，标明各装置能量的转化方式，并标明H_2、O_2、H_2O的物质走向。	【思考】 【设计】绘图、标注。 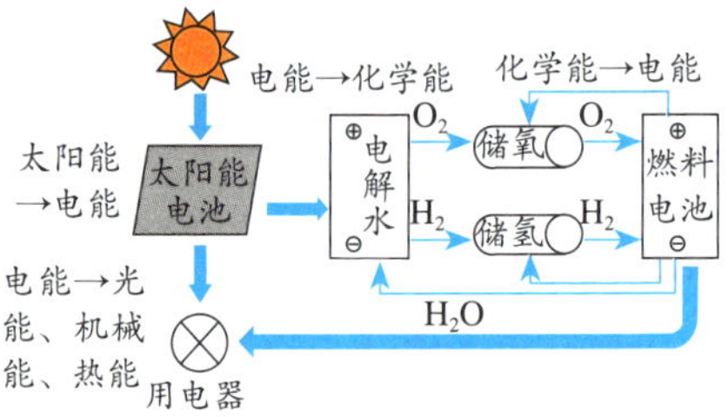 （电路系统示意图：太阳能→电能→太阳能电池→电能→化学能→电解水→O_2储氧、H_2储氢→化学能→电能→燃料电池→用电器，H_2O循环） 【展示交流】
【评价】 （1）能标出各关键装置的能量转化方式。 （2）能指出能量传递的方向。 （3）能标明物质的循环方式。 （4）能关注燃料电池中的物质和正负极的关系。 【问题】从物质的角度进行考虑，该转化体系还有什么功能？	【完善】 【思考回答】
设计意图： 　　将研究对象从单一的电池装置扩展到整体的能量转化、物质转化系统，可以更宏观地认识能量转化的过程，认识原电池所承载的储能功能；通过微项目的任务活动，将学习到的知识与真实的情境相融合，使学习到的知识更具有社会价值；在设计、绘图的过程中，引导学生尝试用符号、图示表示观点，发展学生的整体认识观和创新精神，同时为后续的项目任务"设计载人航天器的氧气再生方案"中有关氧元素的循环方案进行铺垫。	

（续表）

第三课时　微项目：设计载人航天器的氢氧燃料电池
板书设计： 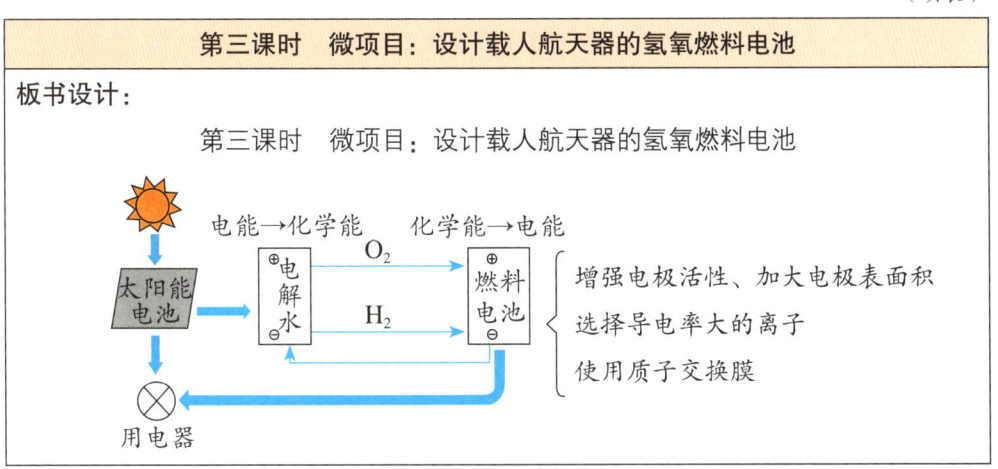

单元整体知识体系
板书设计：

化学能转化为电能——电池

原电池认识模型

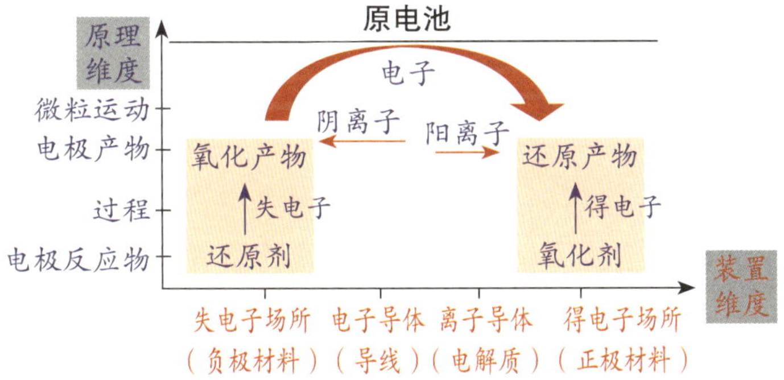

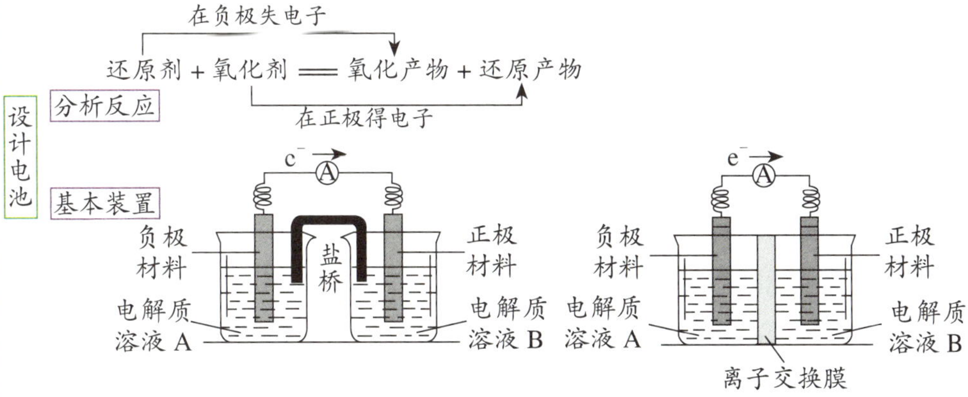

（此处为原电池认识模型示意图，包含"原理维度"（微粒运动、电极产物、过程、电极反应物）与"装置维度"（失电子场所（负极材料）、电子导体（导线）、离子导体（电解质）、得电子场所（正极材料））。图中显示：电子从氧化产物（失电子/还原剂）流向还原产物（得电子/氧化剂），阴离子、阳离子在电解质中移动。）

设计电池：
- 分析反应：

  在负极失电子

  还原剂 + 氧化剂 ══ 氧化产物 + 还原产物

  在正极得电子

- 基本装置：（左图为盐桥原电池装置：负极材料、盐桥、正极材料、电解质溶液A、电解质溶液B；右图为离子交换膜原电池装置：负极材料、正极材料、电解质溶液A、电解质溶液B、离子交换膜） |

（续表）

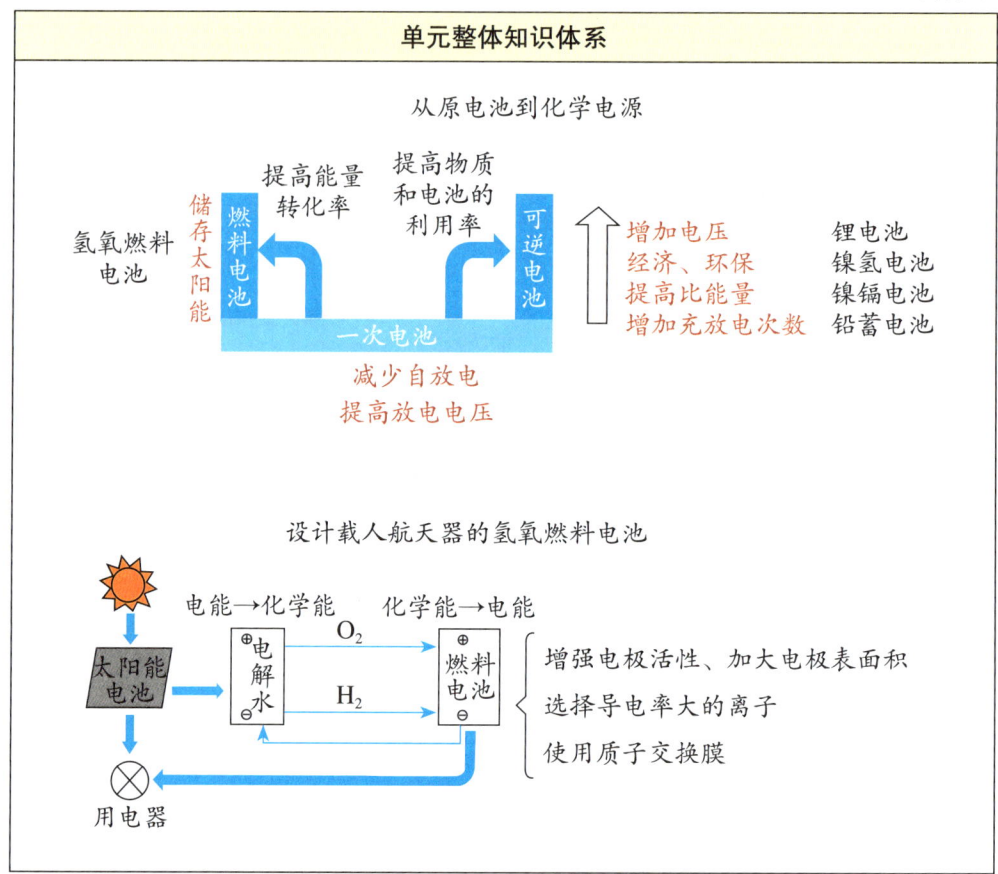

六、学科大概念统摄下的大单元教学设计及教学反思

1. 大单元教学设计特色说明

（1）在建立学科大概念的过程中使单元教学结构化

在《普通高中化学课程标准（2017年版2020年修订）》的前言中，提出了化学教学要"重视以学科大概念为核心，使课程内容结构化，以主题为引领，使课程内容情境化，促进学科核心素养的落实"。大概念是在对一系列具体知识学科功能归纳的基础上建构的，大概念的形成与发展是渐进的，渐进的过程包含了归纳与演绎的过程。电化学的教学通常从装置维度和原理维度来建立认识模型，装置维度的认识主要形成于对典型电池装置的提炼，原理维度的认识主要来自反应事实和现象。而通过"电子、离子移动的原因和移动的方向"的微观分析，可以将装置和原理有机结合。在教学中引入电极电势数据，在分析数据的过程中可以发展学生归纳

和演绎推理的能力，发展"证据推理"素养，并为解决"在两个电极上得失电子的原因""电子、离子移动的原因和移动的方向""电池开放电路的电压大小"提供理论依据，从微观的角度理解电池工作原理的"所以然"。在质子交换膜的应用中，进一步从量的关系上分析电极得失的电子数目、电子导体转移的电子数目（电路中的电量）、离子导体转移的离子数目之间的关系。

电池是化学能转化为电能的重要装置，因此从能量的角度来认识电池是必要的。除了认识到化学能可以转化为电能外，还要进一步从"量化"的角度认识这种转化，如能量转化效率、转化过程中的电压、电流情况，以及电池的比能量情况。这为我们分析电池的性能、选择合适的电池、改进和设计电池提供了思路，拓宽了活动的深度和广度，使教学与实际情境更加紧密结合，更好地发展学生的核心素养。

从微粒观、能量观的角度进行电池教学，可以更好地形成原电池的认识模型，可以更好地应用电池模型，整个单元的教学也从简单到复杂、从认识分析到应用设计、从学科走进科学。

（2）重视知识的情境化、学习过程的活动化

本单元的设计与实验、生活、科研方面的真实问题密切相关。在实验中，为提高单液电池的放电效率，改进原电池装置，引入盐桥和离子交换膜；在生活中，通过挑选电池和介绍电池的发展，了解常见电池的用途和性能，并认识电动汽车的电源；在科研方面，为载人航天器设计燃料电池和能量转化系统。以真实的情境为载体，将学习内容问题化、任务化、活动化，在阅读资料、观看视频、分析思考、交流研讨的系列活动中解决问题、完成学习任务，形成认识模型，发展能力和素养。

2. 大单元教学设计教学反思

本单元设计是基于"能量观、微粒观"进行的"化学能转化为电能——电池"的新授课，在学生原有的基础上，通过提炼原电池的装置要素和工作原理，建立原电池的认识模型，为今后研究电解池的工作原理、理解金属的腐蚀原理和防腐措施提供支持。

在形成电池工作原理的过程中，引入电极电势数据后，学生以此为分析的依据，能对电极反应和电子、离子的移动形成更深刻的认识，从动态、量化的角度建立原电池的"微粒观"。对能量转化的认识方面，在认识到原电池可以将化学能转化为电能的基础上，还可根据电池的四要素对电池的放电效率、电池的电压、电池

的比能量进行调控，根据需要设计电池和能量应用的体系。

在使用电极电势数据时，学生面对陌生的数据，通过对比提出自己的认识（假设），如可以用电极电势数据比较得失电子能力、判断正负极，大致判断电池的开路电压、工作电压；利用离子的电导率数据，明确电解质溶液稀释或发生变化后，可能导致电池内阻增加、工作电压减小。这些涉及分析电池实际工作原理和设计电池的活动，综合了物理、化学知识，将知识与生产生活相结合，将化学学科的学习与科学、技术相融合，利用化学知识制造出性能更优的电池，让生活更加美好。这样的教学更有利于发展学生的"科学探究与创新意识""科学态度与社会责任"核心素养。

北京四中房山分校　姜宏文

北京钱学森中学　郭春红

案例 ❷ 微粒间的相互作用

一、学科大概念统摄下的大单元教学背景分析

1. 大单元教学主题确定

《普通高中化学课程标准（2017年版2020年修订）》指出，选择性必修模块2"物质结构与性质"将从原子、分子水平上认识物质构成的规律，以微粒之间不同的作用力为线索，侧重研究不同类型物质的有关性质，进一步丰富学生物质结构的知识，提高学生分析问题和解决问题的能力。通过本课程模块的学习，提升学生有关物质结构的基本认识，深入认识物质的结构与性质之间的关系，发展化学学科核心素养。

2. 大单元教学内容分析

（1）在教材中的地位和作用

本单元主要学习共价键的极性与分子的极性、分子间作用力、分子结构与物质性质的实际应用三部分内容。本单元以"水"为载体，通过水的宏观现象探究水分子的微观结构，实现对"水分子"多维度的再认识，由水分子的结构、水的相关性质归纳共价键的极性、分子间作用力对物质性质的影响，构建微粒间相互作用的认知模型。

本单元共设计三课时内容，第一课时以"水、乙醇分别与钠反应快慢不同""不同有机羧酸酸性强弱不同"作为素材，通过师生共同研讨、学生模仿研究、学生自主探索，不断深入，宏微结合解释化学性质产生差异的原因，师生共同归纳"分析共价键的极性对化学性质影响的一般思路"；运用"分子结构修饰与分子的性质"，帮助学生认识化学学科在创造物质层面的价值；通过"带电橡胶棒能使水流方向偏转"宏观实验，探究共价键的极性对分子极性的影响，得出"水分子内正、负电中心不重合，是极性分子"的结论；学生对比水和四氯化碳，自主构建判断分子极性的认知模型，深化"结构决定性质，性质反映结构"的化学观念。第二课时由"蒸发水和电解等量水所需能量不同"引入，从宏观现象、能量变化等角度获取分子间作用力存在的证据，认识分子间作用力不同于化学键。通过问题串，结合动画模拟及表格数据介绍范德华力的特征。由同主族氢化物水的沸点异常高，引发认知冲突，学习氢键及其对物质性

质的影响，并创设"水4℃时密度最大""DNA双螺旋结构"等情境，引导学生认识氢键对于生命的重要意义，进一步巩固微粒间相互作用认知模型，深入理解结构与性质之间的关系。第三课时通过"水作为常见溶剂，物质在水中的溶解度与哪些因素有关"这一驱动性问题，阐述分子极性、分子间作用力在溶解性方面的实际应用，结合表格数据、实验探究引导学生进行分析解释，进一步深入对微粒间相互作用认知模型的理解，应用结构与性质之间的关系解释问题。

通过本单元内容的学习，学生能够综合运用对比、宏微结合的方法理解共价键的极性、分子间作用力对物质性质（化学性质、物理性质）的影响，将微粒间的相互作用与物质的性质进行关联，进而发展学生对由分子构成的物质部分性质的分析解释及推论预测能力。在分子水平上，从分子结构的视角认识物质的性质，进一步形成、深化"结构决定性质，性质反映结构"的化学观念，有助于发展学生的"宏观辨识与微观探析""证据推理与模型认知""科学探究与创新意识""科学态度与社会责任"等化学学科核心素养。

（2）在教学中的功能和价值

"结构决定性质，性质反映结构"的学习可设计为四个阶段：原子结构与元素的性质→化学键与化合物的性质→分子间作用力与物质的性质→官能团的结构与有机物的性质。本单元教学聚焦化学键和分子间作用力，以"微粒种类以及微粒之间相互作用"为主题，进一步认识物质性质与微观结构的关系，承接必修阶段原子结构与元素的性质，也为学习官能团的结构与有机物的性质进行铺垫，是构建"结构与性质关系"的重要内容，对后续内容的学习、化学观念的渗透、学习能力和学科素养的培养等方面具有重要作用。

①单元内容承上启下。本单元主要覆盖了课标主题2内容下的两个二级主题，在整个选择性必修模块2的教学中起到承上启下的作用。在深入学习了原子结构、共价键与分子的空间结构之后，学生可以结合具体实例认识分子结构与物质性质之间的关系，而第3章晶体结构与性质是对本单元内容的继续深化和应用，最终帮助学生形成"微粒构成""微粒间的相互作用""物质的聚集状态"三个层次的整体性认识。

②学科功能渗透核心观念。"结构决定性质、性质反映结构"是化学学科的核心观念。在本单元的教学中，学生根据化学键的特点解释和预测化合物的性质，解释和说明范德华力、氢键对物质性质的影响，充分体现了"物质结构与性质"观念的渗透。

③单元内容有利于拓展和加深学生对物质结构与性质关系的认识，引导学生学

习从共价键极性角度、从分子间相互作用角度及与化学现象相联系入手，培养和提高学生多角度分析、解决问题的能力，提升"宏观辨识与微观探析""证据推理与模型认知""创新意识"等化学学科核心素养。

3. 大单元教学学情分析

本单元学习之前已经学习了化学键、VSEPR 模型计算、元素的电负性等相关知识，为了准确把握学生相关知识的掌握情况，每课时实施前设计了相关内容的调查问卷（参与调查学生共 66 人，有效问卷 66 份），调查问卷统计结果见表 4-1。

表 4-1　调查问卷统计

课时	问卷内容	问卷统计结果
第一课时	极性键、非极性键的判断	正确率：83.3%
	电子式的书写	正确率：NaCl 86.3%；H_2、HCl、CH_4 100%
	分子的空间结构	正确率：87.8%
	元素的电负性	正确率：92.4%
第二课时	物质变化及其原因（电解水、蒸发水）	物质变化正确率：100% 变化原因：电解水（克服共价键 81.8%；其他 18.2%），蒸发水（水分子间隙变大 45.4%；体积增大 15.2%；用于断键 6%）
第三课时	分子极性的判断	正确率：93.9%

分析问卷结果，梳理出学生以下几方面学习基础、学习障碍点和发展点：

（1）化学键判断、电子式书写方面

86.3% 的学生能准确判断简单离子化合物和共价化合物中的化学键类型，能从电子得失或共用电子对的视角，用电子式的方式表示离子键或共价键。83.3% 的学生能根据组成元素种类的异同判断共价键的极性，14% 的学生对概念有所混淆。另外，学生从原子轨道重叠的视角来认识共价键的本质和特征后，了解到成键后电子云形状的变化，但学生在体会分子中电子云在空间的分布时仍会觉得抽象、晦涩，而对于由极性键和非极性键构成的分子的电子云分布差异尚未涉及。基于调查结果分析，教学时可在课堂上简单回顾极性键与非极性键的定义，帮助学生回忆和巩固已有知识。

（2）分子空间结构方面

87.8% 的学生能准确熟练地判断常见共价化合物，如 CO_2、CH_4、H_2O、NH_3 的空间结构，19% 的学生在运用 VSEPR 模型预测不太熟悉的分子如 H_2S、OF_2、SO_2

等时仍存在问题。

（3）元素电负性方面

92.4%的学生能准确熟练地判断常见元素的电负性大小，知道同族元素、同周期元素电负性的递变规律。因此，在教学中学生应该能够快速判断共价键的极性以及键的极性的向量。

（4）物质变化及原因方面

学生能根据是否产生新物质准确判断物质发生的是化学变化或物理变化，81.8%的学生清楚化学反应的实质是旧的化学键断裂和新的化学键形成；但对于蒸发水为什么需要吸收热量并不清楚，15.2%的学生从宏观角度判断是体积增大，45.4%的学生能从微观的角度推测是水分子的间距发生了变化，6%的学生能够类比化学变化需要吸收能量推测热量也是用于断"键"，即克服某种作用力，为第二课时教学奠定基础。

二、学科大概念统摄下的大单元知识结构图

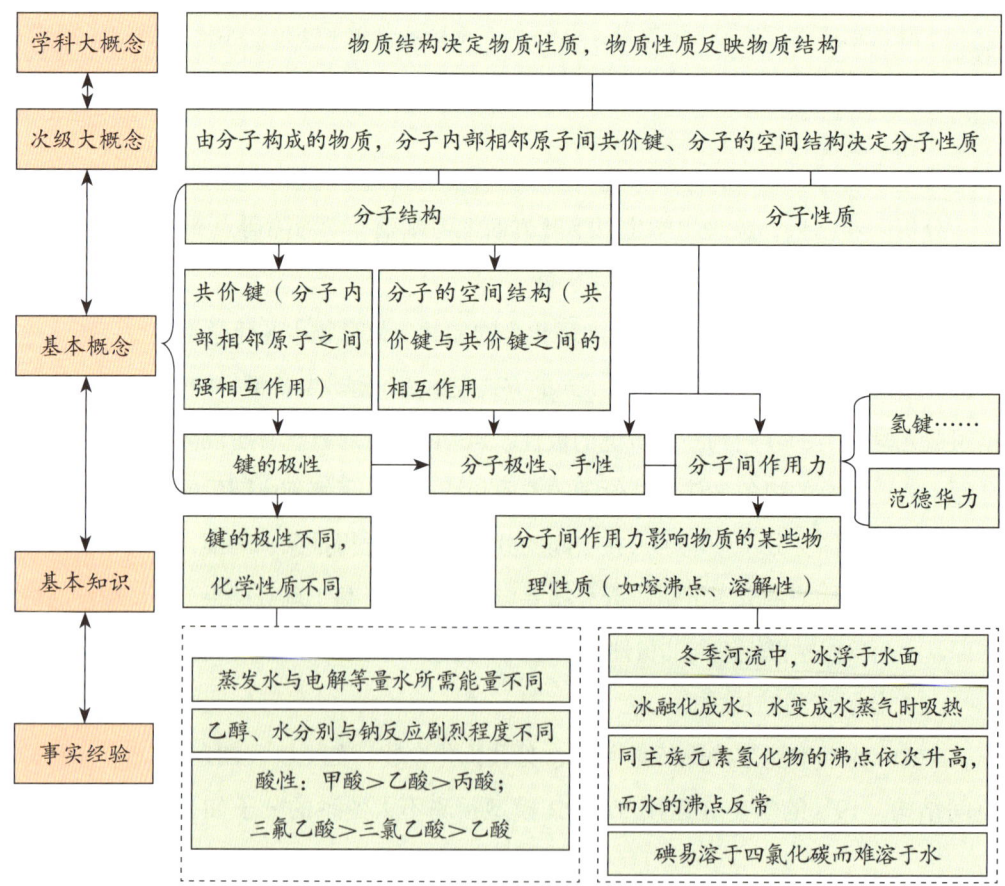

三、学科大概念统摄下的大单元教学与评价目标设计

1. 教学目标

(1) 知道共价键的极性及其对分子极性的影响,能利用电负性判断共价键的极性,能根据分子结构特点和键的极性判断分子的极性,并据此对分子的一些典型性质(如有机羧酸的酸性、物质的溶解性)及其应用作出解释,形成"结构决定性质"的基本观念。[宏观辨识与微观探析、证据推理与模型认知]

(2) 认识分子间存在相互作用,知道范德华力、氢键是常见的分子间作用力,能结合实例说明分子间作用力(含氢键)对物质熔、沸点等性质的影响,能举例说明氢键对于生命的重大意义,加深对"结构决定性质"的认识。[宏观辨识与微观探析、证据推理与模型认知]

(3) 初步认识分子的手性,结合实例初步感受手性化学在现代化学、生命科学、医药不对称合成等领域的重大意义,增强学科价值和科学责任感。[宏观辨识与微观探析]

(4) 能从微粒间相互作用的角度阐释由分子构成的物质的主要性质,进一步深化微粒间相互作用与物质性质之间的关系,体会"结构决定性质"的理论价值;认识研究物质结构有助于了解材料的结构与性能的关系,欣赏物质结构的研究及理论发展对化学学科发展的贡献。[宏观辨识与微观探析、证据推理、科学态度与社会责任]

2. 评价目标

(1) 知道共价键的极性及其对分子极性的影响,能根据分子结构特点和键的极性判断分子的极性,并据此对物质的化学性质、物理性质作出解释,形成"结构决定性质"的基本观念。

(2) 认识分子间存在相互作用,知道范德华力、氢键是常见的分子间作用力,能结合实例说明分子间作用力(含氢键)对物质熔、沸点等性质的影响,能举例说明氢键对于生命的重大意义,加深对"结构决定性质"的认识。

(3) 能从微粒间相互作用的角度阐释由分子构成的物质的主要性质,进一步深化微粒间相互作用与物质性质之间的关系,体会"结构决定性质"的理论价值。

3. 评价指标

(1) 能利用电负性判断共价键的极性。

(2) 能结合实例知道分子可以分为极性分子和非极性分子。

（3）能认识分子极性与分子中键的极性、分子的空间结构密切相关。

（4）能根据分子中键的极性和分子的空间结构推测简单陌生分子的极性，建立判断分子是否有极性的认知模型。

（5）能结合实例，宏微结合地说明键的极性对化学性质的影响。

（6）能认识到分子间存在相互作用的事实证据。

（7）能说出不同形式的分子间作用力（范德华力、氢键）。

（8）能说明分子间作用力（含氢键）对物质熔、沸点等性质的影响。

（9）能预测ⅣA族、ⅥA族元素的氢化物的沸点相对大小。

（10）能列举含有氢键的物质及其性质特点。

（11）能判断分子极性与溶解性的关系——相似相溶原理。

4. 评价方法

（1）课前测试完成情况评价（诊断性评价）。

（2）课堂问答、实验操作、符号表征、练习等活动评价，小组合作学习评价（过程性评价）。

（3）课终卡、课后作业评价（结果性评价）。

四、学科大概念统摄下的大单元规划流程图

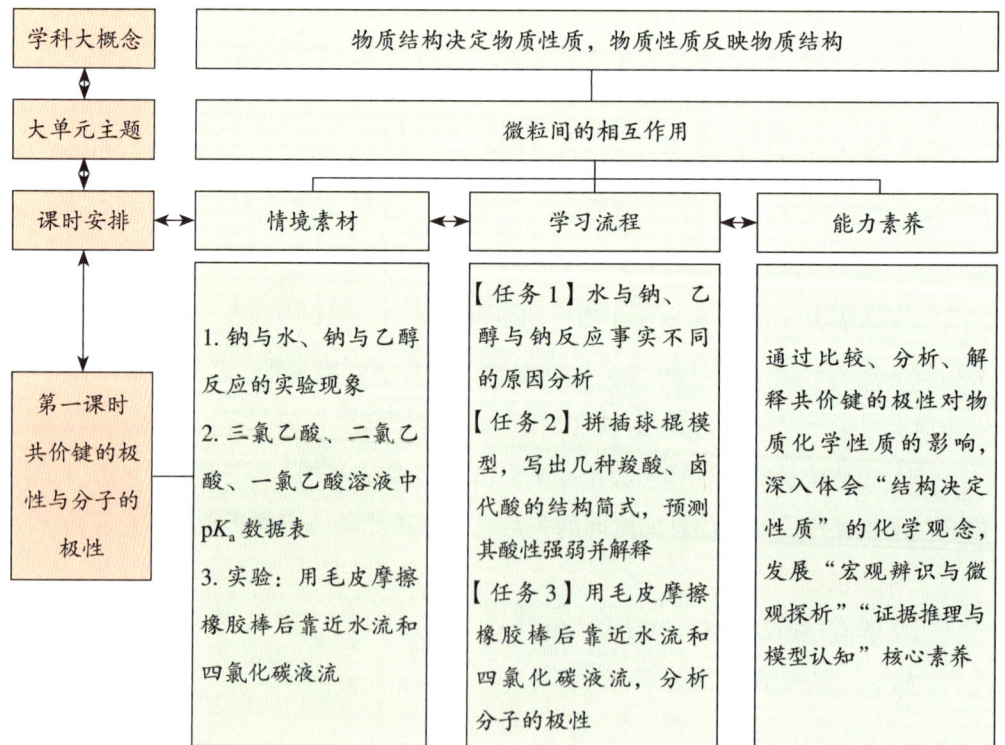

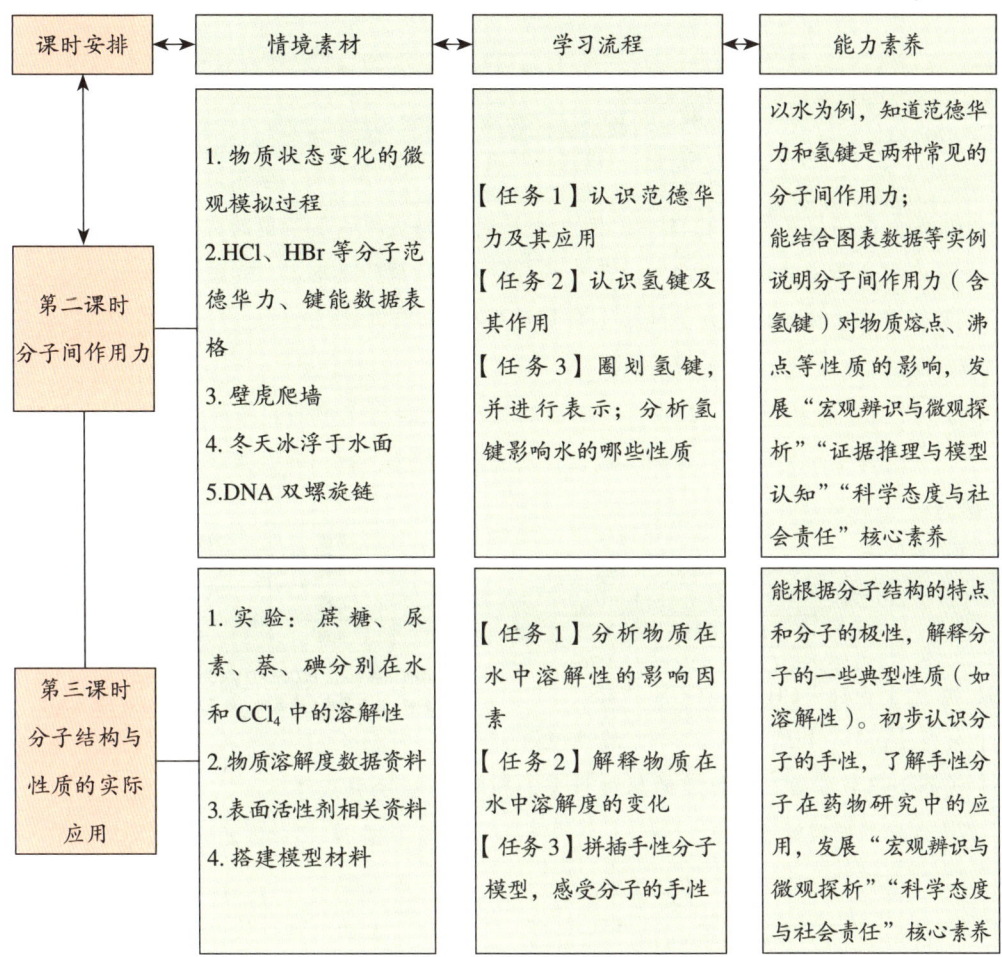

五、学科大概念统摄下的大单元教学流程设计

第一课时　共价键的极性与分子的极性	
环节一：共价键的极性对物质性质的影响	
教师活动	学生活动
【情境】钠与水、钠与乙醇反应的实验现象。 【任务1-1】分析水与钠、乙醇与钠反应事实不同的原因。	【展示】书写水与钠、乙醇与钠反应的化学方程式。 1. 水与钠的反应：$2H-O-H + 2Na == 2NaOH + H_2\uparrow$ 2. 乙醇与钠的反应：$2CH_3CH_2O-H + 2Na \rightarrow 2CH_3CH_2ONa + H_2\uparrow$
【问题】为什么水与钠、乙醇与钠反应现象不同？	【讨论交流】水中 O—H 键的极性强于乙醇中 O—H 键的极性。

（续表）

第一课时　共价键的极性与分子的极性	
环节一：共价键的极性对物质性质的影响	
教师活动	学生活动
【讲解】乙醇分子中的C_2H_5-是推电子基团，使得乙醇分子中的电子云向着远离乙基的方向偏移，羟基的极性比水分子的小，因而钠与乙醇的反应不如钠与水的反应剧烈。 【任务1-2】拼插甲酸、乙酸、丙酸的球棍模型，分别写出结构简式，预测其酸性强弱并解释。 【展示】 	名称	结构简式	pK_a
---	---	---
甲酸	HCOOH	3.75
乙酸	CH_3COOH	4.76
丙酸	CH_3CH_2COOH	4.88	 【资料】$pK_a=-\lg K_a$，pK_a越小，酸性越强。 【任务1-3】拼插下列物质的球棍模型，判断其酸性强弱并解释。 	名称	结构简式	pK_a
---	---	---
乙酸	CH_3COOH	4.76
一氯乙酸	CH_2ClCOOH	2.86
二氯乙酸	$CHCl_2$COOH	1.29
三氯乙酸	CCl_3COOH	0.65
三氟乙酸	CF_3COOH	0.23 | 【资料】元素的电负性。 | 元素	H	F	Cl
---	---	---	---
电负性	2.1	4.0	3.0		形成根据共价键的极性分析物质化学性质的思路。 【活动】书写羧酸的结构简式，观察数据，得出酸性强弱结论。 | 羧酸	羧酸结构简式
甲酸	HCOOH
乙酸	CH_3COOH
丙酸	CH_3CH_2COOH | 酸性由强到弱：HCOOH>CH_3COOH>CH_3CH_2COOH 解释：烃基是推电子基团，烃基越长，推电子效应越强。 【讨论分析】 （1）酸性：三氯乙酸>二氯乙酸>一氯乙酸。 由于氯的电负性较大，吸引电子的能力更强，因此极性：$Cl_3C->Cl_2CH->ClCH_2-$，导致三氯乙酸中的羧基的极性最大，更易电离出氢离子，酸性更强，pK_a较小。 （2）酸性：三氟乙酸>三氯乙酸。由于氟的电负性大于氯的电负性，因此极性：$F_3C->Cl_3C-$，导致三氟乙酸中的羧基的极性更大，更易电离出氢离子，酸性更强，pK_a更小。

（续表）

第一课时　共价键的极性与分子的极性	
环节一：共价键的极性对物质性质的影响	
教师活动	学生活动
【归纳】分析共价键的极性对物质化学性质影响的一般思路。 分析共价键的极性对物质化学性质影响的一般思路 基团 { 种类 { 烃基（推电子效应） 　　　　　电负性强的原子（吸电子效应）} → 断键部位键的极性 　　数目（基团数目越多，效应越大）} →影响 物质的化学性质 ←影响— 化学键断裂难易程度 【情境】三氯蔗糖、布洛芬的成酯修饰。 【提升】分子结构修饰的概念及在药物设计与合成中的广泛应用。	【讨论归纳】 （1）取代基的推电子效应：烃基越长，酸性越弱。 （2）取代基的电负性：电负性越大，酸性越强。 （3）取代基的数目：数目越多，酸性越强。 【聆听感受】深化"结构决定性质"的化学观念，拓展视野，感受化学学科的价值与魅力。
设计意图： 　　通过钠与水反应跟钠与乙醇反应的对比，选取甲酸、乙酸、丙酸酸性不同的羧酸，让学生结合元素电负性强弱分析键的极性与羧酸电离能力的关系，引导学生认识基团不同导致反应活泼性不同，帮助学生逐步搭建分析共价键的极性对物质化学性质影响的思维链条——"组成（基团）不同→基团对反应部位产生影响→断键部位化学键的极性不同→化学键是否易断裂→化学性质不同"，体会物质组成、结构和性质的联系，形成"结构决定性质"的观念。	
环节二：探究分子的极性	
教师活动	学生活动
【任务1-4】用毛皮摩擦橡胶棒后靠近水流和四氯化碳液流。 【问题】为什么水流会发生偏转，而四氯化碳液流不发生偏转？	【分组实验，观察现象】水流偏转，四氯化碳液流不偏转。 【回答】水分子内部有正、负极，CCl_4分子内部无正、负极。

（续表）

第一课时　共价键的极性与分子的极性

环节二：探究分子的极性

教师活动	学生活动
【追问】推测水分子的正极和负极，并说出依据。 【讲解】极性分子的概念（正、负极角度）。 【活动1-1】用彩笔画出水分子的表面静电势图。 【资料】 电子云密度小 ——————→ 电子云密度大 【讲解】极性分子的概念（分子内正、负电中心是否重合的角度）。 【问题】为什么水分子内部正电中心和负电中心不重合？ 【任务1-5】分析分子的极性。 【过渡】以简单的双原子分子 H_2 和 HCl 为例认识共价键中的电荷分布。 【归纳】化学键的极性是产生分子极性的重要原因。 【思考】为什么四氯化碳液流不发生偏转？	【展示】 学生1：化合价角度（H：+1、O：-2）； 学生2：电负性角度（氧强于氢）。 【展示】水分子的表面静电势图。 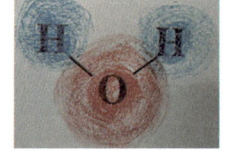 【回答】水分子的空间结构为 V 形。 H　H H H 由同种原子形成的共价键，非极性共价键电子对不发生偏移。 H　Cl H : Cl 由不同原子形成的共价键，极性共价键电子对发生偏移。 【回答】四氯化碳为正四面体构型，分子的中心都在碳原子上，正、负电中心重合。

（续表）

第一课时　共价键的极性与分子的极性
环节二：探究分子的极性
设计意图：
以带静电的橡胶棒靠近水流时发生偏转，而四氯化碳液流不偏转的趣味实验激发学生的探究兴趣。通过标出水分子的正、负极，彩笔标画水分子的表面静电势图等符号表征活动，学生将原本微观抽象的共价键、电子变得"可视化"，学生对极性分子的认识，也从分子内存在正、负极，深入到分子内正电中心与负电中心不重合，逐层递进。|
环节三：键的极性和分子的极性

教师活动	学生活动
【归纳】分析分子的极性与哪些因素有关。 【思考】如何快速判断分子的极性？ 【讲解】键的极性的向量和是否为零？示例： 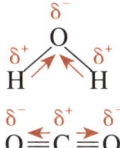 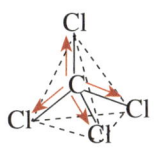 【活动1-2】判断下列分子的极性，完成表格。 H_2　Cl_2　HCl　CO　CO_2　CS_2　H_2O　H_2S BF_3　NH_3　CH_4　CCl_4　CH_3Cl 【思考】P_4和C_{60}是极性分子还是非极性分子？	【自主归纳】 ——判断分子是否有极性的认知模型—— 共价键的极性 ─决定→ 分子的正、负电 ─决定→ 分子是否 分子的空间结构　　　中心是否重合　　　有极性 【观察】  【分组汇报】

分子类型	举例	共价键的极性	空间结构	分子中正电中心和负电中心是否重合	分子极性
双原子分子	H_2　Cl_2	非极性	直线形		非极性
	HCl　CO	极性	直线形	不重合	极性
三原子分子	CO_2　CS_2	极性	直线形	重合	非极性
	H_2O　H_2S	极性	V形	不重合	极性
四原子分子	BF_3	极性	三角形	重合	非极性
	NH_3	极性	三角锥形	不重合	极性
五原子分子	CH_4　CCl_4	极性	正四面体	重合	非极性
	CH_3Cl	极性	四面体	不重合	极性

【讨论回答】均为单质，分子内都是非极性键，没有电子对偏移，P_4和C_{60}都是非极性分子。 |

（续表）

第一课时　共价键的极性与分子的极性	
环节三：键的极性和分子的极性	
教师活动	学生活动
【归纳】分子极性的一般规律。	【讨论总结】 （1）双原子分子，键的极性与分子的极性相同。 （2）以极性键结合的多原子分子，需要结合分子空间结构判断分子的正、负电中心是否重合，从而确定分子的极性。 （3）以非极性键结合的多原子分子，一般是非极性分子。

分子	共价键的极性	分子中正电中心和负电中心是否重合	结论	举例
同种元素的双原子分子	非极性键	重合	非极性分子	O_2
不同种元素的双原子分子	极性键	不重合	极性分子	CO
多原子分子	分子中共价键的极性的向量和等于零	重合	非极性分子	CH_4
	分子中共价键的极性的向量和不等于零	不重合	极性分子	CH_3Cl

设计意图：

结合水和四氯化碳的分子极性，学生讨论归纳得出分子的极性与共价键的极性和分子的空间结构有关，在教师引导下梳理得出判断分子极性的认知模型（下图）。运用非极性键结合的复杂多原子分子 P_4、C_{60} 进行反馈评价，诊断学生在分析分子极性过程中的思维关键点是否打通，层层递进，突破难点。

------判断分子是否有极性的认知模型------

共价键的极性 ⎫　决定　　分子的正、负电　　决定　　分子是否
分子的空间结构 ⎭ ━━━▶ 中心是否重合 ━━━▶ 有极性

（续表）

第一课时 共价键的极性与分子的极性
板书设计： 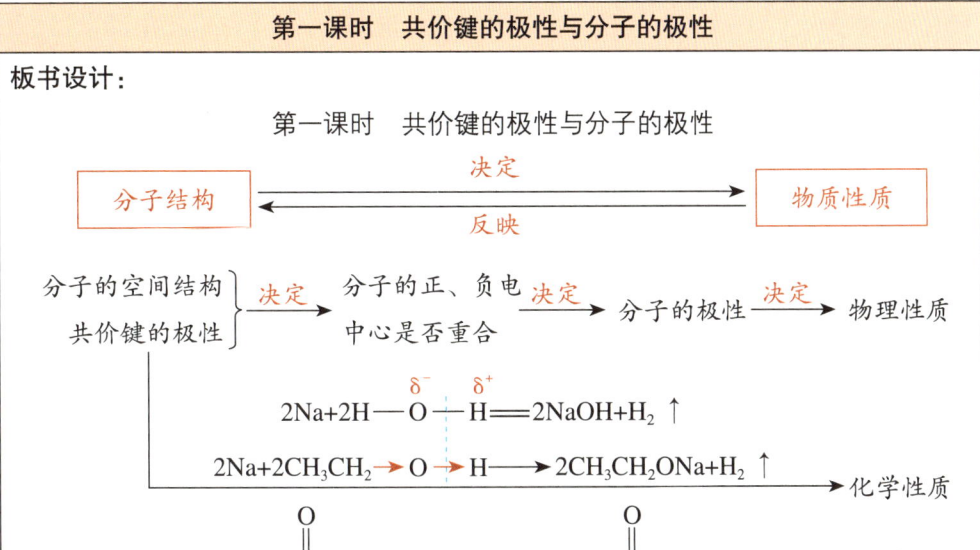

第二课时 分子间作用力	
环节一：范德华力及其对物质性质的影响	
教师活动	学生活动
【问题】 （1）电解水产生氢气和氧气是什么变化？所消耗的电能用于克服什么作用力？ （2）水从液态变成气态也需要吸收热量，这一变化又是什么变化？热量又用于何处？ 【任务2-1】认识范德华力及其应用。 【讲解】分子间作用力的存在以及范德华力的概念。 【活动2-1】观看加热过程中物质状态变化的微观模拟过程，总结范德华力对物质性质的影响。 【讲解】范德华力影响物质的物理性质，如熔、沸点。分子间的范德华力越大，物质的熔、沸点越高。	【回答】 （1）化学变化。所消耗的电能用于克服氢原子和氧原子之间的化学键。 （2）物理变化。 学生1：水分子间的间隙发生变化； 学生2：可能存在类似于化学键的作用力。 【回答】加热过程中，分子间距变大，物质状态发生变化，由固态变为液态再变为气态。范德华力的强弱会影响物质的熔、沸点。 【解释】范德华力越大，要改变分子间的距离就越难，物质的熔、沸点越高。

（续表）

第二课时 分子间作用力

环节一：范德华力及其对物质性质的影响

教师活动	学生活动
【活动 2-2.1】分析表格数据，你对范德华力的大小有怎样的认识？ 	分子	HCl	HBr	HI	CO	N_2
---	---	---	---	---	---
范德华力/($kJ·mol^{-1}$)	21.14	23.11	26.00	8.75	8.50
共价键键能/($kJ·mol^{-1}$)	431.8	366	298.7	245	946 | 【活动 2-2.2】分析下面表格中的数据，影响范德华力大小的因素有什么？ | 分子	HCl	HBr	HI	CO	N_2
---	---	---	---	---	---
相对分子质量	36.5	81	128	28	28
范德华力/($kJ·mol^{-1}$)	21.14	23.11	26.00	8.75	8.50
熔点/℃	-114.8	-98.5	-50.8	-205.0	-210.0
沸点/℃	-84.9	-67.0	-35.5	-191.5	-195.81	 【情境】壁虎爬墙。 【小结】	【回答】范德华力的大小要比共价键的键能小很多。 【讨论回答】 （1）分子结构相似，分子的相对分子质量越大，范德华力越大，熔、沸点越高。 （2）CO、N_2 相对分子质量相同，但 CO 为极性分子，N_2 为非极性分子。分子极性越大，范德华力越大，熔、沸点越高。 【解释】极性分子内部正电中心、负电中心不重合，分子间静电引力大。

设计意图：

从学生熟悉的水的物态变化和能量变化引入本课，通过微观动画，帮助学生理解范德华力。采用数表等信息，设计驱动性问题，帮助学生建立微粒间相互作用的微观本质与宏观性质的桥梁，引导学生认识范德华力的存在及其应用，培养分析数据、发现规律和进行论证的能力。

环节二：氢键及其对物质性质的影响

教师活动	学生活动
【任务 2-2】认识氢键及其应用。 【活动 2-3】预测 IVA 族、VIA 族元素的氢化物的沸点相对大小。	【回答】IVA 族、VIA 族元素的氢化物的沸点随相对分子质量增大而升高。

（续表）

第二课时　分子间作用力	
环节二：氢键及其对物质性质的影响	
教师活动	学生活动
【展示】IVA族、VIA族元素的氢化物的沸点变化。 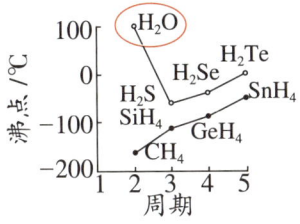	
【问题】IVA族与预测结果相符，VIA族H_2O出现反常，为什么？	【回答】 学生1：存在特别强的范德华力； 学生2：可能存在范德华力以外的其他作用力。
【讲解】氢键的形成原理。 【思考】还有哪些原子像O原子一样具备形成氢键的条件？ 【讲解】形成条件、表示方式。 通式：X—H⋯Y 【任务2-3】圈划氢键，并进行表示。 【讲解】氢键的特征：①饱和性，②方向性。	【猜想】应该是O的非金属性特别强，它们吸引电子的能力特别强。 【活动】 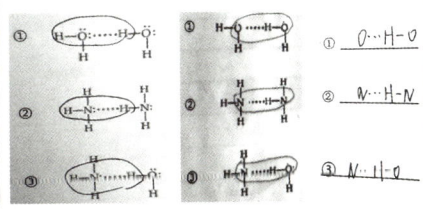
【活动2-4】粘贴水分子周围的4个水分子。	【展示】粘贴水分子周围的4个水分子。   更正前学生摆放的水分子　更正后学生摆放的水分子

（续表）

第二课时　分子间作用力	
环节二：氢键及其对物质性质的影响	
教师活动	学生活动
【思考】观察下图，分析氢键影响了水的哪些性质。 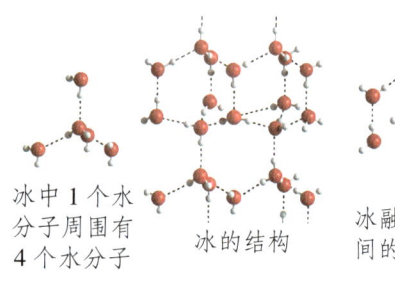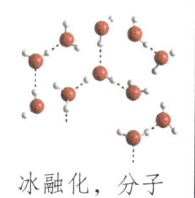 冰中1个水分子周围有4个水分子　　冰的结构　　冰融化，分子间的空隙减小 （1）氢键影响物质的熔、沸点； （2）氢键影响物质的密度。 【活动2-5】邻羟基苯甲醛和对羟基苯甲醛的熔、沸点如下表，你能解释吗？ | 名称 | 熔点/℃ | 沸点/℃ | |---|---|---| | 邻羟基苯甲醛 | 2 | 196.5 | | 对羟基苯甲醛 | 115 | 250 | 【讲解】 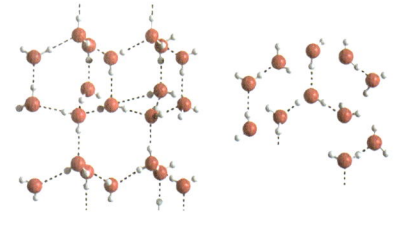 冰　→　水约4℃　→　水超过4℃ 大量氢键　　氢键减少　　热运动加剧 非密堆积　　部分解体　　分子间距加大 空隙大　　　空隙减小　　密度减小 密度小　　　密度增大 淡水在4℃时密度最大，对于地球生命的延续具有重要意义。	【回答】 （1）氢键减少→吸热→影响熔、沸点； （2）分子之间空隙减小→影响体积→影响密度。 【回答】邻羟基苯甲醛的羟基和醛基形成分子内氢键，不能形成分子间氢键，所以熔、沸点较低；对羟基苯甲醛分子中的羟基与另一个分子中的醛基形成分子间氢键，因此熔、沸点较高。 【情境】人在冰上走，鱼在冰下游。 | 温度/℃ | 水的密度/（g·mL^{-1}） | |---|---| | 0 | 0.999841 | | 4 | 1.000000 | | 20 | 0.998203 | | 100 | 0.958354 |

（续表）

第二课时　分子间作用力	
环节二：氢键及其对物质性质的影响	
教师活动	学生活动
【情境】DNA 双螺旋链。 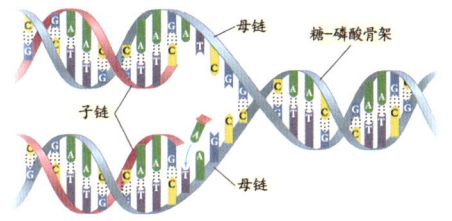 【反馈评价】圈出 DNA 双螺旋链中的氢键并用氢键表示式写出存在的所有氢键。	【体会】观看图示，理解冰融化过程中微观结构的变化，认识 DNA 双螺旋链中氢键的存在，深刻体会氢键对于生命的重要意义。 【活动】勾画出 DNA 双螺旋链中的氢键。 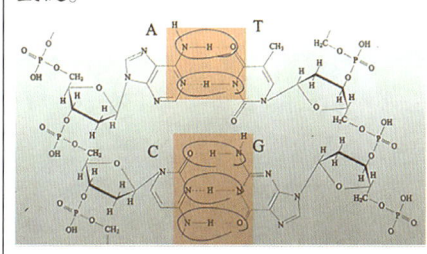 N—H⋯O、N—H⋯N

设计意图：

　　学生通过预测 IVA 族、VIA 族元素氢化物的沸点相对大小，发现 H_2O 的沸点"反常"，自然引入另外一种分子间作用力——氢键的存在。通过粘贴水分子模型的活动，生生之间精彩互动，体现了学生对氢键形成原理的深刻理解。通过比较羟基苯甲醛两种同分异构体的熔、沸点，进一步体会从微粒间相互作用的视角探讨物质结构与性质之间的辩证关系这一核心思想，提高"宏观辨识与微观探析"这一核心素养。以"人在冰上走、鱼在冰下游"和 DNA 双螺旋链作为情境素材，激发学生兴趣，讲述氢键对于生命的重要意义。

环节三：总结提升	
教师活动	学生活动
【总结】对比认识分子内的强相互作用——共价键与分子间作用力（范德华力、氢键）。	【填写表格】体会化学键、范德华力、氢键的不同。 | 类型	存在范围	作用力强弱	影响大小的因素	对物质性质的影响
---	---	---	---	---
化学键	分子内原子间	强 一般是 100~600 kJ/mol	键能 键长	化学性质
范德华力	分子间	弱 一般是 2~20 kJ/mol	分子极性 相对分子质量	物理性质：熔、沸点
氢键	分子间 分子内	弱 一般不超过 40 kJ/mol		物理性质：熔、沸点	

第二课时　分子间作用力
环节三：总结提升
设计意图： 　　通过氢键、范德华力、化学键的对比，帮助学生进一步理解三者之间的联系与区别，强化分子间作用力是一种较弱的作用力，而非共价键。
板书设计： 第二课时　分子间作用力  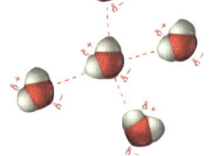

第三课时　分子结构与性质的实际应用	
环节一：物质在水中溶解性的探究	
教师活动	学生活动
【问题】水是一种常见的溶剂，物质在水中的溶解度与哪些因素有关？ 【任务3-1】分析物质在水中溶解性的影响因素。 【探究实验】探究蔗糖、尿素、萘、碘分别在水和四氯化碳中的溶解性。	【观察思考】观察实验现象，思考不同现象的原因。 蔗糖和尿素易溶于H_2O，难溶于CCl_4；萘和碘易溶于CCl_4，难溶于H_2O。 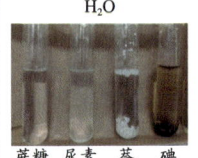

(续表)

第三课时　分子结构与性质的实际应用

环节一：物质在水中溶解性的探究

教师活动	学生活动
【活动3-1】根据表格信息分析分子的极性，总结物质的溶解性规律。 【归纳】"相似相溶"（分子的极性）。	【汇报】 <table><tr><td>溶剂</td><td colspan="2">H_2O</td><td colspan="2">CCl_4</td></tr><tr><td>分子极性</td><td colspan="2">极性</td><td colspan="2">非极性</td></tr><tr><td>溶质</td><td>蔗糖</td><td>尿素</td><td>萘</td><td>碘</td></tr><tr><td>分子结构</td><td>(蔗糖结构)</td><td>$H_2N-C(=O)-NH_2$</td><td>(萘结构)</td><td>I—I</td></tr><tr><td>分子极性</td><td>极性</td><td>极性</td><td>非极性</td><td>非极性</td></tr></table> 【分析】非极性溶质一般能溶于非极性溶剂，而极性溶质一般能溶于极性溶剂。
【过渡】除了分子极性，影响物质在水中溶解性的因素还有什么？	
【活动3-2】分析表中数据，解释溶解度变化规律。 | 名称 | 甲醇 | 乙醇 | 1-丙醇 | 1-丁醇 | 1-戊醇 | |---|---|---|---|---|---| | 溶解度/g | ∞ | ∞ | ∞ | 0.11 | 0.030 | 【板书】 　　　　CH_3-OH　　　甲醇 　　　　CH_3CH_2-OH　　乙醇 　　　　$CH_3CH_2CH_2-OH$　　1-丙醇 　　　　$CH_3CH_2CH_2CH_2-OH$　　1-丁醇 　　　　$CH_3CH_2CH_2CH_2CH_2-OH$　　1-戊醇 【归纳】"相似相溶"除了分子极性相似以外，还适用于分子结构的相似性。	【回答】随分子中的碳原子数增加，饱和一元醇在水中的溶解度逐渐减小。 【对比分析】烃基是推电子基团，碳原子数越多分子极性越弱，溶解度越小。 引导学生分析结构异同点： C_2H_5OH中的-OH与H_2O中的-OH相近，即乙醇分子与水分子的结构相似，因而乙醇易溶于水。而1-戊醇（$CH_3CH_2CH_2CH_2CH_2OH$）中烃基较大，其中的-OH与水分子中的-OH相似性差异较大，因此它在水中的溶解度明显减小。

（续表）

第三课时　分子结构与性质的实际应用

环节一：物质在水中溶解性的探究

教师活动	学生活动
【活动3-3】分析下表，你能得到哪些规律？并加以解释。 | 气体	溶解度/g	气体	溶解度/g | |---|---|---|---| | H_2 | 0.000 16 | CO_2 | 0.169 | | N_2 | 0.001 9 | Cl_2 | 0.729 | | CH_4 | 0.002 3 | SO_2 | 11.28 | | O_2 | 0.003 | NH_3 | 52.9 | 注：气体的压强为 $1.01×10^5$ Pa，温度为293 K，在100 g水中的溶解度。 【小结】影响物质在水中溶解度的因素。	【讨论回答】 （1）水是极性溶剂，根据"相似相溶"，H_2、N_2等非极性分子在水中的溶解度很小。 （2）CO_2、Cl_2异常，是因为与水会发生反应。 （3）NH_3溶解度最高，首先NH_3是极性分子，NH_3与H_2O发生反应，且NH_3和H_2O分子间能形成氢键。 【总结】分子极性、分子结构的相似性、发生化学反应、氢键。

设计意图：

通过学生熟悉的物质溶解性的探究实验，举例几种醇在水中的溶解度，结合其结构，引导学生从溶质和溶剂分子的极性或非极性的视角分析它们的溶解性，得出经验性的"相似相溶"规律，培养学生归纳总结的能力。通过表格数据，引导学生解释为什么NH_3极易溶于水。最终通过学生自主归纳，总结出影响物质在水中溶解性的因素。

环节二：解释物质在水中溶解度的变化

教师活动	学生活动
【任务3-2】解释物质在水中溶解度的变化。 【实验步骤】 （1）取少量碘晶体于试管中，加蒸馏水至试管$\frac{1}{3}$处，用力振荡。 （2）取上清液，均分于三支试管中，继续实验。 （3）向②③号试管中各加入1滴管CCl_4，用力振荡，静置。 （4）向③号试管中继续加入1滴管饱和KI溶液，用力振荡，静置。	【预测现象，填写依据】 | 实验步骤 | 预期现象 | 预测的依据 | |---|---|---| | 取少量碘晶体溶于水，均分为三份 | 溶液颜色为黄色 | I_2为非极性分子，H_2O为极性分子；根据相似相溶原理，I_2在H_2O中的溶解度不大 | | 向②③号试管中各加入1 mL CCl_4，振荡试管，静置 | 上层溶液呈无色 下层溶液呈紫色 | I_2为非极性分子，H_2O为极性分子，CCl_4为非极性分子；根据相似相溶原理，I_2更易溶于CCl_4 | | 再向③号试管中加入1 mL饱和KI溶液，振荡试管，静置 | 试管中水溶液的量增加，CCl_4量不变 | H_2O为极性分子，CCl_4为非极性分子；CCl_4与H_2O不互溶 | 【进行实验】

（续表）

第三课时　分子结构与性质的实际应用	
环节二：解释物质在水中溶解度的变化	
教师活动	学生活动
【异常现象】

【讲述】表面活性剂的概念，介绍肥皂去污的原理。

【活动3-4】下图是两种具有相同化学式的有机物——邻羟基苯甲酸和对羟基苯甲酸的结构简式，试分析它们在水中的溶解度，并解释差异的原因。

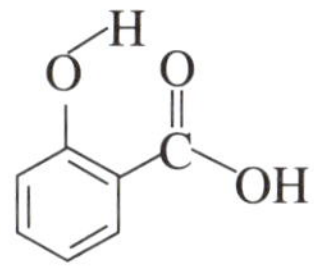

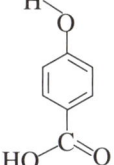

邻羟基苯甲酸　　对羟基苯甲酸

【展示】

物质	邻羟基苯甲酸	对羟基苯甲酸
溶解度/g（20℃）	0.18	0.5		【对异常现象进行讨论解释】

【体会】"相似相溶"原理在肥皂去污中的应用，感受化学学科的价值。

【分析】邻羟基苯甲酸容易形成分子内氢键，在水中的溶解度小。对羟基苯甲酸容易与水分子形成分子间氢键，在水中的溶解度较大。 |

设计意图：

通过预测实验现象，对上一环节的教学内容进行反馈评价。课堂上通过分组实验，产生认知冲突。通过表面活性剂以及肥皂去污原理的介绍，丰富并拓展学生对"相似相溶"规律的认识。预测邻羟基苯甲酸和对羟基苯甲酸在水中的溶解度，与第二课时的内容密切相呼应，学生能够通过熟悉的结构正确调用分子内氢键和分子间氢键的知识进行解释。

(续表)

第三课时 分子结构与性质的实际应用	
环节三：分子的手性	
教师活动	学生活动
【任务3-3】认识分子的手性。 【活动3-5】动手拼插CHFClBr的分子模型。 【问题】这两个分子具有什么样的关系？ 【讲解】手性分子的概念、形成条件。 【讲述】手性异构体、手性分子的概念。 介绍手性合成、手性催化剂。 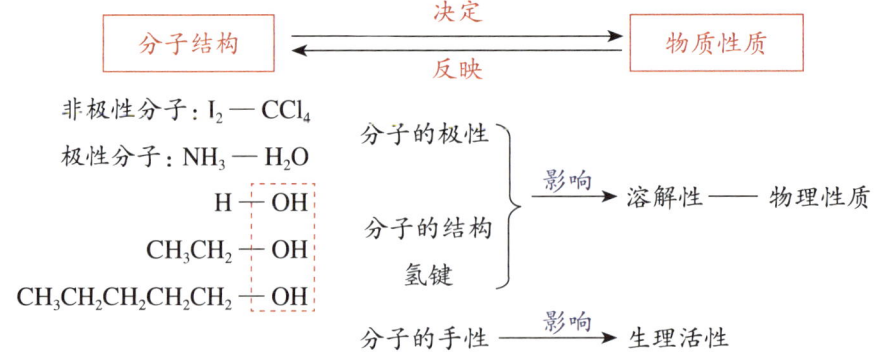	【模型拼插与展示】学生拼插模型，理解分子的手性异构体。 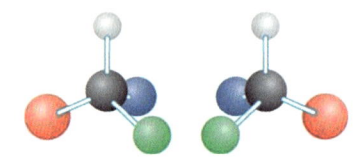 【观察分析】两个分子的原子组成和排列方式完全相同，呈镜像对称。 【学生活动】相互握手，体会手性催化剂与手性合成。

设计意图：

通过拼插球棍模型，体会手性异构体的存在，直观感受镜像对称的结构特点，介绍分子的手性。结合诺贝尔化学奖案例和生活实例，介绍手性合成在药物设计与合成中的广泛应用。学生通过握手这一活动进行初步体会，激发学生的学习兴趣。

板书设计：

第三课时 分子结构与性质的实际应用

单元整体知识体系

板书设计：

基于微粒间的相互作用建构分子结构与物质性质的单元教学

分子结构 ⇌ 物质性质（决定／反映）

分子的空间结构、共价键的极性 —决定→ 分子的正、负电中心是否重合 —决定→ 分子的极性 —决定→ 物理性质

$$2Na+2H-O-H \Longrightarrow 2NaOH+H_2\uparrow$$ （δ^- ／ δ^+）

$$2Na+2CH_3CH_2-O-H \longrightarrow 2CH_3CH_2ONa+H_2\uparrow$$

$$CH_3 \rightarrow \overset{O}{\underset{\|}{C}} - O \rightarrow H \qquad CCl_3 \leftarrow \overset{O}{\underset{\|}{C}} \leftarrow O \leftarrow H$$

→ 化学性质

分子内强相互作用 共价键 ——————→ 化学性质

分子间作用力 $\begin{cases} 范德华力 \xrightarrow{影响} 熔点、沸点 \\ 氢键 \xrightarrow{影响} 熔点、沸点、密度 \\ （X—H…Y） \end{cases}$ 物理性质

非极性分子：I_2 — CCl_4
极性分子：NH_3 — H_2O

H—OH
CH_3CH_2—OH
$CH_3CH_2CH_2CH_2CH_2$—OH

分子的极性
分子的结构 —影响→ 溶解性 —— 物理性质
氢键

分子的手性 —影响→ 生理活性

六、学科大概念统摄下的大单元教学设计及教学反思

1. 大单元教学设计特色说明

（1）充分体现单元教学的整体性、连贯性和递进性

本单元以"水"为核心物质展开教学，由"水流受静电吸引发生偏转""水的沸点异常""物质在水中的溶解性"等宏观现象探究水分子的微观结构，从水分子的内部结构到水分子之间的相互作用再到水分子与其他分子之间的相互作用进行多角度探究，认识路径层层递进，逐层揭开水的奥秘，不断拓展对微粒之间相互作用的认识，分析微粒间相互作用——共价键、分子间作用力（范德华力、氢键）对物质化学性质、物理性质的影响，建构微粒间相互作用的认知模型，逐步形成、深化、发展"结构决定性质，性质反映结构"的基本观念，重点发展"宏观辨识与微观探析""证据推理与模型认知"核心素养。

（2）重视知识的情境化

本单元的设计重视真实情景下的学习，每个课时研究的都是基于真实的有学科价值的生活问题。教学设计中充分结合生活中肥皂的去污原理以及常见的药物讲解表面活性剂及分子的手性，突出体现分子极性、手性合成在药物设计与合成中的广泛应用，挖掘化学对生产生活的重要价值，激发学生的学科认同感和社会责任感。

（3）发挥数据资料、化学实验的功能价值

通过对比钠与水反应跟钠与乙醇反应，带电橡胶棒对水和四氯化碳流向的作用、碘在不同溶剂中溶解过程等实验现象，结合丰富的图表数据（不同羧酸的pK_a数据、不同分子的熔沸点数据、在水中的溶解度数据），不仅为学生分析问题提供了真实情境，也为分析推理、归纳得出科学结论提供了强有力证据，发展学生的"证据推理"核心素养。课堂中设计了多组物质溶解性的探究实验，由实验现象引导学生从溶质和溶剂分子的极性或非极性的视角分析它们的溶解性，得出"相似相溶"规律。碘单质在水和四氯化碳中的溶解性实验，则以宏观实验事实为基础，以认知冲突激发学生思考，结合实验事实进行合理的分析推理，综合调用影响物质在水中溶解度的因素作出解释，发展学生的"宏观辨识与微观探析""证据推理"核心素养。

（4）运用"宏观 - 符号 - 微观"三重表征手段，宏微结合，素养落地

第一课时通过毛皮摩擦橡胶棒起静电吸引水流发生偏转引出，标注水分子的

正、负极，用彩笔画出水分子的表面静电势图，帮助学生由宏观现象到符号表征再到微观结构，逐步认识键的极性与分子极性的关系。对该内容的深入探究有助于学生理解第二课时中分子极性对范德华力的影响，课终卡反馈中也发现学生对该环节的活动印象最深刻。键的极性对化学性质的影响教学中运用动画再现、球棍模型拼插、表格数据分析等学生活动，结合化学方程式、有机羧酸结构简式等符号表征，帮助学生过渡到分子微观结构上的差异，体会键的极性对物质化学性质的影响，建立其组成、结构和性质的联系，深化"结构决定性质，性质反映结构"的化学观念，发展"宏观辨识与微观探析""证据推理"核心素养。运用动画演示和自制的水分子模型，学生粘贴水分子周围的 4 个水分子，帮助学生直观体会范德华力和氢键的存在，将抽象内容直观化。

2. 大单元教学设计教学反思

（1）注重真实情境的创设

本课时创设了较多的情境，如电解水、蒸发水、壁虎爬墙、邻羟基苯甲醛和对羟基苯甲醛的熔点与沸点不同、"人在冰上走、鱼在冰下游"以及 DNA 双螺旋链等，激发学生的学习兴趣，从生活常识和已有知识的角度引发学生产生疑问和探究兴趣，激发学习的内驱力，体会学科的价值。课终卡反馈中，多位学生表示想了解更多氢键与生命的关系。

（2）注重运用证据推理、分析论证、对比归纳的学科方法

通过电解水、蒸发水两种宏观变化所需能量不同，以及 VIA 族元素的氢化物中水的沸点反常，引发学生思考"物态变化"、异常数据背后的奥秘，获取分子间作用力（范德华力、氢键）存在的证据，发展学生的"证据推理"核心素养。通过分析数据、发现规律，引导学生对结论进行分析论证，检验学生对分子极性、分子间作用力的微观认识，并应用于解释物质物理性质的变化规律。运用实验事实、表格数据对比，帮助学生区分、对比学习范德华力、氢键与化学键，强化学生认知。例如，电解水、蒸发水两种宏观变化所需能量不同，学生认识到范德华力与化学键的存在范围和相对强度不同等。课终卡反馈中，发现少数学生仍然对此有所混淆，后续可以通过学生课下交流、举例分析、列表对比等活动，结合生生互动实现知识的补充落实。

（3）注重概念教学的直观化

通过动画演示、圈划氢键、粘贴水分子模型等活动，结合氢键的符号表征，深

度调动学生思维活动，搭建宏观与微观之间的桥梁，帮助学生认识微观、抽象的分子间作用力（范德华力与氢键）及其应用。其中粘贴水分子模型的板演活动、生生之间的精彩互动体现了学生对氢键形成原理的深刻理解，检验了学生对氢键的认识，纠正了部分学生的认知偏差，也为下一环节冰融化过程中微观结构的变化铺垫了知识基础。通过直观化的教学活动，强化从微观结构角度研究物质及其变化的思想，深化"结构决定性质，性质反映结构"这一基本观念，帮助学生形成对由分子构成的物质的某些物理性质的分析解释与推论预测的能力，进一步体会用微粒间相互作用的视角探讨物质结构与性质之间的辩证关系这一核心思想，发展"宏观辨识与微观探析"核心素养。

（4）注重思维有序化、外显化，建构思维模型

分析共价键的极性对化学性质的影响是本单元的难点，由于学生认识和理解水平的差异性，实施有机羧酸酸性探究的教学过程中学生的回答往往是发散的，教师要善于捕捉学生的课堂生成，将学生的思维有序化、外显化。因此，本单元注重运用认知模型的建构进行引导或归纳，帮助学生将思维外显化、思维路径程序化，降低学习难度，具体包括分析共价键的极性对化学性质影响的一般思路和判断分子极性的认知模型。

北京市大兴区兴华中学　姜丹、苑静、闫花妮
北京市大兴区教师进修学校　王哲

案例 ❸ 氯气的性质及其应用

一、学科大概念统摄下的大单元教学背景分析

1. 大单元教学主题确定

单元教学设计基于教材章节或同一主题或具有内在联系的知识进行意义建构，以学生先前的知识经验为基础，依据学科核心素养和学科课程标准来确定学习目标，围绕大概念及基本问题进行教学，帮助学生获得理解与迁移。以大概念为统领的单元教学，有利于学生构建简约而深刻的知识层级结构，有助于学生将结构化的化学知识转化为化学学科核心素养。

本单元的教学设计围绕核心问题展开，通过对氯气性质的探究，认识研究物质性质的基本程序和方法。通过氯气的实验室制法探究，建构实验室制取气体装置的设计模型。依据氯气的化学性质，完成消毒液的制备实验设计，形成物质制备的思路。在教学中尝试挖掘教学内容在化学学科核心素养发展方面的潜在价值，让学生从简单到复杂、从熟悉情境到陌生情境，以此为路径引导学生运用化学科学思维方式和方法解决实际问题，使学生在解决问题的活动中逐步发展化学学科核心素养，形成基于物质类别、元素化合价认识无机物的角度和思路，即"价－类"二维的系统元素观，再让学生应用所学知识从元素价态和物质类别的角度分析真实问题中的物质性质。

2. 大单元教学内容分析

（1）在教材中的地位和作用

氯及其化合物是高中化学必修课程中的核心内容之一，是高一年级学生学习的重点。氯元素是典型的非金属元素，氯气和含氯化合物在生产生活中的应用十分广泛。通过学习，可以建立基于物质类别、元素价态、原子结构预测和检验物质性质的认识模型，发展物质性质和物质用途关联、化学物质及其变化的社会价值的认识水平，提高解决实际问题的能力。

（2）在教学中的功能和价值

元素化合物是学生学习化学知识的基础，其中蕴含着丰富的教学价值，是发展

学生化学学科核心素养的核心知识。氯元素是典型的变价非金属元素，氯及其化合物知识多且繁杂。本单元内容有利于促进对学生学科核心素养的培养，并且具有丰富的发展价值。

本设计的主题是《氯气的性质及其应用》，首先以氯气的性质为出发点，通过探究氯气与水的反应形成探究性实验的一般思路和方法。在探究氯气的制备方法过程中，通过史实、小组讨论、实验等多种方式探究氯气的制法，强化气体制备的一般思路。在氯气的应用层面，以"探索84消毒液的制备方法"为例引导学生总结出物质制备的一般方法，增强学生的自信心，强化绿色化学理念和社会责任意识。

该主题的教学价值首先体现为学生认识发展的价值：先由教师引导学生研究一种物质（氯气）的制备思路，帮助学生完善系统的研究思路，然后由学生自主研究另一种物质（次氯酸钠）的性质；其次体现为化学学科观念建构的价值：从物质类别和元素价态两个角度认识物质、解读物质、制备物质；最后是学科的应用价值：应用建立的新认识和新思路，解决氧化还原、物质制备等化学核心问题。

本设计旨在引导学生在实际应用问题的解决过程中能够不断迁移学科知识，通过学科活动认识思路和方法，帮助学生认识物质和转化的关系，发展学生对真实问题解决的思路和方法。通过制作84消毒液，培养学生"科学态度与社会责任"的化学学科核心素养，深刻认识到化学的价值。

3. 大单元教学学情分析

（1）学生已有知识与能力

掌握了钠及其化合物的知识，已具备一定的分类思想，掌握了金属的研究思路。初中学习过氢气、二氧化碳、氧气的实验室制法。掌握了氯气的物理性质以及氯气作为非金属单质的通性。

学生已经了解了从多角度认识物质及其变化的一般思路，知道"物质的结构决定性质、性质决定用途""质量守恒""物质在一定条件下可以相互转化"等学科思想，同时也具备了较为熟练和规范的基本化学实验技能，有了进一步发展设计实验方案和评价方案的能力。

（2）学生学习障碍点

学生发现问题、实验创新能力较弱，尤其是实验中对非预期现象解释的思路和方法需要不断完善；证据推理意识不强，对科学探究实验要素了解不够深入。

对多角度认识物质及其变化有了初步的了解，但是在实际问题解决过程中，存在不会用、不知怎么用的现象，不能从较为陌生的情境中提取化学问题，不能主动调用已有认知，进行迁移应用；在科学探究方面，学生在设计方案的部分存在较大的问题，如不关注实验体系、不关注所用试剂的量、缺乏排干扰的意识、多角度收集证据的意识不够强等问题。对于方程式及现象的书写，基本还是停留在死记硬背的方式上，缺少应用分类观、元素观、反应的一般规律等化学的思维方式进行有序推理，三维表征（宏观、微观、符号）的化学思维方式还没有完全形成。

（3）学生学习发展点

通过氯气性质探究，发展学生知识的应用迁移能力、实验方案设计能力以及对实验中非预期现象的分析解释能力，提高证据推理意识。通过氯气制法探究，形成气体制备的一般思路。通过84消毒液的制备过程，掌握制备物质的一般思路。通过实验研究、分析与改进，提高学生分析、探讨、总结表达的能力，发展学生的实验创新能力，建立朴素的实验观，发展学生的"科学探究与创新意识""证据推理与模型认知"化学学科核心素养。

二、学科大概念统摄下的大单元知识结构图

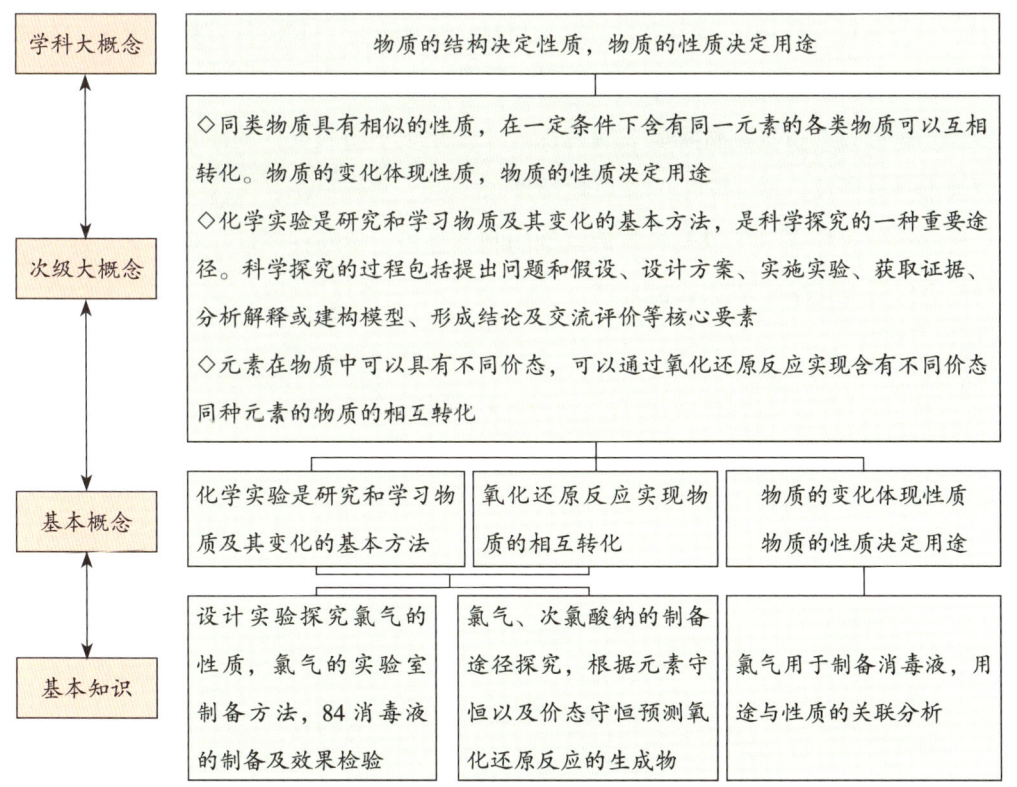

三、学科大概念统摄下的大单元教学与评价目标设计

1. 教学目标

（1）通过预测、探究氯气的化学性质，培养学生提出假说和实验探究的能力，初步建立研究物质性质的思路和方法。

（2）通过实验探究氯气及次氯酸钠的制备过程，体会实验对认识物质性质的重要作用。通过查阅文献，了解氯气和次氯酸钠制备的实验原理、原料选择、装置设计等结构化的核心活动，发展高阶思维能力。自主构建物质制备认识模型，进一步发展"模型认知"化学学科核心素养。

（3）通过84消毒液的制备过程研究，培养学生基于问题设计探究方案、基于证据推理得出结论的能力，感受物质性质与用途的关系，体会化学对生活、环境保护的重要意义，增强社会责任感。

2. 评价目标

（1）通过探究氯气与水的反应以及氯气和次氯酸钠的制备方案，诊断学生实验探究物质性质的水平和认识物质的水平，强化学生的元素守恒思想。

（2）通过二氧化锰与浓盐酸、氯气与氢氧化钠反应实验设计方案的交流，发展学生物质性质的实验探究设计水平，增强学生的实验探究意识。

（3）通过对氯气制备实验装置的探究，强化化学实验设计的源泉是对化学反应原理本身的研读，增强学生的绿色化学理念。

（4）通过探究氯气以及含氯消毒剂的制备过程，诊断并发展学生解决实际问题的能力以及对化学价值的认识水平。

四、学科大概念统摄下的大单元规划流程图

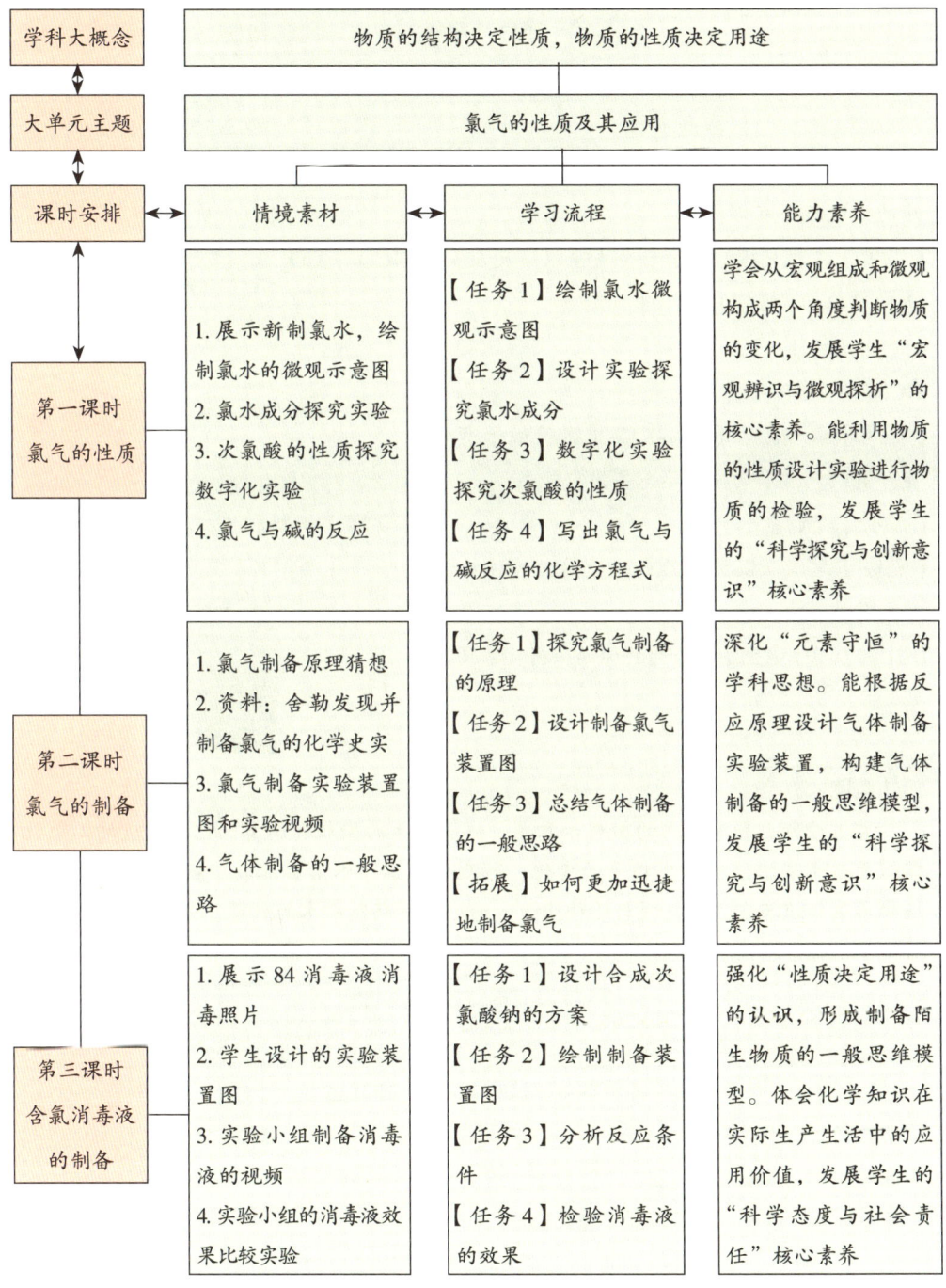

五、学科大概念统摄下的大单元教学流程设计

第一课时　氯气的性质

环节一：预测氯水的成分	
教师活动	学生活动
【引入】二氧化碳能够溶于水，溶于水后溶液中的微观粒子有哪些？ 【点拨】二氧化碳溶于水后会发生以下反应： $CO_2+H_2O \rightleftharpoons H_2CO_3$ $H_2CO_3 \rightleftharpoons H^++HCO_3^-$ $HCO_3^- \rightleftharpoons H^++CO_3^{2-}$ 【提问】氯气能否溶于水？其中微观粒子有哪些？请绘制氯水的微观示意图。 【展示】新制氯水。 【点拨】思考新制氯水的成分，同时关注粒子的数量关系。 【引导】指导学生绘制较为科学的微观示意图。	【思考回答】二氧化碳水溶液中存在的粒子：CO_2、H_2CO_3、H_2O、H^+、HCO_3^-、CO_3^{2-}。 【观察】新制氯水。 【思考】绘制新制氯水的微观示意图。

设计意图：

通过绘制氯气溶于水的微观示意图，培养学生的微粒观。类比已学习过的二氧化碳溶于水形成溶液中微观粒子的变化，预测氯气溶于水形成溶液中微观粒子的变化，培养学生知识与方法的关联与迁移能力。通过观察新制氯水的颜色，分析氯水的成分，培养学生观察、获取信息的能力。

环节二：探究氯水的成分	
教师活动	学生活动
【引导】通过分析二氧化碳溶于水后溶液中微观粒子的变化，预测若氯气可溶于水，水溶液中可能有水、氯气、氢离子、氯离子等粒子。溶液中是否含有这些粒子，需要通过实验来检验。 【提问】请设计实验检验氯水中的微观粒子。	【独立思考，小组讨论】 【回答】<table><tr><td>存在的微粒</td><td>检验方法</td></tr><tr><td>Cl_2</td><td>观察法</td></tr><tr><td>Cl^-</td><td>$AgNO_3$（硝酸酸化）</td></tr><tr><td>H^+</td><td>pH试纸</td></tr></table>

(续表)

第一课时 氯气的性质	
环节二：探究氯水的成分	
教师活动	学生活动
【实验探究】探究氯气性质的点滴板微型实验。	（1）新制氯水呈浅黄绿色，故有氯气。 （2）取少量氯水，加入适量稀硝酸，无明显现象；再加入少量硝酸银溶液，产生白色沉淀，故有氯离子。 （3）pH试纸测定溶液的酸碱性。 【观察、分析实验现象】氯水中含有氯气、氢离子、氯离子；pH试纸褪色，说明氯水中还含有具有漂白性的物质。
【提问】漂白性物质是什么？	【回答】可能为氯气。
【实验】注射器微型实验验证干燥氯气的漂白性。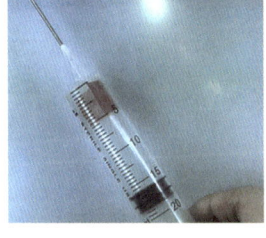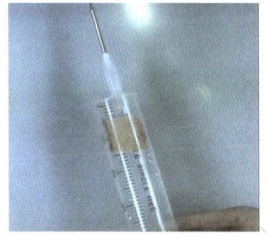	【观察、分析实验现象】实验现象表明干燥的氯气无漂白性，氯气溶于水后有漂白性。所以漂白性物质不是氯气，可能为未知的新物质。
【追问】你能否从元素守恒以及化合价变化的角度思考新生成的物质可能是什么？	【小组讨论回答】此物质可能含有氢元素、氧元素、氯元素，其中氯元素、氢元素可能为正化合价。
【展示】资料卡片：氯气与水反应的产物中含有次氯酸，次氯酸为一元弱酸，具有漂白性。	【倾听】
【小结】根据上述验证结果以及资料，分析氯气与水反应的产物有哪些？	【归纳总结】氯气与水反应产生盐酸、次氯酸。 新制氯水的主要成分：H_2O、Cl_2、$HClO$、H^+、Cl^-、ClO^-。
【引导】写出氯气与水反应的化学方程式。	反应的化学方程式： $H_2O + Cl_2 \rightleftharpoons HCl + HClO$

（续表）

第一课时　氯气的性质	
环节二：探究氯水的成分	
设计意图： 　　通过设计实验检验氯离子、氢离子，培养学生设计实验解决问题的能力，引导学生从宏观和微观两个角度认识化学变化中的物质变化，发展学生的"宏观辨识与微观探析"核心素养。通过预测具有漂白性物质的特性，培养学生元素守恒、价态守恒的化学观念。	
环节三：次氯酸的性质探究	
教师活动	学生活动
【补充】请完善绘制出的氯水微观示意图。 【提问】次氯酸具有哪些化学性质？ 【补充实验】数字化实验是利用传感器和信息处理终端采集实验数据的实验。本实验内容为探究次氯酸光照分解的产物，通过传感器测定氯水光照分解过程中氯离子浓度、氧气体积分数和氯水的pH变化，通过信息处理终端采集实验数据并绘制出图像。 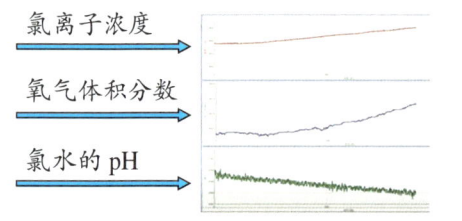 【拓展】氯气能否与碱反应？氯气通入氢氧化钠溶液中会发生哪些反应？ 【引导】氯气与氢氧化钠反应生成氯化钠、次氯酸钠和水。 【小结】通过本节课的学习，尝试总结探究性实验的基本思路和方法。 【课后思考】对教室进行消毒，为什么中午使用次氯酸、晚上使用次氯酸钠？	【补充完善】完善氯水的微观示意图。 【观察思考】观察实验数据，总结出次氯酸光照分解的产物：Cl^-、O_2、H^+。 【总结】与教师一起总结次氯酸的性质。 （1）弱酸性：$HClO < H_2CO_3$。 （2）强氧化性：可用于自来水的杀菌、消毒。 （3）漂白作用：能漂白一些有色物质，可用作漂白剂。 （4）不稳定性：$2HClO \xrightarrow{光照} 2HCl+O_2\uparrow$。 【思考】氯气与氢氧化钠反应的产物有哪些？尝试写出化学方程式。 $2NaOH+Cl_2 == NaCl+NaClO+H_2O$ 【归纳总结】 （1）观察法。 （2）猜想－验证法：预测→实验探究→现象→结论。

(续表)

第一课时 氯气的性质
环节三：次氯酸的性质探究
设计意图： 　　通过绘制新制氯水的微观示意图，培养学生从微观视角认识物质的能力，培养学生严谨的科学态度。通过氯气与碱反应的思考，培养学生的知识迁移能力，发展学生对物质性质知识的认识深度与问题解决能力。通过总结探究性实验的基本思路和方法，发展学生知识概括、归纳总结的能力。
板书设计：

第一课时 氯气的性质	
[化学性质] 1. 氯气与水反应 　　$H_2O+Cl_2 \rightleftharpoons HCl+HClO$ 　　新制氯水的主要成分： 　　H_2O、Cl_2、$HClO$、H^+、Cl^-、ClO^- 2. 氯气与碱反应 　　$2NaOH+Cl_2 = NaCl+NaClO+H_2O$ 　　$2Ca(OH)_2+2Cl_2 = CaCl_2+Ca(ClO)_2+2H_2O$	[探究性实验的基本思路和方法] （1）观察法。 （2）猜想－验证法：预测→实验探究→现象→结论。

第二课时 氯气的制备	
环节一：探究实验室制备氯气原理	
教师活动	学生活动
【引入】上节课我们研究了氯气的性质，做了几个关于氯气的小实验。实验用到很多氯气，你知道氯气是如何得到的吗？ 【播放氯气制备化学史视频】 【提问】舍勒是如何进行氯气制备的？ 在学生实验设计的基础上，引导学生寻找合适的氧化剂。当选择氧化剂遇到障碍时播放史实，进而理解史实，改进实验设计。 【实验室制备氯气原理探究】引导学生明确获得氯气单质的反应类型和途径、化合价的变化等，对重点反应进行深入透彻的分析，强化反应条件"浓盐酸"和"加热"。	【回答】说出常见氧化物以及氯化物，并挑选反应物进行氯气的制备。 【思考】运用元素守恒、氧化还原反应原理推测反应产物，并在教师引导的基础上对自己的实验设计加以改进。

（续表）

第二课时 氯气的制备	
环节一：探究实验室制备氯气原理	
设计意图： 深化学生能够运用元素守恒进行物质制备的实验设计。引导学生设计科学探究实验，强化学生物质制备的思路及方法。	
环节二：制备物质	
教师活动	学生活动
【问题推进】确定反应原理后，如何选择发生装置？请举例说明。	【回答】学生依据氧化还原反应原理，推测出反应方程式，并依据反应物类别自行设计制备氯气装置图，生生互评。
【设计制备氯气的装置】基于实验原理设计制备装置图，请在学案上绘制制备装置图。小组讨论后，选取有代表性的成果进行展示。	
【引导梳理】让学生依据反应物的状态与性质，描绘装置的顺序，并在适当时机给予学生一些点拨以及除杂所需用到的药品。	
【实验室制备氯气装置图展示】向学生逐步展示完整的实验室制备氯气装置图，引导学生构建实验室制备气体的装置图思维模型并强调各装置的先后顺序，讲解各实验药品在反应中的作用有哪些。 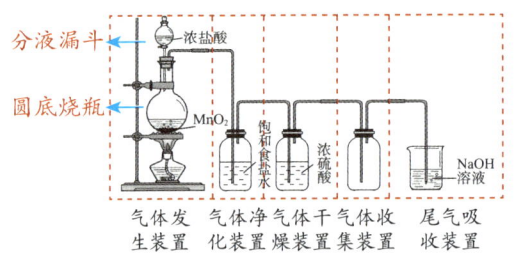 饱和食盐水：除去 Cl_2 中少量的 HCl 气体 浓硫酸：干燥（除去水蒸气） NaOH 溶液：除去多余 Cl_2，防止污染环境（尾气处理）	【小组讨论】在教师展示的基础上，组内改进实验装置图，思考、尝试总结气体制备的一般思路是如何分梯度搭建的。 【小组展示，归纳总结】小组派代表展示气体制备的一般思路图，在教师的梯度引导下，改进完善思维链，并对其加以总结。 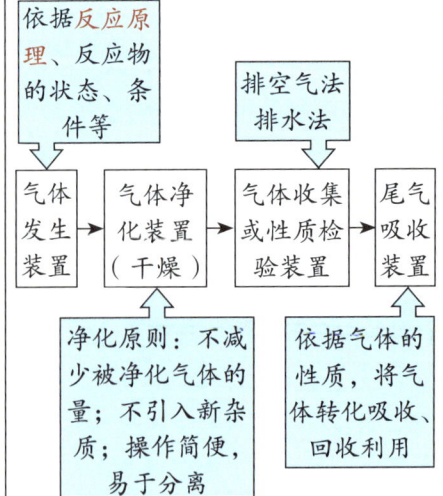
【气体制备的一般思路】总结整理气体制备装置的连接顺序图，并阐明每个装置的选取依据以及使用原理等，强化学生的实验思维能力。	

(续表)

第二课时　氯气的制备	
环节二：制备物质	
设计意图： 　　通过绘制制备氯气的实验装置图，强化学生对化学反应原理本身的研读。通过制备气体装置图的梳理，学生结合已有认知水平，有一套完整的装置体系。在小组合作过程中，发展学生探究物质性质的能力和证据推理能力。学生对实验有更深层次的思考，对制备氯气的因素"量"、外界条件等要素有更深入的理解。	
环节三：拓展实验	
教师活动	学生活动
【实验室制备氯气视频播放】视频中所设计的实验装置和你预期的装置有什么不同？优点有哪些？ 结合视频制备过程，思考以下问题： （1）即使氧化剂二氧化锰过量，待充分反应后，溶液中仍有盐酸剩余，为什么？ （2）收集的氯气如何验满？ 【问题】从实验室制备氯气的反应原理来分析，二氧化锰起到什么作用？有没有其他药品可以替代它？ 【追问】在反应原理中，氧化剂确定了，有哪些物质可以替代还原剂盐酸？除了氯离子以外，还需要考虑其他因素吗？ 【追问】加入哪种酸合适呢？ 【引导】引出硫酸。 【课堂总结】 掌握 　原理： 　$2KMnO_4+16HCl\!=\!\!=\!2KCl+2MnCl_2+5Cl_2\uparrow+8H_2O$ 　Cl_2 的常用制法 　选取依据：更快、更便捷制备 Cl_2 熟练 　原理： 　MnO_2+4HCl（浓）$\xrightarrow{\triangle}$ $MnCl_2+Cl_2\uparrow+2H_2O$ 　发生装置：浓盐酸 $+MnO_2$ 固液加热 　收集装置：向上排空气法 　尾气处理：$NaOH$ 溶液 Cl_2　实验室制法　实验室其他制法	【观看视频】通过观看实验室制备氯气的视频，改进自己的实验装置。 【思考】 【小组讨论回答】起到氧化剂的作用。可以用高锰酸钾、过氧化氢等氧化剂来替代。 【回答】应该是含有负一价氯离子的物质（常见的氯化钠等）。除了氯离子以外，还需要考虑创造酸性环境，加入酸。 【思考，归纳总结】按梯度进行氯气的制备汇总。每人说出印象最深的一个实验点，并进行交流。

(续表)

第二课时 氯气的制备
环节三：拓展实验
设计意图： 　　通过提出各装置的设问，加深学生对装置图的理解与运用。通过实验药品的选择，强化学生对实验原理的深入理解和拓展。引导学生从物质转化以及氧化还原的角度选择制备氯气的方法，对制备氯气整体装置进一步完善。通过课堂总结，再次梳理本节课知识体系以及问题的重难点，凸显本节课内容的梯度化，帮助学生理解。
板书设计： 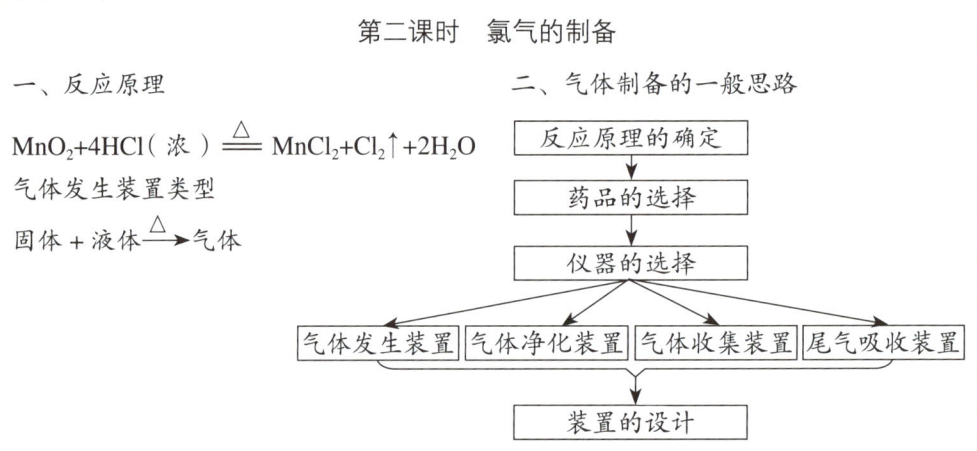

第二课时　氯气的制备

一、反应原理

$MnO_2 + 4HCl(浓) \xrightarrow{\triangle} MnCl_2 + Cl_2\uparrow + 2H_2O$

气体发生装置类型

固体 + 液体 $\xrightarrow{\triangle}$ 气体

二、气体制备的一般思路

反应原理的确定 → 药品的选择 → 仪器的选择 → 气体发生装置 / 气体净化装置 / 气体收集装置 / 尾气吸收装置 → 装置的设计

第三课时　含氯消毒液的制备		
环节一：探究制备消毒液的原理		
教师活动		学生活动
【引入】展示用84消毒液给教室消毒的图片。84消毒液是含氯消毒剂，含氯消毒剂是指溶于水产生具有杀灭微生物活性的次氯酸的消毒剂，市面销售的含氯消毒剂常见的有84消毒液、次氯酸消毒液、漂白粉等。大家想不想尝试自制一种消毒液，以保持我们教室内的良好卫生环境？		【倾听并思考】
【问题】同学们知道84消毒液的有效成分是次氯酸钠，请同学们从物质类别和氧化还原角度设计制备次氯酸钠的实验方案。		【思考，小组讨论】从物质类别和氧化还原两个认识物质的角度进行设计。

（续表）

第三课时　含氯消毒液的制备	
环节一：探究制备消毒液的原理	
设计意图： 　　提升学生兴趣，引发思考，情境创设紧扣含氯消毒剂在教室消毒中的重要作用，凸显化学的科学价值和社会价值。给学生提出认识陌生物质次氯酸钠的要求，促使学生从物质类别和氧化还原两个认识物质的角度进行设计，形成物质性质认识的思维模型。	
环节二：制备消毒液的实验装置设计	
教师活动	学生活动
【问题】根据原料，如何设计制备次氯酸钠的实验装置？选取有代表性的进行展示。	【独立思考，小组合作设计】绘制实验装置图。 【分享交流】
设计意图： 　　通过绘制制备次氯酸钠的实验装置图，使学生进一步巩固各装置的作用和使用注意事项。	
环节三：制备消毒液的实验操作和反应条件	
教师活动	学生活动
【展示】播放两个小组在实验室制备消毒液的实验视频。 第一小组：NaOH（18%） 第二小组：NaOH（10%） 【提问】结合同学们的制备过程，思考以下问题： （1）反应物的量如何配比？根据方程式看配比是多少？实际操作中这种配比是不是最佳？ （2）选取两组实验的对照组，还有哪些条件需要调控？ （3）做完实验后，残留在装置中的氯气如何处理？	【展示】实验小组在课前完成实验，课上和同学们交流分享。 【观看并思考】 【展示】查阅资料小组的同学汇报所收集的信息。 【小组探讨】
设计意图： 　　落实物质性质探究的一般思路和方法。在小组合作过程中发展学生探究物质性质的能力和证据推理能力。通过实验条件的分析，学生需要综合考虑各方面要素，是落实学科核心素养的有力手段。	

（续表）

第三课时　含氯消毒液的制备	
环节四：消毒液效果检验	
教师活动	学生活动
【引导】我们制备了消毒液，如何证明我们的消毒液是否能达到84消毒液的消毒效果？启发学生看产品说明（能否想到什么起到杀菌消毒效果），引出可以通过"有效氯"这个指标来衡量。 角度1：对比自制消毒液与常用84消毒液的杀菌效果。 [本实验选择土壤中的杂菌为实验检测对象，首先制作土壤悬浮液，其次将84消毒液与自制消毒液的有效氯统一用土壤悬浮液调配到常规杀菌浓度。自制消毒液的土壤悬浮液为实验组，84消毒液的土壤悬浮液为对照组，无任何处理的土壤悬浮液为空白对照组，且每组都设置三组重复实验。 实验方法：每个平板吸取50 μL土壤悬浮液均匀涂布，室温下倒置培养，观测每个平板上的菌斑情况，分别选取的监测时间点为24 h和48 h，最后通过菌斑的多少对消毒液的杀菌效果进行判定。] 角度2：对比漂白性，可用红色纸条、酚酞试剂等进行实验。 【小结】制备物质的一般思路（参见板书设计）。 【项目成果总结】 【课后作业】制作自制消毒液的使用说明。	【思考交流】实验小组课前完成检测实验，在课上和同学们交流杀菌效果比较实验。 【思考，归纳总结】 【思考】依据84消毒液的使用说明来制作自制消毒液的使用说明。
设计意图： 　　通过对84消毒液使用说明的解读，思考可从哪些角度来验证自制消毒液的效果。让学生掌握制备物质的一般思路，进一步拓展对物质制备的深入思考，诊断并发展学生对物质制备知识的认识深度与实际问题的解决能力。自主应用相关化学知识分析解释化学品，基于学科知识提出合理的使用建议，培养学生的科学态度和社会责任感。	

(续表)

第三课时　含氯消毒液的制备
板书设计：

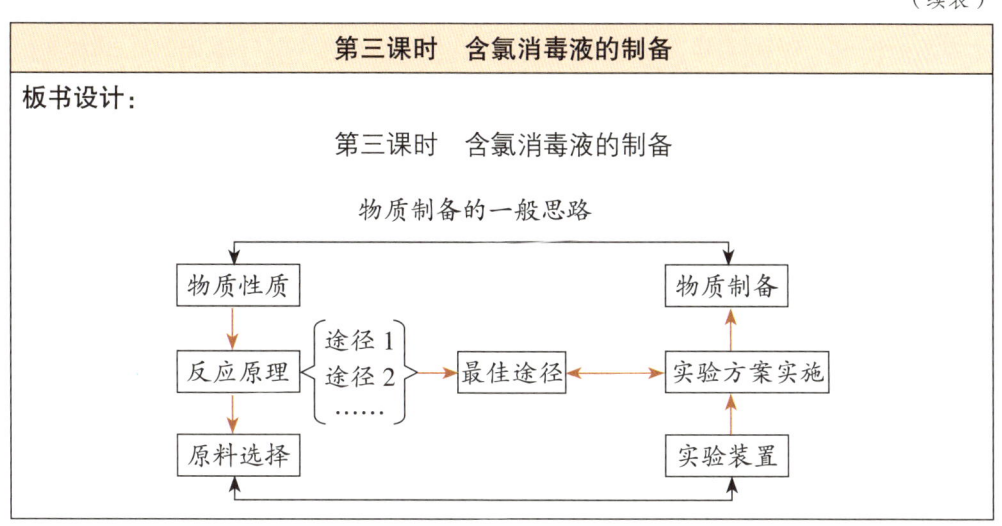

单元整体知识体系
板书设计：

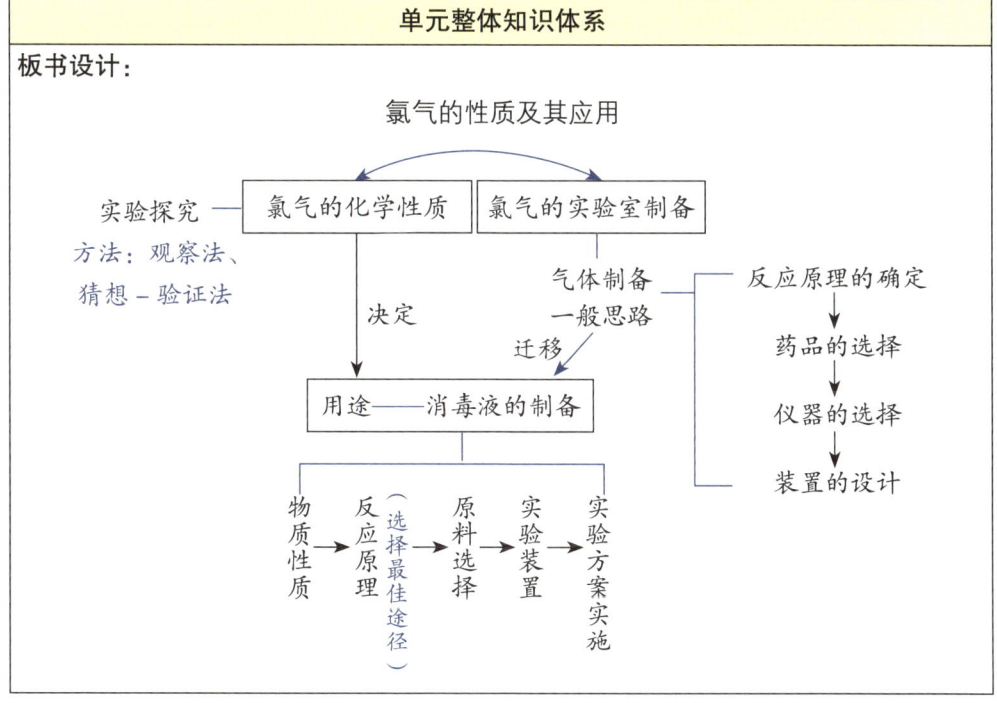

六、学科大概念统摄下的大单元教学设计及教学反思

1. 大单元教学设计特色说明

（1）知识的关联性

本单元整体上以素材线—问题线—活动线三条线围绕核心问题来设计教学活

动，几条线的主要节点一一对应，每条线的每个问题和活动都有具体知识作载体，实现横向衔接、纵向关联，帮助学生做好知识点的联结，更好地理解知识点的内涵，从而能够做到迁移应用，帮助学生发展化学学科核心素养。

（2）知识的跨学科融合

本单元教学注重挖掘知识背后隐藏的学科能力、学科思想方法，关注对真实问题的分析和解决。关于自制消毒液效果的检验，运用土壤中的杂菌为实验检测对象做"生物组培实验"，通过学科融合教学提升学科综合素养，着眼于学生的未来发展。

（3）充分发挥实验的功能

本单元教学充分体现了物质转化和实验操作的紧密关联，物质转化决定了实验操作过程设计，实验操作过程保证了物质转化的顺利实现。因此，设计氯气和次氯酸钠制备化学实验方案是学生深度学习的过程，既需要基础化学知识做铺垫，又需要站在系统的角度全面整合各种信息，使多而杂的信息有序化，为实现单元教学目标服务。学生走进实验室进行实验，以小小科学家的身份在实验中不断探索、优化、改进，增强学生的情感体验。

2. 大单元教学设计教学反思

本单元的主题是认识氯及其化合物的性质和应用，通过问题引领、实验探究等方法让学生形成探究物质性质以及制备物质的一般思路和方法。在学科核心素养的引领下，再设计教材知识的内容及顺序，结合学生的认知发展规律及先前已学习的知识，围绕氯气展开设计学习体验活动及真实情境下的任务，以推动学生达到理解和迁移。在探索大概念引领的大单元教学过程中，教师同样收获颇丰。

（1）在规律中探索，在探索中创新

元素守恒、质量守恒等定律是化学学科发展的关键。作为教师，要着重培养学生的宏观辨识与微观探析等思维，着重培养学生的微粒观，从微粒的角度去探究物质。在化学教学过程中，要给学生留有足够的想象、创造空间，不断培养学生的发散性思维，能够从不同的角度发现、看待问题。

对于本单元而言，学生通过探究氯气与水的反应，体会从微观的角度分析溶液中粒子的变化。通过探究氯气的制备，深化元素守恒意识。以元素守恒为主线，结合氧化还原概念，选用含氯元素的物质进行研究，从而达到制备氯气的目的。

（2）在创新中实践，在实践中总结

对于化学而言，要着重培养学生的实验研究意识。知识要有广度，思维要有深度。作为教师，我们不仅要引领学生学习知识，更要培养学生的创新意识，还应强调从引导发现到自主发掘的过程。例如，在探究反应原理过程中，在氧化剂与还原剂的选择上，教师设置这样的问题：在反应原理中，哪些物质可以替代氧化剂二氧化锰？学生小组讨论，得出可以用高锰酸钾、过氧化氢等氧化剂来替代。教师追问：在反应原理中，氧化剂确定了，有哪些物质可以替代还原剂盐酸？学生通过小组讨论，确定应该是含有负一价氯离子的物质（常见的氯化钠等）。学生选取氯化钠为反应原料后，教师可继续追问：氯化钠和盐酸的差别在哪里？学生很容易想到应该增加氢离子。加哪种酸合适呢？经过小组讨论，学生得出加硫酸。学生课堂上的质疑、追问、探究给授课教师带来了惊喜，也给本节课增添了很多色彩。

通过在实验药品的选择上进行探究，强化学生对实验原理的深入理解和拓展。学生在原有的实验基础之上进行实验装置的设计搭建，考虑不同层面影响获得纯净氯气的因素，小组讨论并进行改进。发挥自身创造性，对实验装置的摆放顺序以及除杂药品的选择进行调整，从而达到最佳状态。

（3）在总结中感悟，在感悟中成长

作为教师，我们更应该注重学生的自主学习与总结，引导学生去发掘知识，分梯度教学，层层递进、步步提升，增强学生的科学探究与创新意识。在最后环节，由学生自主回答其在单元学习中印象最深的一点，大大增强了学生的情感认知体验，以促进其成长。

在对大概念引领的大单元教学的探索过程中，我们应不断反思、总结经验，查漏补缺、长善救失，设计出更加优秀的课堂内容。课堂的组织形式可以更加开放，留给学生更多的思考、讨论空间。增加一些前沿的实验，帮助学生突破思维瓶颈，培养发散思维。同时，要把握好课时进度，在有限的课堂时间内把学生的学习活动凸显出来，注重对学生的学习行为和结果进行反馈。对于大概念统摄下的化学大单元教学，我们还在不断探索的路上前进。

北京市密云区第二中学　沃秀娟、王彤、于英浩

案例 ❹ 氮的循环

一、学科大概念统摄下的大单元教学背景分析

1. 大单元教学主题确定

本单元"氮的循环"（图 4-1），以"物质在一定条件下能够进行转化"为学科大概念，统领整个单元教学。不同的元素组成不同类型的物质，含同一元素不同类型的物质在一定条件下可以实现转化。原子的核外电子排布决定了该元素的常见化合价，也决定了不同类型物质的化学性质，是物质存在多样性的原因之一。物质在转化时既有类别转化，又有价态转化，这又决定了化学反应的

图 4-1　"氮的循环"教学环节

多样性。在"氮的循环"中含氮物质种类丰富，不同类别含氮化合物中氮的化合价从 -3 价到 +5 价，覆盖全面，从氧化还原反应的角度看具有代表性。从学科能力的角度讲，氮及其化合物可以承担系统研究物质转化的重担，学生需要积极调动物质类别通性和氧化还原反应原理，通过实验探究整体研究系列物质的性质，锻炼思维的完整性，能够在自身构建的二维体系中解决实际问题。从化学与社会关系来看，氮氧化物引起的环境问题（雾霾、酸雨）是社会热点，通过化学转化实现物质的"制备"和"消除"，帮助学生客观公正地看待化学学科价值是课堂教学的一大挑战。

2. 大单元教学内容分析

（1）在教材中的地位和作用

鲁科版高中化学教材必修第一册第 3 章最后一节的主题是"氮的循环"，介绍了氮及其重要化合物的性质和相互转化。氮气是空气的重要组成部分，氮的其他化合物如氨气、硝酸对人类都有极其重要的作用。氮的循环是自然界中最重要的循环之一，氨气对人类的生存与发展有着重要意义；从科学探究的视角来看，硝酸是重要的氧化剂，在氧化还原反应中是多面手，发生反应时情况较为复杂，对学生认识

异常现象、建立分析解决问题的视角具有重要意义。本节内容是本册的最后一节，需要学生积极调用类别通性、氧化还原反应、离子反应等多种理论和原理来进行学习，内容体系更复杂，挑战更大。

（2）在教学中的功能和价值

本单元以运用模型分析解决问题为核心，旨在问题解决的过程中指导学生进行已有知识的迁移和应用，从而实现反思且循环上升的学习。

在"氮的循环"学习中学生紧紧围绕自然固氮和人工固氮，用指向人类需求的眼光看待含氮物质的转化，运用"价－类"二维模型分析解决问题，进一步体会模型建构的意义。在氨气与硝酸这两种典型代表物的学习中，经历物质的制备、消除、异常现象的分析等探索过程，强化"证据推理与模型认知"化学学科核心素养，有利于培养学生科学探究能力和创新意识。通过学习，体会化学学科在"制备"和"消除"两个方面的价值，培养学生的科学态度与社会责任。

3. 大单元教学学情分析

（1）学生已有知识与能力

在第1节"铁的多样性"的学习中，学生能从物质类别、元素价态的角度，依据复分解反应和氧化还原反应原理，预测物质的化学性质和变化，设计实验进行初步验证，突出发展证据推理和实验探究的能力。在第2节"硫的转化"的学习中，能够利用典型代表物的性质和反应，熟练运用"价－类"二维模型，设计常见含硫化合物的制备、分离、检验等简单任务的实验方案，认识含硫物质对环境的影响，进一步发展证据推理和实验探究的能力。

（2）学生学习障碍点

含氮物质在自然界乃至生物界的循环是客观认识世界的重要方面，自然界中含氮物质的转化对人类正确认识含氮物质有重要启示，如何看待这种启示并用其指导人类进行含氮物质的合成以及含氮污染物的消除是学生学习的障碍点之一。在认识某一类物质的过程中，物质的性质变化差异性较大，受到多种因素的影响，但变化与预期产生差异时，应该如何进行分析并解决问题是第二个学习障碍点。在实验方案的设计过程中，如何对假设进行证实和证伪，这些问题都是学生学习路上的"拦路虎"。

（3）学生学习发展点

通过物质性质的探究以及问题的解决，使学生明确模型建构和科学探究是认识身边化学物质的一种重要途径和方法。在研究物质及其变化的时候，要认识物质转化的多维路径，运用模型指导分析思路，找到正确的方法。在研究物质及其变化时，要看到化学变化的多样性，能够从浓度、用量、物质的状态、反应条件等多方面预测、分析、解释出现不同现象的原因，正确认识物质的性质，正确认识化学反应的发生是有条件的。在分析氮的循环的学习过程中，感知自然界中氮的循环的规律，体会自然规律对人类发展的创造性指导作用，感受化学学科的价值。

二、学科大概念统摄下的大单元知识结构图

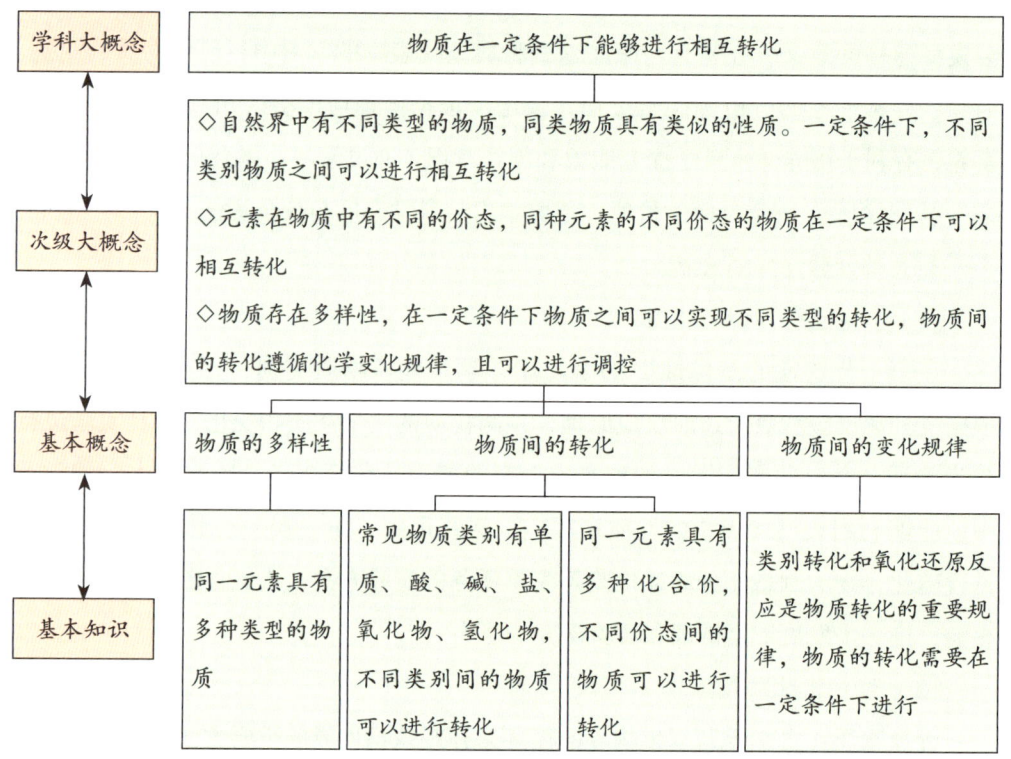

三、学科大概念统摄下的大单元教学与评价目标设计

1. 教学目标

（1）通过了解氮在自然界中的循环，构建含氮物质的知识结构图，运用二维图指导分析含氮物质的转化方式及过程，解决物质制备和消除污染的问题，发展"变化观念与平衡思想""证据推理与模型认知"化学学科核心素养。

（2）通过对氨氮废水消除方法的研究，运用二维图和化学实验认识氨和铵盐的性质、转化与生成，发展"证据推理与模型认知""实验探究与创新意识"化学学科核心素养。

（3）通过硝酸性质的探究，正确认识硝酸的酸性和氧化性，利用实验探究预测、验证硝酸的性质，发展对物质转化的系统认识，初步形成异常现象的分析解释模型，发展"变化观念与平衡思想""证据推理与模型认知""科学探究与创新意识"化学学科核心素养。

2. 评价目标

（1）通过对含氮物质转化方式的探寻，诊断学生能否从物质组成、物质类别以及化合价的角度认识物质的性质，发展学生的"宏观辨识与微观探析"核心素养；诊断学生能否运用物质所属类别以及化合价，从类别通性转化、氧化还原反应两个维度认识物质性质及其变化，形成系统的研究物质性质的意识和方法。

（2）通过设计实验进行氨气的制备与生成、硝酸性质的探究，诊断学生利用实验和理论研究模型解决化学问题的水平，发展学生的"证据推理与模型认知"核心素养以及科学探究能力。

（3）通过对氨气、硝酸两种典型代表物的探究及整个氮的循环过程的认识，诊断学生依据运用所学化学知识和方法解决复杂问题的水平以及对化学学科价值的认识水平，发展学生可持续发展意识和绿色化学观念。

四、学科大概念统摄下的大单元规划流程图

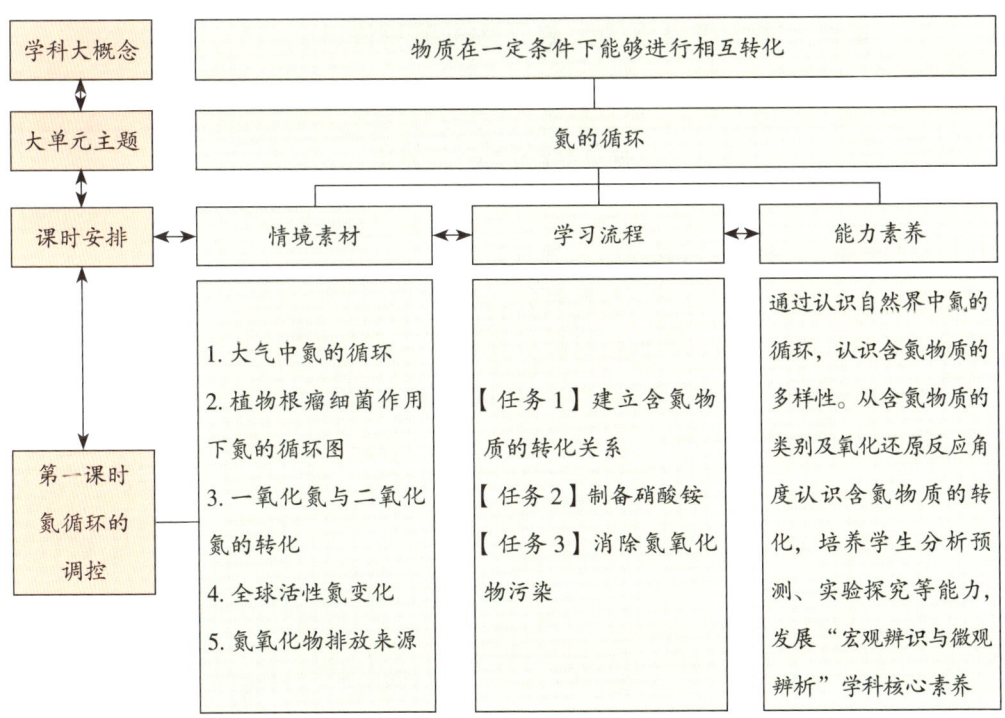

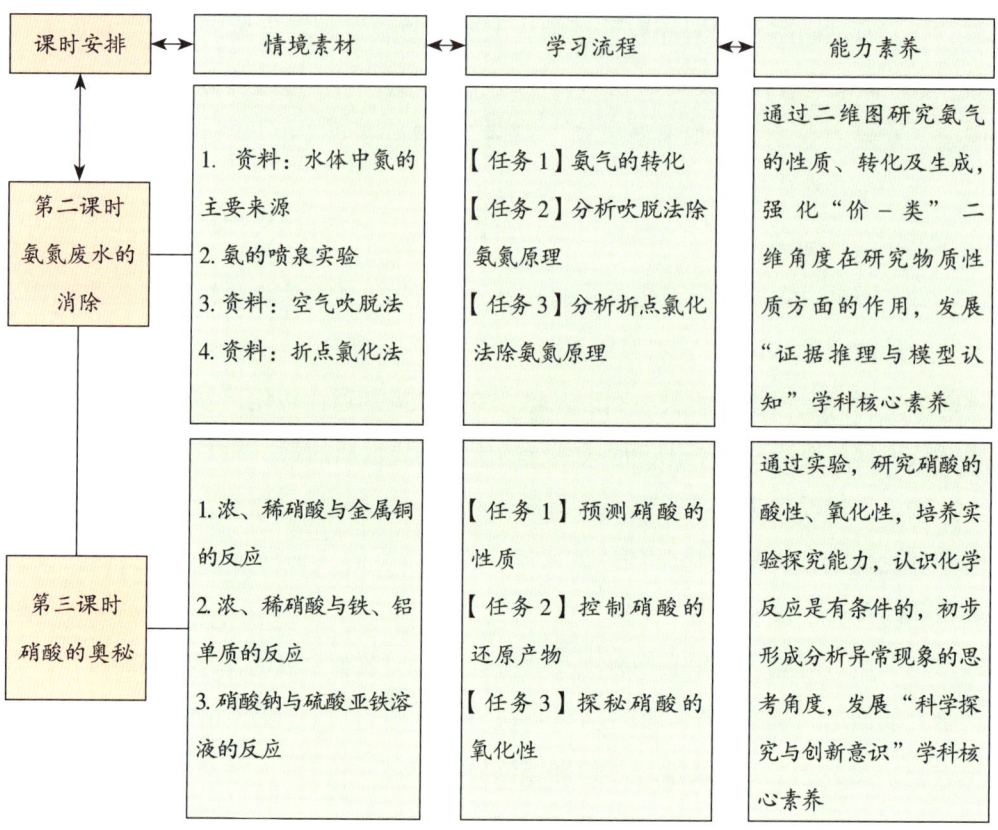

五、学科大概念统摄下的大单元教学流程设计

第一课时　氮循环的调控	
环节一：初识氮的循环	
教师活动	学生活动
【引入】所有的生物（不光是植物）都离不开氮。我们每天都处在空气当中，空气里78%都是氮气，但是对于植物或其他类型的生物来讲，是不能直接从空气中吸收氮气的，所以氮必须经过一系列的转化和循环。	

（续表）

第一课时 氮循环的调控

环节一：初识氮的循环

教师活动	学生活动
【展示】自然界中氮的循环图片。 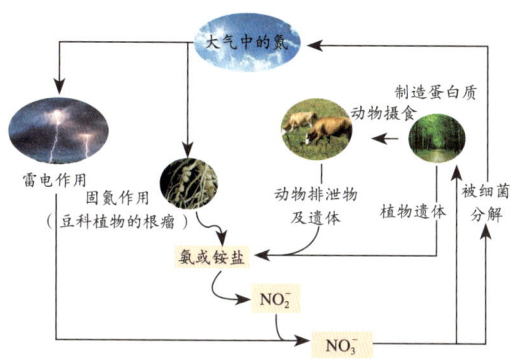	【观察】学案中的图片。 
【提问】在生物圈中，氮是如何进行转换的呢？	【回答】大气中的氮通过某种途径进入土壤，生成了固氮菌。土壤中的固氮菌产生铵根离子，通过硝化作用生成亚硝酸根，亚硝酸根通过硝化细菌生成硝酸根。在这里有两个循环，一个循环是通过反硝化作用转化为一氧化氮，最终生成氮气，进入大气完成循环；第二个循环是通过同化作用，被植物吸收，转化为氮肥，动物通过吃植物获得自身需要的氮元素，动物死亡后，被细菌分解，细菌再将氮元素转化为铵根离子。
【引导】所谓"氮的循环"，实际上是含氮物质的转换和循环。	
【提问】请对图片中涉及的含氮物质进行梳理，并在导学案中进行分类。	【回答】将含氮物质分为单质、氧化物、盐和酸，然后将其从化合价的角度分为 -3 价、0 价、$+2$ 价、$+3$ 价和 $+5$ 价。氮气是单质，氮元素化合价为 0 价；NO 是氧化物，氮元素化合价是 $+2$ 价；铵根离子对应盐，氮元素化合价是 -3 价；亚硝酸根中氮元素是 $+3$ 价，硝酸根中氮元素是 $+5$ 价，亚硝酸根和硝酸根对应的是酸或者盐。

(续表)

第一课时　氮循环的调控	
环节一：初识氮的循环	
教师活动	学生活动
【讲解】植物自身不能吸收氮气，需要通过种种转化，将氮气变成相应的化合物，然后再进行吸收，我们把这样的过程称之为"固氮"。	【倾听】
【提问】生物固氮只是一种形式，在自然界中还有另外一条转化路径——雷电固氮作用。在这条路径中，大气中的氮是如何进行转换的？	【回答】氮气和氧气在雷电的作用下生成NO，NO再转化为硝酸。根据元素守恒，这个过程还需要水参加反应。
【指导】在刚才同学们的回答过程中有两个要点，从元素的角度，该转化需要氧元素。对于氮自身来讲，它也有变化，这个变化是什么？	【回答】氮元素化合价升高了，发生了氧化反应。
【讲解】"雷电固氮"过程中涉及的化学反应： $N_2 + O_2 \xrightarrow{\text{放电或高温}} 2NO$ $2NO + O_2 = 2NO_2$ $3NO_2 + H_2O = 2HNO_3 + NO$	【倾听】
【展示】一氧化氮和二氧化氮图片。	
【提问】一氧化氮和二氧化氮具有怎样的化学性质？	【实验】动手实验，观察现象，分享交流。 （1）用注射器从无色透明的烧瓶中抽出一氧化氮气体，再吸入适量空气，观察到注射器中气体变为红棕色，证明一氧化氮与氧气反应生成了二氧化氮。 （2）向盛有红棕色气体的烧瓶中注入适量蒸馏水，振荡，观察到红棕色消失，证明二氧化氮可与水发生反应。再向所得溶液中滴入几滴石蕊试剂，观察到溶液变红，说明二氧化氮与水反应生成了酸。

（续表）

第一课时 氮循环的调控

环节一：初识氮的循环

设计意图：

通过对自然界中氮的循环过程的解读，认识不同含氮物质的组成、类别，认识自然界中生物固氮、雷电固氮的方式，能够初步运用类别通性及氧化还原反应分析这些转化，为后期陌生含氮物质的合成提供反应基础和合成思路。

环节二：制备硝酸铵

教师活动	学生活动
【展示】植物吸收氮元素，主要是通过吸收土壤中的铵根离子和硝酸根离子等。但是土壤细菌提供NH_3、NH_4^+或NO_3^-的速度跟不上植物生长需要的速度，怎么办？	【回答】应在土壤中施加氮肥。
【问题】你认为什么成分的氮肥效果最好？	【回答】 （1）含氮量高。 （2）硝酸铵。
【追问】如何获得硝酸铵？	【回答】利用化学反应制取。
【指导】几个世纪以前的肥料来源主要是开采硝石矿或收集鸟粪，然而这两种方法均满足不了需求，怎么办？	
【提问】如何制取硝酸铵？你能否在二维图中获得合成思路？	【回答】大气中的氮气含量是非常丰富的，将氮气与氧气转化成NO，再将NO与O_2反应转化为NO_2，然后利用NO_2与水反应制硝酸，最后用硝酸与氨气反应制硝酸铵。
【追问】氨气如何获得？ 【展示】 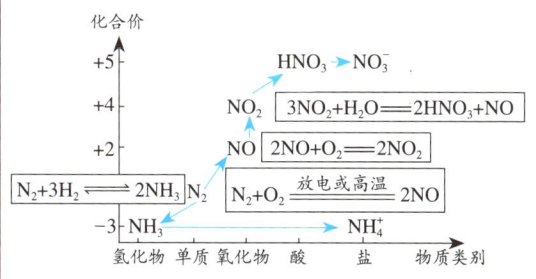	【回答】氮气在空气中含量丰富，氮气是单质，氮元素化合价为0价，氨气中氮元素化合价为-3价。从氮气到氨气，氮元素化合价降低，需要加入还原剂，如氢气，所以可以用氮气和氢气来合成氨气。

(续表)

第一课时　氮循环的调控	
环节二：制备硝酸铵	
教师活动	学生活动
【追问】 （1）N_2和O_2在空气中相对稳定，只在放电或高温下反应生成NO，你认为该反应是否具备生产价值？ （2）有没有其他合成NO的路线呢？ （3）为什么认为NH_3可以生成NO？ 【介绍】 （1）人工固氮——工业合成氨。 （2）氨气与氧气在催化剂和高温的条件下生成一氧化氮和水，这个反应不仅可以发生，而且可以提供大量能量。	【回答】 （1）不易发生反应，成本太高。 （2）用NH_3来制备NO，从NH_3到NO需要氧元素，考虑用O_2与NH_3反应。 （3）从化合价的角度看，NH_3中的N是-3价，NO中的N是+2价，从-3价到+2价化合价升高，是氧化反应，需加入氧化剂来促成反应，所以选择氧气可完成该氧化还原反应。 【倾听】

设计意图：

　　通过设计硝酸铵的合成路线，帮助学生进一步运用"价-类"二维模型，自主调用氧化还原反应的知识解决实际问题，发展学生的"证据推理与模型认知"学科核心素养，体会化学学科在"制备"新物质方面的学科价值。

环节三：消除氮氧化物污染	
教师活动	学生活动
【引入】合成氨是一个伟大的化学反应，在氨产量递增的情况下，全球活性氮数量、人口数量都发生了变化。	【倾听】

(续表)

第一课时　氮循环的调控	
环节三：消除氮氧化物污染	
教师活动	学生活动
【展示】全球活性氮变化数据图。 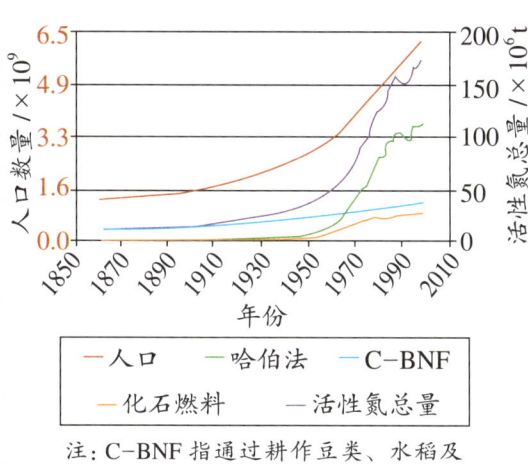 注：C-BNF 指通过耕作豆类、水稻及甘蔗而产生的活性氮 【提问】观察图片，你认为图片中的数据说明了什么问题？ 【介绍】活性氮包括 NO_x、NH_3、NH_4^+、NO_3^-。虽然哈伯法使得氨产量增多，养活了更多的人口。但是大气中氮氧化物数量增加，使得大气环境改变，带来酸雨并使得土壤中的酸度增加。另外，人类将氮肥施加到土壤中，铵态氮肥会在细菌的作用下转化成亚硝酸盐和硝酸盐，但是土壤的包裹能力是有限的，过量的活性氮将随着降雨进入地下水体系，对供水系统造成污染。 【展示】2001 年某国氮氧化物排放的来源图。 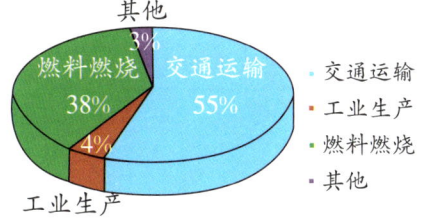	【读图分析】 【小组讨论回答】 (1) 随着氨的产量增大，产的粮食多了，人口数量也多了。 (2) 活性氮的量增多了。

（续表）

第一课时　氮循环的调控	
环节三：消除氮氧化物污染	
教师活动	学生活动
【介绍】氮氧化物会造成硝酸型酸雨及光化学烟雾，从图中可以看出排放量最大的是交通运输。 【提问】为什么交通运输会带来这么大的排放量？ 【介绍】内燃机将汽油和空气吸入气缸并进行压缩，发动机一点火，汽油就迅速燃烧起来。所释放的能量可为车辆提供动力，同时能量也触发了反应 $N_2+O_2 \xrightarrow{\quad} 2NO$。 【提问】汽车行驶时排出有害物质，破坏环境和人体健康。这些有害物质成分非常复杂，主要包括一氧化碳、氮氧化物、碳氢化合物等，你有何建议？ 【介绍】汽车中的催化式排气净化器。 【小结】	【回答】汽油燃烧，从而产生氮氧化物。 【回答】 （1）在氮氧化物中加入氨气，二者转化为氮气，氮气中氮元素化合价为0价。对于氮氧化物来说，氮元素化合价是降低的，而氨气中氮元素化合价为-3价，可以升高到0价，所以可以用两类含氮物质来转化。 （2）将氮氧化物全部转化为二氧化氮，再将二氧化氮与水反应转化为硝酸储存起来。 （3）利用氮氧化物与碳氢化合物反应。 （4）利用一氧化碳的还原性与氮氧化物反应，转化成氮气和二氧化碳。
设计意图： 　　通过探讨自然界中活性氮的影响以及汽车尾气中氮氧化物的消除问题，利用二维图，引导学生创造性地思考问题解决办法，进一步凸显"价-类"二维模型的功能，发展学生的"证据推理与模型认知"学科核心素养。通过氮氧化物的消除，帮助学生体会化学学科在消除污染、改善环境等绿色环保方面的学科价值。	

（续表）

第一课时　氮循环的调控
板书设计： 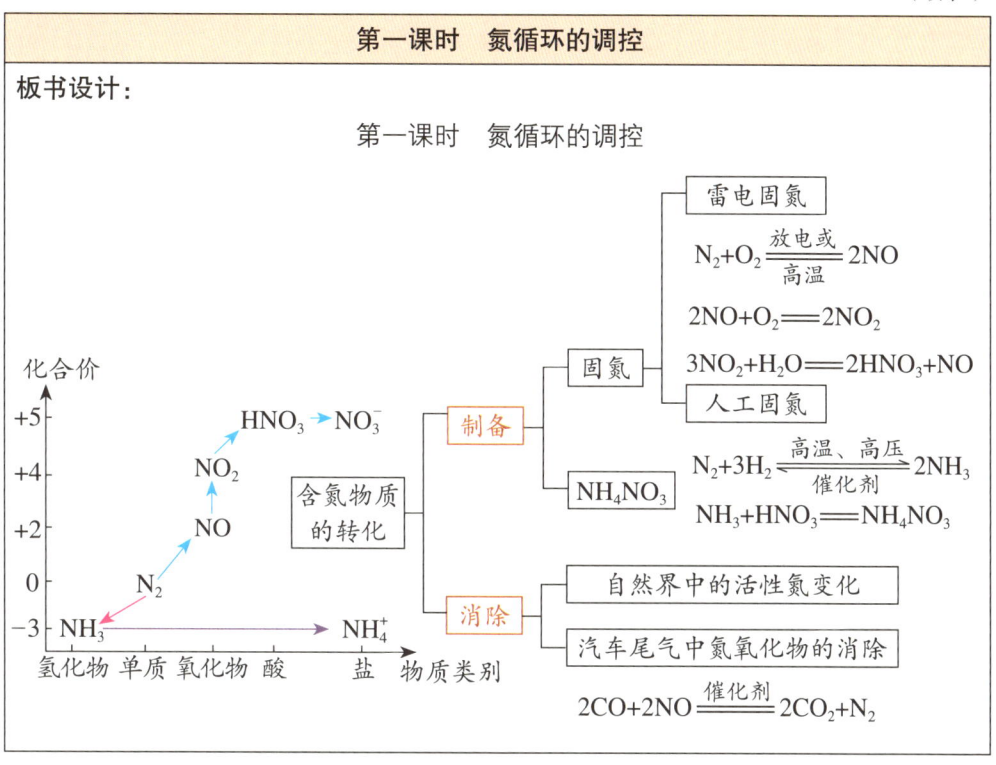

第二课时　氨氮废水的消除
环节一：氨与铵的转化

教师活动	学生活动
【引入】随着工农业的迅速发展，氨氮污染的来源越来越广泛，排放量也越来越大，这会导致水体富营养化，降低水体的观赏价值，危害人类及生物生存。 【展示】 资料： （1）赤潮： 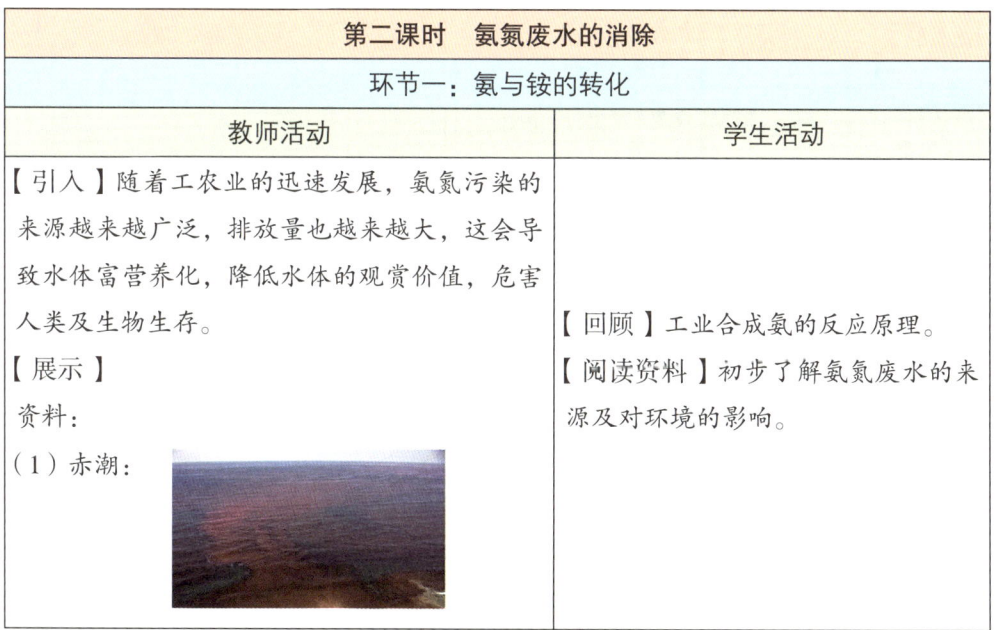	【回顾】工业合成氨的反应原理。 【阅读资料】初步了解氨氮废水的来源及对环境的影响。

第二课时　氨氮废水的消除	
环节一：氨与铵的转化	
教师活动	学生活动
（2）水体中氮的主要来源： 	来源	氨氮浓度/$(mg·L^{-1})$	来源	氨氮浓度/$(mg·L^{-1})$
---	---	---	---
焦炉废水稀氨水	4 000~5 000	食品加工废水	3.1~11.6
氨蒸馏釜废水	27~54	黄豆加工废水	0.2~12.7
铁高炉废水	1.41~12.3	醋厂废水	0.7~28
铁锰高炉废水	114	虾加工废水	1.8~13.8
灰口铁铸造废水	3.8~7.5	脂肪提炼废水	125
无烟煤的气化废水	5~1 000	肉类加工废水	10~15.5
焦炭的气化废水	5~1 000	豆类加工废水	35
褐煤的气化废水	2 500	药物加工废水	475
泥炭的气化废水	1 000~10 000	羊毛加工洗涤废水	160 | 【活动1】认识氨气与水的反应。 【提问】氨是一种什么样的物质？请观察老师提供的氨气和浓氨水。	【观察】氨气和浓氨水。 【描述】氨气的物理性质：氨气是一种无色、有刺激性气味的气体，密度比空气小。氨气可溶于水，但是溶解性目前无法判断。

（续表）

第二课时　氨氮废水的消除

环节一：氨与铵的转化

教师活动	学生活动
【追问】氨气在水中的溶解性如何？氨溶于水会得到怎样的物质呢？ 【演示实验】观察氨气溶于水的"喷泉"实验，说明实验现象和结论。 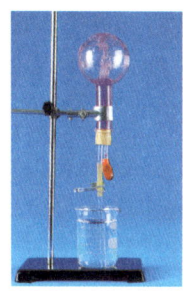 【讲解】氨极易溶于水，常温、常压下 1 体积水能溶解约 700 体积氨气。氨溶于水时能与水反应生成一水合氨（$NH_3 \cdot H_2O$），氨水显弱碱性，其过程描述如下： $NH_3 + H_2O \rightleftharpoons NH_3 \cdot H_2O \rightleftharpoons NH_4^+ + OH^-$ 【活动2】认识氨气与铵的转化。 【展示】实验室中铵盐及其溶解性数据。 | 铵盐	溶解度/g（20℃）
NH_4Cl	37.2
$(NH_4)_2SO_4$	75.4
NH_4HCO_3	21.7
$(NH_4)_2CO_3$	100 | 【提问】 （1）铵盐的相关数据让你想到什么问题？ （2）通过上节课的学习，你知道氨气有哪些转化成铵盐的路径？	【观察】观察实验现象，对现象进行分析解释。 【解释】圆底烧瓶内外产生较大的压强差，所以可以产生"喷泉"。氨溶于水后有碱性物质生成，所以溶液变红。 【结论】氨在水中的溶解性极大；氨溶于水后的溶液显碱性。 【倾听】 【观察分析】观察铵盐的外观，分析数据。 【思考回答】 （1）铵盐在水中的溶解度相对较大，属于易溶于水的物质，所以一旦溶解在水中，可能不太好去除。 （2）因为一水合氨是碱，碱与酸反应能够生成盐和水，所以推测一水合氨与酸反应能够转化生成铵盐。

(续表)

第二课时 氨氮废水的消除	
环节一:氨与铵的转化	
教师活动	学生活动
【演示实验】氨气与氯化氢气体的反应。 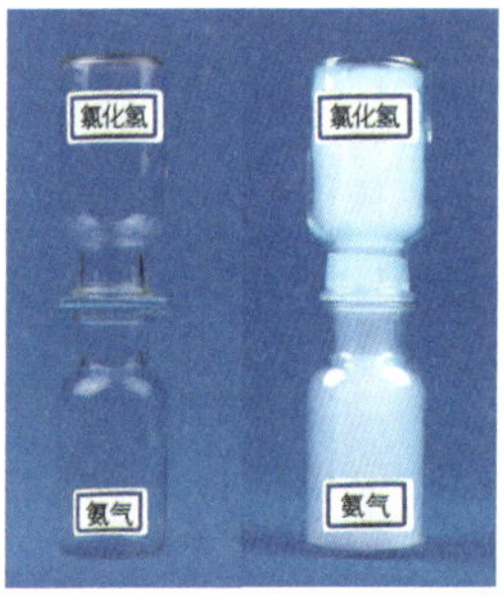 【小结】请结合所学,在原有含氮物质的二维图中梳理完善氨的转化。	【观察】氨气与氯化氢气体接触后产生大量白烟。 【自主梳理】 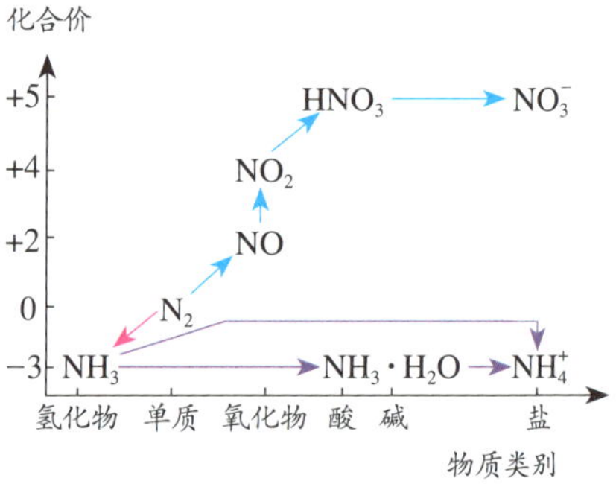 化合价与物质类别二维图:纵轴化合价从 -3 到 $+5$,横轴物质类别为氢化物、单质、氧化物、酸、碱、盐。 NH_3 (-3,氢化物) → N_2 (0,单质) → NO ($+2$)→ NO_2 ($+4$)→ HNO_3 ($+5$,酸)→ NO_3^- (盐); NH_3 → $NH_3 \cdot H_2O$ (碱)→ NH_4^+ (盐)。

设计意图:

    运用观察法了解氨气的物理性质,认识铵盐的外观及溶解性,初步思考废水中氨与铵盐污染的去除问题。完善氨与铵盐的类别转化关系,丰富含氮物质转化的二维图,形成认知思路。

环节二:吹脱法除氨氮	
教师活动	学生活动
【介绍】在氨氮废水的消除方法中,有一种方法称为"空气吹脱法"。它是利用废水中氨氮等挥发性物质的实际浓度与平衡浓度之间存在的差异,在碱性条件下用空气吹脱,使废水中的氨氮等挥发性物质不断地从液相转移到气相中,从而达到从废水中去除氨氮的目的。	【阅读】阅读材料,提取有用信息。

(续表)

第二课时 氨氮废水的消除	
环节二：吹脱法除氨氮	
教师活动	学生活动
【问题】通过前面的学习，你能找到"空气吹脱法"的依据吗？"空气吹脱法"在什么样的环境下实施效果会比较好？ 【说明】铵根离子的检验采取的就是这种原理。在实验室中常用氯化铵与氢氧化钙反应制取少量氨气。 $2NH_4Cl+Ca(OH)_2 \xrightarrow{\triangle} 2NH_3\uparrow +2H_2O+CaCl_2$ 【活动1】完成铵根离子的检验。	【回答】 $NH_3+H_2O \rightleftharpoons NH_3 \cdot H_2O \rightleftharpoons NH_4^+ +OH^-$ 这个反应是可逆反应，碱性条件应该是为了促进铵根离子转化为一水合氨。氨水溶液易挥发出氨气，由此想到"空气吹脱法"在温度高一点的环境下实施效果会比较好。 【实验】 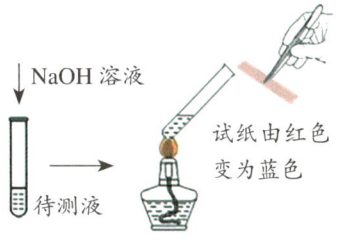
【小结】除了工业合成氨，还有哪些生成氨气的方法？说明这种方法的依据。 【介绍】实验表明，通过加热碳酸氢铵、氯化铵等铵盐也能够产生氨气。 $NH_4Cl \xrightarrow{\triangle} NH_3\uparrow +HCl\uparrow$ 【演示实验】氯化铵的分解。 【提问】能否利用氯化铵的分解反应来制备氨气？	【思考讨论并展示】 （1）利用氨水的分解来制备氨气。 $NH_3 \cdot H_2O \xrightarrow{\triangle} NH_3\uparrow +H_2O$ （2）根据复分解反应和离子反应的本质，预测可以利用铵盐与碱发生复分解反应，生成一水合氨这种弱电解质，从而生成氨气。 $NH_4^+ + OH^- \xrightarrow{\triangle} NH_3\uparrow +H_2O$ 【观察】观察实验现象，思考是否能够利用氯化铵分解来制备氨气。

(续表)

第二课时 氨氮废水的消除

环节二：吹脱法除氨氮

教师活动	学生活动
【小结】不是所有的铵盐分解都能生成氨气，不是能够分解出氨气的铵盐都可以利用分解法来制备氨气。 【活动2】请在二维图中进一步完善含氮物质的转化。	【整理并小结】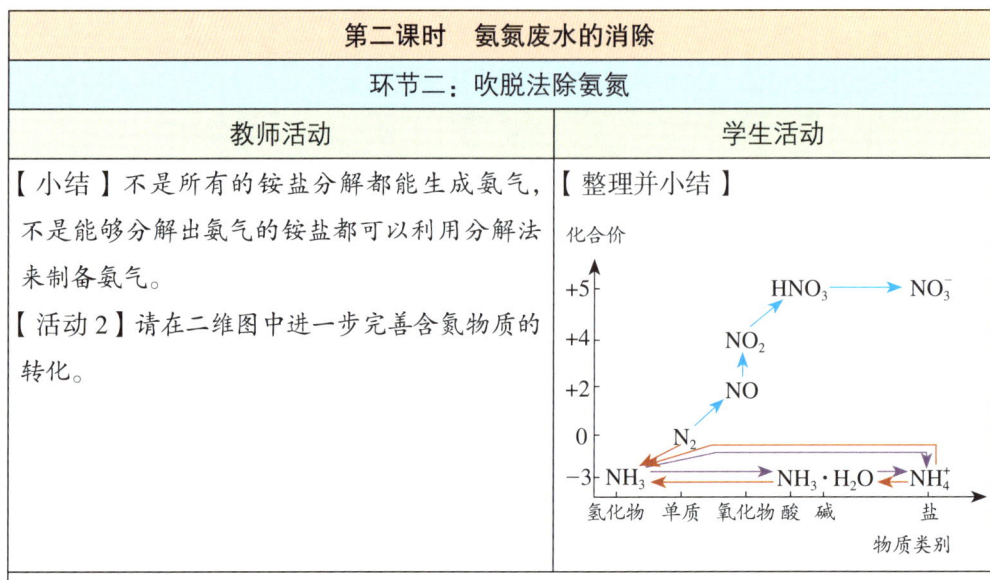

设计意图：

通过对材料信息的解读、分析，获得实验室氨气的制法及铵根离子的检验方法，发展证据推理能力。梳理氨气的生成路径，进一步丰富氨气生成的方法，进一步完善氨与铵盐的类别转化关系，丰富含氮物质转化的二维图。

环节三：折点氯化法除氨氮

教师活动	学生活动
【问题】 （1）除了"空气吹脱法"，你还能想到哪些处理氨氮废水的化学方法？你的依据是什么？	【小组讨论回答】 （1）从化合价的角度来看，在氨分子中氮元素是最低价态 -3 价，只具有还原性，可以与其他类型的氧化剂发生反应，如氨气可以被氧气氧化成一氧化氮。因此，可在氨氮废水中加入氧化剂，使其转化成无毒的氮气。
（2）有哪些氧化剂可供选择？	（2）常见的强氧化剂有氯气、次氯酸钠、高锰酸钾溶液等。
（3）哪种氧化剂合适呢？	（3）从产物对环境的影响来看，选氯气、次氯酸盐更合适。
（4）请尝试写出氨气与氯气、氨气与次氯酸根反应的方程式。	（4）$8NH_3+3Cl_2 = 6NH_4Cl+N_2$ $2NH_4^++3ClO^- = N_2+3H_2O+2H^++3Cl^-$
（5）当用氯气处理氨氮废水时，你觉得还应该注意什么问题？	（5）还应该注意氯气的用量，因为氯气若过量，对水体也是一种污染。

(续表)

第二课时 氨氮废水的消除	
环节三：折点氯化法除氨氮	
教师活动	学生活动
【介绍】在用氯气处理氨氮废水时要关注氯气的用量，当氯气通入废水中达到某一点时水中游离氯含量最低，氨的浓度降为零。当氯气通入量超过该点时，水中的游离氯含量就会增多，因此该点称为折点，该状态下的氯化法称为折点氯化法。 【提问】对于化学方法除氨氮，你还有其他思路吗？ 【介绍】高级氧化法。 【提问】请总结去除氨氮废水污染的思路方法。	【思考】既然氯气存在潜在污染，那么可否直接使用空气中的氧气去氧化废水中的氨氮？ 【小结】通过类别转化或价态转化，将氨转化为铵盐或者无毒的氮气，从而达到消除污染的目的。

设计意图：

从氨氮的价态角度思考去除方法，运用氧化还原反应原理将废水中的氨氮转化为无毒的氮气，形成问题解决思路。在问题解决的过程中，思考物质转化的目的及其他需要考虑的转化维度——二次污染、效率等问题。全面梳理氨及铵盐的转化方式、转化目的及转化原理，发展转化观。

板书设计：

第二课时 氨氮废水的消除

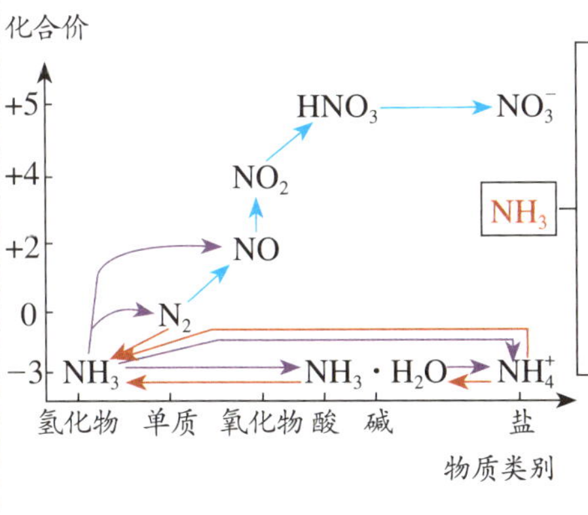

制备：
- 类别：铵盐 + 碱 $\xrightarrow{\triangle}$ 新盐 + $NH_3\uparrow$ + H_2O
- 铵盐受热分解 $NH_4HCO_3 \xrightarrow{\triangle} NH_3\uparrow + H_2O + CO_2\uparrow$
- 价态：$N_2 + 3H_2 \xrightleftharpoons[\text{催化剂}]{\text{高温、高压}} 2NH_3$
- 其他：氨水受热分解 $NH_3\cdot H_2O \xrightarrow{\triangle} NH_3\uparrow + H_2O$

转化：
- 类别：$NH_3 + H_2O \rightleftharpoons NH_3\cdot H_2O$
  $NH_3 + HCl == NH_4Cl$
- 价态：折点氯化法
  $8NH_3 + 3Cl_2 == 6NH_4Cl + N_2$
  $2NH_4^+ + 3ClO^- == N_2 + 3H_2O + 2H^+ + 3Cl^-$

化合价图（纵轴：化合价 −3 至 +5；横轴：物质类别 氢化物、单质、氧化物、酸、碱、盐）：
- +5：$HNO_3 \rightarrow NO_3^-$
- +4：NO_2
- +2：NO
- 0：N_2
- −3：NH_3、$NH_3\cdot H_2O$、NH_4^+

第三课时 硝酸的奥秘

环节一：预测硝酸的性质

教师活动	学生活动
【引入】硝酸是一种重要的化工原料，可用于制造炸药、染料、塑料和硝酸盐等。在实验室中，硝酸是一种重要的化学试剂。 【问题1】请预测硝酸的性质，并说明预测的依据。	【思考交流】 预测1：硝酸属于酸，具有酸的通性。 （1）能够使酸碱指示剂变色。 （2）能够与氢前面的金属发生置换反应并置换出氢气。 （3）能够与碱发生酸碱中和反应生成盐和水。 （4）能够与某些盐发生复分解反应。 预测2：硝酸中的氮元素为+5价，是最高价态，有氧化性，可以与一些具有还原性的物质发生反应。
【问题2】请设计实验方案，证明硝酸具有的性质。	【展示】设计的试管图。 ①紫色石蕊溶液/硝酸 ②硝酸/锌粒 ③硝酸/NaOH溶液+几滴酚酞 ④硝酸/大理石 ⑤硝酸/FeSO$_4$溶液
【评价】从是否能达到目的、现象是否便于观察、操作是否简单等多个角度进行评价。 【提供试剂】	实验现象： ①紫色石蕊溶液滴入硝酸中，溶液由无色变为红色。 ②硝酸滴入后，锌粒表面产生大量气体，该气体是氢气。 ③硝酸滴入后，溶液由红色变为无色。 ④大理石表面产生大量气泡，该气泡能使澄清石灰水变浑浊。 ⑤溶液变为黄色，再滴入KSCN试剂，溶液变红。
【指导】指导学生进行分组实验，观察并描述实验现象。	【分组实验】发现异常现象。

（续表）

第三课时　硝酸的奥秘
环节一：预测硝酸的性质
设计意图：
通过类别通性预测硝酸的性质，设计实验方案验证硝酸的性质。在实验过程中发现实验现象与实验预期的差异，产生认知冲突，激发学生进行进一步探索的意愿，发展学生的"科学探究与创新意识"学科核心素养。
环节二：控制硝酸的还原产物

教师活动	学生活动
【问题1】上面哪组实验与预测的现象不同？为何会出现异常现象？ 【引导分析】从什么角度思考异常现象的发生？	【分享交流】 （1）锌粒与硝酸反应的现象与预测的不同。锌粒用量是一样的，通过组间对比发现，硝酸的浓度各组间是不一样的，所以推测出现异常现象的原因可能与硝酸的浓度有关。 （2）硫酸亚铁与硝酸反应的现象与预测的不同。$FeSO_4$溶液的浓度是一样的，但实验时各组使用$FeSO_4$溶液的滴数不一致，还发现各组使用的硝酸浓度和滴数也不一致。 【质疑】是否有可能是化学试剂变质了？ 【思考回答】 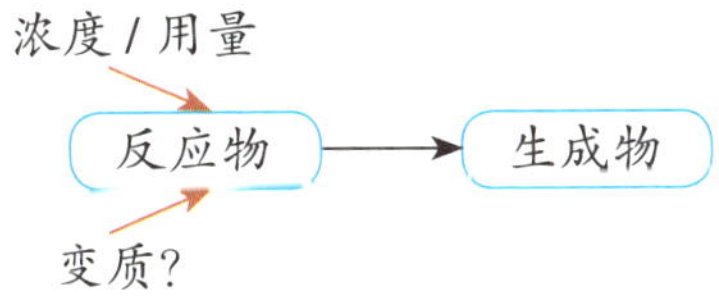 　　　　　　浓度/用量 　　　　　　↓ 　　　反应物　──→　生成物 　　　　　　↑ 　　　　　　变质？

-289-

（续表）

第三课时　硝酸的奥秘		
环节二：控制硝酸的还原产物		
教师活动		学生活动
【演示实验】浓、稀硝酸与铜片的反应。  ①铜与稀硝酸反应　②铜与浓硝酸反应 【指导】实验观察、记录。		【观察并描述实验现象】 ①　实验现象：溶液逐渐变为蓝色，铜片表面产生气泡。打开试管活塞，试管内的气体逐渐变为红棕色 结论及化学方程式：铜与稀硝酸反应生成铜离子，硝酸被还原成NO。 $3Cu+8HNO_3(稀)\!=\!\!=\!\!3Cu(NO_3)_2+2NO\uparrow+4H_2O$ ②　实验现象：铜与浓硝酸剧烈反应，铜片逐渐消失，溶液变为绿色，产生大量红棕色气体 结论及化学方程式：铜与浓硝酸反应生成铜离子，硝酸被还原成NO_2。 $Cu+4HNO_3(浓)\!=\!\!=\!\!Cu(NO_3)_2+2NO_2\uparrow+2H_2O$
【问题2】该组实验能说明什么问题？ 【补充说明】硝酸具有强氧化性，能与除金、铂、钛以外的大多数金属反应，其还原产物与硝酸的浓度有关。通常，浓硝酸与金属反应的还原产物主要是NO_2，稀硝酸与金属反应的还原产物主要是NO。加热的条件下，浓硝酸还能与碳等非金属发生反应。 $4HNO_3(浓)+C\xrightarrow{\triangle}CO_2\uparrow+4NO_2\uparrow+2H_2O$ 【介绍】硝酸的不稳定性。 $4HNO_3(浓)\xrightarrow{\triangle}O_2\uparrow+4NO_2\uparrow+2H_2O$		【思考回答】 （1）硝酸具有强氧化性，不仅能与氢前面的金属反应，与氢后面的金属也可以。 （2）硝酸与金属反应的产物跟硝酸的浓度有关。
设计意图： 　　通过对异常现象的分析讨论，完善分析角度，形成异常现象的分析模型。通过对浓、稀硝酸还原产物的探究，认识硝酸的氧化能力与浓度有关，逐步完善对硝酸性质的认识，发展学生的"证据推理与模型认知"学科核心素养。		

(续表)

第三课时　硝酸的奥秘	
环节三：探秘硝酸的氧化性	
教师活动	学生活动
【问题1】观察下图所示的实验，你能获取的信息是什么？ 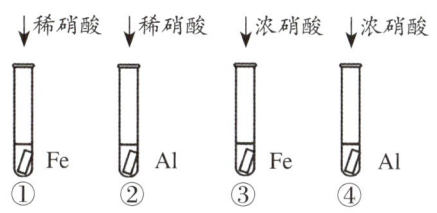	【观察回答】铁、铝与稀硝酸反应，金属表面产生气泡，该气体在液面上方会变成红棕色。这说明稀硝酸与铁、铝反应不是简单的置换反应，而是会生成NO。浓硝酸与铁、铝无明显现象。
【追问】浓硝酸和稀硝酸，你认为哪个氧化性更强？	【思考回答】应该是浓硝酸氧化性更强。
【追问】为什么铁、铝与浓硝酸反应时无明显现象？	
【讲解】这种现象叫"钝化"。铁和铝与冷的浓硝酸接触时会钝化，即表面生成一层致密的氧化物，阻止金属进一步被氧化。现在一般用铝制容器（槽车）来装盛浓硝酸。	【理解回答】也就是说浓硝酸与铁、铝快速地发生了反应。
【问题2】再看硫酸亚铁与硝酸的反应，应该从哪种角度看盐与酸之间的反应？	【思考回答】不能只从类别转换的角度看，因为硫酸亚铁与硝酸从离子反应的角度看既没有气体、沉淀或水生成，也没有弱电解质生成。 从氧化还原的角度看，硝酸中氮元素+5价为最高价态，具有氧化性；硫酸亚铁中铁元素为+2价，处于中间价态，既有氧化性又有还原性。在前期的学习中我们知道硫酸亚铁以还原性为主，所以二者之间还是考虑亚铁离子和硝酸根离子的氧化还原反应。

第三课时 硝酸的奥秘	
环节三：探秘硝酸的氧化性	
教师活动	学生活动
【追问】你能写出硫酸亚铁与稀硝酸反应的离子方程式吗？ 【问题3】$NaNO_3$也有硝酸根，请问硝酸钠能够氧化硫酸亚铁吗？请设计实验方案，证明NO_3^-只有在H^+的协同作用下才具有强氧化性。 【问题4】请梳理实验，若出现异常现象，应从哪些方面进行反思？如何认识硝酸的性质。	【小组讨论，交流回答】 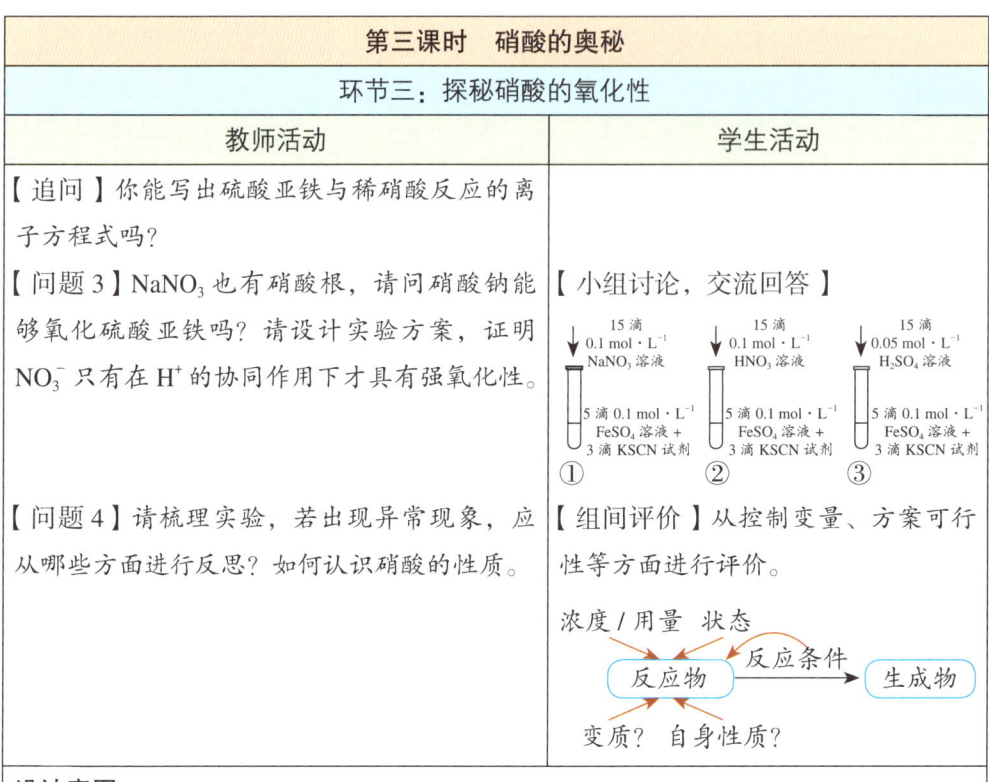 【组间评价】从控制变量、方案可行性等方面进行评价。

设计意图：

通过对硝酸氧化性的进一步探究，设计实验方案并进行实验探究，理解硝酸根氧化性与氢离子之间的关系，理解化学反应是有条件的，体会化学知识的应用价值，提升学生科学探究的能力，发展"证据推理与模型认知"学科核心素养。

板书设计：

第三课时 硝酸的奥秘

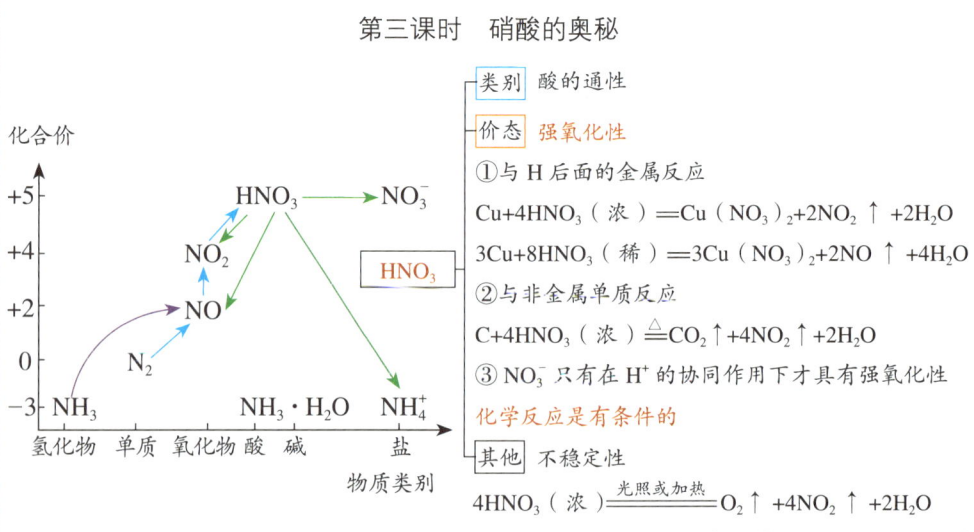

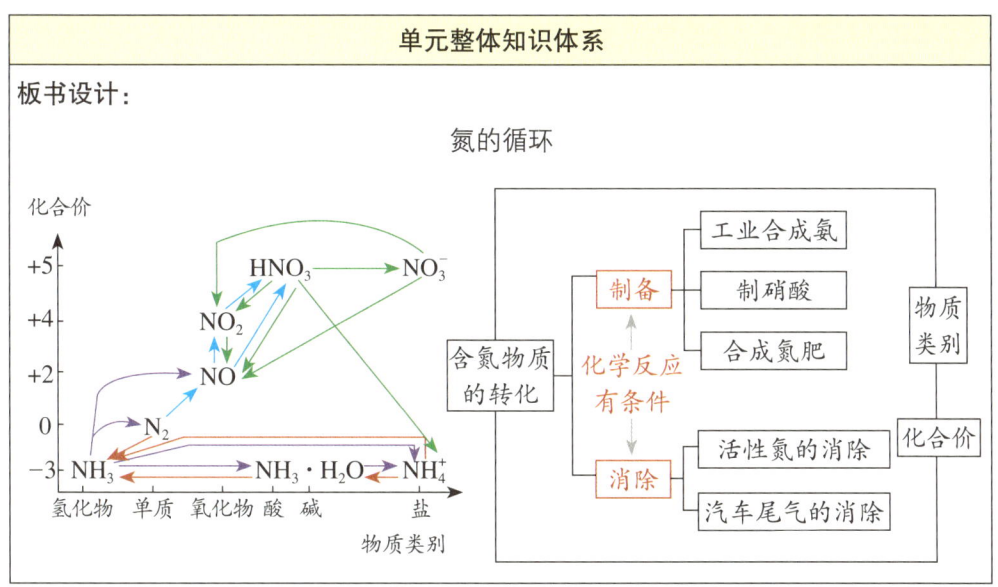

六、学科大概念统摄下的大单元教学设计及教学反思

1. 大单元教学设计特色说明

（1）重视化学观念的建立

本单元以"物质在一定条件下能够进行相互转化"为大概念进行统领，突出发展学生的"元素观、转化观"。"元素观"是学生认识自然界一切物质的核心观念，在"常见无机物及其应用"的学习中，学生通过系统学习铁、硫、氮元素的相关物质，从元素的视角认识不同类别的化学物质，三个核心元素在发展"元素观"的功能上有层级差异，到氮及其化合物时更加突出系统认识元素及物质的认识角度和认识方式。"转化观"是化学反应的核心，在对物质进行转化分析时，首先要认识转化路径，包括类别转化以及价态转化。在"氮的循环"这一单元中，尤其需要学生自主运用"转化观"认识物质的生成与消除，体会化学学科在影响人类生存以及调控自然界物质平衡方面的价值。除此以外，"化学反应是有条件的"也是"转化观"中的重要内涵。在学生认识物质性质的过程中，不能仅凭借类别转化和价态转化认识反应过程，还需要深入到反应内部，再看反应物，找反应的影响因素。整个单元三个课时非常注重与这两个观念有关的学习活动的设计与落实。

（2）重视情境素材的逻辑

情境素材是单元教学实施的重要背景，第一课时"氮循环的调控"总体引领学生了解所有含氮物质，关注不同类型含氮物质的转化及转化方式，其目的在于发展学生由元素到物质、由物质到转化的进阶性认识（图4-2）。从雷电固氮到人工固氮、从自然规律到人工制备、从环境污染到绿色环保，体现对自然的敬畏以及保护自然的觉悟，培养学生可持续发展的意识。第二课时"氨氮废水的消除"以氨为核心物质，突出挖掘这种物质背后的学科价值。第三课时"硝酸的奥秘"，拓宽了学生对酸类物质的认识，在不断的认知冲突及解密的过程中升华对物质性质的认识。情境素材的内在逻辑与学生不同的任务类型相匹配，有利于促进学生化学学科核心素养的发展。

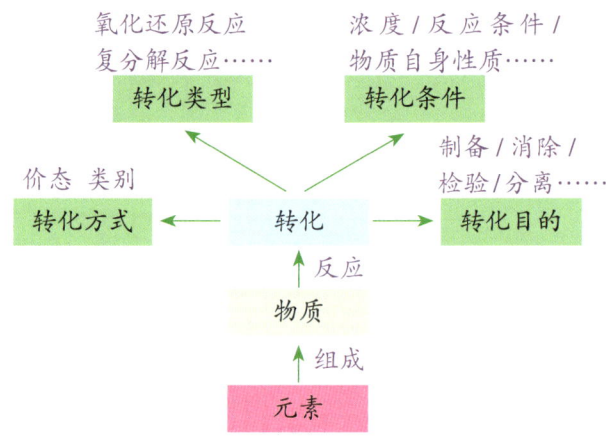

图4-2　由元素到物质、由物质到转化的认识思路

（3）重视实验探究的效果

实验探究能力是本单元重点发展的能力，第一课时探究了一氧化氮、二氧化氮的性质；第二课的任务类型为分析解释，重点研究了氨气的性质及铵离子的检验；第三课时的任务类型为推论预测和简单设计，需要学生基于控制变量设计对比实验，认识硝酸的氧化性。在三个课时中分别采用试管图的方式组织学生表达实验设计思路，通过不同层次的任务类型，在实验过程中要求学生准确表达实验现象及结论，发展"证据推理与模型认知"学科核心素养。

（4）重视模型运用的实效

"价-类"二维模型是研究元素化合物的重要模型，是学科大概念的外化表现。在本单元第一课时的学习中首先利用氮的循环，找到含氮物质，搭建二维图；然后利用二维图，设计合成硝酸铵的反应路径；最后利用这个工具指导学生寻找消除汽车尾气中氮氧化物的方法。全部的学习任务既帮助学生学习氮及其化合物的转化，建立含氮物质的整体观，又在任务中用"图"来解决问题，形成学习思路。

第二、三课时核心问题的解决同样是以二维图为导引，在物质性质的学习过程中不断丰富、完善对含氮物质的认识，凸显了模型的工具性和时效性。

2. 大单元教学设计教学反思

本单元设计是基于"元素观、转化观"在解决实际问题中的应用的单元新授课，旨在通过实际问题的解决，帮助学生学习氮及其化合物的相关性质，诊测学生是否能主动调用"价－类"二维模型解决问题。通过经历与体验，使学生真正形成对物质及其变化的多角度认知。

本单元设计共分为三课时。第一课时从自然界中氮的循环入手，构建含氮物质的二维图。在二维图的指引下，通过阅读、讨论、实验等活动，使学生在解决含氮物质的转化过程中感知转化的目的即"生成"与"消除"，并通过对含氮物质转化的认识，设计转化路径，保护环境，达到可持续发展的最终目的。第二、三课时研究了含氮元素的两种关键物质——氨气和硝酸，从类别通性和氧化还原反应两个角度研究物质的性质、转化与制备、用途等方面的知识。在这两个课时中，重在对物质及其变化认识的实际应用，以及对化学反应条件的认识，在实验探究过程中不断提升科学素养。从科学探究能力发展的角度来说，实验探究需要学生经历提出假设、实验方案设计及实施、收集证据、归纳总结、获得结论等多方面任务，这就使得学生的科学探究能力在学习中不断得到积累与增强。从学生认识发展的角度看，第一课时学生总括性地了解含氮物质，建立转化关系，明确含氮物质间的转化方式和转化类型，从而解决氮的循环中的实际问题，重点培养分析、解释、说明的能力；第二课时突出物质转化的目的，探究难度较小，突出发展学生系统研究物质的能力；第三课时挑战较大，学生既要突破已有认知，还要进行基于控制变量实验的完整探究过程，加强对物质转化条件的认识。三节课始终围绕生活中常见的含氮物质的转化展开，从人工固氮到汽车尾气处理、从工业合成氨到工业制硝酸，时时带领学生感知化学学科本质，体会化学学科于人类生产生活的价值。在任务类型上，三节课主要聚焦分析解释、推论预测和简单设计，帮助学生发展分析推理能力和批判性思维。在三节课的逻辑链中始终凸显"价－类"二维认识物质性质的思路，不断丰富学生的"元素观"和"转化观"，教师也在学科大概念的指引下对单元教学形成更明确的结构框架，更加有效地设计学生的学习活动，达到了较好的教学效果。

北京市昌平区第一中学　阎芬

案例 ❺ 化学平衡

一、学科大概念统摄下的大单元教学背景分析

1. 大单元教学主题确定

"变化观念与平衡思想"是化学学科的五大核心素养之一。平衡思想是从化学学科观念视角对化学科学思维的描述。学生在积累了大量元素化合物在物理性质、化学性质、化学变化中的物质变化等宏观层面的知识后，从微观层面对物质变化的原理进行研究，符合化学学科的学科本质。一方面，这部分知识是后续"电离平衡""水解平衡"和"沉淀溶解平衡"的基础，对后续知识的学习起到指导作用，是化学学科知识体系中极为重要的一部分内容；另一方面，该部分知识也承载着重要的学科核心素养发展功能。在"化学反应速率和化学平衡"中，核心的观念即"变化观念与平衡思想"。同时，以"宏观辨识与微观探析""证据推理与模型认知"为认知途径，最终实现学生对化学学科价值的认同，增强社会责任感，全面覆盖化学学科核心素养的五个方面。

化学平衡是学生形成平衡思想极为重要的学习素材，然而由于其抽象性和研究对象自身的复杂性，成为学生学习过程中的难点。为突破此难点，本单元教学基于化学平衡观念、化学平衡常数的建立及合成氨工业演化的史实设计教学过程，结合数据建构化学平衡常数概念、定量认识化学平衡状态，引领学生重走科学家的发现之路，感受他们的探究历程。学习化学家坚韧不拔、严谨求实的科学品质，崇尚真理、不畏权威的科学精神，激发学生勤于实践、善于合作、敢于质疑、勇于创新的科学态度。通过设计实验获取证据，借助平衡常数理论从两个维度探究影响化学平衡移动的外界因素。既有实验证据，又有理论支撑，引领学生从不同的维度认识和理解化学平衡，建立化学平衡的观念，帮助学生发现平衡移动规律，培养学生良好的思维品质，形成"可逆反应存在限度，通过外界条件的改变可以进行调控"的学科大概念。

力求在本单元教学中向学生展现"设计实验、观察现象、获取证据、分析推

理、得出结论"的探究过程";引领学生形成"宏观辨识、微观探析、证据推理、模型建构"的认知思路;促使学生养成"崇尚真理、科学探究、创新思维、严谨求实"的科学品质。

2. 大单元教学内容分析

(1) 在教材中的地位和作用

化学平衡是中学化学的重要理论之一,化学平衡在学生所需学习的平衡系列之中起着承上启下的作用,是中学化学所涉及的溶解平衡、电离平衡、水解平衡等知识的核心,对很多知识的学习起着重要的理论指导作用。通过对本单元的学习,既可以使学生加深对溶解平衡和硫酸、硝酸工业生产的化学原理的理解,又是有机化学中卤代烃水解、酯类水解的重要前提,帮助学生从更高的知识层面理解元素化合物的性质和基本化学反应。通过本单元的教学,不仅要帮助学生理解有关知识,更重要的是要帮助学生建立化学平衡的观点以及认识到化学平衡是相对的,当外界条件改变时平衡会发生移动,训练学生的科学方法。着力培养学生分析问题和解决问题的能力,使学生在应用化学理论解决一些简单的化工生产实际问题的同时,体会化学理论学习的重要性。

平衡思想是人类认识世界的高阶思维成果,是化学学科五大核心素养之一。平衡思想的建立能提升对化学反应方向和限度的认识,实际意义是能改变外界因素、调控化学反应。发展学生从竞争的角度理解化学平衡,化学平衡理论是化学的重要理论之一。

(2) 在教学中的功能和价值

学生发展价值:深化对可逆反应的认识,将化学的学习从发生什么反应,提升到发生化学反应的方向和限度,从认识化学反应到学习控制化学反应。

学科价值:化学平衡理论是深入学习元素化学,理解溶液中电解质反应、有机反应机理等知识的重要理论基础。

社会价值:在认识"反应得到什么""反应快慢"的基础上,继续深化对化学反应的认识,知道"反应的限度",并能通过改变条件调控反应的限度和效率。认识化学反应速率和化学平衡综合调控在生产生活和科学研究领域中的重要作用。

3. 大单元教学学情分析

(1) 学生已有知识与能力

在高一必修阶段,学生通过化学反应速率和反应限度的学习,对可逆反应形成了初步感性认识。通过对化学平衡这部分内容的学习，初步意识到有些反应在一定温度下是不能完全发生的，存在反应限度。已经了解了常见的可逆反应，并能初步判定可逆反应是否达到平衡状态。初步认识到控制化学反应条件在工农业生产上的重要性。在选修阶段，学生已经学习了化学反应速率的概念和计算方法，知道影响化学反应速率的因素。在能力方面，该阶段学生已经初步具备了观察能力、一定的逻辑推理能力以及分析问题和解决问题的能力。

（2）学生学习障碍点

对于化学平衡的认识有了初步了解，但是对于化学平衡常数概念的建立和理性认识缺乏深入探索；对于勒·夏特列原理的学习只是初步了解，在实际问题解决过程中，存在不会用、不知怎么用的现象，不能从较为陌生的情境中提取化学问题，不能主动调用已有认知进行迁移应用；在科学探究方面，学生在设计方案部分存在着较大的问题，如不关注实验体系、不关注所用试剂的量、缺乏排除干扰的意识、多角度收集证据的意识不够强等问题。

（3）学生学习发展点

通过阅读化学平衡的发展史，提升学生获取信息、归纳总结的能力，使学生感受到科学探索的艰难和科学家坚持不懈、追求真理的可贵品质。通过从实验和理论的角度、定性和定量的角度，学习、探索、归纳勒·夏特列原理，使学生明确科学探究的方法是认识身边化学物质的一种重要途径。尝试从不同角度入手，体会多角度间的推理关系，如从用途、现象、定量计算、理论推导等多角度推断物质的性质及其变化，从而归纳化学反应的原理和反应规律。通过改变条件调控反应的限度和效率，认识化学反应速率和化学平衡综合调控在生产生活和科学研究领域中的重要作用。

二、学科大概念统摄下的大单元知识结构图

学科大概念	可逆反应存在一定限度、通过外界条件的改变可以进行调控
次级大概念	◇化学可逆反应存在平衡状态 ◇化学平衡状态在一定条件下可以发生移动 ◇调控反应条件可以调控化学反应方向

基本概念	K可以表征反应限度	化学平衡的建立是有条件的	化学反应方向是可控的
基本知识	化学反应限度 化学平衡状态 化学平衡常数K	浓度、压强和温度是影响化学平衡移动的外界因素；勒·夏特列原理是定性判据，Q与K的比较是定量判据	从化学反应速率与化学平衡两个维度出发，使反应向所需要的方向进行，是成本与效益的博弈

三、学科大概念统摄下的大单元教学与评价目标设计

1. 教学目标

（1）认识化学平衡状态，知道化学平衡常数的含义，能书写化学平衡常数表达式并进行简单计算；能利用平衡常数和浓度商的关系判断化学反应是否达到平衡及平衡移动的方向，提升从定量的角度分析化学反应的能力。

（2）通过实验探究，理解温度、浓度、压强等对化学平衡状态的影响，进一步建构"化学变化是有条件的"这一学科观念。

（3）理解勒·夏特列原理，能依据原理分析平衡移动的方向，体会理论对实践的指导作用。

（4）通过工业合成氨适宜条件的选择与优化，认识化学反应速率和化学平衡综合调控在生产生活和科学研究中的重要作用。

（5）在合成氨适宜条件的讨论中，形成多角度分析化学反应和化工生产条件的思路。

2. 评价目标

（1）通过找到平衡常数的影响因素，诊断学生能否准确提取数据、发现规律，评价学生获取信息的能力发展水平。

（2）通过对煤气中毒应急处置原理分析，诊断学生能否准确判断何种情况应用

化学平衡移动原理解决问题,是否具备通过 Q 与 K 关系判断平衡移动方向、解释结果或依据结果解释需调控的条件的能力,建立思维模型。

(3) 通过设计实验进行浓度、压强和温度对平衡移动影响的探究及解释,诊断学生利用实验和理论研究模型解决化学问题的水平,发展学生的"证据推理与模型认知"核心素养以及科学探究能力。

四、学科大概念统摄下的大单元规划流程图

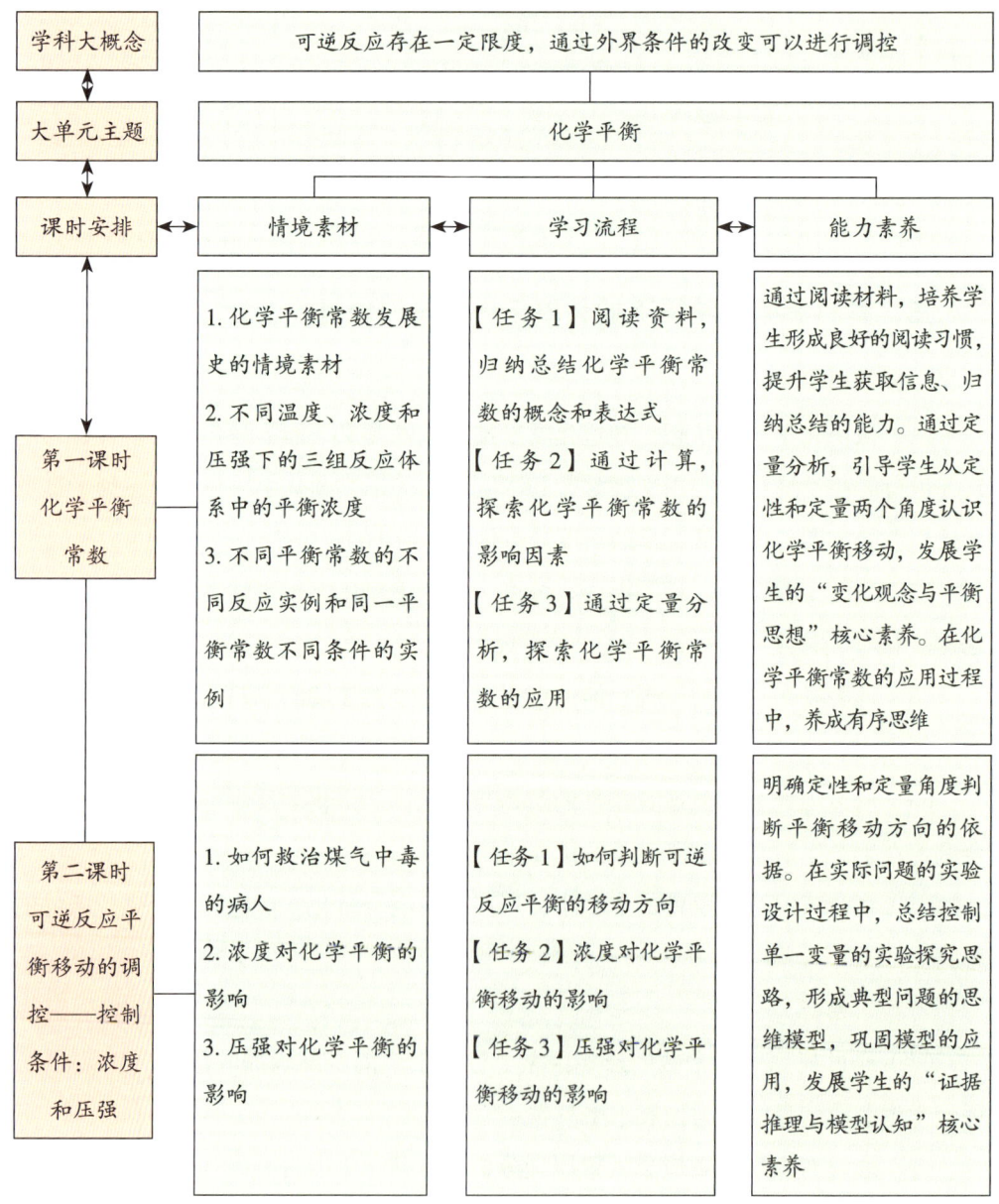

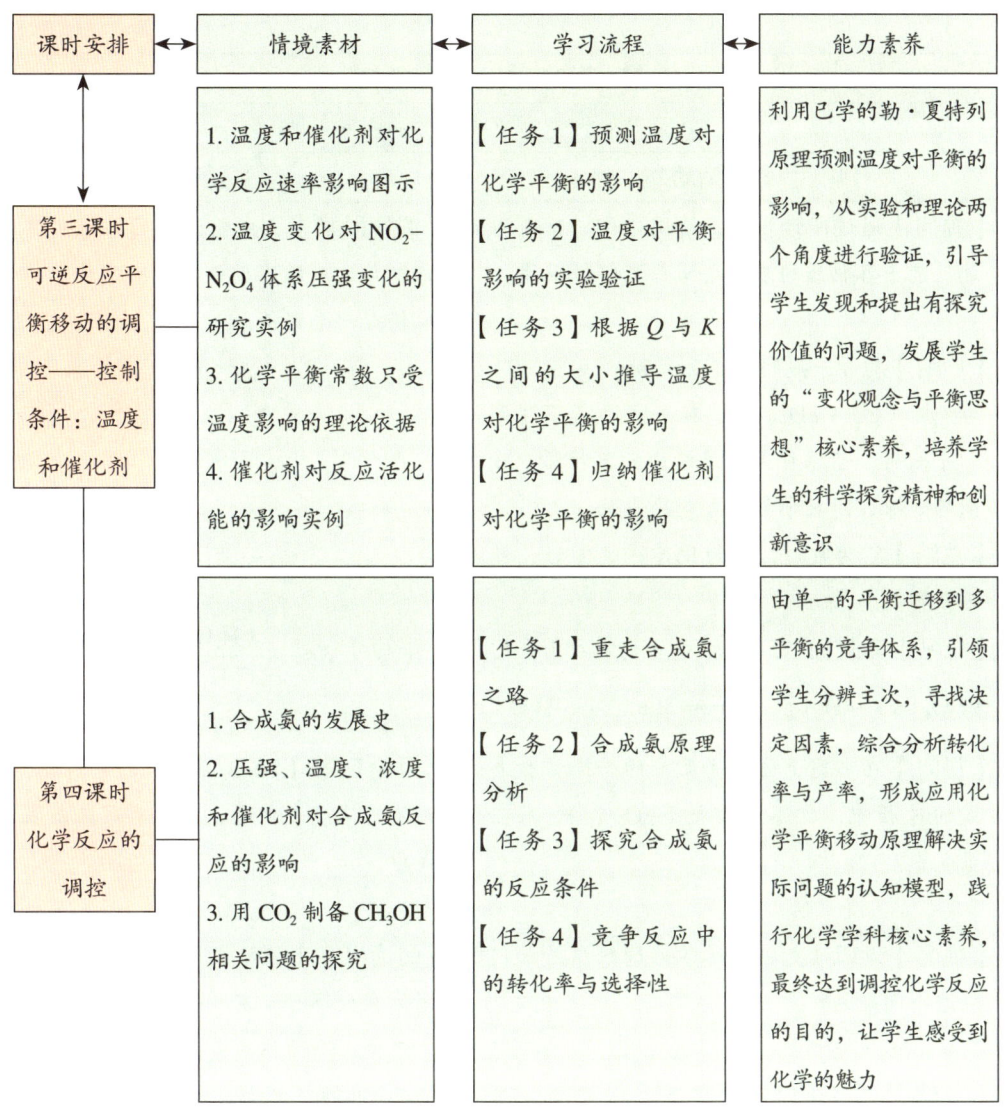

五、学科大概念统摄下的大单元教学流程设计

第一课时　化学平衡常数	
环节一：化学平衡常数的引入	
教师活动	学生活动
【提问】请同学们阅读史料，从中体会科学家是如何发现化学反应是存在限度的。存在限度的可逆反应的哪些物理量之间存在联系？	【阅读回答】学生阅读化学平衡常数的发展史，归纳总结化学反应是可逆的，存在化学反应限度；化学反应速率与各物质浓度的系数次方乘积之间存在一定的规律。

(续表)

第一课时　化学平衡常数	
环节一：化学平衡常数的引入	
教师活动	学生活动
【提问】通过阅读资料，请同学们归纳总结可逆反应中各物质的浓度之间存在何种规律。	【阅读回答】生成物浓度的系数次方乘积与反应物浓度的系数次方乘积的比值是一个定值。
【归纳】对于一般的可逆反应 $m\text{A}(g)+n\text{B}(g) \rightleftharpoons p\text{C}(g)+q\text{D}(g)$，在一定温度下达到化学平衡时，请根据大家总结出的各物质浓度之间的规律，用数学关系式表达出来。	【书写】$K=\dfrac{c_{平}^{p}(\text{C})\cdot c_{平}^{q}(\text{D})}{c_{平}^{m}(\text{A})\cdot c_{平}^{n}(\text{B})}$
【总结】K 为常数，称为化学平衡常数，简称平衡常数。	
【练习】写出下列可逆反应的平衡常数表达式。$\text{Fe}_3\text{O}_4(s)+4\text{H}_2(g) \xrightleftharpoons{\text{高温}} 3\text{Fe}(s)+4\text{H}_2\text{O}(g)$	【书写】$K=\dfrac{c_{平}^{4}(\text{H}_2\text{O})}{c_{平}^{4}(\text{H}_2)}$
【提问】在书写上述可逆反应的平衡常数表达式的过程中，需不需要把 Fe_3O_4 和 Fe 写在关系式中？	【讨论回答】Fe_3O_4 和 Fe 是纯固体，无法用浓度来描述，因此不写在表达式中。
【提问】请阅读史料，科学家德维尔是如何解决这个问题的？	【阅读回答】德维尔认为一定温度下固体在分解时，其"分解压力"是一个定值，与固体数量无关。
【总结】书写化学平衡常数表达式的注意事项。	【讨论回答】固体、液体纯物质的浓度视为常数，在表达式中不出现。

设计意图：

通过阅读材料，培养学生形成良好的阅读习惯，提升学生获取信息、归纳总结的能力。同时，能类比资料中各浓度之间的数理关系，归纳出一般可逆反应的平衡常数表达式，提高学生的关联与迁移能力。另外，通过阅读化学平衡常数的发展史，使学生感受到科学探索的艰难和科学家坚持不懈、追求真理的可贵品质。

(续表)

第一课时　化学平衡常数	
环节二：化学平衡常数的影响因素	
教师活动	学生活动
【提问】写出以下三组化学平衡常数表达式并计算结果，分析哪些因素影响化学平衡常数，哪些不影响。	【书写】书写三组化学平衡常数表达式并计算结果。只有温度影响化学平衡常数，压强和浓度都不影响。 【回答】第一组：1；1；1；2.25。

$CO(g) + H_2O(g) \rightleftharpoons CO_2(g) + H_2(g)$　$\Delta H < 0$

序号	温度/℃	压强/kPa	起始浓度/(mol·L⁻¹)				平衡浓度/(mol·L⁻¹)				$K=\_\_$
			c(CO)	c(H₂O)	c(CO₂)	c(H₂)	c(CO)	c(H₂O)	c(CO₂)	c(H₂)	
1	800	100	1	1	0	0	0.5	0.5	0.5	0.5	
2	800	100	1	2	0	0	0.33	1.33	0.67	0.67	
3	800	200	0	0	2	2	1	1	1	1	
4	600	100	1	1	0	0	0.4	0.4	0.6	0.6	

$N_2(g) + 3H_2(g) \rightleftharpoons 2NH_3(g)$　$\Delta H < 0$

序号	温度/℃	压强/MPa	起始浓度/(mol·L⁻¹)			平衡浓度/(mol·L⁻¹)			$K=\_\_$
			c(N₂)	c(H₂)	c(NH₃)	c(N₂)	c(H₂)	c(NH₃)	
5	400	20	1	3	0	0.514	1.542	0.972	
6	400	20	1	0	2	1.415	1.245	1.17	
7	400	40	2	2	0	0.805	2.415	2.39	
8	25	20	1	3	0	0.013 7	0.041 1	1.972 6	

第二组：0.5；0.5；0.5；4.1×10^6。

$C(s) + H_2O(g) \rightleftharpoons CO(g) + H_2(g)$　$\Delta H < 0$

序号	温度/℃	压强/MPa	起始浓度/(mol·L⁻¹)			平衡浓度/(mol·L⁻¹)			$K=\_\_$
			c(H₂O)	c(CO)	c(H₂)	c(H₂O)	c(CO)	c(H₂)	
9	800	2	2.25	0	0	1.25	1	1	
10	800	2	7	0	0	5	2	2	
11	800	4	4.5	0	0	2.96	1.54	1.54	
12	1 200	2	2.25	0	0	0.093	2.157	2.157	

第三组：0.8；0.8；0.8；50。

【拓展】通过阅读资料，了解历史上范霍夫方程式的由来和化学平衡常数只受温度影响的理论依据。	【阅读】了解化学平衡常数与吉布斯自由能之间的关系，通过范霍夫方程式感受温度对平衡常数的影响。

设计意图：
　　通过具体实例的计算，使学生能从数据中获取有效信息，寻找单因素变量，归纳总结化学平衡常数的影响因素，从而形成数据处理的一般思路和方法。通过阅读范霍夫方程式的由来和应用，培养学生追根溯源的可贵品质。

（续表）

第一课时　化学平衡常数	
环节三：化学平衡常数的应用	
教师活动	学生活动
【提问】结合平衡常数的表达式，思考 K 的大小表示什么含义。	【回答】对于同类型的反应，K 越大，反应进行的程度越大。
【举例分析】通过我们熟知的卤素单质与氢气的反应的平衡常数，感受为什么我们平时只把碘单质与氢气的反应写成可逆反应。 | 化学方程式 | 平衡常数（K）| |---|---| | $F_2(g)+H_2(g) \rightleftharpoons 2HF(g)$ | 6.5×10^{95} | | $Cl_2(g)+H_2(g) \rightleftharpoons 2HCl(g)$ | 2.57×10^{33} | | $Br_2(g)+H_2(g) \rightleftharpoons 2HBr(g)$ | 1.91×10^{19} | | $I_2(g)+H_2(g) \rightleftharpoons 2HI(g)$ | 8.67×10^2 |	【回答】当 $K>10^5$ 时，一般认为反应已经完全，可以用等号书写。 | 化学方程式 | 平衡常数（K）| |---|---| | $F_2(g)+H_2(g) = 2HF(g)$ | 6.5×10^{95} | | $Cl_2(g)+H_2(g) = 2HCl(g)$ | 2.57×10^{33} | | $Br_2(g)+H_2(g) = 2HBr(g)$ | 1.91×10^{19} | | $I_2(g)+H_2(g) \rightleftharpoons 2HI(g)$ | 8.67×10^2 |
【练习】将 0.1 mol CO 与 0.1 mol H_2O 气体混合，充入 10 L 密闭容器中，加热到 800 ℃，充分反应达到平衡后，测得 CO 的浓度为 0.005 mol·L^{-1}，求该反应的平衡常数。	【回答】$K=\dfrac{c_{平}(CO_2) \cdot c_{平}(H_2)}{c_{平}(CO) \cdot c_{平}(H_2O)}=\dfrac{0.005 \times 0.005}{0.005 \times 0.005}=1$
【提问】在上述温度下，CO 的量不变，将气态 H_2O 的量改为 0.375 mol，反应一段时间后测得体系中 CO 的浓度为 0.002 5 mol·L^{-1}，此时反应是否达到平衡状态？ 【追问】如何定量计算，以确定平衡的移动方向呢？大家不妨计算一下，将此时的浓度商 Q 与化学平衡常数 K 对比一下。	【讨论回答】基于必修第二册学过的知识，定性地推测浓度改变，移动发生改变。 【计算】$\dfrac{c(CO_2) \cdot c(H_2)}{c(CO) \cdot c(H_2O)}=\dfrac{(0.007 5)^2}{0.002 5 \times 0.03}=0.75$ 此时，0.75<1，平衡正向移动。
【归纳】根据上述实例，讨论浓度商 Q 与化学平衡常数 K 之间的大小对化学平衡移动方向的影响。	【总结】在同一温度下： $Q=K$，处于化学平衡状态； $Q<K$，向正反应方向进行； $Q>K$，向逆反应方向进行。

设计意图：

通过定量计算发现规律变化，帮助学生形成数据处理、总结规律的好习惯。引导学生从定性和定量两个角度再次认识化学平衡移动，发展学生的"变化观念与平衡思想"核心素养，在化学平衡常数的应用过程中养成有序思维。

(续表)

第一课时　化学平衡常数
板书设计： 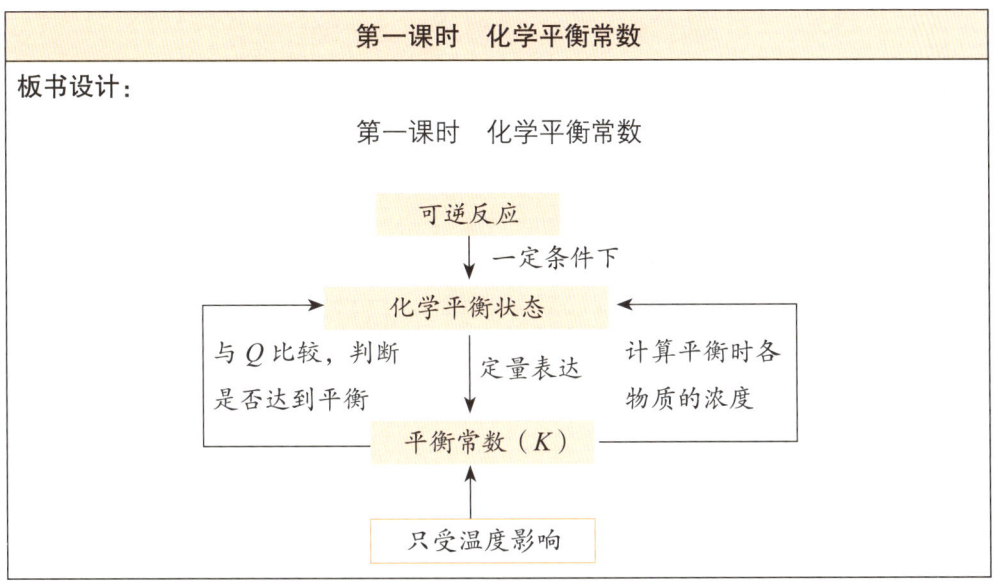

第二课时　可逆反应平衡移动的调控 ——控制条件：浓度和压强	
环节一：情境引入	
教师活动	学生活动
【引入】一旦煤气中毒了，迅速将病人移到空气流通处，严重者必要时需要放入高压氧舱中。 已知煤气中毒是人体血红蛋白（Hb）结合CO而缺氧：Hb + O_2（g）$\rightleftharpoons$ HbO_2　K_1（反应1），Hb+CO（g）$\rightleftharpoons$ HbCO　K_2（反应2），$K_2 \approx 200K_1$。 【问题】为什么将病人移动到通风处可缓解缺氧呢？请你运用上节课所学知识解释一下，把你的思考过程说出来。	【聆听】 【思考回答】 预设：学生思考时会关注到某一点，思维可能不连贯。 关注反应特点：可逆反应，$K_2>K_1$； 目的：缓解缺氧，转化成化学问题是使反应2逆移，反应1正移； 措施是改变反应条件：移到空气流通处——减小CO浓度，增大O_2浓度。

第二课时　可逆反应平衡移动的调控
——控制条件：浓度和压强

环节一：情境引入	
教师活动	学生活动
【已知】一定条件下，当可逆反应达到平衡状态后，如果改变反应的条件，平衡状态就会被破坏，平衡体系的物质组成也会随着改变，直到达到新的平衡状态。这种由原有的平衡状态达到新的平衡状态的过程叫作化学平衡的移动。	【总结】形成分析"可逆反应平衡移动调控"问题的一般思路。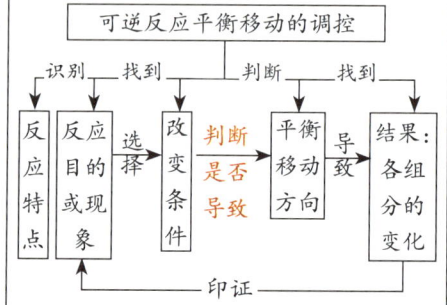
设计意图： 　　通过学生熟悉的真实情境"对于煤气中毒的应急处理"，识别反应特点，结合目的"缓解缺氧症状"，将真实问题转化为化学问题"平衡移动的调控"，从而提炼思维模型，将思维显性化。	

环节二：如何判断可逆反应平衡的移动方向	
教师活动	学生活动
【问题】如何判断可逆反应平衡的移动方向？	【思考回答】 用任意时刻浓度商和化学平衡常数的相对大小判断： $Q>K$，平衡逆向移动； $Q<K$，平衡正向移动； $Q=K$，达到平衡状态。
【讲述】同学们是从定量角度回答的。1888年法国科学家勒·夏特列总结出高度概括的经验规律，为纪念其贡献，将平衡移动原理又称为勒·夏特列原理。 定性角度：达到平衡状态的可逆反应，改变一种条件，平衡朝减弱这种改变的方向移动。	【辨识记忆】

（续表）

第二课时　可逆反应平衡移动的调控
——控制条件：浓度和压强

环节二：如何判断可逆反应平衡的移动方向

设计意图：

明确定性和定量角度判断平衡移动方向的依据。

环节三：探究改变条件——浓度对化学平衡移动的影响		
教师活动	学生活动	
已知：$Fe^{3+}+3SCN^- \rightleftharpoons Fe(SCN)_3$ 【问题】设计实验探究改变浓度对该可逆反应平衡移动的影响，并用化学平衡移动原理解释。	【思考，设计实验方案】 控制单一变量原则： （1）确定变量：浓度； （2）控制其他变量不变：温度、溶液的体积或其他离子的浓度等。 第一组：增大反应物的浓度； 第二组：减小反应物的浓度。	
【布置任务】向盛有 5 mL 0.005 mol·L^{-1} FeCl$_3$ 溶液的试管中加入 5 mL 0.015 mol·L^{-1} KSCN 溶液，溶液呈红色。 实验用品：铁粉、1 mol·L^{-1} KSCN 溶液。 完成改变浓度对该可逆反应平衡移动影响的探究。	【小组实验】 【记录、解释现象】 【得出结论】	

（续表）

第二课时 可逆反应平衡移动的调控 ——控制条件：浓度和压强	
环节三：探究改变条件——浓度对化学平衡移动的影响	
教师活动	学生活动
	【总结方法】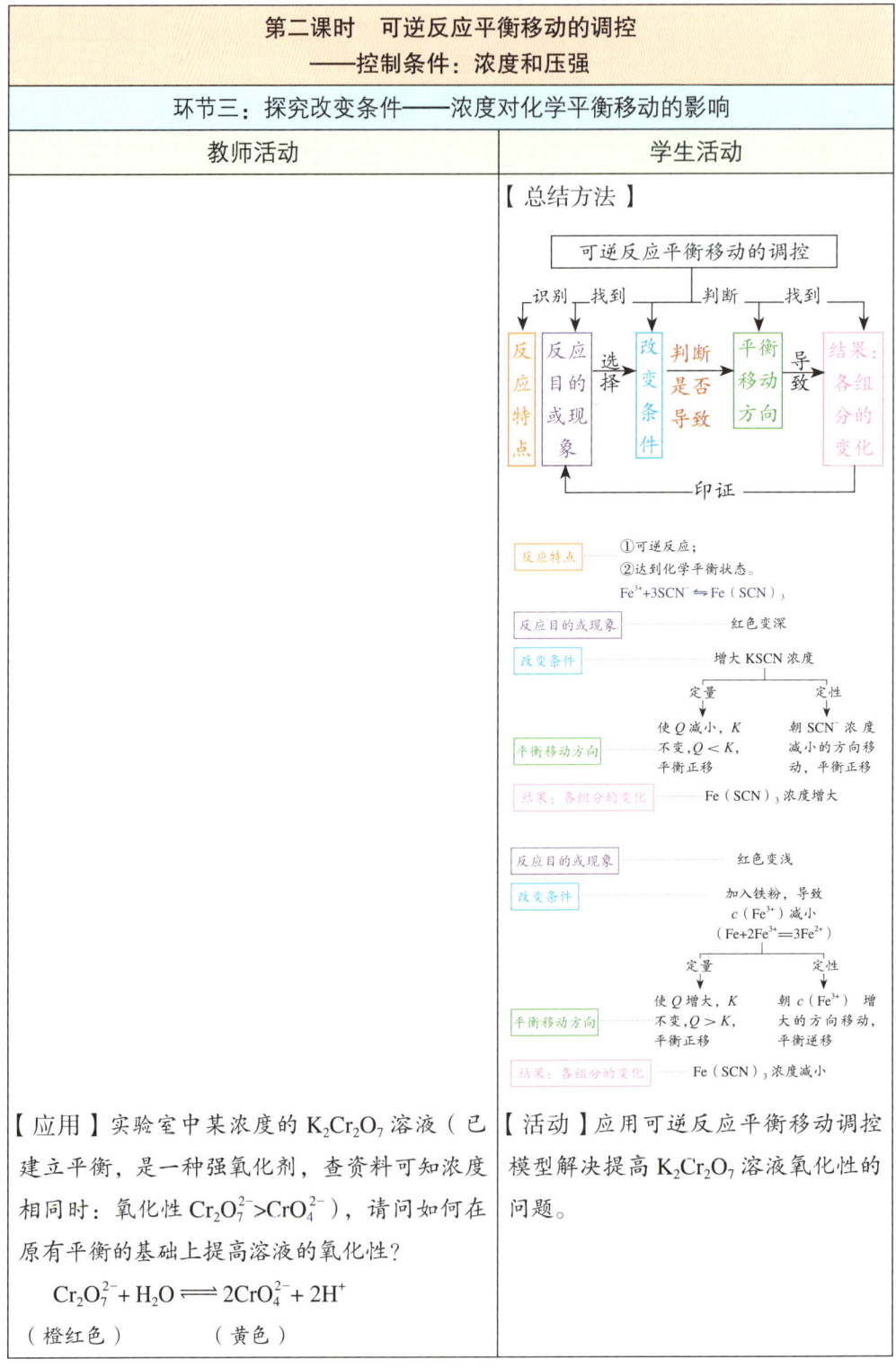
【应用】实验室中某浓度的 $K_2Cr_2O_7$ 溶液（已建立平衡，是一种强氧化剂，查资料可知浓度相同时：氧化性 $Cr_2O_7^{2-} > CrO_4^{2-}$），请问如何在原有平衡的基础上提高溶液的氧化性？ $Cr_2O_7^{2-} + H_2O \rightleftharpoons 2CrO_4^{2-} + 2H^+$ （橙红色）　　　　（黄色）	【活动】应用可逆反应平衡移动调控模型解决提高 $K_2Cr_2O_7$ 溶液氧化性的问题。

（续表）

第二课时　可逆反应平衡移动的调控
——控制条件：浓度和压强

环节三：探究改变条件——浓度对化学平衡移动的影响

设计意图：
　　在实际问题的实验设计过程中，总结控制单一变量的实验探究思路，形成典型问题的思维模型，巩固模型的应用，发展"证据推理与模型认知"核心素养。

环节四：探究改变条件——压强对化学平衡移动的影响

教师活动	学生活动
选择的反应体系：$2NO_2(g) \rightleftharpoons N_2O_4(g)$ 　　　　　　　　（红棕色）　（无色） 【问题1】如何改变压强？改变压强的实质是改变了什么？ 【问题2】预测缩小体积、增大压强后上述平衡的移动方向，并说明是如何判断的。	【思考，分享交流】 通过增大或缩小体积改变压强，改变压强的实质是<u>同比增大或减小</u>反应物和生成物中<u>气体的浓度</u>。 【思考】通过判断缩小体积、增大压强后 Q、K 的变化及相对大小判断平衡移动方向。 以缩小一半体积为例： $$Q = \frac{c(N_2O_4)}{c^2(NO_2)} = \frac{2c(N_2O_4)}{[2c(NO_2)]^2}$$ $$K = \frac{c_{平}(N_2O_4)}{c_{平}^2(NO_2)} \quad (T\text{不变})$$ 发现：压强变化时，Q 的大小变化与气体系数变化有关。

（续表）

第二课时 可逆反应平衡移动的调控 ——控制条件：浓度和压强	
环节四：探究改变条件——压强对化学平衡移动的影响	
教师活动	学生活动
【实验】 【问题3】描述观察到的实验现象，并解释实验现象。	【思考总结】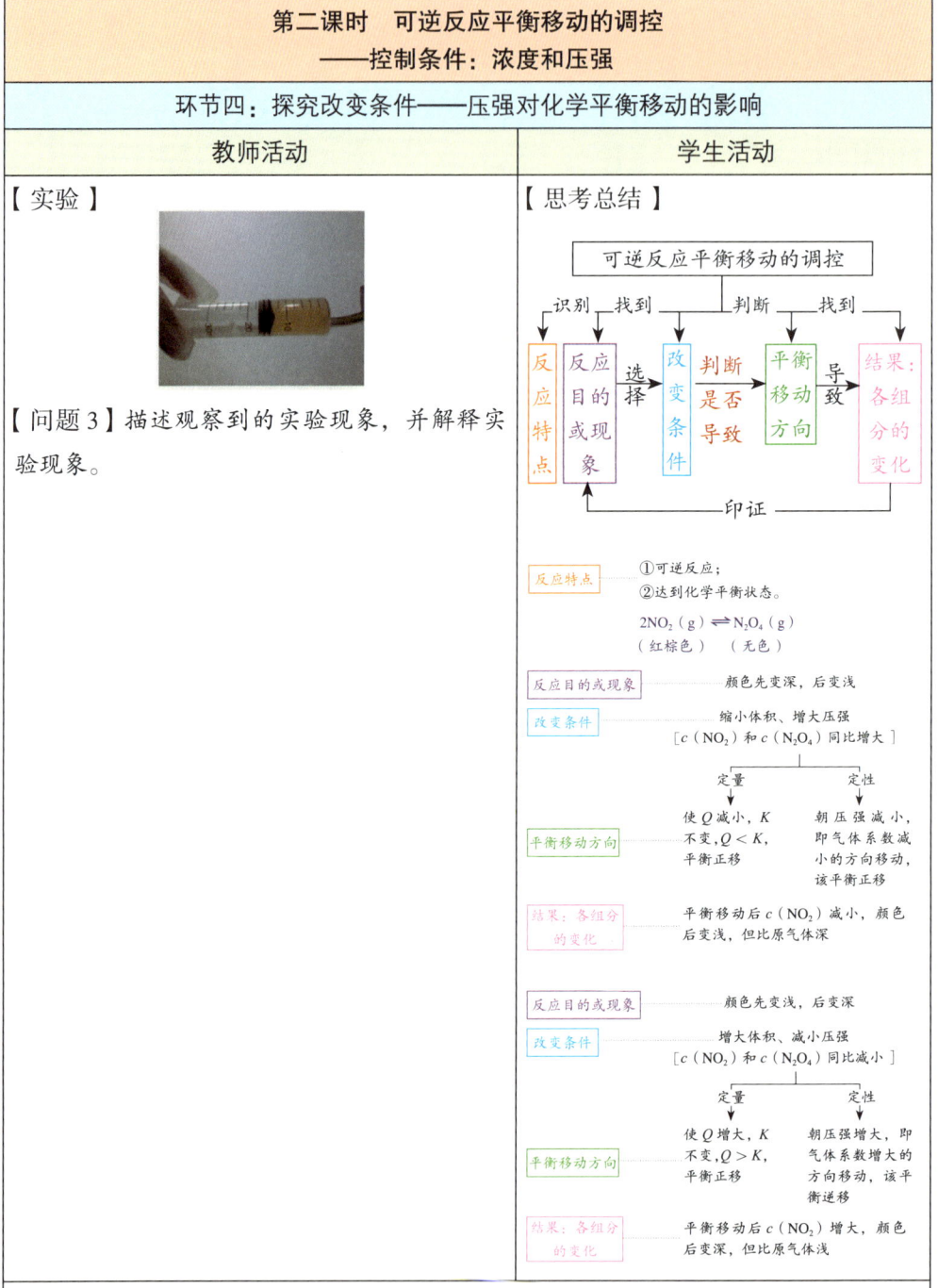

设计意图：

通过预测，学生主动调用判断平衡移动方向的角度，从定性和定量两个角度解决问题。

（续表）

第二课时　可逆反应平衡移动的调控
——控制条件：浓度和压强

板书设计：

第二课时　可逆反应平衡移动的调控——控制条件：浓度和压强

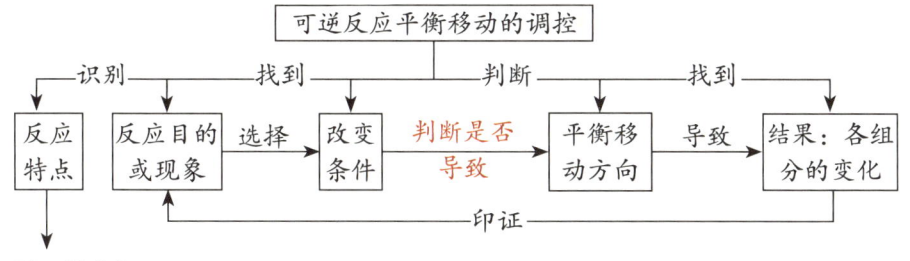

①可逆反应
②达到化学平衡状态
③压强变化时还需考虑反应物与生成物中气体系数的特点

第三课时　可逆反应平衡移动的调控
——控制条件：温度和催化剂

环节一：知识回顾	
教师活动	学生活动
【问题1】回忆温度对反应速率的影响和作用机理。 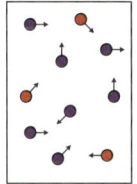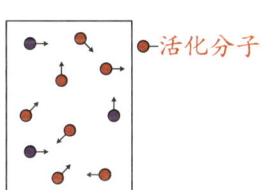 【问题2】回忆催化剂对反应速率的影响和作用机理。 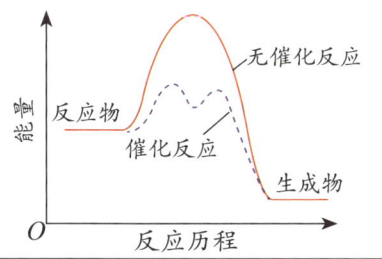	【思考回答】温度升高，反应物分子的能量增加，使一部分原来能量较低的分子变为活化分子，从而增加了反应物分子中的活化分子百分数，使得单位时间内有效碰撞的次数增加，化学反应速率增大。 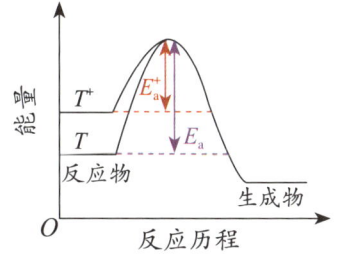 【思考回答】催化剂可以改变反应历程，降低反应的活化能，同等程度地改变正、逆反应速率。

（续表）

第三课时　可逆反应平衡移动的调控
——控制条件：温度和催化剂

环节一：知识回顾

设计意图：
　　回顾温度和催化剂对反应速率的影响，从有效碰撞理论解释作用机理，为温度对化学平衡影响的讨论奠定基础，同时发展学生的"宏观辨识与微观探析"核心素养。

环节二：探究温度对化学平衡的影响

教师活动	学生活动
【问题1】请根据已学知识预测温度对化学平衡的影响。 选择适当的实验体系，进行实验验证。 【问题2】如何选择研究体系？多变量问题如何进行研究？ 任务一：$NO_2-N_2O_4$ 实验体系分析 $2NO_2(g) \rightleftharpoons N_2O_4(g)$　$\Delta H=-56.9\ kJ·mol^{-1}$ （红棕色）　　（无色）  【问题3】以上实验是否满足选择标准要求？变量是否单一？为保证实验顺利进行，请提出相应的解决方案。	【思考回答】根据勒·夏特列原理判断温度变化引起的平衡改变：其他条件不变时，升高温度，平衡向体系温度降低的方向移动，即向吸热方向移动；降低温度，平衡向体系温度升高的方向移动，即向放热方向移动。 【思考交流】 总结得出选择实验体系的标准： （1）可逆反应——研究对象明确； （2）包含变量——变量控制，无干扰因素存在； （3）操作简单，方便演示； （4）现象明显，有颜色变化、产生气泡等。 【观察回答】由于温度的变化，两个烧瓶中气体压强也发生了变化，不能说明一定是温度变化对化学平衡的影响。

（续表）

第三课时 可逆反应平衡移动的调控 ——控制条件：温度和催化剂	
环节二：探究温度对化学平衡的影响	
教师活动	学生活动
	【思考交流】 方案1：调整压强，控制单一变量，验证温度变化时对 NO_2-N_2O_4 体系的压强是否有影响。 方案2：寻找新的实验体系，控制单一变量，如溶液体系。
【过渡】如何调整压强来控制体系的单一变量？这样会产生新的变量吗？	【回答】设计方案。 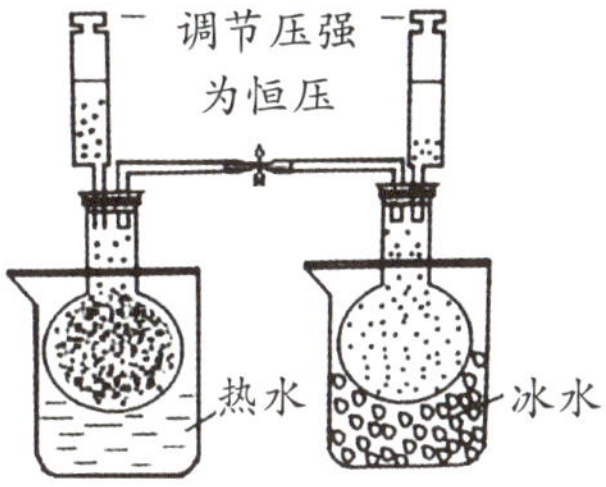 分析得出：产生新的浓度变量。
【过渡】如何验证温度变化时对 NO_2-N_2O_4 体系的压强是否有影响？	【回答】设计方案。 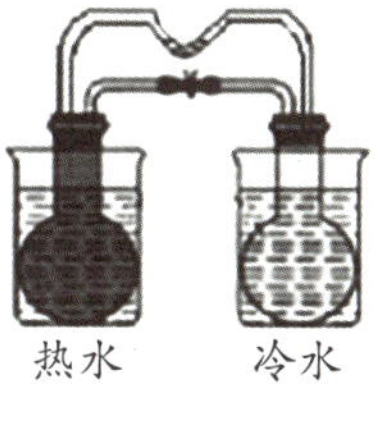
【资料】文献研究显示，利用该装置进行实验，温度变化时 NO_2-N_2O_4 体系的压强变化较小。	确定实验装置： 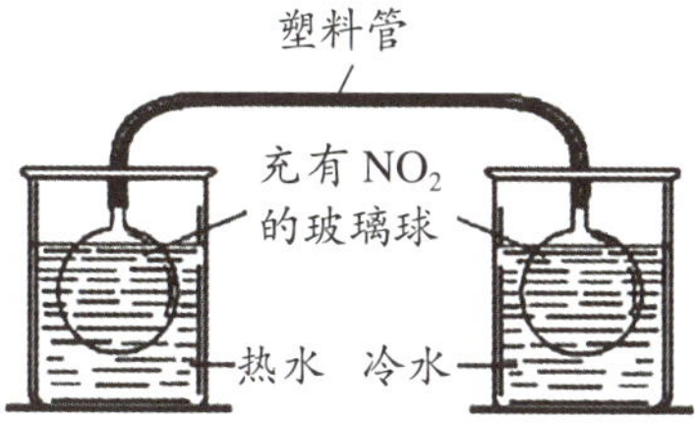

-313-

（续表）

第三课时　可逆反应平衡移动的调控 ——控制条件：温度和催化剂	
环节二：探究温度对化学平衡的影响	
教师活动	学生活动
【追问】是否能够寻找新的实验体系？	【思考回答】可以选择改变温度时无压强影响的体系即控制单一变量，如溶液体系。
【举例分析】下面的体系是否满足实验要求？在 $CuCl_2$ 溶液中存在如下平衡：$[Cu(H_2O)_4]^{2+}+4Cl^- \rightleftharpoons [CuCl_4]^{2-}+4H_2O \ \Delta H>0$ （蓝色）　　　　　（黄色）	【思考回答】为可逆反应，改变温度时无压强影响，实验操作简单，有明显的现象，满足选择体系的实验要求。
任务二：开展学生实验探究 【布置任务1】实验用品：一个 NO_2-N_2O_4 混合气体装置、一杯冷水、一杯热水。请结合实验现象分析温度对 NO_2-N_2O_4 平衡体系的影响。 【布置任务2】实验用品：$CuCl_2$ 溶液、酒精灯、试管、试管夹。请结合实验现象分析温度对 $CuCl_2$ 溶液平衡体系的影响。	【小组实验，记录现象，得出结论】   其他条件不变时，升高温度，平衡向吸热方向移动；降低温度，平衡向放热方向移动。
理论验证 【问题4】阅读范霍夫方程式相关资料，根据范霍夫方程式分析温度对平衡常数的影响，并根据浓度商 Q 与化学平衡常数 K 之间的大小分析温度对化学平衡移动方向的影响。 【总结】形成研究问题的一般思路和方法。	【分析回答】正反应放热时，温度升高，K 减小，$Q>K$，平衡逆向移动；温度降低，K 增大，$Q<K$，平衡正向移动。正反应吸热时，则反之。 【总结】 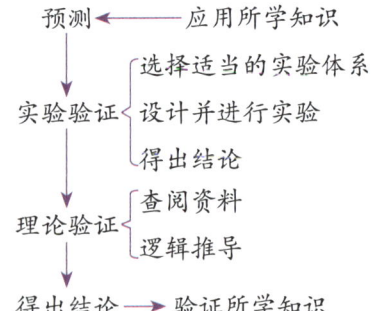

（续表）

第三课时　可逆反应平衡移动的调控
——控制条件：温度和催化剂

环节二：探究温度对化学平衡的影响
设计意图： 　　引导学生从实验验证和理论分析两个角度分析温度对化学平衡移动的影响，发展学生的"变化观念与平衡思想"核心素养。通过分析实验体系如何控制单一变量这一过程，引导学生发现和提出有探究价值的问题，从问题和假设出发，依据探究目的设计探究方案，培养学生的科学探究精神和创新意识。

环节三：催化剂对化学平衡的影响		
教师活动		学生活动
【资料分析】展示一些化学反应使用催化剂前后的活化能，感受催化剂对化学反应的影响。		【学生观察】感受加入催化剂，反应的活化能降低。

化学反应	催化剂	$E_a/(kJ·mol^{-1})$	
		无催化剂	有催化剂
$C_{12}H_{22}O_{11}$（蔗糖）+H_2O=$C_6H_{12}O_6$（葡萄糖）+$C_6H_{12}O_6$（果糖）	蔗糖酶	107	36
$2HI$=H_2+I_2	金	184	105
CH_3CHO=CH_4+CO	碘	210	136
$2H_2O_2$=$2H_2O+O_2$	过氧化氢酶	75	25

教师活动	学生活动
【过渡】根据所学，催化剂可以同等程度地改变正、逆反应速率，改变反应达到平衡所需的时间。 【引导完成】请将以上催化剂对化学反应的影响转化为速率－时间及反应物转化率－时间的图像。 【启发思考】请根据图像分析催化剂对化学平衡的影响。	【思考完成】 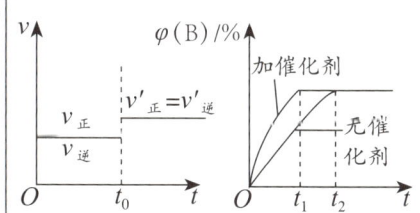 【回答】催化剂对化学平衡的移动没有影响。

设计意图：
　　通过图表的数据分析，让学生直观感受催化剂对化学反应的影响。

(续表)

第三课时　可逆反应平衡移动的调控
——控制条件：温度和催化剂

环节四：学以致用	
教师活动	学生活动
【练习】 （1）如图，曲线 a 表示放热反应 X（g）+Y（g）$\rightleftharpoons$ Z（g）+M（g）+N（s）进行过程中 X 的转化率随时间变化的关系。若要改变起始条件，使反应过程按曲线 b 进行，可采取的措施是（　　） A. 升高温度　B. X 的投入量增加 C. 加催化剂　D. 减小压强 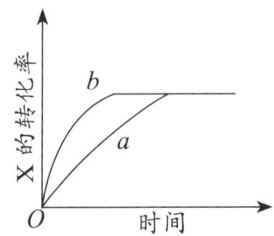 （2）在一个容积不变的密闭容器中发生反应：CO_2（g）+H_2（g）$\rightleftharpoons$ CO（g）+H_2O（g），其平衡常数 K 和温度 t 的关系如下： | t/℃	700	800	830	1 000	1 200 | |---|---|---|---|---|---|
K	0.6	0.9	1.0	1.7	2.6 | （1）该反应的平衡常数表达式 K=_____，该反应为____反应（填"吸热"或"放热"）。 （2）在 830 ℃时，向容器中充入 1 mL CO、5 mol H_2O，保持温度不变，反应平衡后，其平衡常数_____1.0（填"大于""等于"或"小于"）。 （3）在 1 200 ℃时，在某时刻反应混合物中 CO_2、H_2、CO、H_2O 的浓度分别为 2 mol·L^{-1}、2 mol·L^{-1}、4 mol·L^{-1}、4 mol·L^{-1}，则此时平衡移动方向为_____（填"正反应方向""逆反应方向"或"不移动"）。	运用所学知识，完成相关练习。

（续表）

第三课时　可逆反应平衡移动的调控
——控制条件：温度和催化剂

环节四：学以致用	
教师活动	学生活动
（4）在一个容积固定的密闭容器中进行化学反应：2X（g）+Y（s）⇌Z（g）+W（g）。若其化学平衡常数 K 和温度 t（℃）的关系如下： | t/℃ | 700 | 800 | 900 | 1 000 | 1 200 | | K | 0.6 | 0.9 | 1.3 | 1.8 | 2.7 | 对该反应的下列说法正确的是（　　） A.该反应的正反应为放热反应 B.K越大，反应物的转化率越大 C.温度不变，增加X的用量，K增大 D.达平衡后，加入催化剂，平衡向正反应方向移动	

设计意图：
巩固所学知识，评价学生的学习效果和教师的教学效果。

板书设计：

第三课时　可逆反应平衡移动的调控——控制条件：温度和催化剂

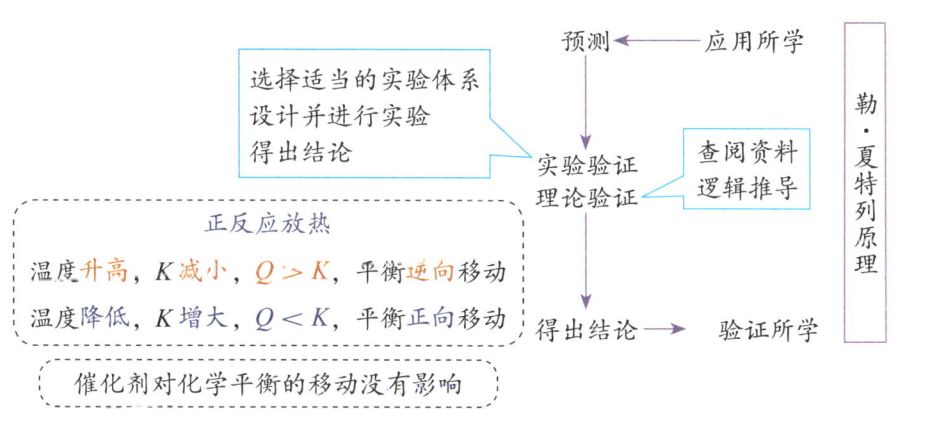

第四课时 化学反应的调控

环节一：重走合成氨之路

教师活动	学生活动
【引入】合成氨的发展史： ① 1898 年，德国化学家弗兰克用 N_2 与 CaC_2、水蒸气制得 NH_3，但成本过高，无法大规模生产。英国人克鲁克斯发出"向空气要氮肥"的号召。 ② 1902 年，德国化学家哈伯开始研究用 N_2 与 H_2 直接合成 NH_3，1908 年申请循环法合成氨的专利，1909 年申请了高压专利。 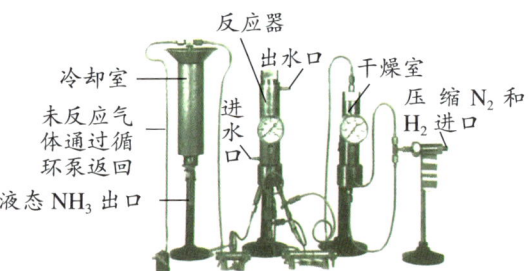 哈伯合成氨实验所用装置 在 17.5～20 MPa 及 500～600 ℃下，用锇作催化剂，氨的产量可超过 6%。 ③ 1910 年，德国化学家博施研发适合高温、高压下的合成设备。一直到 1922 年，进行了超过 2 500 种配方的 20 000 多次实验，筛选出合成氨工业用催化剂。	【倾听】了解合成氨工业的发展史，感受科学家锲而不舍、追求真理的科学态度。 【小组讨论】 哈伯合成氨的反应条件：高压、高温、催化剂。
设计意图：   通过阅读材料，培养学生形成良好的阅读习惯，提升学生获取信息、归纳总结的能力。同时，引领学生了解合成氨工业的发展史，激发学生热爱化学、学习化学的热情，唤起学生强烈的社会责任感以及锲而不舍、追求真理的精神。引领学生关注与化学相关的社会热点问题，作出正确的价值判断，践行"科学精神与社会责任"。

(续表)

第四课时　化学反应的调控

环节二：合成氨原理分析

教师活动	学生活动
$N_2(g) + 3H_2(g) \rightleftharpoons 2NH_3(g)$ $\Delta H = -92.4\ kJ \cdot mol^{-1}$ 【讨论探究】根据合成氨反应的特点，应如何选择反应条件，以增大合成氨的反应速率、提高平衡混合物中氨的含量？ 	对合成氨反应的影响	影响因素			
---	---	---	---	---
	浓度	温度	压强	催化剂
增大合成氨的反应速率				
提高平衡混合物中氨的含量				| 【发现问题】增大反应速率需要高温与提高氨的含量需要低温产生矛盾，如何解决？ 【思考探究】工业生产中应该考虑哪些问题呢？	【小组讨论回答】 （1）可逆反应； （2）正反应为放热反应； （3）正反应为气体体积减小的反应。 | 对合成氨反应的影响	影响因素			
---	---	---	---	---
	浓度	温度	压强	催化剂
增大合成氨的反应速率	增大反应物浓度	高温	高压	使用
提高平衡混合物中氨的含量	增大反应物浓度、减小生成物浓度	低温	高压	无影响	 【小组合作探究】速率、产率、经济、成本、安全条件和设备条件等。

设计意图：
　　从化学反应速率和化学平衡两个维度对合成氨反应进行分析，选择各自对应的条件，发现增大反应速率需要高温与提高氨的含量需要低温产生矛盾。引导学生从实际出发，探究工业生产中应该考虑的问题，理论联系实际，解决实际问题，使学生养成有序思维的习惯。宏微结合解决问题体现"宏观辨识与微观探析"。

环节三：探究合成氨的反应条件

教师活动	学生活动
【探究问题一：压强的选择】 400 ℃下平衡时 NH_3 的体积分数随压强的变化 （纵轴：NH_3 的体积分数/%；横轴：压强/MPa） 压强的选择——成本与效益的博弈。 目前，我国的合成氨工厂一般采用的压强为 10～30 MPa。	【小组讨论，归纳总结】 压强越大，反应速率、转化率越大，但是对材料的强度和设备的制造要求也越高，需要的动力也越大，这将会大大增加生产投资，并可能降低综合经济效益。

(续表)

第四课时　化学反应的调控	
环节三：探究合成氨的反应条件	
教师活动	学生活动
【探究问题二：温度的选择】 10 MPa下平衡时NH_3的体积分数随温度的变化 （纵轴：NH_3的体积分数/%，横轴：温度/℃，200~600） 温度的选择——快与少、慢与多的权衡。	【小组讨论，归纳总结】 低温能提高平衡转化率，但会使化学反应速率减慢，达到平衡所需时间变长，这在工业生产中是很不经济的，且催化剂在500 ℃时活性最大。
【探究问题三：浓度的选择】 合成氨生产流程示意图 （N_2+H_2 → 干燥净化 → 压缩机加压 10~30 MPa → 热交换 → 铁触媒 400~500 ℃ → 冷却 → 液态NH_3；未反应的N_2和H_2循环使用；利用反应放热来预热反应物；液化NH_3，减小生成物浓度，促进平衡正移） 不断补充反应物或者及时分离生成物有利于工业生产。	【小组讨论，归纳总结】 （1）迅速冷却氨气成液态并及时分离。 （2）将氨分离后的原料气循环使用，并及时补充氮气和氢气，使反应物保持一定的浓度。 （3）利用反应放出的热量来预热反应物，合理、高效地利用能源。
【探究问题四：催化剂的选择】 铁触媒 目前，合成氨工业中普遍使用的是以铁为主体的多成分催化剂，又称"铁触媒"。	【小组讨论，归纳总结】 催化剂能改变反应历程、降低反应的活化能，使反应物在较低温度时能较快地进行反应。 （1）催化剂铁触媒在500 ℃左右时的活性最大。 （2）混有的杂质使催化剂"中毒"，原料气必须经过净化。

（续表）

第四课时　化学反应的调控	
环节三：探究合成氨的反应条件	
教师活动	学生活动
哈伯（1918年）合成氨的基础开发工作 → 博施（1931年）实现了合成氨的工业化 → 埃特尔（2007年）揭开了合成氨的催化反应机理之谜 "合成氨"里的中国人：2016年中国科学院大连化学物理研究所研究团队研制合成了一种新型催化剂，将合成氨的温度、压强分别降到了350℃、1 MPa，更加节能、降低成本。 【小试牛刀】 在硫酸工业中，通过下列反应使 SO_2 转化成 SO_3：$2SO_2(g)+O_2(g) \rightleftharpoons 2SO_3(g)$ $\Delta H=-196.6$ kJ·mol^{-1}（已知制备 SO_3 的过程中催化剂使用的是 V_2O_5，在 400～500℃ 效果最好）。下表为不同温度和压强下二氧化硫的转化率。 | 温度/℃	平衡时 SO_2 的转化率/% ||||| |	0.1 MPa	0.5 MPa	1 MPa	5 MPa	10 MPa
450	97.5	98.9	99.2	99.6	99.7
550	85.6	92.9	94.9	97.7	98.3 | （1）从理论上分析，为了使 SO_2 尽可能多地转化为 SO_3，应选择的条件是_____。 （2）在实际生产中，选定的温度为 400～500℃，原因是_____。 （3）在实际生产中，采用的压强为常压，原因是_____。 （4）在实际生产中，通入过量的空气，原因是_____。 （5）尾气中的 SO_2 必须回收，原因是_____。	铭记这些在合成氨工业上取得突出成就的科学家。 为中国科学家取得的成就而自豪，立志努力学好化学。 【小组讨论回答】 （1）常压、450℃、催化剂。 （2）此温度下催化效果最好。 （3）常压下转化率已经很高。 （4）增大反应物浓度，提高 SO_2 的转化率。 （5）防止污染环境，提高原料的利用率。
设计意图： 　　引领学生从压强、温度、浓度和催化剂四个维度探究外界条件对合成氨反应速率和平衡时氨含量的影响。在成本与效益间博弈，在快与少、慢与多间权衡，从实际出发选择合适的反应条件，以求效益的最大化。准确提取实质性证据并进行整合加工，培养学生获取信息与加工的能力，强化证据识别与推理的能力。	

（续表）

第四课时　化学反应的调控	
环节四：竞争反应中的转化率与选择性	
教师活动	学生活动
【案例分析】 用 CO_2 制备 CH_3OH 可实现 CO_2 的能源化利用，反应如下： $CO_2(g)+3H_2(g) \rightleftharpoons CH_3OH(g)+H_2O(g)$ $\Delta H=-49.1$ kJ·mol^{-1}（主反应） 用 CO_2 制备 CH_3OH 的过程中存在以下副反应： $CO_2(g)+H_2(g) \rightleftharpoons CO(g)+H_2O(g)$ $\Delta H=+41.2$ kJ·mol^{-1}（副反应） 为提高主反应中 CO_2 的平衡转化率和 CH_3OH 的平衡产率，可以采取的措施是（　　） A．降低温度　　　　B．增大反应的压强 C．使用更高效催化剂　D．液化分离出 CH_3OH 已知：将反应物混合气体按进料比 $n(CO_2):n(H_2)=1:3$ 通入反应装置，选择合适的催化剂发生反应，不同温度和压强下 CH_3OH 的平衡产率和 CO_2 的平衡转化率分别如图所示。 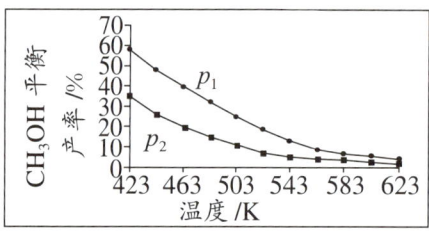 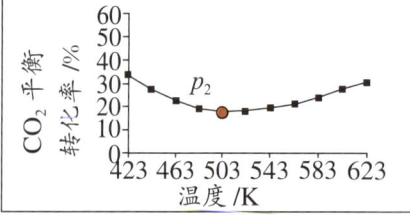	【小组讨论，归纳总结】 在教师的引领下，厘清主次反应的竞争关系，寻找决定因素，从平衡转化率和平衡产率两个维度对比分析，确定转化的条件。 为同时提高 CO_2 的平衡转化率和 CH_3OH 的平衡产率，应选择的反应条件为：在满足催化剂活性和设备允许的情况下，温度低于 503 K、增大压强、分离出 CH_3OH。

（续表）

第四课时　化学反应的调控	
环节四：竞争反应中的转化率与选择性	
教师活动	学生活动
【教师引导分析】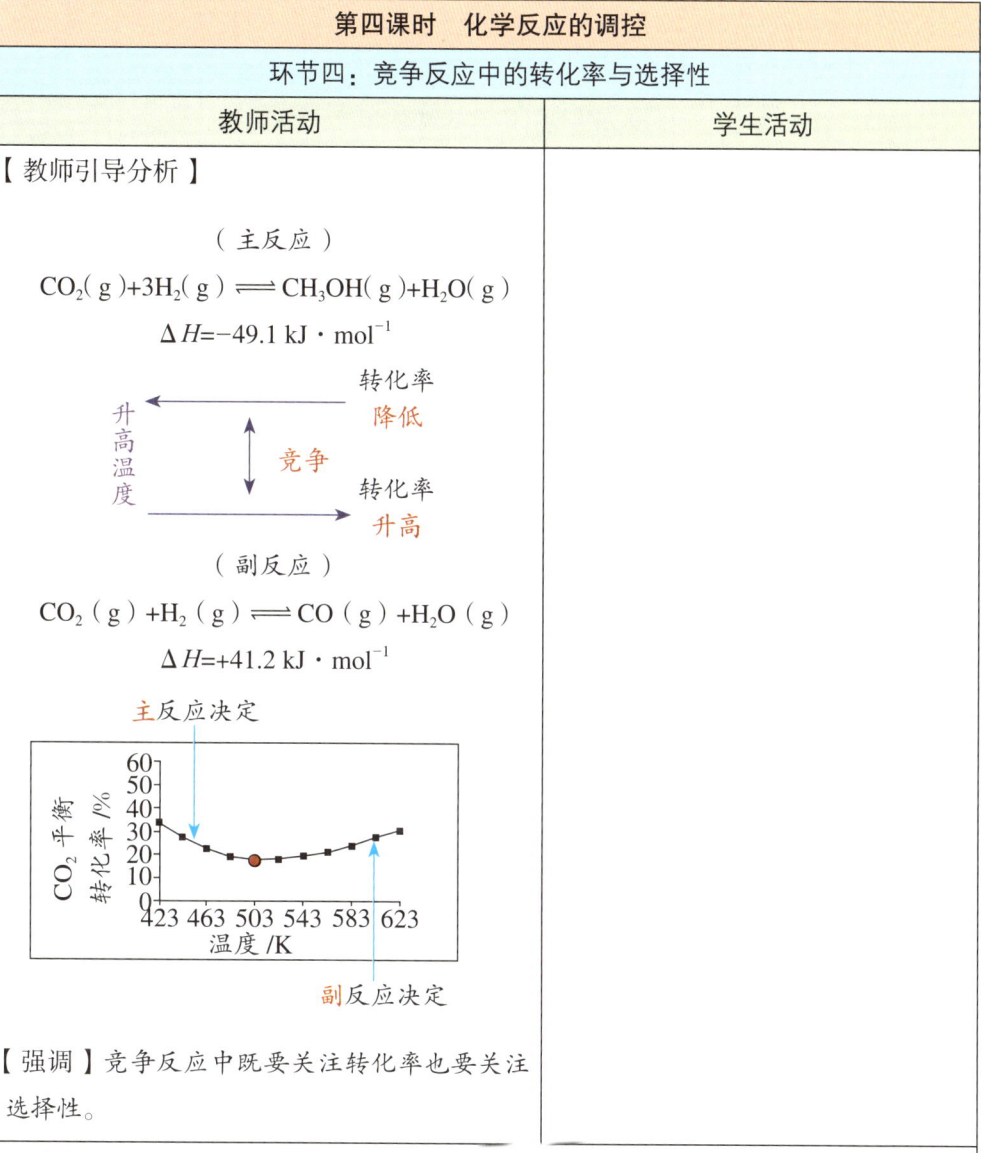【强调】竞争反应中既要关注转化率也要关注选择性。	

设计意图：

由单一的平衡迁移到多平衡的竞争体系，引领学生分辨主次，寻找决定因素，综合分析转化率与产率，形成应用化学平衡移动原理解决实际问题的认知模型，凸显"证据推理与模型认知"，最终达到调控化学反应的目的，让学生感受到化学的魅力所在。

（续表）

第四课时　化学反应的调控
板书设计： 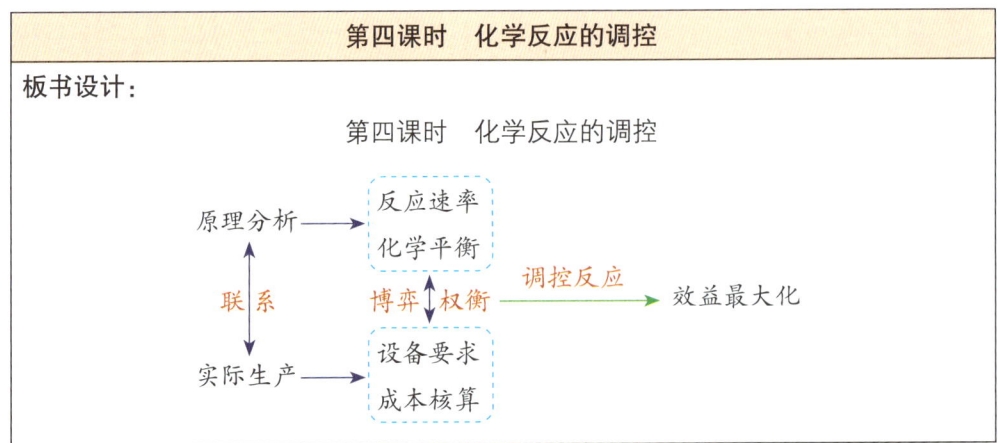

六、学科大概念统摄下的大单元教学设计及教学反思

1. 大单元教学设计特色说明

（1）重视认知模型的建立

学科大概念是指学科内具体知识背后更为本质、更为核心的思想，基于大概念下的教学，能帮助学生在一个相对集中的时间内深入学习与一个大概念相关联的知识。授课过程帮助学生建立具体知识与大概念之间的对接，强化学生对化学平衡的全面理解和认识，让学生经历并体验实际问题的解决过程，帮助学生将知识转化为认识，能应用所学知识灵活解决实际问题。

本单元设计以"可逆反应存在限度、外界条件可以影响平衡移动"进行统领，首先从化学平衡常数定性和定量地认识化学平衡状态，经历外界条件对化学平衡的影响探究，感受化学平衡的移动并利用条件的控制来调控反应方向，从而达到化学为生产生活服务的目的。

（2）重视化学史实的使用

化学史是化学科学形成和发展的历史，是人类探索和改造世界的历史，是培养高中生化学核心素养的重要资源。本单元的设计重视化学史的使用，每个课时的研究基于化学知识历史的发展和系统的描述，从历史上的科学家或当时的社会背景出发，揭示化学理论及定律提出过程中所蕴含的科学方法、科学思想和科学意义。让学生在好奇心和兴趣的牵引下，能在历史的动态演变中细细领悟化学理论的形成和发展，学习科学家在发现问题时的应对策略。

（3）重视知识的活动化

认识源自活动，本单元每课时都创设了能够让学生经历"探究、合作、交流、实践"的课堂学习活动。这些活动的创设，不仅能唤起学生的参与热情，激发学生的学习愿望和乐趣，也能激发学生的思维，让学生在质疑、对话、释疑等过程中，形成深度学习思维，提高学生的思维品质，同时还有助于发展学生的"证据推理""科学探究"等核心素养。

2. 大单元教学设计教学反思

本单元设计是基于"变化观念与平衡思想"的认知和应用知识解决实际问题的单元新授课。通过学科概念如化学反应限度、化学平衡状态、化学平衡常数、化学反应方向等的深度学习，理解知识间的内涵和逻辑，探究调控化学反应方向的影响因素，运用化学原理解决实际问题。通过经历与体验，使学生真正形成变化观念和平衡思想。同时，在帮助学生构建知识间的内涵和逻辑的基础上，通过分析、推理等方法认识研究对象的本质特征，在科学探究的过程中能发现和提出有探究价值的问题。从问题和假设出发，依据探究目的设计探究方案，运用化学实验进行实验探究。

本单元设计共分为四课时。第一课时从化学反应存在限度入手，利用史料中反应物、生成物的浓度数理关系，归纳出一般可逆反应的平衡常数表达式。通过对不同类型化学反应的平衡常数进行计算，寻找单因素变量，归纳总结化学平衡常数的影响因素。通过具体化学反应状态的分析，讨论浓度商 Q 与化学平衡常数 K 之间的大小，进而判断化学反应是否处于平衡状态，使学生在解决问题的过程中形成数据处理的一般思路和方法，从定性和定量两个角度再次认识化学平衡移动，养成有序思维，发展学生的"变化观念与平衡思想"核心素养。第二、三课时聚焦化学平衡的影响因素，从实验探究和理论分析两个角度研究浓度、压强、温度和催化剂对化学平衡的影响。在这两个课时中，重在定性判据"勒·夏特列原理"和定量判据"Q 与 K 比较的实际应用"，旨在让学生在探究外界因素对化学平衡影响的过程中，不断提升科学素养。在科学探究能力方面，使学生的科学探究能力在学习中不断得到积累与增强；在问题解决能力方面，使学生能应用所学的知识定性分析问题、定量研究问题，从而使学生的分析推理等能力得到发展。工业合成氨是化学反应速率、平衡原理在实践中成功应用的典型案例。第四课时以工业合成氨为例，利用史料，通过创设情境和学生活动，不断探究合成氨的原理、条件的选择、化学反应限度等。从化学反应速率与化学平衡两个维度出发，开展成本与效益的博弈，使合成氨反应向所需要的方向进行，以达到人类生活发展的实际需要。工业合成氨的发明过程，包含着化学家的创造性和光辉的科学思想，通过本课时的学习，让学生深刻感受化学知识在实际中的应用，感悟到学科真正的社会价值。

在四课时的教学中，我们均采用问题解决或任务驱动的教与学方式进行，通过独立思考—小组讨论—分享交流—归纳总结等学习过程，最终完成对可逆反应存在限度这一重点知识的建构。通过外界条件影响化学平衡的探究，实现了对化学反应进行调控。在四课时的教学中，都非常重视发展学生获取信息，并基于证据进行科学推理的素养，提升学生分析和解决问题的能力。

总之，基于大概念下的大单元教学设计是一种思维方式的转变，是在现有的教学模式上打破固有的思维模式，需要我们基于课标、基于教材、基于学情，建立整体性的教学思路，从而促进学生深度发展。大单元教学中，学生不再是被动的接受者，而是课堂的建构者，教师则转变为组织者、引领者和资源的提供者。

北京实验学校　安金利
北师大附中平谷第一分校　韩晓雨、蒋淑华、范小青
北京市和平街第一中学　高岚

案例 ❻ 水溶液中的离子反应与平衡

一、学科大概念统摄下的大单元教学背景分析

1. 大单元教学主题确定

《普通高中化学课程标准（2017年版2020年修订）》强调，学科核心素养是学科育人价值的集中体现，是学生通过学科学习而逐步形成的正确价值观、必备品格和关键能力。在必修课程阶段，突出化学基本观念（大概念）的统领作用，重视培养学生从宏观和微观相结合的视角分析与解决实际问题；具有证据意识，能基于证据对物质组成、结构及其变化提出可能的假设，通过分析推理加以证实或证伪，建立观点、结论和证据之间的逻辑关系；能多角度、动态地分析化学变化，运用化学反应原理解决简单的实际问题；通过分析、推理等方法认识研究对象的本质特征、构成要素及其相互关系，建立认知模型，并能运用模型解释化学现象，揭示现象的本质和规律，形成化学学科的思想和方法。

化学课程标准倡导真实问题情境的创设，开展以化学实验为主的多种探究活动，重视教学内容的结构化设计，激发学生学习化学的兴趣，促进学生学习方式的转变，培养创新精神和实践能力。化学科学与生产生活和科学技术的发展有着密切的联系，对社会发展、科技进步和人类生活质量的提高有着广泛而深刻的影响。教学中应重视创设真实且富有价值的问题情境，紧密联系生产生活实际，使学生认识到化学能够创造更多物质财富满足人们日益增长的美好生活需要，有利于学生知识视野的拓宽，感悟科学、技术、社会和环境的相互影响，使学生能综合运用所学知识解释和解决有关的STSE问题，促进学生化学学科核心素养的形成和发展（图4-3）。

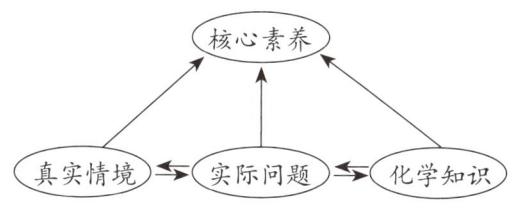

图4-3 核心素养形成和发展的途径

本单元设计选取真实情境素材,通过真实问题情境链:海水酸化的原因、海水呈弱碱性的原因以及海水酸化的危害,帮助学生建立弱电解质的电离平衡、盐类的水解平衡、难溶电解质的沉淀溶解平衡(图4-4),进一步深化微粒观、平衡观和守恒观,体会化学原理知识在实际生产生活中的应用价值,同时渗透"宏观辨识与微观探析""变化观念与平衡思想""证据推理与模型认知""实验探

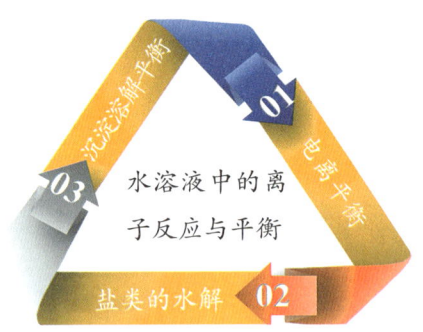

图4-4 "水溶液中的离子反应与平衡"教学环节

究与创新意识""科学态度与社会责任"化学学科核心素养。通过本单元的学习,使学生意识到:整个自然界实际上就是各类物质相互依存、各种变化相互制约的复杂的平衡体系,离子平衡是其中的一个重要方面。这种理念在教学中的贯彻对学生在学习过程中开阔思路、完善知识体系有很大帮助。

2. 大单元教学内容分析

(1) 在教材中的地位和作用

人教版高中化学教材《化学反应原理》第三章是"水溶液中的离子反应与平衡"。水溶液中的离子平衡与化学平衡密切相关,本单元内容从知识结构上看是对化学平衡理论的具体应用与拓展,进一步探讨水溶液中离子间的相互作用及平衡,内容比较丰富,理论与实际、知识与技能兼而有之。电离平衡、水解平衡、沉淀溶解平衡的过程分析,体现了化学理论的指导作用;pH的应用、盐类水解反应的应用、沉淀反应的应用等,展示了相关知识在生产生活中的应用价值。因此,本单元内容不仅有展示相关知识价值的作用,还有巩固、加深学生对相关知识理解的作用。

(2) 在教学中的功能和价值

本单元内容设置单元化的教学,强调教学内容及教学过程系统性的设计,有利于帮助学生建构完整的学科体系和学科观念,形成完整的平衡知识体系,加深学生对已学过的强弱电解质、离子反应和离子方程式等知识的理解,促进化学学科核心素养的发展。教学活动中,通过多样化的实验探究学习任务,结合具体的化学教学内容的特点和学生的实际,引导学生开展分类与概括、证据与推理、模型与解释、符号与表征等具有学科特质的学习活动,引导学生通过小组合作、实验探究、讨论交流等多样化方式解决问题。

3. 大单元教学学情分析

（1）学生已有知识与能力

学生已经初步建立了化学平衡的观点，熟练掌握了化学平衡的理论知识，能够运用勒·夏特列原理（定性）和化学平衡常数（定量）分析浓度、温度等外界条件对化学平衡移动的影响，学生能够比较顺利地分析、解决化学平衡问题。但水溶液中的离子反应与平衡比较抽象，学生虽然已经学习了水的电离，知道水是一种极弱的电解质，且水分子之间存在微弱的相互作用，但仅依靠对溶液中的微粒较为粗浅的认知，理解水溶液中复杂平衡体系的微观本质对学生依然是一个难点。

（2）学生学习障碍点

本单元内容是学生在整个中学阶段学习的重点和难点，学生在处理这部分内容所涉及的学科问题时，往往对溶液中同时存在多组平衡理解不清，容易混淆平衡的影响因素和移动结果，究其根本是缺乏对平衡问题整体性的理解与把握。

从具体知识结构来看，化学平衡、电离平衡、水解平衡和溶解平衡是研究电解质在溶液中发生各种变化的理论基础，而电离理论又是联系化学平衡与溶解平衡的纽带，是研究物质在水溶液中行为的重要环节，学生能否从一般的化学平衡原理过渡到水溶液中的平衡可能存在问题。

（3）学生学习发展点

①促进粒子观、变化观、平衡观等学科观念进一步建构，外显核心素养。本单元设计围绕水溶液中的离子反应及平衡的核心知识，帮助学生建构粒子观、变化观、平衡观等学科观念，引导学生从溶液中存在的粒子、粒子间的变化、粒子间建立的平衡等视角认识水溶液中的反应，提炼学科观念和思维方法。

②将理论知识与实际应用相结合。本单元化学理论的应用内容较为丰富，呈现方式多样。例如，从盐酸和醋酸在生活中用途的差异，介绍强、弱电解质的概念；结合盐类水解知识认识净水、氧化物制备等的原理；结合沉淀溶解平衡，展示化学沉淀法处理废水的工艺流程。既体现了化学理论的应用价值，又有助于激发学生的学习兴趣。

二、学科大概念统摄下的大单元知识结构图

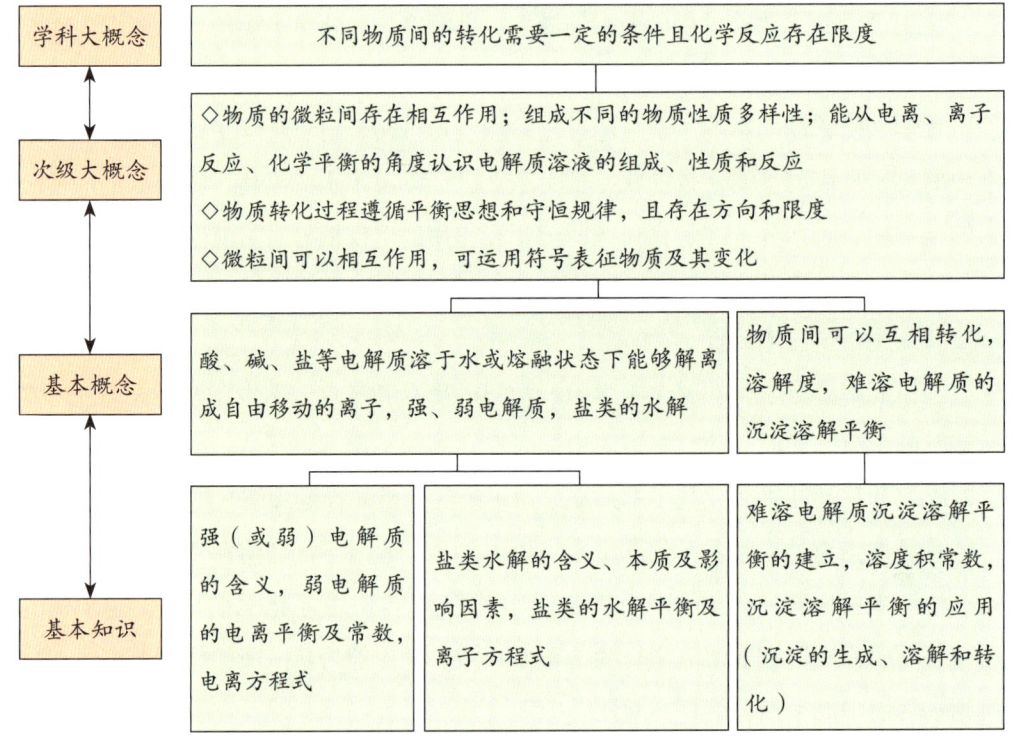

三、学科大概念统摄下的大单元教学与评价目标设计

1. 教学目标

（1）通过"宏观－符号－微观"的三重表征认识弱电解质的电离平衡，初步形成从微观视角分析水溶液的思路。

（2）通过盐类水解本质的分析，培养学生透过现象看本质的科学观。

（3）通过分析水溶液中微粒间的相互作用，关注水溶液体系的特点，建立分析模型。

（4）通过数字化实验，认识难溶电解质的沉淀溶解平衡，建立"沉淀 $\rightleftharpoons$ 溶解"的微观动态过程，能运用平衡移动的原理解释沉淀的生成、溶解与转化。

（5）通过分析预测、实验验证、结论论证，发展学生的"宏观辨识与微观探析""证据推理与模型认知"化学学科核心素养，培养系统思维能力。

（6）通过问题驱动，引导学生自主学习、合作学习，并培养学生分析、解决问题的能力。

2. 评价目标

（1）能从电离、离子反应、化学平衡的角度分析溶液的性质；能用化学用语正确表示水溶液中的离子反应与平衡，能通过实验证明水溶液中存在离子平衡，能举例说明离子反应与平衡在生产生活中的应用。

（2）能结合化学平衡的知识，从溶液中平衡的建立、反应条件对平衡的影响及平衡常数，总结弱电解质的电离平衡、盐类的水解平衡和沉淀溶解平衡，建构思维模型；能从粒子、反应和平衡的角度认识水溶液中的离子反应与平衡，发展粒子观、变化观和平衡观。

（3）能综合运用离子反应、化学平衡原理，分析和解决生产生活中有关电解质溶液的实际问题，形成化学学科的思想和方法，发展学生的"科学探究与创新意识""宏观辨识与微观探析""变化观念"等化学学科核心素养。

四、学科大概念统摄下的大单元规划流程图

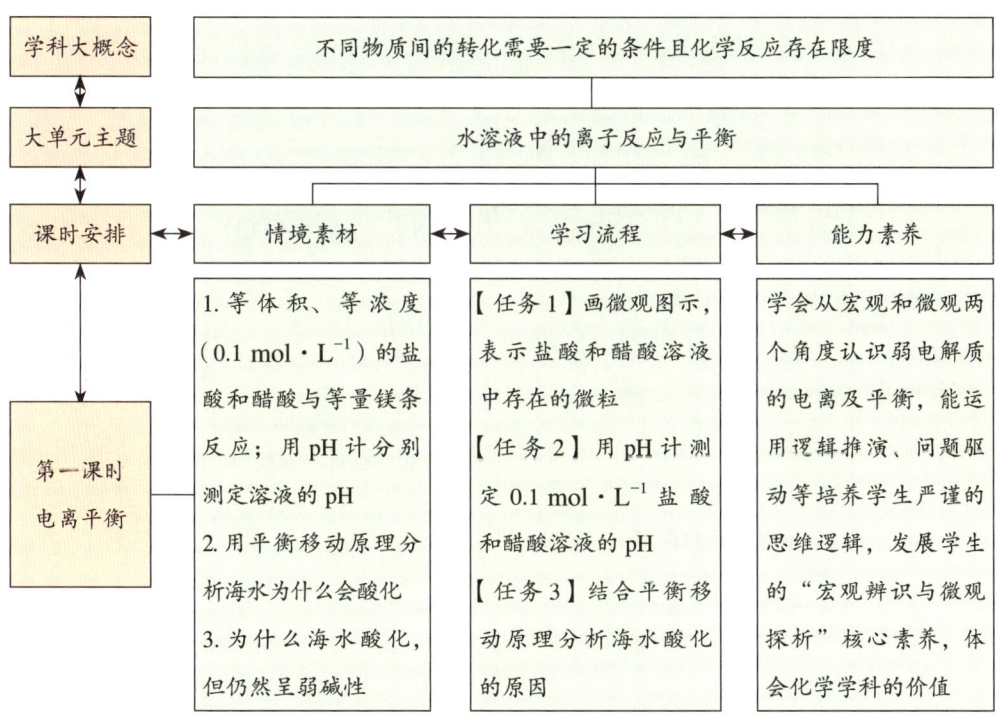

五、学科大概念统摄下的大单元教学流程设计

第一课时　电离平衡	
环节一：创设情境，引入新课	
教师活动	学生活动
【任务一】分别画出盐酸和醋酸溶液中存在的微粒。 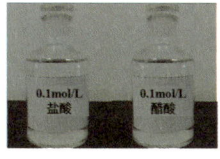	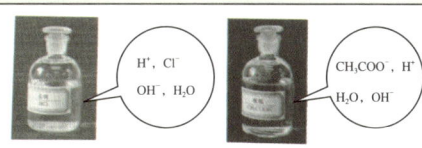
【演示实验】等体积、等浓度（0.1 mol·L^{-1}）的盐酸和醋酸与等量镁条反应。	【观察现象，回答】盐酸产生气泡的速率快。
【提问】 （1）该反应的实质是什么？ （2）影响化学反应速率的因素是什么？	【思考回答】 （1）$Mg + 2H^+ = Mg^{2+} + H_2\uparrow$ （2）影响反应速率的因素是 $c(H^+)$。
【追问】如何测得溶液的酸碱度？	【回答】用酸碱指示剂、pH试纸。
【任务二】分别用pH计测定 0.1 mol·L^{-1} 盐酸和醋酸溶液的pH。 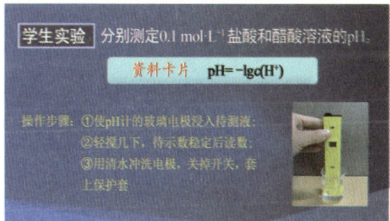	【学生实验】
【引导】结合电离方程式比较等浓度盐酸和醋酸溶液中的氢离子浓度，你能发现什么问题？ 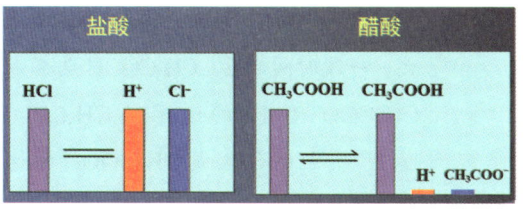	【推理计算】 $HCl = H^+ + Cl^-$ 0.1 mol·L^{-1}　0.1 mol·L^{-1} $CH_3COOH \rightleftharpoons CH_3COO^- + H^+$ 0.1 mol·L^{-1}　　　0.001 mol·L^{-1} 【讨论交流】醋酸溶液中只有少量的H$^+$，还剩余大量的醋酸分子。 

(续表)

第一课时　电离平衡
环节一：创设情境，引入新课
设计意图： 　　电解质在水溶液中发生电离，画出微粒图，通过演示实验产生认知冲突。运用问题驱动，从宏观表征"同浓度、同体积的盐酸和醋酸分别与打磨过的相同长度的镁条反应，盐酸产生的气泡快"过渡到微观表征"同浓度的两种酸溶液中 $c(H^+)$ 不同"，充分引导学生进行演绎推理，认识到醋酸的不完全电离。
环节二：宏微结合，加深认识

教师活动	学生活动
【讲述】像盐酸这种能够在水溶液中完全电离的电解质称为强电解质，如强酸、强碱、盐。而像醋酸这种在水溶液中绝大部分以分子形式存在，只能发生部分电离的电解质称为弱电解质，如弱酸、弱碱、水。	【聆听】
【任务】从微粒间相互作用的角度，如何理解醋酸的部分电离？	【讨论回答】
【追问】画出醋酸进入水溶液之后电离和结合过程的 v-t 图。	【分析】 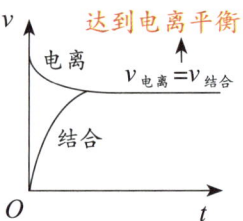
【讲述】在一定条件下，当弱电解质分子电离成离子的速率和离子重新结合生成分子的速率相等时，电离过程就达到了平衡状态，叫电离平衡。	
	【讨论】CH_3COOH 进入水溶液后，此时 CH_3COOH 浓度最大。因此，其电离速率最大，结合速率最小。随后 CH_3COOH 的电离速率随其浓度的减小而减小，同时 CH_3COO^- 和 H^+ 的浓度逐渐增大，因此结合速率不断增大。一段时间之后，CH_3COOH 电离成 CH_3COO^- 和 H^+ 的速率与 CH_3COO^- 和 H^+ 重新结合生成 CH_3COOH 的速率相等，达到平衡状态。

(续表)

第一课时 电离平衡
环节二：宏微结合，加深认识

设计意图：

本环节以问题引导学生自主学习、建构知识。设计的问题体现了对学生思维的导向，即提示学生运用化学平衡的理论类比、迁移学习电离平衡的知识，将电离平衡的新知识内化到化学平衡的体系中，初步形成从微观视角分析水溶液的思路。同时，采用小组合作学习的方式，充分调动学生学习的积极性。

环节三：真实情境，应用提升	
教师活动	学生活动
【任务】阅读资料，试用平衡移动原理分析海水为什么会酸化。 **资料卡片**：海洋酸化是指海水吸收了空气中过量的二氧化碳，导致酸碱度降低的现象。由于海水具有可吸收大气中二氧化碳的特性，长期以来一直发挥着阻止地球温室效应的作用。不过，海水呈弱碱性，海洋表层水的pH约为8.2。工业革命以来，人类活动释放的CO_2有超过1/3被海洋吸收，使表层海水的pH下降了0.1。海水酸性的增加，将改变海水化学环境的种种平衡，使依赖于化学环境稳定性的多种海洋生物乃至生态系统面临巨大威胁。 【讲述】与化学平衡类似，电离平衡的平衡常数叫作电离常数，以醋酸为例，其电离常数为： $$K=\frac{c_{平}(CH_3COO^-) \cdot c_{平}(H^+)}{c_{平}(CH_3COOH)}$$ K表示醋酸的电离程度，K值越大意味着电离程度越大。	【阅读资料】 【分析并回答问题】 $CO_2 + H_2O \rightleftharpoons H_2CO_3$ $H_2CO_3 \rightleftharpoons 2H^+ + CO_3^{2-}$

（续表）

第一课时　电离平衡	
环节三：真实情境，应用提升	
教师活动	学生活动
【提问】根据所给表格能获取哪些信息？ | 弱酸	电离常数 | |---|---| | CH_3COOH | $K=1.75\times10^{-5}$ | | H_2CO_3 | $K_1=4.4\times10^{-7}$　　$K_2=4.7\times10^{-11}$ | 【归纳】多元弱酸是分步电离的，$K_1>K_2>K_3$。 多元弱酸的酸性由第一步电离决定。 【提问】为什么海水酸化，但仍然呈弱碱性？ 【小结】本节课通过弱电解质的电离平衡，初步形成了从微观视角分析水溶液的思路，能够有效地学习水溶液中的离子平衡体系。接下来，我们将会继续对海水呈弱碱性的问题进行探讨。	【分析并回答问题】 碳酸的电离常数有两个，分两步电离，两个氢离子分步电离，且$K_1>K_2$。 【更正】 $CO_2 + H_2O \rightleftharpoons H_2CO_3$ $H_2CO_3 \rightleftharpoons H^+ + HCO_3^-$ $HCO_3^- \rightleftharpoons H^+ + CO_3^{2-}$

设计意图：

　　本环节是对本节课所学知识的运用，目的是巩固内化知识，检验学生对知识的掌握程度，提高学生综合应用知识解决真实情境问题的能力，进一步落实多元弱酸的分步电离，培养学生阅读资料提取有效信息的能力。同时，提出问题，为下一节学习盐类的水解平衡埋下伏笔。

板书设计：

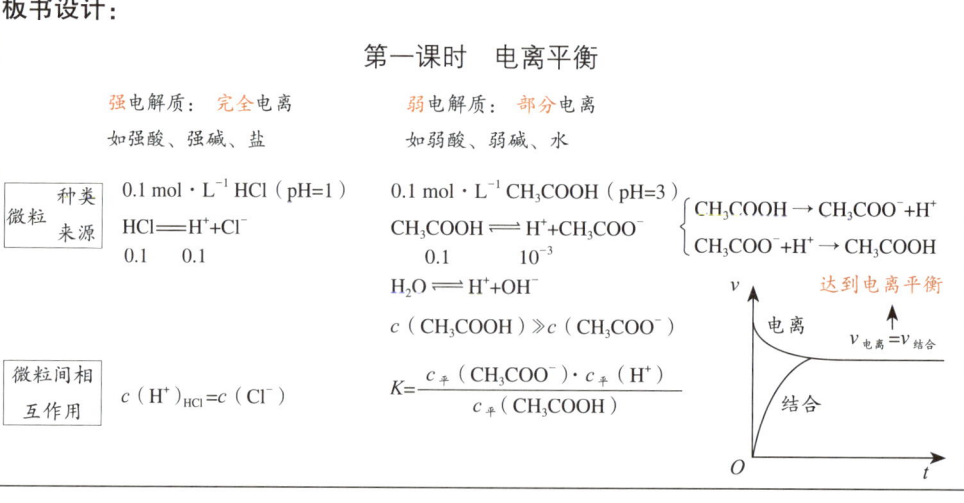

第一课时　电离平衡

第二课时　盐类的水解

环节一：创设情境，引入新课

教师活动	学生活动
【新课引入】海水吸收过量CO_2，会导致海水酸化，但为什么海水呈弱碱性？ **资料卡片**：海水中溶解的盐分会产生各种离子，如Na^+、Mg^{2+}、Ca^{2+}、K^+、Cl^-、SO_4^{2-}、CO_3^{2-}、HCO_3^-等。海水呈弱碱性，海洋表层水的pH约为8。 【设问】碳酸钠溶液呈碱性，那么其他盐溶液是否也会表现出一定的酸碱性呢？	【回答】海水中有碳酸钠，Na_2CO_3溶液是呈碱性的。 【回答】不同回答：可能；不会；不确定。

设计意图：
　　承接上一节课的问题，继续运用海水问题引入新课，使学生充分感受盐类水解与自然界、生产生活的密切关联，产生浓厚的学科兴趣。

环节二：实验探究，建构模型

教师活动	学生活动
【讲述】以醋酸钠为例，进行探究。 【演示实验】用pH计测定$0.5\ mol·L^{-1}\ CH_3COONa$溶液的pH。 【讲述】$CH_3COONa$溶液呈碱性。 【提问】溶液呈碱性最直接的原因是什么？ 【追问】$c(OH^-)$和$c(H^+)$来源于哪里？ 【任务】试着分析CH_3COONa溶液中都存在哪些微粒，这些微粒是如何产生的？ 【提问】在CH_3COONa溶液体系中，H^+、OH^-均来源于H_2O的电离，H_2O电离产生的$c(OH^-)$ $= c(H^+)$，为什么测得溶液中$c(OH^-) > c(H^+)$？	【观察现象并回答】 CH_3COONa溶液的pH为9.1。 【回答】$c(OH^-) > c(H^+)$。 【回答】水的电离。 【回答】溶液中存在水的电离和CH_3COONa的电离。 $CH_3COONa = CH_3COO^- + Na^+$ $H_2O \rightleftharpoons H^+ + OH^-$ 【分组讨论交流】

（续表）

第二课时　盐类的水解	
环节二：实验探究，构建模型	
教师活动	学生活动
【归纳】通过分析"微粒的种类、来源""微粒间相互作用""作用结果（盐溶液的酸碱性）"，得出 CH_3COONa 溶液显碱性的原因。 【讲述】醋酸钠水解的过程可表示为： $CH_3COO^- + H_2O \rightleftharpoons CH_3COOH + OH^-$ H_2O 部分电离仍保留分子式，H_2O 电离产生的 H^+ 被 CH_3COO^- 结合生成 CH_3COOH，导致 $c(OH^-)>c(H^+)$，溶液呈现碱性。这称作盐类水解的离子方程式。 【板书】 $CH_3COO^- + H_2O \rightleftharpoons CH_3COOH + OH^-$	【汇报】醋酸根会与氢离子结合生成醋酸，$CH_3COO^- + H^+ \rightleftharpoons CH_3COOH$。该反应促进了水的电离，溶液中的 $c(OH^-)$ 增大，导致溶液中的 $c(OH^-)>c(H^+)$，因此溶液呈碱性。

设计意图：

利用实验现象，使微观粒子之间的相互作用外显化。宏微结合，引导学生初步建立盐溶液酸碱性分析的基本思路——"微粒的种类、来源""微粒间相互作用""作用结果（盐溶液的酸碱性）"，初步形成盐类水解的概念，建构体系中微粒间的相互作用、水的电离平衡及移动、盐溶液的酸碱性等整体性认识。

环节三：迁移应用，归纳提升	
教师活动	学生活动
【任务一】分析 NH_4Cl 溶液的酸碱性。 【演示实验】测定 $0.5 \text{ mol} \cdot L^{-1}$ NH_4Cl 溶液的酸碱性。	【讨论交流】溶液中存在 NH_4Cl 的电离和水的电离，$NH_4Cl = NH_4^+ + Cl^-$，$H_2O \rightleftharpoons H^+ + OH^-$。其中 NH_4^+ 和 OH^- 可以相互作用生成弱电解质 $NH_3 \cdot H_2O$，使 H_2O 的电离平衡向电离的方向移动，溶液中的 $c(H^+)$ 随之增大。当达到新的平衡时，$c(H^+)>c(OH^-)$，溶液呈酸性。 【回答】pH 为 5.3。

-338-

(续表)

第二课时　盐类的水解	
环节三：迁移应用，归纳提升	
教师活动	学生活动
【活动1】写出 NH_4Cl 水解的离子方程式。	【回答】$NH_4^+ + H_2O \rightleftharpoons NH_4OH + H^+$ 【分析】盐类水解是可逆过程，写可逆符号，NH_4OH 应写作 $NH_3 \cdot H_2O$。 【更正】$NH_4^+ + H_2O \rightleftharpoons NH_3 \cdot H_2O + H^+$
【活动2】分析 NaCl 溶液的酸碱性。	【讨论回答】 $NaCl == Na^+ + Cl^-$，$H_2O \rightleftharpoons H^+ + OH^-$ 溶液显中性。
【任务二】 （1）预测下述几种盐溶液的酸碱性（浓度均为 $0.5\ mol \cdot L^{-1}$）。 （2）用 pH 试纸测定各溶液的 pH。	【预测并实验】 【实验记录】

盐溶液	Na_2SO_4	Na_2CO_3	$NaHCO_3$	$Al_2(SO_4)_3$	KNO_3
预测酸碱性					
实测溶液 pH					

操作步骤：用胶头滴管滴一滴待测液于试纸中央，待变色后，与标准比色卡对比。

盐溶液	Na_2SO_4	Na_2CO_3	$NaHCO_3$	$Al_2(SO_4)_3$	KNO_3
预测酸碱性	中	碱	碱	酸	中
实测溶液 pH	7	12	9	4	7

【提问】实验结果与预测是否吻合？
【任务三】从生成盐的酸和碱的角度分析，归纳盐的类型与盐溶液酸碱性的关系。

pH＜7	pH=7	pH＞7
$Al_2(SO_4)_3$ NH_4Cl	Na_2SO_4 KNO_3 $NaCl$	Na_2CO_3 $NaHCO_3$ CH_3COONa

举例：NaCl 可由强碱 NaOH 和强酸 HCl 反应得到，为强酸强碱盐。

【回答】吻合。

【结论】强酸弱碱盐为酸性，强酸强碱盐为中性，强碱弱酸盐为碱性。

第二课时　盐类的水解	
环节三：迁移应用，归纳提升	
教师活动	学生活动
【讲述】盐类的水解。 （1）定义：盐电离出的弱离子（弱酸阴离子或弱碱阳离子）与水所电离出的 H^+（或 OH^-）结合生成弱电解质，促进水的电离，溶液中的 $c(H^+) \neq c(OH^-)$，溶液呈现一定的酸碱性。 （2）实质：盐电离出的弱离子，促进水的电离，使溶液中的 $c(H^+) \neq c(OH^-)$。 【提问】再来思考海水呈弱碱性的原因。 【活动1】写出 CO_3^{2-}、HCO_3^- 水解的离子方程式。	【回答】CO_3^{2-}、HCO_3^- 水解呈碱性。 【回答】 $CO_3^{2-}+H_2O \rightleftharpoons HCO_3^- + OH^-$ $HCO_3^-+H_2O \rightleftharpoons H_2CO_3 + OH^-$
【活动2】解释 Na_2CO_3 溶液的碱性强于 $NaHCO_3$。 【强调】多元弱酸强碱盐的水解分步进行，且以第一步为主。 【活动3】归纳书写盐类水解离子方程式的注意事项。 【追问】结合资料卡片分析为什么海水的pH能够稳定在一定范围内。 资料卡片：海水吸收了空气中过量的二氧化碳，造成了海洋酸化，但其pH仍稳定在 7.5～8.2 的范围内（表层海水稳定在 8.1±0.2，中、深层海水稳定在 7.8～7.5），其值变化不大，因此有利于海洋生物生长。 【归纳】真实情境中多平衡之间相互依存、相互制约。	【讨论回答】 【讨论回答】 （1）盐类水解的离子方程式应写可逆号"$\rightleftharpoons$"。 （2）不标"↓"或"↑"符号。 （3）不把生成物（如 H_2CO_3 等）写成 H_2O+CO_2 的形式。 （4）多元弱酸根离子水解分步进行，以第一步水解为主。 （5）多元弱碱的阳离子水解复杂，可看作一步水解。

（续表）

第二课时 盐类的水解

环节三：迁移应用，归纳提升

设计意图：

　　本环节设计了证据与推理、模型与解释、符号与表征等一系列具有学科特质的学习活动，引导学生通过小组合作、实验探究、讨论交流等多样化方式解决问题，促进学生化学学科核心素养的形成和发展。

　　通过反复运用已建立的认知模型，引导学生运用水解模型解释化学现象，揭示现象的本质和规律，以此突破教学难点，建立起认识水溶液中离子反应与平衡的基本思路，培养学生的"证据推理与模型认知"素养。通过理论预测、实验验证、结论论证，培养学生的实验操作能力和严谨的思维品质，增强分析问题、解决问题的能力。

板书设计：

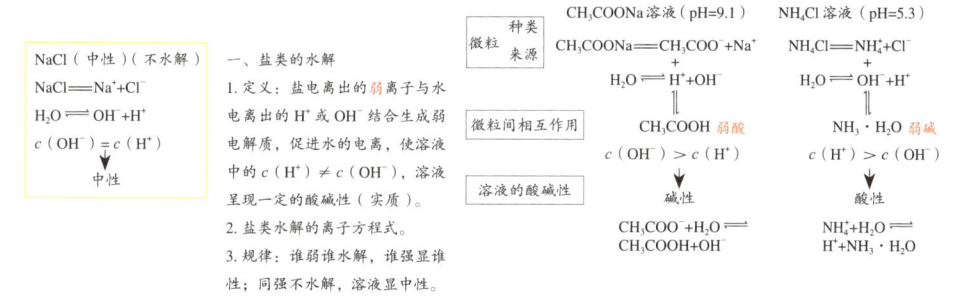

第二课时　盐类的水解

第三课时 难溶电解质的沉淀溶解平衡

环节一：创设情境，引入新课

教师活动	学生活动
【创设情境】有人担心："长期饮用含水垢的水得结石了，怎么办？" 【问题】水垢真的不溶吗？ **资料卡片：** 水垢的主要成分为$CaCO_3$、$Mg(OH)_2$、$CaSO_4$。	【分析】钙全部沉淀了，水垢也不溶，水里没有钙，不会得结石。 【思考回答】不同回答：水垢不溶；水垢可以溶解。

设计意图：

　　以生活情境引入新课，激发学生的学习兴趣，引导学生关注生产生活中的化学问题，提升社会责任感。

（续表）

第三课时 难溶电解质的沉淀溶解平衡	
环节二：实验探究，加深认识	
教师活动	学生活动
【任务一】设计实验探究水垢中的$Mg(OH)_2$是否发生了溶解。 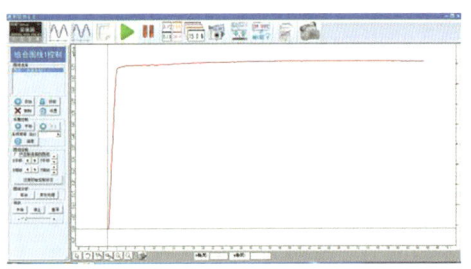	【学生设计实验方案】 方案一：检验溶液中存在OH^-； 方案二：检验溶液中存在Mg^{2+}。 【学生实验】
【过渡】电导率可以反映溶液的导电能力。向蒸馏水中加入少量$Mg(OH)_2(s)$的过程中，电导率的变化可用于探究$Mg(OH)_2(s)$是否发生了溶解。 【演示实验】 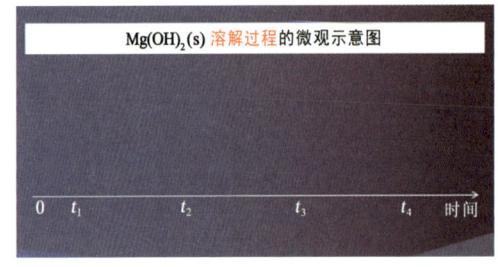	【结论】加入$Mg(OH)_2$电导率增大，说明$Mg(OH)_2$确实发生了溶解。 【发现问题】后期电导率不再改变。 【分析回答】达到平衡。
【追问】为什么电导率经过一段时间后不再改变？ 【任务二】画出$Mg(OH)_2(s)$溶解过程的微观示意图。	【讨论交流】初始阶段，$Mg(OH)_2$溶解产生Mg^{2+}和OH^-。随时间变化，$Mg(OH)_2$继续溶解，而溶液中的Mg^{2+}和OH^-再次结合为$Mg(OH)_2$。当时间足够长时，$Mg(OH)_2$溶解产生Mg^{2+}和OH^-的速率与Mg^{2+}和OH^-再次结合为$Mg(OH)_2$的速率相等。

(续表)

第三课时 难溶电解质的沉淀溶解平衡

环节二：实验探究，加深认识

教师活动	学生活动
【活动】试画出$Mg(OH)_2$溶于水之后发生溶解、沉淀的速率－时间曲线。 【讲述】在$Mg(OH)_2$饱和溶液中，$Mg(OH)_2$、Mg^{2+}和OH^-共存。$Mg(OH)_2$溶解产生Mg^{2+}和OH^-的速率与Mg^{2+}和OH^-再次结合为$Mg(OH)_2$的速率相等时达到沉淀溶解平衡，此时溶液中$c(Mg^{2+})$、$c(OH^-)$的浓度不再改变，达到沉淀溶解平衡。	【思考完成】 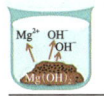 0　t_1　t_2　t_3　t_4 时间 $Mg(OH)_2(s) \underset{沉淀}{\overset{溶解}{\rightleftharpoons}} Mg^{2+}(aq) + 2OH^-(aq)$

设计意图：

　　本环节是基于实验探究和宏微结合而开展的课堂活动，可充分调动学生的积极性，活跃思维。利用实验探究过程，让学生体会合作学习的乐趣和科学探究的一般过程与方法。其中数字化技术展示溶液电导率的变化可以为学生提供新的思维路径，体会、认识技术手段创新对化学科学的重要价值。由宏观进入微观，让学生透过"电导率"看到离子，为沉淀溶解平衡的建立减小障碍，有益于培养、发展学生的学科思维。同时，微观示意图的分析过程能够加深学生对难溶电解质沉淀溶解平衡建立过程的理解，由宏观→符号→微观，层层演绎，有助于发展学生的"宏观辨识与微观探析"学科核心素养。

环节三：概念应用，归纳提升

教师活动	学生活动
【问题】如何去除水垢？ 	【思考回答】加酸。

(续表)

第三课时 难溶电解质的沉淀溶解平衡

环节三：概念应用，归纳提升

教师活动	学生活动
【实验方案】 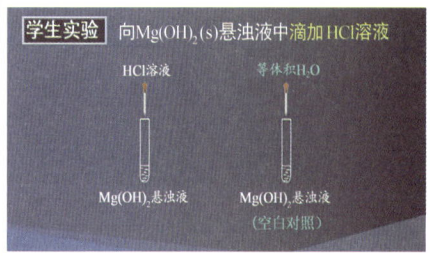	【学生实验】设计实验方案，考虑实验结果的严谨可靠性，需要另取悬浊液加等体积水做对照。 【展示评价】 【结论】向$Mg(OH)_2$沉淀中加盐酸能够使之溶解。
【任务一】试从化学平衡移动的角度分析盐酸为什么可以去除$Mg(OH)_2$？	【讨论交流】$H^+ + OH^- \rightleftharpoons H_2O$，使$c(OH^-)$不断减小，$Mg(OH)_2$的沉淀溶解平衡不断向溶解的方向移动，最终溶解。
【实验方案】 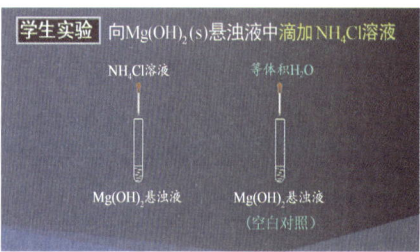	【问题提出】只要加入能够结合OH^-或Mg^{2+}的试剂，即可达到去除$Mg(OH)_2$的目的。可以加入NH_4^+（或Fe^{3+}），使$c(OH^-)$不断减小，$Mg(OH)_2$的沉淀溶解平衡就会不断向溶解的方向移动，最终溶解。 【结论】向$Mg(OH)_2$沉淀中加氯化铵能够使之溶解。
【任务二】书写上述实验中加NH_4Cl溶液后发生反应的离子方程式。	【书写离子方程式】 $Mg(OH)_2(s) + 2NH_4^+ \rightleftharpoons Mg^{2+} + 2NH_3 \cdot H_2O$
【实验方案】 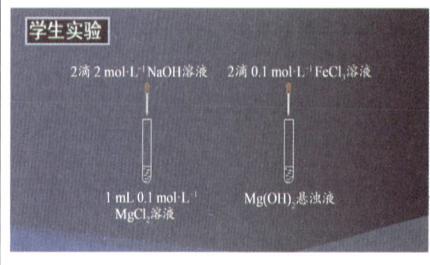	【学生实验】向盛有 1 mL 0.1 mol·L^{-1} $MgCl_2$溶液中先滴加 2 滴 2 mol·L^{-1} NaOH 溶液，再滴加 2 滴 0.1 mol·L^{-1} $FeCl_3$溶液，静置。 【结论】沉淀由白色变为红褐色。

(续表)

第三课时　难溶电解质的沉淀溶解平衡	
环节三：概念应用，归纳提升	
教师活动	学生活动
【讲述】任何平衡都有相应的平衡常数，沉淀溶解平衡其平衡常数称作溶度积常数，简称溶度积，用 K_{sp} 表示。试表示 $Mg(OH)_2$ 的溶度积。 【强调】对于固体或纯液体，其浓度为常数，因此不列入平衡常数表达式。 | 物质	K_{sp}（25℃） | |---|---| | $Mg(OH)_2$ | 1.8×10^{-11} | | $Fe(OH)_3$ | 4.0×10^{-38} | 【总结】尝试通过计算分析为什么 $Mg(OH)_2$ 沉淀可以转化为 $Fe(OH)_3$ 沉淀。 【结论】一般情况下，沉淀倾向于从一种难溶的物质转化为更难溶的物质。 【提问】怎样去除水垢中的 $CaSO_4$？	【回答】 $K_{sp} = c(Mg^{2+}) \cdot c^2(OH^-)$ 【推理计算】 【思考回答】查阅溶度积常数，可加入 Na_2CO_3、$BaCl_2$、$Ba(OH)_2$、$Ba(NO_3)_2$。 【讨论交流】$CaSO_4$ 转化为 $BaSO_4$，无法继续去除 $BaSO_4$，需将 $CaSO_4$ 转化为 $CaCO_3$。 方案一： 加酸除去 $CaCO_3$、$Mg(OH)_2$，然后加 Na_2CO_3 将 $CaSO_4$ 转化为 $CaCO_3$，再加酸去除 $CaCO_3$。 方案二： 加 Na_2CO_3 将 $CaSO_4$ 转化为 $CaCO_3$，再加酸去除 $CaCO_3$、$Mg(OH)_2$。

（续表）

第三课时　难溶电解质的沉淀溶解平衡	
环节三：概念应用，归纳提升	
教师活动	学生活动
【任务三】确定方案后，设计整理化学法除锅炉水垢的流程图。	【设计流程图】 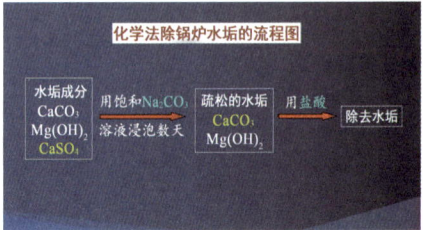
【任务四】写出去除水垢过程中发生的所有反应的离子方程式。	【书写离子方程式】

设计意图：

　　本环节是对沉淀溶解平衡的应用和提升，一方面能够引导学生深入认识沉淀的溶解和转化过程实质是难溶电解质沉淀溶解平衡的移动过程，丰富水溶液中离子行为的知识体系。通过分组合作、动手实验，强化学生的实验设计能力，掌握排除干扰因素、控制变量的学科思想。另一方面，通过溶度积 K_{sp} 的引入，学生能够定量理解沉淀溶解平衡。通过完成水垢的去除问题，运用 K_{sp} 解决水垢中的 $CaSO_4$ 去除，引导学生深入认识沉淀的转化过程实质是难溶电解质沉淀溶解平衡的移动过程，透过现象看本质。

环节四：真实情境，认知提升	
教师活动	学生活动
【讲述】海水酸化会给整个海洋生态环境造成严重的负面影响。 【任务】根据资料，运用平衡移动原理分析海水酸化对珊瑚的危害。 资料卡片："海洋酸化"会阻碍珊瑚、浮游生物等的生长，如果海水酸性过强，将会溶解掉珊瑚或其他海洋生物外壳及骨骼中的碳酸钙，给整个海洋生态环境造成严重的负面影响。（珊瑚和浮游动物外壳的主要成分是碳酸钙。）	【思考回答】珊瑚的主要成分是碳酸钙，碳酸钙存在沉淀溶解平衡。 $CaCO_3(s) \rightleftharpoons Ca^{2+}(aq) + CO_3^{2-}(aq)$ 当海水酸性增强时，氢离子浓度增大，会与碳酸根离子反应，使碳酸根离子浓度减小，碳酸钙的沉淀溶解平衡向着溶解的方向移动，珊瑚就会溶解。

(续表)

第三课时　难溶电解质的沉淀溶解平衡	
环节四：真实情境，认知提升	
教师活动	学生活动
【过渡】目前海水酸化的程度还不至于导致珊瑚溶解，只是会阻碍珊瑚的形成过程，那么美丽的珊瑚是如何形成的呢？  【讲述】这一过程称为钙化作用，钙化过程是海洋生物贝壳和骨架的形成过程。随着工业进程的发展，海水中二氧化碳含量增多会导致平衡逆向移动，大大降低珊瑚钙化速率，严重影响其生长，久而久之，珊瑚便会死亡，给整个海洋生态环境造成严重的负面影响。 【思考】对于海水酸化问题，我们能做什么？ 【小结】 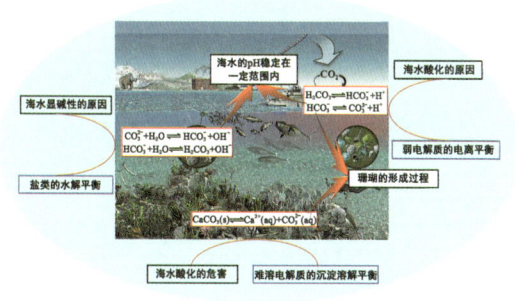	【思考回答】 $Ca^{2+}+2HCO_3^- \rightleftharpoons CaCO_3+H_2O+CO_2$ 【分析讨论】低碳出行、多植树、减少纸张浪费……

设计意图：

结合自然现象（海水的酸碱性及其变化），组织学生开展分析解释、方案设计等活动。通过问题驱动"海水酸化的原因"→"海水显碱性的原因"→"海水的pH稳定在一定范围内"→"海水酸化的危害"，帮助学生逐步建构弱电解质的电离平衡、盐类的水解平衡、难溶电解质的沉淀溶解平衡。通过海水中多平衡体系的分析，形成认识水溶液中离子反应与平衡的基本思路，促进学生认识水溶液中的离子反应与平衡对生产生活和社会发展的作用，提升社会责任感。

（续表）

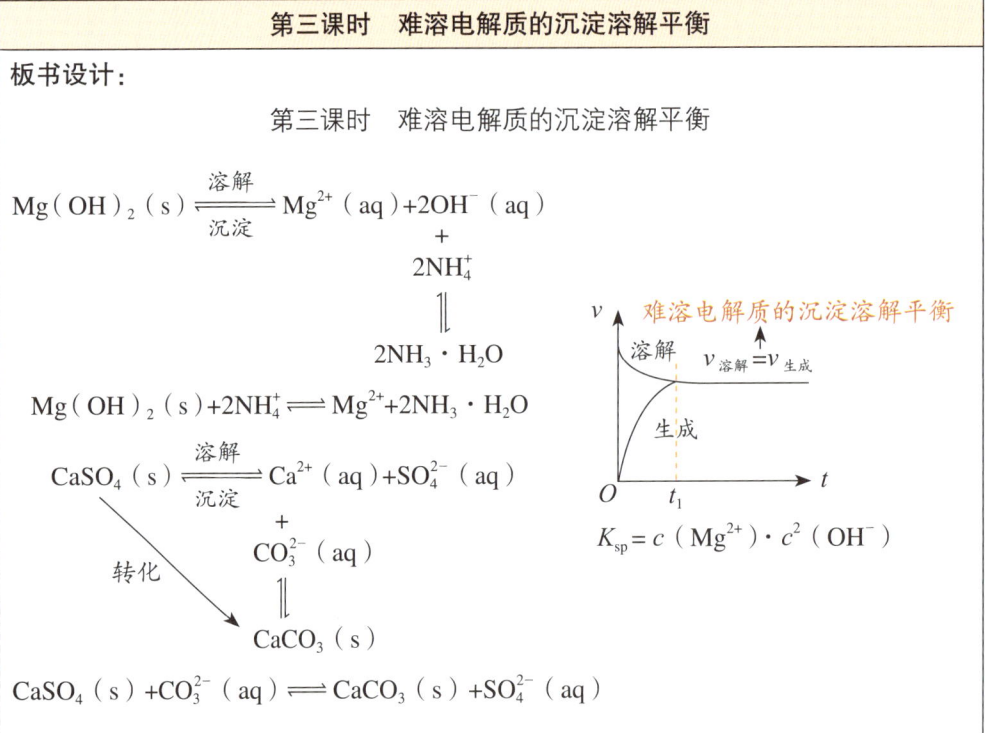

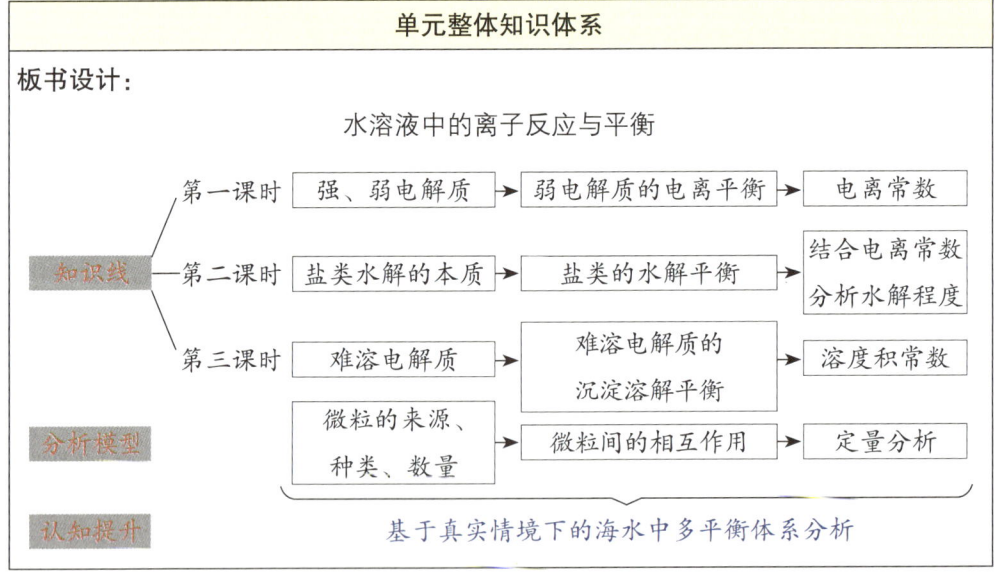

六、学科大概念统摄下的大单元教学设计及教学反思

1. 大单元教学设计特色说明

（1）重视认知观念的建立

学科大概念是在事实性知识基础上形成的，建立在科学研究基础之上，是对观察到的事物相互关系或特性进行解释后的抽象，反映的是事物的本质特征与关系，是具有科学性、概念性的知识。基于大概念下的教学，能帮助学生在一个相对集中的时间内深入学习与一个大概念相关联的知识，把学科零散的知识进行结构化的建构，强化学生对物质及其变化的多角度认识，引导学生能够主动利用建构的知识体系，经历并体验实际问题的解决过程，从而帮助学生将知识转化为认识，能应用所学知识灵活地解决实际问题。

（2）重视知识的情境化

本单元选取了真实情境素材，通过真实问题情境链"海水酸化的原因、海水呈弱碱性的原因以及海水酸化的危害"，帮助学生建立弱电解质的电离平衡、盐类的水解平衡、难溶电解质的沉淀溶解平衡，进一步深化微粒观、平衡观、守恒观，体会化学原理知识在实际生产生活中的应用价值。

（3）重视知识的活动化

本单元每课时都创设了能够让学生经历"探究、合作、交流、实践"的课堂学习活动。这些活动的创设，不仅能唤起学生的参与热情，激发学生的学习愿望和乐趣，也能激发学生的思维，让学生在质疑、对话、释疑等过程中，促进学生的反思，形成深度学习思维，提高学生的思维品质，同时还有助于发展学生的"宏观辨识与微观探析""证据推理""科学探究"等核心素养。

（4）重视知识的结构化

本单元教学中，每一课时都重视对本节课所承载的知识进行结构化的梳理，在任务不断进阶过程中，通过对电离平衡、水解平衡、沉淀溶解平衡等存在的证明及平衡移动的分析，不断完善学生对平衡观、变化观、守恒观及微粒观的建立，关注水溶液体系的特点。结合实验现象、数据等证据素材，引导学生形成认识水溶液中离子反应与平衡的基本思路，形成知识间的关联，以便学生在解决实际问题过程中进行知识的选择、迁移和调用。

2. 大单元教学设计教学反思

本单元通过对电离平衡、水解平衡、沉淀溶解平衡等存在的证明及平衡移动的分析，引导学生形成认识水溶液中离子反应与平衡的基本思路，更为透彻地理解水溶液中发生离子反应的原理。通过实际问题的解决——分析海水中多平衡体系，形成认识水溶液中离子反应与平衡的基本思路，培养学生运用平衡移动原理分析、解决实际问题的能力。

第一课"电离平衡"，从宏观表征"同浓度、同体积的盐酸和醋酸分别与打磨过的相同长度的镁条反应，盐酸产生的气泡快"过渡到微观表征"两种同浓度的酸溶液中 $c(H^+)$ 不同""盐酸和醋酸溶液中存在的微粒示意图"，再到符号表征"醋酸在水溶液中的电离是可逆的"，引导学生在"宏观－符号－微观"的三重表征间相互转换，帮助学生从化学平衡过渡到水溶液中弱电解质的电离平衡，加深对概念的理解。课堂上通过激发学生的认知冲突，强化学生对醋酸是弱电解质的认知，运用逻辑推演、层层问题驱动、小组讨论，引导学生进行自主探究、学习，在演绎推理过程中主动寻求证据支持，培养学生严谨的思维逻辑。选取与生态环境息息相关的海水酸化问题作为真实情境问题，引导学生充分关注化学科学与生产生活和科学技术的发展有着密切的联系，对社会发展、科技进步和人类生活质量的提高有着广泛而深刻的影响，体会化学学科的价值所在。

第二课时"盐类的水解"，可设计盐类水解问题在生产生活中的应用，如铝盐（或铁盐）净水、氯化铁溶液的配制、盐溶液蒸干灼烧、泡沫灭火器原理、工业废水除去重金属离子、农业施肥不可以将草木灰与铵态氮肥混用等。本课时承接上一节课的结束，从海水呈弱碱性引出盐类的水解，基于真实问题情境引导学生关注学科价值，能够使学生认识到化学与生产生活和科学技术的发展有着密切的联系，使学生能综合运用所学知识解释和解决有关 STSE 问题，提升学生的社会责任感。同时提出问题：海水的 pH 稳定在一定范围内，引导学生关注真实情境中多平衡之间是相互依存、相互制约的，由单一平衡上升至多平衡，有助于学生解决复杂体系中的多平衡问题。课后通过作业或学科实践活动，加强水解问题应用的练习，将学科思想更为深刻地进行渗透。教学过程中充分利用实验现象使微观粒子之间的相互作用外显化，通过层层问题驱动，分析水溶液中微粒的种类和来源、微粒间相互作用、微粒间相互作用的结果——溶液的酸碱性，引导学生充分利用"宏观－符号－微观"三重表征系统，建立水解模型和分析水溶液的一般思路，并进一步迁移应用，引导学生运用模型解释化学现象，从而揭示盐类水解的本质和规律。

第三课时"难溶电解质的沉淀溶解平衡"，借助数字化技术手段，通过电导率的变化验证 $Mg(OH)_2$ 在水溶液中存在溶解过程。演示实验过程中电导率曲线经过一段时间之后不再变化，能够帮助学生透过"电导率"看到离子，使学生对沉淀溶解平衡的建立过程有更为直观的认识，将微观过程外显，帮助学生理解难溶电解质的沉淀溶解平衡。本节课选取的问题情境素材来源于海水的酸碱性及其变化，基于海水中的多平衡体系分析，帮助学生逐步建构完整的水溶液中的离子平衡（弱电解质的电离平衡、盐类的水解平衡、难溶电解质的沉淀溶解平衡），形成认识水溶液中离子反应与平衡的基本思路，并引导学生关注复杂体系中的多平衡问题。同时，体现化学原理知识在实际生产生活中的应用价值，渗透"科学态度与社会责任"化学学科核心素养。

本单元教学设计为学生提供了大量的数据支持、资料卡片等信息，让学生在实验方案的设计、分析过程中有充分的证据可循，在表达观点时做到有理有据，充分培养学生的实验探究能力、证据推理意识。通过不同情境下的问题分析，引导学生积极开展建构学习、探究学习和问题解决学习，促进学生化学学习方式的转变。通过问题驱动、激发认知冲突、实验探究、模型建构等教学策略，借助画微观图示、数字化实验，突破障碍点，形成认识水溶液中离子反应与平衡的基本思路，从关注知识学习转向关注观念形成。

北京市大兴区教师进修学校　韩继滨
北京市大兴区第一中学　周庆华

案例 ❼ 沉淀溶解平衡

一、学科大概念统摄下的大单元教学背景分析

1. 大单元教学主题确定

大单元教学可以让教师与学生站到一个更高的高度，能够引导学生拓展建构知识的宽度、挖掘知识建构的深度，促进化学教学有效开展，提升学生化学学习的品质，对于化学学科核心素养的培育也有促进作用。大概念单元教学是指用大概念统摄主题教学内容，形成一个完整的有机教学单元，这种新颖的教学形式有利于建构新知识，形成知识结构，也有利于知识融会贯通，发展学生的认识能力和迁移应用能力。

"沉淀溶解平衡"既是高中化学重要的基础知识，也是在学习了化学平衡及弱电解质电离平衡基础上的拓展应用与深化理解，比较适合作为一个教学单元来开展教学。该单元内容与化学平衡大概念紧密关联，既是基于平衡原理认识水溶液中的沉淀生成、溶解及转化的微观过程，又可帮助学生全面认识水溶液中的各类平衡，进一步形成分析复杂水溶液体系问题的基本思路和方法，深化对沉淀反应本质的认识。

大概念统摄下的"沉淀溶解平衡"单元整体教学包括了难溶物和易溶物溶解平衡的建立与应用。为落实化学课程教学培养化学核心素养的重要任务，将沉淀溶解平衡单元整体教学设计为三个课时。首先，以学生熟悉的 $AgNO_3$ 溶液与 $NaCl$ 溶液的反应为素材引入，基于对 $AgCl$ 生成的微观探讨，帮助学生从沉淀生成与溶解的微观、动态视角建立难溶物的沉淀溶解平衡；接着，通过对生产生活中典型的实例——锅炉水垢的形成与去除的探讨，让学生学会应用沉淀溶解平衡原理分析现象、解决实际问题；然后，探讨易溶物 $NaCl$ 能否从溶液中析出，引导学生深化对易溶物溶解的认识，体会"溶解"与"沉淀"概念的相对性，并通过对侯氏制碱原理的探析与实验模拟，形成建立和调控易溶物溶解平衡的方法，体会化学的应用价值。

2. 大单元教学内容分析

（1）在教材中的地位和作用

普通高中化学课程是促进学生化学学科核心素养形成和发展的重要载体。教

材中"沉淀溶解平衡"一节内容是使学生在对化学平衡、离子平衡体系认识的基础上进一步认识难溶电解质的沉淀溶解平衡。对"沉淀溶解平衡"的学习，有利于学生全面了解水溶液中离子平衡的相关理论，发展学生的微粒观、变化观、平衡观；有利于学生从宏观与微观相结合的视角分析与解决实际生产生活中的问题，实现宏观辨识与微观探析的有机融合；有利于学生多角度、动态认识沉淀溶解平衡及有沉淀参加反应或生成的离子反应的本质，进一步形成变化与平衡相统一的学科观念和思想。

（2）在教学中的功能和价值

沉淀溶解平衡内容具有多重教学功能。沉淀溶解平衡内容的学习安排在学生学习了水的电离和溶液的酸碱性、弱电解质的电离平衡、盐类的水解平衡之后，教学重点与难点在于如何使学生建立沉淀溶解平衡模型，使其能够自主、动态地认识和分析难溶电解质在水溶液中的行为。通过沉淀溶解平衡的学习，学生可以体会理论分析的作用，感受相关知识在生产生活中的应用价值。通过化学平衡理论在沉淀溶解平衡理论中的应用，起到培养学生知识迁移能力的作用；以辩证的思想为特征，以溶解与沉淀两个互逆过程为研究对象，培养和训练学生辩证看待问题的哲学思维。由此可见，沉淀溶解平衡内容具有较强的教学功能和价值。

在学习中使学生的已有认识得到改变和发展，具有一定的难度，需要在教学中采取有效策略，促进学生不断思考，形成新认识。

3. 大单元教学学情分析

（1）学生已有知识与能力

学生已经学习了化学平衡移动原理及弱电解质的电离平衡，具备了学习难溶电解质沉淀溶解平衡的知识基础，而且通过实验探究化学平衡移动的原理及弱电解质的电离平衡，学生已具备了相应的实验操作和实验设计能力，并完成了从定性视角分析化学平衡到从定量视角分析化学平衡的思维转变，知识层面和思维认知层面的进阶都为本单元的学习奠定了基础。

（2）学生学习障碍点

学生在初中阶段学习过溶解度的概念及常见物质的溶解性，会辨认不同颜色的"沉淀"，但学生形成了固有认识，习惯把沉淀当作不溶物处理，导致学习难溶电解质能够部分溶解时遇到困难；学生在学习沉淀溶解平衡内容之前，已经掌握了复分解反应发生的条件（反应生成水、气体或者沉淀），但往往会忽略在碱和盐、盐和盐的反应中，反应物必须可溶这一先决条件。

此外，对学生而言，难溶电解质的沉淀溶解平衡与难电离物质的电离平衡到底有何差别也是一个亟待解决的问题。学生学习了平衡理论在化学平衡、电离平衡和水解平衡中的应用，但在知识的迁移能力上有所欠缺，所以在建立沉淀溶解平衡模型时有一定的困难。

沉淀溶解平衡内容的理论分析性较强，要求学生有较强的思维能力和理解能力，在新（沉淀溶解平衡）旧（认为沉淀不溶于水）知识的冲突过程中，需要转化思考方向，摆脱定势思维模式，才能建立新的认识。

（3）学生学习发展点

本单元整体教学设计通过三个课时完成，建立并拓展沉淀溶解平衡的概念及其内涵。通过调控平衡实现难溶电解质的溶解、转化、生成以及易溶物以沉淀形式从溶液中析出，促进了学生对沉淀溶解平衡原理的认识。

通过对与沉淀相关的酸、碱、盐之间的离子反应本质的再认识，体会宏观现象与微观离子反应过程、离子动态平衡之间的相互联系，全面促进学生核心素养的发展。

二、学科大概念统摄下的大单元知识结构图

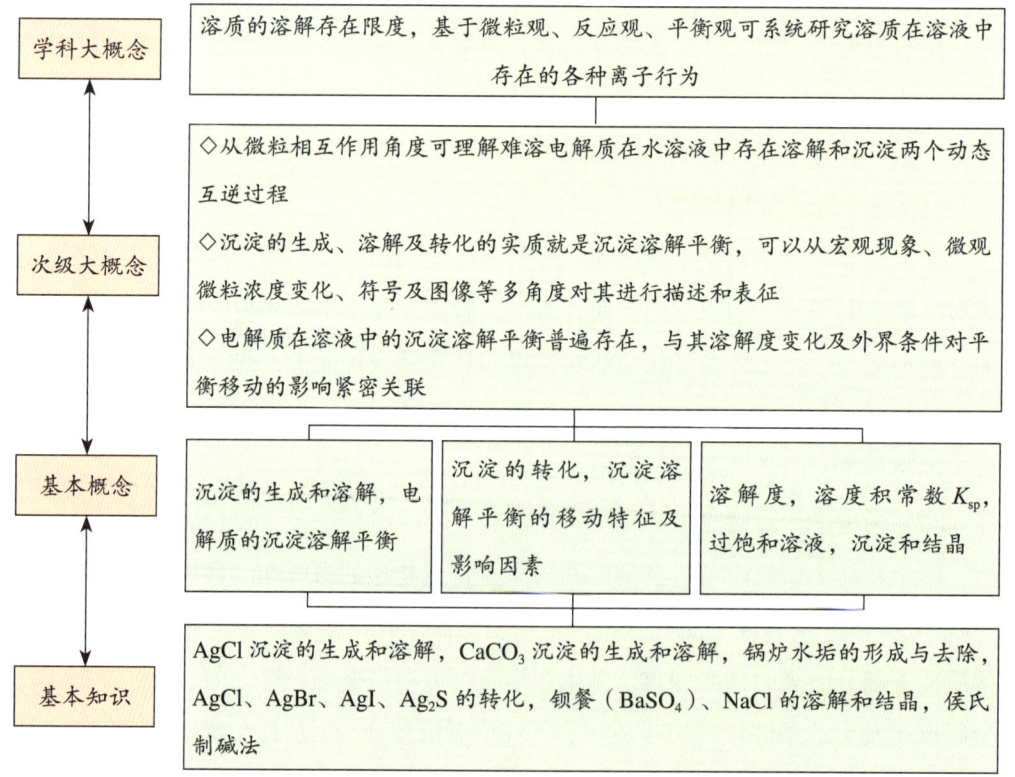

三、学科大概念统摄下的大单元教学与评价目标设计

1. 教学目标

（1）学生通过对 AgCl 沉淀溶解平衡概念的建立及平衡移动的实验探究分析，理解外界条件对沉淀溶解平衡移动的影响。学会从微粒（离子）的层面描述难溶电解质溶解平衡的建立及移动，知道沉淀转化的本质是沉淀溶解平衡的移动，建立动态的沉淀溶解平衡概念。

（2）学生通过使 Na^+、Cl^- 以沉淀形式析出的实验方案设计与实施，深化对易溶物溶解的认识，理解调控离子浓度使易溶物以沉淀形式析出的微观本质原理。通过对锅炉除垢、侯氏制碱等原理的探析，形成应用沉淀溶解平衡原理解决实际问题的一般思路和方法。

（3）学生结合真实情境中的具体反应，通过对沉淀反应（沉淀的溶解、生成与转化）微观本质的分析，深化对有沉淀参加反应或生成的离子反应发生条件的认识。

2. 评价目标

（1）通过对难溶电解质的转化和溶解原理和方法的分析、讨论、归纳、总结，诊断和发展学生的动态平衡观念。

（2）通过对难溶电解质转化的可能性及转化方向的预测，诊断和发展学生定量分析动态平衡及其移动的认知思维方式。

（3）通过对难溶、易溶电解质的溶解平衡在生产生活中应用的认识，诊断学生学科价值观念的形成及社会责任感的养成。

四、学科大概念统摄下的大单元规划流程图

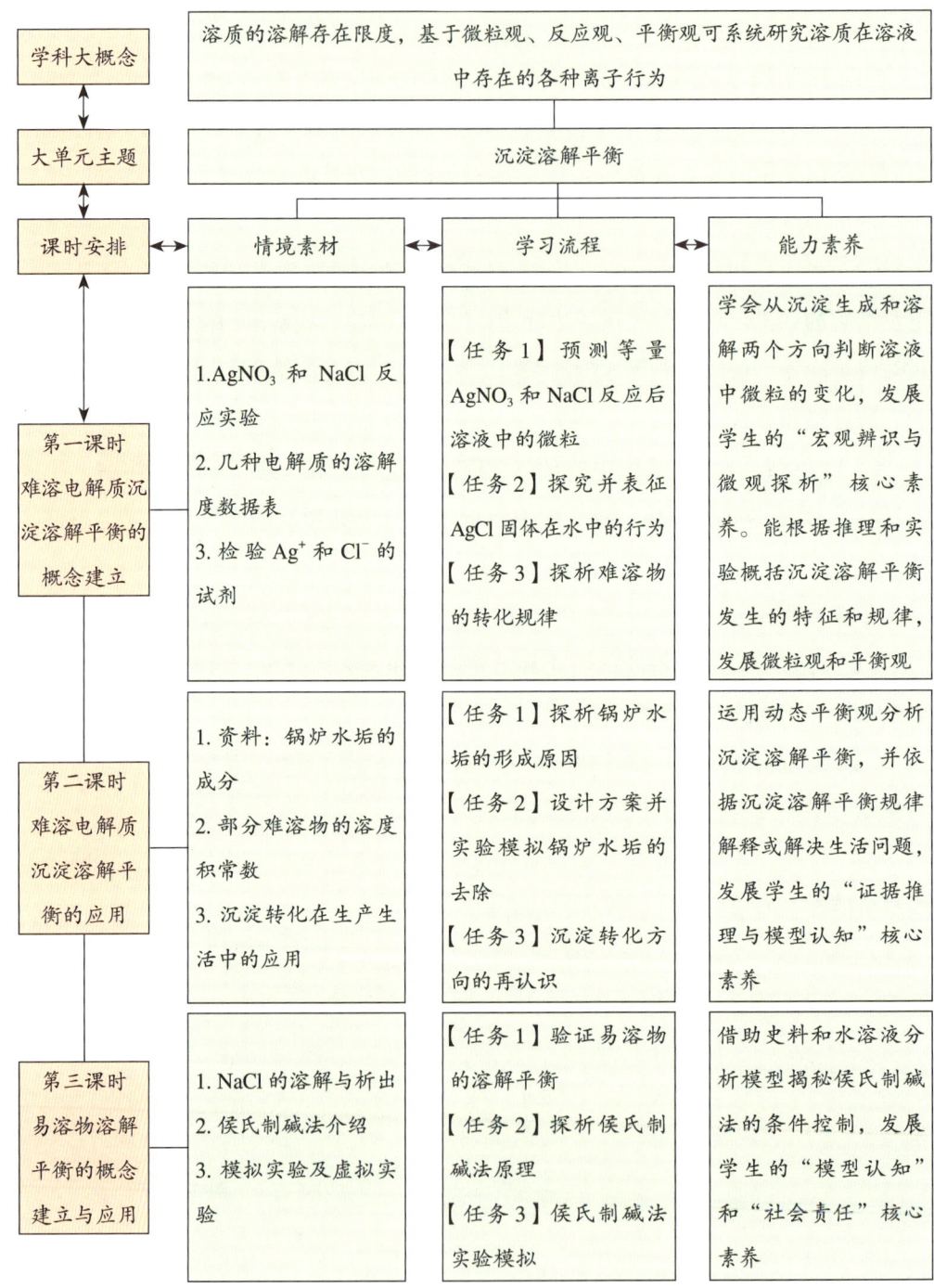

五、学科大概念统摄下的大单元教学流程设计

第一课时　难溶电解质沉淀溶解平衡的概念建立	
环节一：探析沉淀溶解平衡的存在	
教师活动	学生活动
【引入】实验：将 2 mL 0.1 mol·L^{-1} AgNO$_3$ 溶液与 2 mL 0.1 mol·L^{-1} NaCl 溶液充分反应后，溶液中会出现什么现象？	【思考】AgNO$_3$ + NaCl === AgCl↓ + NaNO$_3$，所用 AgNO$_3$ 和 NaCl 的量相等，完全反应后应该生成 $0.1 \times 2 \times 10^{-3}$ mol $= 2 \times 10^{-4}$ mol 的 AgCl 白色沉淀。
【提问】溶液中是否还存在 Ag$^+$？如何证明？	【实验】滴加 0.1 mol·L^{-1} KI 溶液，出现黄色沉淀，说明溶液中存在 Ag$^+$。
【提问】猜想：溶液中的 Ag$^+$ 是从哪儿来的？	【思考】Ag$^+$ 和 Cl$^-$ 结合生成 AgCl 固体的同时，会有部分固体发生溶解，电离产生 Ag$^+$ 和 Cl$^-$，即： $$Ag^+(aq) + Cl^-(aq) \underset{溶解}{\overset{沉淀}{\rightleftharpoons}} AgCl(s)$$
【任务】画出 AgNO$_3$ 溶液与等量的 NaCl 溶液充分反应后，溶液中固体溶解、电离微观示意图。	【绘图】表示出固体溶解、电离的过程。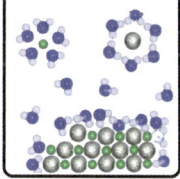
【小结】通过出现白色沉淀和黄色沉淀这两个现象来判断新物质的生成，从而判断溶液中微粒的存在情况。	

设计意图：

通过对等量 AgNO$_3$ 溶液与 NaCl 溶液恰好反应后溶液中是否存在 Ag$^+$ 的预测、实验验证及来源分析，引导学生初步认识到沉淀反应与溶解电离是互逆过程，导致生成沉淀的离子也可以在溶液中微量共存，深化学生对沉淀反应的认识。

（续表）

第一课时　难溶电解质沉淀溶解平衡的概念建立	
环节二：理解和表征沉淀溶解平衡	
教师活动	学生活动
【提问】如何表达 AgCl 固体在水中建立的溶解平衡？25 ℃时，AgCl 饱和溶液中 Ag^+ 和 Cl^- 的浓度是多少？	【思考】沉淀溶解平衡的表征。 符号表征： $AgCl(s) \rightleftharpoons Ag^+(aq) + Cl^-(aq)$ 溶度积常数：$K_{sp} = c(Ag^+) \cdot c(Cl^-)$ 25 ℃时，$K_{sp} = 1.8 \times 10^{-10}$，故饱和溶液中： $c(Ag^+) = c(Cl^-) = \sqrt{K_{sp}} = 1.34 \times 10^{-5}\ mol \cdot L^{-1}$
【追问】其他难溶物（或沉淀）是否也存在沉淀溶解平衡？如何证明？	【思考】可以将难溶物（如 $CaCO_3$）粉末加入蒸馏水中，并测定其电导率的变化情况。观察现象：电导率逐渐增大，直至不变，说明存在如下平衡： $CaCO_3(s) \rightleftharpoons Ca^{2+}(aq) + CO_3^{2-}(aq)$
【展示】几种电解质的溶解度数据。 | 化学式	溶解度/g | |---|---| | AgCl | 1.5×10^{-4} | | AgBr | 8.4×10^{-6} | | Ag_2S | 1.3×10^{-18} | | $Mg(OH)_2$ | 9×10^{-4} | | $AgNO_3$ | 222 | | Ag_2SO_4 | 0.796 | | $CaSO_4$ | 0.21 | | $Fe(OH)_3$ | 3×10^{-9} |	【分类】根据 20 ℃时 100 g 水中物质的溶解度差异，可将物质分为如下几类： ⟵ 0.1 g ── 1 g ── 10 g ⟶ 难溶物　微溶物　可溶物　易溶物
【小结】不同电解质在水中的溶解度差异很大，可以根据溶解度差异把物质分成易溶物、可溶物、微溶物、难溶物。难溶物在水中尽管溶解度很小，但其溶解、电离出的离子总是存在的。	

设计意图：

通过 AgCl、$CaCO_3$ 固体的溶解性实验现象及数据信息，让学生认识到物质的溶解是绝对的，不溶是相对的，形成辩证看待化学物质溶解问题的方法。通过对 AgCl 沉淀溶解平衡的表征分析，初步建立难溶电解质的沉淀溶解平衡概念及"宏观现象－微观本质－符号表达"三重表征。

（续表）

第一课时　难溶电解质沉淀溶解平衡的概念建立	
环节三：外界条件对沉淀溶解平衡移动的影响	
教师活动	学生活动
【提问】$AgNO_3$ 溶液与 NaCl 溶液反应时，如何使 Ag^+ 沉淀得更加充分？ 【点拨】从平衡移动的角度预测和解释。 第一步：聚焦相关平衡； 第二步：找到条件改变因素； 第三步：分析平衡移动方向； 第四步：预测、解释实验结果。 【提问】如何设计实验使 AgCl 沉淀溶解平衡正向移动，促进其溶解？	【思考】从平衡移动角度分析。 原理：增大 Cl^- 浓度，可以使沉淀溶解平衡向沉淀的方向移动。 实验设计：取少量澄清 AgCl 饱和溶液于试管中，滴加高浓度（或饱和）NaCl 溶液，会产生白色沉淀。 原理分析：AgCl 饱和溶液中存在沉淀溶解平衡： $AgCl(s) \rightleftharpoons Ag^+(aq) + Cl^-(aq)$ 此时 $Q = K_{sp}$ $c(Ag^+) = c(Cl^-) = 1.34 \times 10^{-5}\ mol \cdot L^{-1}$ 当加入高浓度（或饱和）NaCl 溶液时，$c(Cl^-)$ 增大，Q 增大，则 $Q > K_{sp}$，沉淀溶解平衡逆向移动，溶液中有沉淀析出，$c(Ag^+)$ 将会降低。 【思考】沉淀的溶解。 实验设计：取 AgCl 沉淀于试管中，加少量蒸馏水配制饱和溶液（或上一个实验所得饱和溶液体系），滴加 $0.1\ mol \cdot L^{-1}$ KI 溶液，白色沉淀减少，出现黄色沉淀。 原理分析：加入 KI 溶液使 $c(Ag^+)$ 减小，$Q < K_{sp}$，沉淀溶解平衡正向移动，沉淀溶解。

（续表）

第一课时　难溶电解质沉淀溶解平衡的概念建立	
环节三：外界条件对沉淀溶解平衡移动的影响	
教师活动	学生活动
【追问】为什么 AgCl 沉淀可以转化为 AgI 沉淀？	【思考】沉淀的转化。 AgCl 沉淀溶解平衡： $AgCl(s) \rightleftharpoons Ag^+(aq) + Cl^-(aq)$ $K_{sp}(AgCl) = 1.8 \times 10^{-10}$ AgI 沉淀溶解平衡： $AgI(s) \rightleftharpoons Ag^+(aq) + I^-(aq)$ $K_{sp}(AgI) = 8.3 \times 10^{-17}$ 因为 $K_{sp}(AgI)$ 远小于 $K_{sp}(AgCl)$，所以当向 AgCl 沉淀中滴加 KI 溶液时，溶液中 Ag^+ 与 I^- 的离子积 $Q(AgI) > K_{sp}(AgI)$，Ag^+ 与 I^- 结合生成 AgI 黄色沉淀；同时，将导致 AgCl 沉淀溶解平衡向溶解的方向移动，直至建立新的沉淀溶解平衡。若加入的 KI 足量，白色沉淀 AgCl 可能全部转化成黄色沉淀 AgI。
设计意图： 　　通过问题解决和实验探究，引导学生从微观、动态、定量角度认识难溶电解质的沉淀溶解平衡。基于化学平衡原理，利用 Q 和 K_{sp} 的关系比较，自主设计使沉淀溶解平衡正向、逆向移动的实验方案，并从微观、动态、平衡视角分析解释实验现象，感受沉淀溶解平衡的动态移动过程。	
板书设计：	

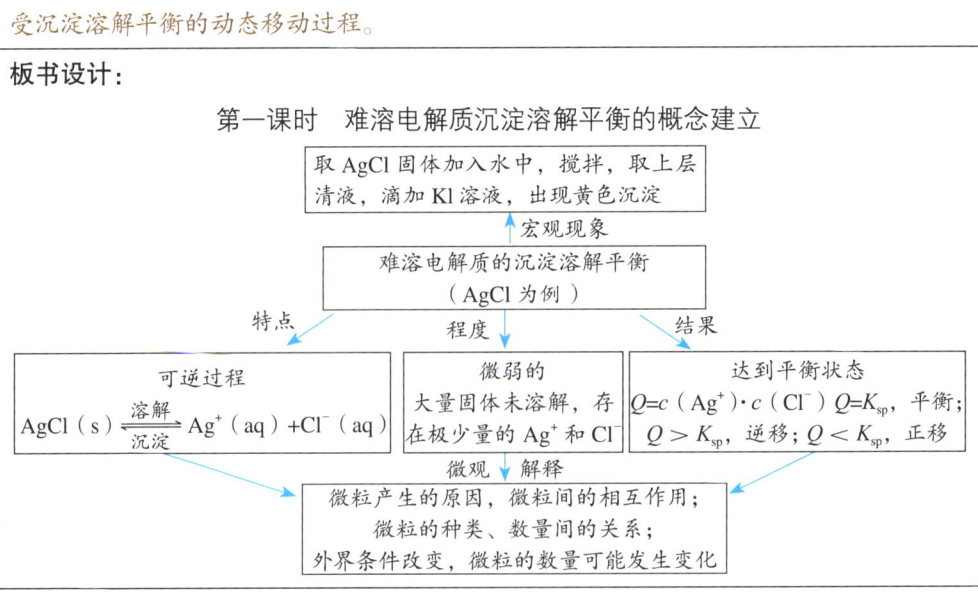

第二课时　难溶电解质沉淀溶解平衡的应用

环节一：探析锅炉水垢的形成原因

教师活动	学生活动
【问题】锅炉中水垢的主要成分是什么？这些成分是如何形成的？（天然水中含有 Mg^{2+}、Ca^{2+}、HCO_3^-、SO_4^{2-}、Cl^- 等。） 相关物质溶解度及溶度积数据如下： 	物质	溶解度 /g（20℃）	溶度积（18～20℃）
---	---	---
$Ca(OH)_2$	0.165	4.7×10^{-6}
$CaSO_4$	0.21	9.4×10^{-6}
$Mg(OH)_2$	9×10^{-4}	5.6×10^{-12}
$CaCO_3$	1.4×10^{-3}	2.8×10^{-9}
$MgCO_3$	0.011	6.8×10^{-6}
$Ca(HCO_3)_2$	16.60	— | 【问题】长期煮沸的水垢的主要成分是 $CaCO_3$、$Mg(OH)_2$、$CaSO_4$，其原因是什么？	【思考】明确研究对象，依据天然水中的微粒成分以及溶度积数据分析。 $Ca^{2+}+2HCO_3^- \xrightarrow{\Delta} CaCO_3\downarrow+CO_2\uparrow+H_2O$ $Mg^{2+}+2HCO_3^- \xrightarrow{\Delta} MgCO_3\downarrow+CO_2\uparrow+H_2O$ $Ca^{2+}+SO_4^{2-} \xrightarrow{\Delta} CaSO_4\downarrow$ 初期水垢的主要成分是 $CaCO_3$、$MgCO_3$、$CaSO_4$。 【思考】由数据可知，$MgCO_3$ 的溶度积远大于 $Mg(OH)_2$。由于 $MgCO_3$ 在水中溶解产生的 CO_3^{2-} 会发生水解：$CO_3^{2-}+H_2O \rightleftharpoons HCO_3^-+OH^-$，加热煮沸时水解平衡正向移动，水中的 $c(OH^-)$ 增大。对于 $Mg(OH)_2$ 的溶解平衡而言，$Q>K_{sp}$，将有 $Mg(OH)_2$ 沉淀生成。因此，持续加热可以使难溶的 $MgCO_3$ 逐渐转化为更难溶的 $Mg(OH)_2$。

设计意图：

通过锅炉水垢的形成，让学生认识到当溶液中存在多种离子时，可生成较难溶的沉淀。沉淀在一定条件下可由溶解度较大的沉淀转化为溶解度更小的沉淀，认识沉淀生成和转化的微观本质。

（续表）

第二课时　难溶电解质沉淀溶解平衡的应用

环节二：设计方案去除锅炉水垢

教师活动	学生活动
【问题】如何去除锅炉内的水垢？ 	【思考】依据沉淀溶解平衡移动规律，分析 Q 与 K_{sp} 的关系，设计去除水垢的方案： 去除 $CaCO_3$——加盐酸或醋酸； 去除 $Mg(OH)_2$——用酸或氯化铵； 去除 $CaSO_4$——用碳酸钠。 向 $CaSO_4$ 固体中加入饱和 Na_2CO_3 溶液： $CaSO_4(s) \rightleftharpoons Ca^{2+}(aq) + SO_4^{2-}(aq)$ $+$ CO_3^{2-} $\rightleftharpoons$ $CaCO_3$ $CaSO_4 + CO_3^{2-} \rightleftharpoons CaCO_3 + SO_4^{2-}$
【追问】如何设计实验模拟锅炉水垢的去除？	【实验】设计并操作。 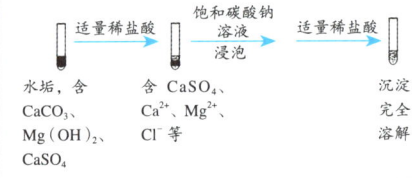

设计意图：

　　通过锅炉水垢的形成及去除原理分析和实验室模拟，帮助学生全面认识沉淀的生成、溶解与转化在生产生活中的应用，深化对沉淀溶解与转化的微观、动态本质认识。

环节三：沉淀转化方向再认识

教师活动	学生活动
【问题】溶解度小的物质可以转化为溶解度较大的物质吗？	【讨论】从沉淀溶解平衡角度分析。 $BaSO_4$ 沉淀溶解平衡：$BaSO_4(s) \rightleftharpoons Ba^{2+}(aq) + SO_4^{2-}(aq)$

(续表)

第二课时　难溶电解质沉淀溶解平衡的应用	
环节三：沉淀转化方向再认识	
教师活动	学生活动
【情境】碳酸钡有较强的X射线屏蔽能力，在电子行业有重要应用。工业上用重晶石（$BaSO_4$）制备$BaCO_3$的常用方法主要有沉淀转化法、高温煅烧还原法等。 【资料】$K_{sp}(BaSO_4) = 1.1 \times 10^{-10}$ $K_{sp}(BaCO_3) = 2.6 \times 10^{-9}$ 【小结】梳理解决沉淀溶解平衡问题的一般思路和方法。	加入饱和碳酸钠溶液后，$c(CO_3^{2-})$增加，CO_3^{2-}与Ba^{2+}结合生成$BaCO_3$沉淀，$c(Ba^{2+})$减小，使$BaSO_4$的$Q < K_{sp}$，$BaSO_4$沉淀溶解平衡正向移动，从而使平衡$BaSO_4(s) + CO_3^{2-}(aq) \rightleftharpoons BaCO_3(s) + SO_4^{2-}(aq)$正向移动，最终$BaSO_4$转化为$BaCO_3$。 ①看到物质分析微粒 → ②找到平衡想到原理 → ③改变条件调控平衡 → ④平衡移动实现目的 宏观现象微观辨析　建立平衡原理分析　浓度改变平衡移动　沉淀的生成、溶解或转化

设计意图：

通过对$BaSO_4$转化为$BaCO_3$的探讨，提高学生对沉淀转化方向的认识。通过提高溶液中某种粒子的浓度，使溶液中更难溶物质的$Q < K_{sp}$，沉淀溶解平衡向溶解的方向移动，最终使溶解度相差不大的两种物质实现由溶解度小的物质到溶解度相对较大的物质的转化，同时形成用微粒观和平衡观分析沉淀生成、溶解和转化的一般分析思路和方法。

板书设计：

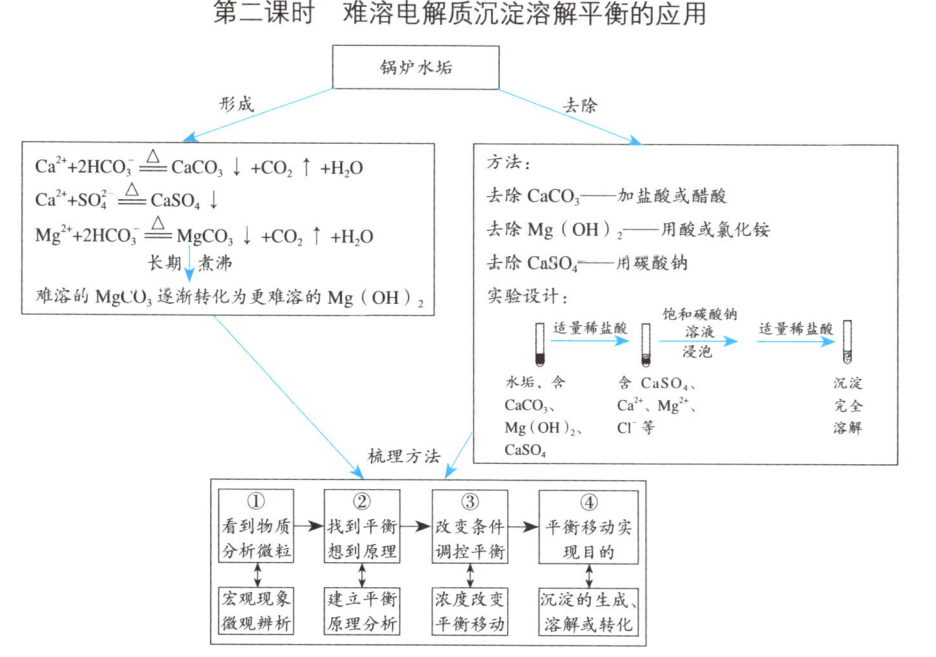

第三课时 易溶物溶解平衡的概念建立与应用

环节一：验证易溶物的溶解平衡

教师活动	学生活动
【问题】在沉淀反应中，组成难溶物的离子容易以沉淀的形式析出。那么，对于易溶物如 NaCl 溶液中的 Na^+ 和 Cl^-，能否以沉淀的形式析出呢？	【思考】回忆已学知识食盐水蒸发结晶的过程，即可让 NaCl 溶液中的 Na^+ 和 Cl^- 以沉淀的形式析出。
【追问】除了蒸发溶剂，还可以如何设计实验，让溶液中的 NaCl 以固体形式析出？	【思考】根据沉淀溶解平衡原理分析，向饱和食盐水中滴加浓盐酸可以析出白色固体 NaCl。再加入蒸馏水，沉淀又溶解。 $$NaCl(s) \underset{结晶}{\overset{溶解}{\rightleftharpoons}} Na^+(aq) + Cl^-(aq)$$

设计意图：
通过对 Na^+、Cl^- 以沉淀形式析出的实验设计和讨论，深化对易溶物溶解的认识，理解调控离子浓度使易溶物以沉淀形式析出的微观本质。

环节二：侯氏制碱法原理探析

教师活动	学生活动
【过渡】享誉世界的侯氏制碱法，就是易溶物的沉淀溶解平衡在工业生产中具体应用的经典案例。	【聆听】了解史实。
【资料】侯氏制碱法工艺流程图。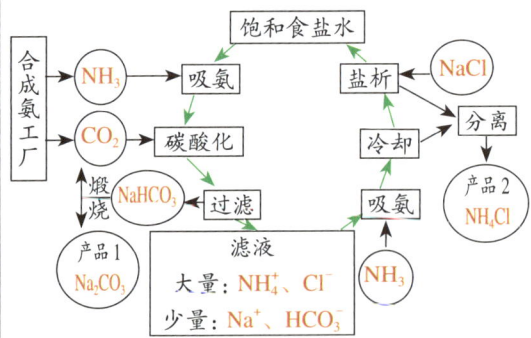	【思考】从可溶物溶解、结晶角度分析。向饱和 NaCl 溶液中通入 NH_3 和 CO_2 后，溶液中的 $c(Na^+)$、$c(Cl^-)$、$c(NH_4^+)$、$c(HCO_3^-)$ 都较高。由于 $NaHCO_3$ 溶解度最小，Na^+ 和 HCO_3^- 首先析出 $NaHCO_3$ 沉淀，发生反应：$NH_4^+ + HCO_3^- + Na^+ + Cl^- =\!=\!= NaHCO_3 \downarrow + NH_4Cl$。

（续表）

第三课时 易溶物溶解平衡的概念建立与应用	
环节二：侯氏制碱法原理探析	
教师活动	学生活动
几种固体物质的溶解度随温度的变化情况： | 温度/℃	0	10	20	30	40	50	60
---	---	---	---	---	---	---	---
NaCl/g	35.7	35.8	36.0	36.3	36.6	37.0	37.3
NaHCO$_3$/g	6.9	8.1	9.6	11.1	12.7	14.5	16.4
NH$_4$Cl/g	29.4	33.3	37.2	41.4	45.8	50.4	55.3
NH$_4$HCO$_3$/g	11.9	15.8	21.0	27.0	>35℃会分解 |||| 【问题】NaHCO$_3$可溶于水，为什么在水溶液中产生NaHCO$_3$沉淀？ 【追问】侯氏制碱法中，如何通过调控条件对滤液进行处理获得氮肥NH$_4$Cl？	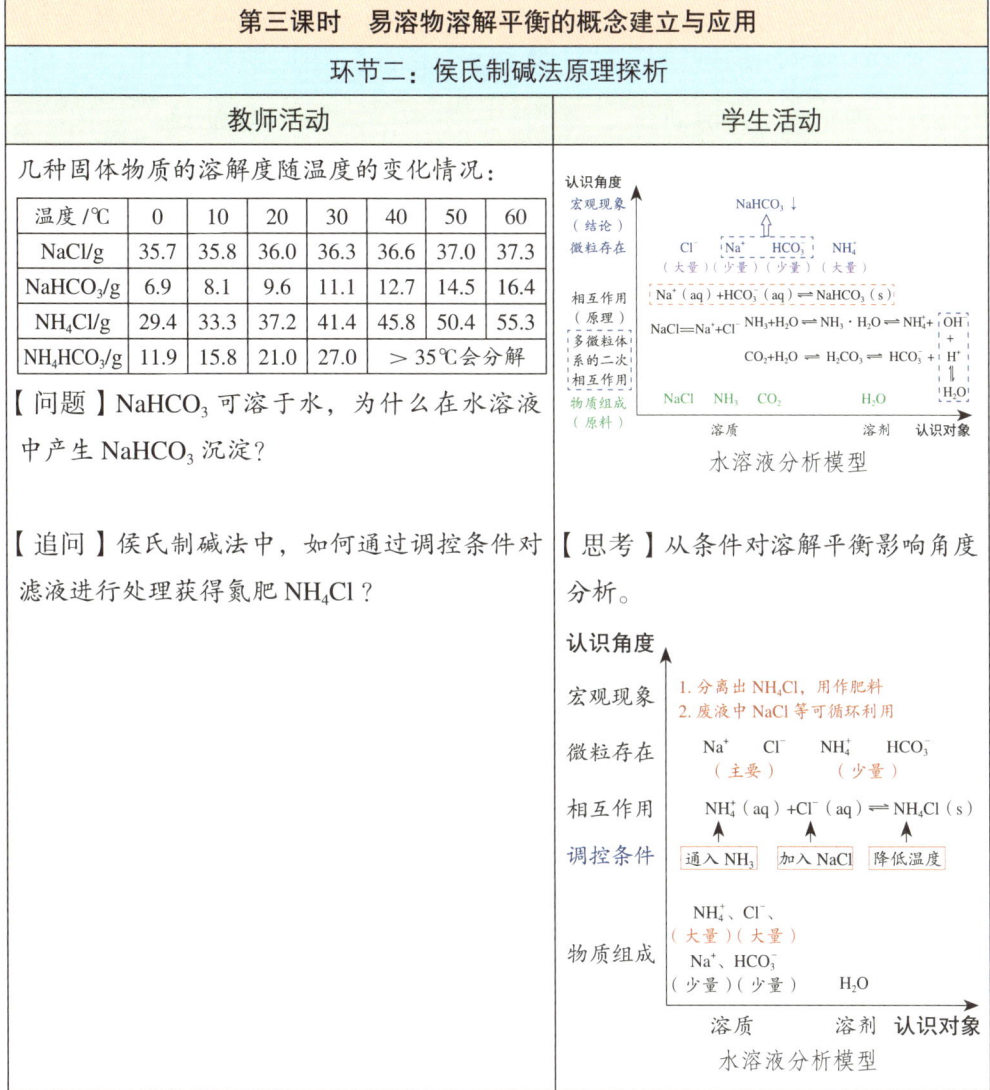 【思考】从条件对溶解平衡影响角度分析。

设计意图：

通过侯氏制碱法原理的探析，让学生进一步认识易溶物沉淀溶解平衡的建立与调控方法，丰富对沉淀溶解平衡的认识，拓展对沉淀生成的离子反应发生条件的理解和认识。

（续表）

第三课时　易溶物溶解平衡的概念建立与应用	
环节三：实验模拟侯氏制碱法	
教师活动	学生活动
【实验】模拟侯氏制碱法。 往氨盐水（冰水浴）中通入 CO_2 气体。 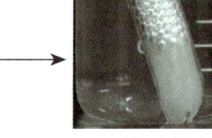 　刚开始　　　　一段时间后 【虚拟实验】调控条件制备 NH_4Cl 固体。 	【观察】思考并解释现象。 ①刚开始往氨盐水中滴加酚酞，产生红色的原因： $NH_3+H_2O \rightleftharpoons NH_3 \cdot H_2O \rightleftharpoons NH_4^+ + OH^-$ ②通 CO_2 后红色消失： $H_2CO_3 + NH_3 \cdot H_2O = NH_4HCO_3 + H_2O$ ③一段时间后产生沉淀： $NH_4HCO_3 + NaCl = NaHCO_3\downarrow + NH_4Cl$ 【观察】思考并解释现象。 在冰水浴中，随着 NH_3 的通入，$c(NH_4^+)$ 增加，与烧杯中饱和 NaCl 溶液电离出的 Cl^- 结合生成 NH_4Cl 固体，且随着 NH_3 的持续通入，NH_4Cl 固体逐渐增多。同时，溶液中的 $c(Cl^-)$ 减少，导致 NaCl 固体逐渐溶解而减少。
设计意图： 　　通过侯氏制碱法的实验模拟，让学生进一步认识到化学反应的发生是有条件的。同时通过宏观实验现象和微观反应过程的分析，进一步发展学生的"宏观辨识与微观探析""变化观念与平衡思想"核心素养。	

（续表）

第三课时 易溶物溶解平衡的概念建立与应用

板书设计：

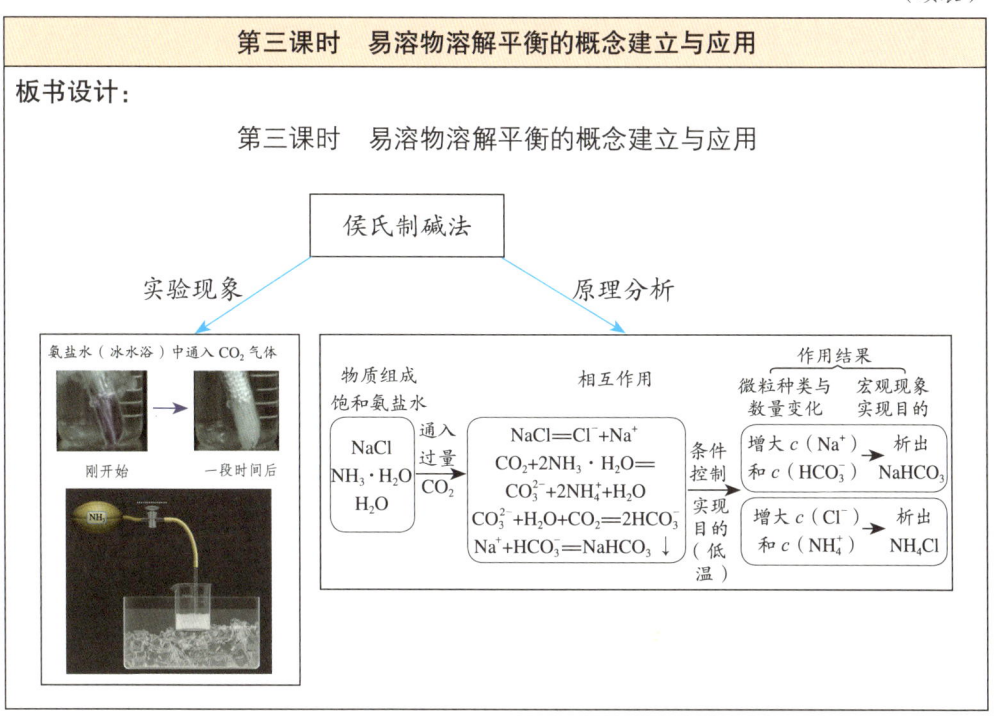

单元整体知识体系

板书设计：

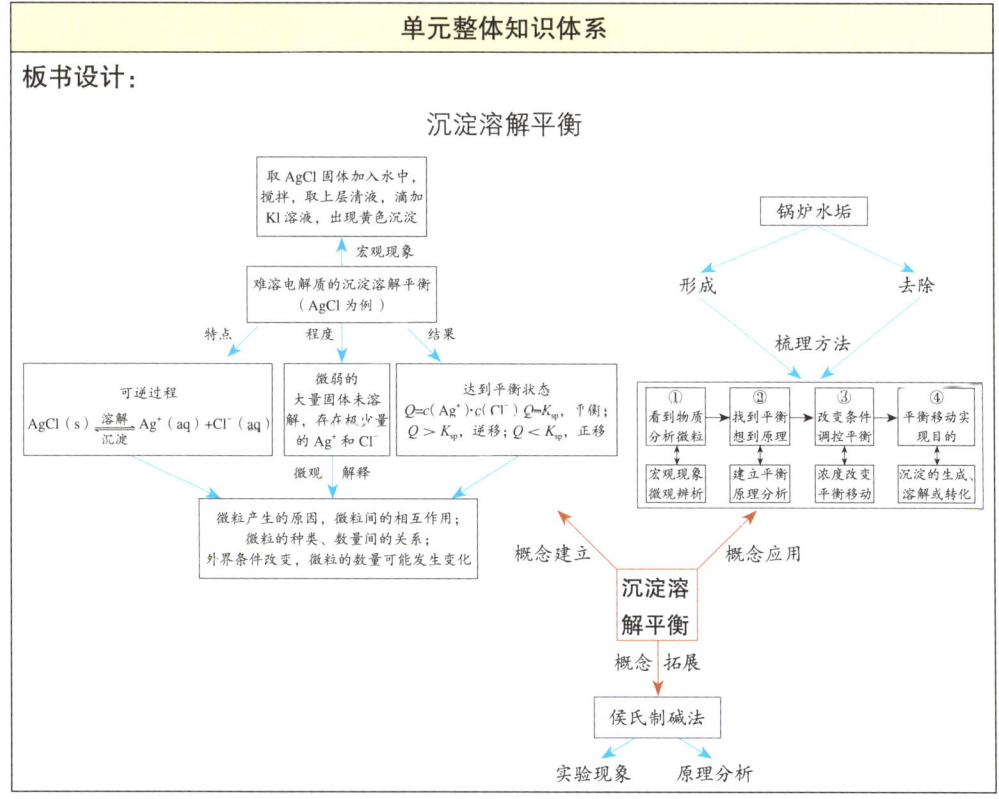

六、学科大概念统摄下的大单元教学设计及教学反思

1. 大单元教学设计特色说明

（1）教学设计层次清晰，关注对化学知识本质的理解

本单元整体教学设计从难溶物沉淀溶解平衡的建立及应用出发，拓展学生对易溶物溶解平衡的认识，解决实际生产生活中的问题，从微观、动态的离子平衡角度再认识水溶液中酸、碱、盐之间的反应。层层递进的设计有利于学生建立、深化、完善对沉淀溶解平衡的认识模型，形成解决水溶液相关问题的基本思路和方法。厘清学生关于难溶物、易溶物溶解平衡的概念，能从微观视角深刻理解溶液中发生离子反应的本质及条件、离子平衡之间的相互联系和影响，学会从微观、动态、平衡的视角审视和表达宏观物质间发生的离子反应。

（2）重视实验探究，融入化学核心素养

本单元教学设计通过多种探究活动，促进学生学习方式的转变，促进学生科学探究能力的发展与创新意识的培养。整个设计通过实验进行环环相扣的探究，对实验现象的观察提出问题，根据理论预测及实验验证将问题引向深入，通过对实验证据进行定量计算及理论分析推理得出结论，凸显化学学科特色，重视实验探究的价值与功能挖掘。

（3）"立德树人"与学科知识有机结合

单元教学中，通过形式各异的活动让学生形成严谨求实、探索未知、追求真理的科学精神，赞赏化学对社会发展的重大贡献，渗透可持续发展意识和绿色化学观念；通过应用认知模型，对侯氏制碱法进行微观原理探析，在实际操作中针对体系放热等进行实验改进以获取理想效果，既丰富了学生的认知角度，又促进了学生对"物质变化是有条件的"化学思想的理解。通过对侯德榜先生智慧和贡献的赞赏，激发学生的爱国情怀，将"立德树人"与学科知识有机结合，润物无声。

2. 大单元教学设计教学反思

（1）处理好具体知识与基本观念建构的关系

具体知识是基本观念建构的载体，而基本观念的形成又会深化具体知识的理解，从而加强对学科知识本质的规律认识，增强解决问题的能力。教师应该深挖知识的内涵，循序渐进地发展学生的化学基本观念。具体知识的教学并不是一味地追求加大难度和面面俱到，而是要求教师从整个化学学科体系高度对本单元的

教学有一个宏观的观念性理解，再结合学生的已有经验和知识水平把需要建构的观念落实为具体可操作性的化学教学目标。有驱动力的问题设计能激发学生的积极思维，通过对观念的基本理解及辅助一定的情境，设计一些具有真实性、开放性和适当思维容量的问题串，激发学生在已有的认知上不断引起思维冲突，让问题始终落在学生的"最近发展区"。通过一定的探究活动（如小组讨论、实验探究、交流等）引导学生进行体验，发现知识间的内在联系，提炼并反思个人见解，促进认识不断提高。

（2）单元教学设计和规划可有效提高课堂教学效率

在大概念统摄下的单元教学，可以根据课时教学目标组织各课时的教学内容，避免了重复讲授问题的出现，从而提升课堂教学效率。此外，通过单元教学引导学生在真实的大情境中建构知识体系，有助于调动学生学习的积极性、主动性，激发其学习兴趣，学生能积极思考与讨论并主动地建构知识体系，这也在很大程度上提升了课堂教学效率。单元教学设计在建构教学单元时注重教学内容的重组与整合，将具有共性的知识按知识进阶的层次重整成一个新的教学单元，学生在学习过程中不仅可以建构系统化、结构化的知识体系，还能产生学习迁移。在本单元教学设计的实施过程中，学生可以建构完整的化学平衡体系，并可将这些动态平衡理论应用到真实复杂的情境中去分析、解决实际问题。

（3）大概念统摄下的单元教学设计可实现素养有效落实

联系发展的动态平衡观对四大平衡的建立非常重要，在分析和计算盐溶液的pH、判断盐溶液中离子浓度大小、理解和掌握盐溶液中的三大守恒等方面发挥着巨大的作用。传统课时教学容易割裂知识之间的内在联系，从而导致学生在学习过程中出现知识断层和思维断层的问题，这不利于联系发展的动态平衡观的形成，同时学科核心素养培育的连续性、长期性、渐进性对传统课时教学发出了挑战，因此单元教学设计在培养学生化学核心素养上的优势越发凸显。

总之，基于大概念下的单元教学设计是一种思维方式的转变，是在现有的教学模式上打破固有的思维模式，需要我们基于课标、基于教材、基于学情，建立整体性的教学思路，从而促进学生深度发展。单元教学中，学生不再是被动的接受者，而是课堂的建构者，教师则转变为组织者、引领者和资源的提供者。

北师大燕化附中　张爱平

北京景山学校　何轶

案例 ❽ 醇和酚

一、学科大概念统摄下的大单元教学背景分析

1. 大单元教学主题确定

醇和酚是自然界中广泛存在的两种含羟基的有机化合物，通过必修第二册的学习，学生已经了解了醇的有关性质，在此基础上将醇的学习上升并扩展到醇类物质的学习，实现由必修到选择性必修、由点到面的扩展。而酚类物质也是分子中含有羟基的一类有机化合物，酚羟基直接和苯环相连，与醇羟基的连接方式不同，性质差异较大，所以酚类物质是采用具体代表物的方式，以学生对醇类物质结构和性质内在联系为认知基础，迁移到酚类物质进行学习。醇的化学性质部分，运用"交流·研讨"引导学生分析醇的结构，预测其可能发生的反应；苯酚化学性质的教学，则是让学生预测其性质并与苯和醇的性质相比较，通过"活动·探究"，依据苯酚的结构，再从羟基和苯环的相互影响角度探究苯酚的化学性质。本单元整体设计以"物质的结构决定性质、基团之间存在相互影响"的学科大概念为统领，设计三个课时，第一课时从官能团、共价键极性角度认识乙醇；第二课时从物质的结构预测物质的性质（以1-丙醇为例）；第三课时从羟基和苯环的相互影响认识苯酚。内容上对必修第二册的乙醇、选择性必修3的醇和酚，以及选择性必修2中有关氢键、电负性等内容进行整合设计，在能力上引导学生从认识物质到认识官能团和化学键极性，再到认识基团之间的相互影响，逐步进阶，努力体现"物质的结构决定性质，基团之间存在相互影响"的学科大概念。

2. 大单元教学内容分析

（1）在教材中的地位和作用

学生在初中已经知道典型有机化合物乙醇，初步了解了乙醇的化学式、元素组成以及用作燃料等主要用途；在高中必修阶段已经建立了官能团的概念，通过乙醇的结构与性质学习，体会官能团在预测和解释有机化合物性质方面的指导作用。本单元安排在有机反应类型之后，学生可以从有机化合物结构入手，预测乙醇可能与什么样的试剂发生

反应、发生什么类型的反应、生成什么样的物质。本单元的学习，重点突出共价键的极性和基团之间的相互影响，学生能运用所学规律预测一类物质可能发生的化学反应。同时，通过本单元学习，可以进一步关联醇与卤代烃的相互转化、醇与醛的相互转化以及醛氧化为羧酸的衍生关系，为学生完整构建有机化合物相互转化的知识体系打下基础。

（2）在教学中的功能和价值

《普通高中化学课程标准（2017年版2020年修订）》在内容要求中指出"认识官能团的种类，从官能团的视角认识有机化合物的分类……认识同一分子中官能团之间存在相互影响"，在学业要求中指出"能辨识有机化合物中的官能团，判断有机化合物分子中碳原子的饱和程度、键的类型，分析键的极性；能依据有机化合物分子的结构特征分析简单有机化合物的某些化学性质"。而本单元的主题"探究有机化合物基团之间的相互影响——醇和酚"符合新课标对醇、酚的知识要求，是在新课标指导下的大单元教学设计。

本单元学生活动的主线是对醇和酚性质的探究，学生经历预测猜想、实验验证、获取证据、形成结论的完整探究过程，可以发展学生的宏微结合观念和证据推理意识，同时也让学生更加深刻地认识有机化合物结构与性质的关系，这种学习的思路可以指导整个有机化学模块的学习。因此，本单元的设计不再是简单的知识本位教学，而是突出了物质宏观性质与微观结构相结合（宏微结合），指导学生设计实验探究性质是否正确（科学探究）以及建立"物质的结构决定性质、基团之间存在相互影响"学科大概念（模型认知）的素养导向教学模式。本单元的价值在于引导学生在知识结构化的自主建构中理解化学的核心观念，让化学学科核心素养能在课堂教学中落地生根。

3. 大单元教学学情分析

（1）学生已有知识与能力

通过初中化学和高中必修第二册对有机化合物内容的学习，学生已经了解乙醇的结构和部分性质，知道官能团的概念，从化学键角度对化学反应的本质也有了一定的认识。在选择性必修3第2章第1节中，学生学习了有机化合反应的基本类型，能够从官能团的性质、化学键的极性和碳原子的饱和性去预测有机化合物的性质，并且知道"物质结构决定性质"这一基本化学学科思想。同时，高二的学生也具备了基本的化学实验操作技能，具有开展实验探究的能力以及设计、评价实验方案的能力，初步具有通过实验获取证据的能力。

（2）学生学习障碍点

本单元学生学习的障碍点有两个方面。一是受课程设置的限制，在学习"有机化学基础"模块时一般还没有系统学习"物质结构与性质"模块，不能从电负性的角度认识原子吸引电子能力的差异，难以从化学键极性的角度认识反应中断键的活性位置，对醇和酚的性质难以做到深入本质地分析。二是学生的理解力方面，对于化学键的极性与饱和性是如何影响物质性质的，原子、原子团为什么具有吸电子效应或推电子效应，基团之间为什么会产生相互影响，以上问题学生存在不同程度的理解困难，也必然会影响学生运用这些知识去分析具体的问题。

（3）学生学习发展点

学生知识层面的发展点在于：能够建构卤代烃→醇、酚→醛→酸的有机化合物知识架构，为建立有机化合物相互转化的衍生关系奠定基础；能初步掌握从官能团性质、化学键极性和碳原子的饱和性角度预测陌生物质性质的方法；形成有机化合物基团之间的相互作用会影响物质性质这一基本观念。

学生素养层面的发展点在于：能够从物质微观结构——共价键的极性和碳原子的饱和性角度认识醇、酚的宏观性质，培养宏微结合的学科素养；在实验探究过程中引导学生从实验现象、原子谱图等角度获取关键证据，增强运用证据进行分析推理的能力；通过醇和酚结构与性质的关系、苯环和羟基之间的相互影响以及预测1-丙醇的性质等探究活动，建立通过结构预测陌生物质化学性质的思维模型。

二、学科大概念统摄下的大单元知识结构图

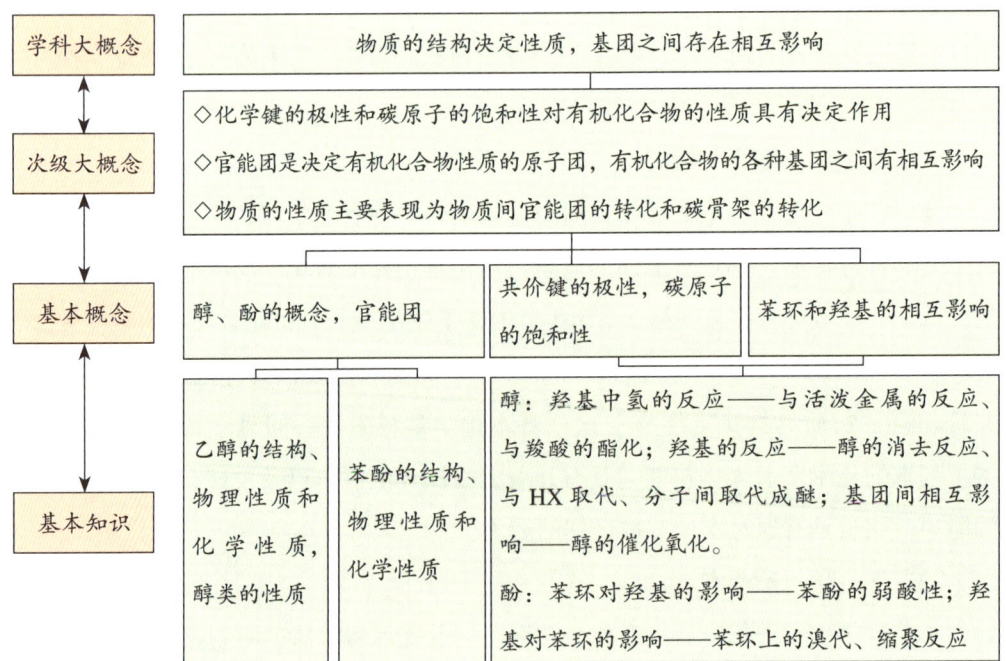

三、学科大概念统摄下的大单元教学与评价目标设计

1. 教学目标

（1）学科知识：能够了解醇和酚分子组成和结构特点、掌握醇和酚的化学性质、转化关系及其在生产生活中的重要应用。

（2）学科思想：能够发展有机化合物的认识层级（物质→官能团→化学键极性和基团之间的相互影响），从学科思想上理解物质结构决定性质的内涵。

（3）学科方法：形成并应用"结构分析→性质预测→实验验证"的研究陌生有机化合物化学性质的一般思路和方法。

（4）学科素养：发展"宏观辨识与微观探析""证据推理与模型认知""科学探究"等化学学科核心素养。

2. 评价目标

（1）通过分析乙醇的物理性质和化学性质，能从化学键、官能团、物质等多层级认识乙醇的性质，能从化学键极性的角度分析、推测乙醇可能具有的新化学性质，能从结构和化学实验来认识乙醇的消去反应和取代反应。

（2）通过结构分析、预测、验证等环节，形成对苯酚物理、化学性质的认识；能应用有机化合物性质发展层级模型，通过对苯酚微观认识层级的分析（官能团、碳原子的饱和性和化学键的极性、邻近基团间的相互影响），形成研究陌生有机化合物性质的一般方法。

（3）能通过醇和酚的结构特征认识醇、酚中的羟基与其性质的关系，建立官能团决定有机化合物性质的基本观念，能够建构有机化合物中官能团与性质关系的认知模型。

四、学科大概念统摄下的大单元规划流程图

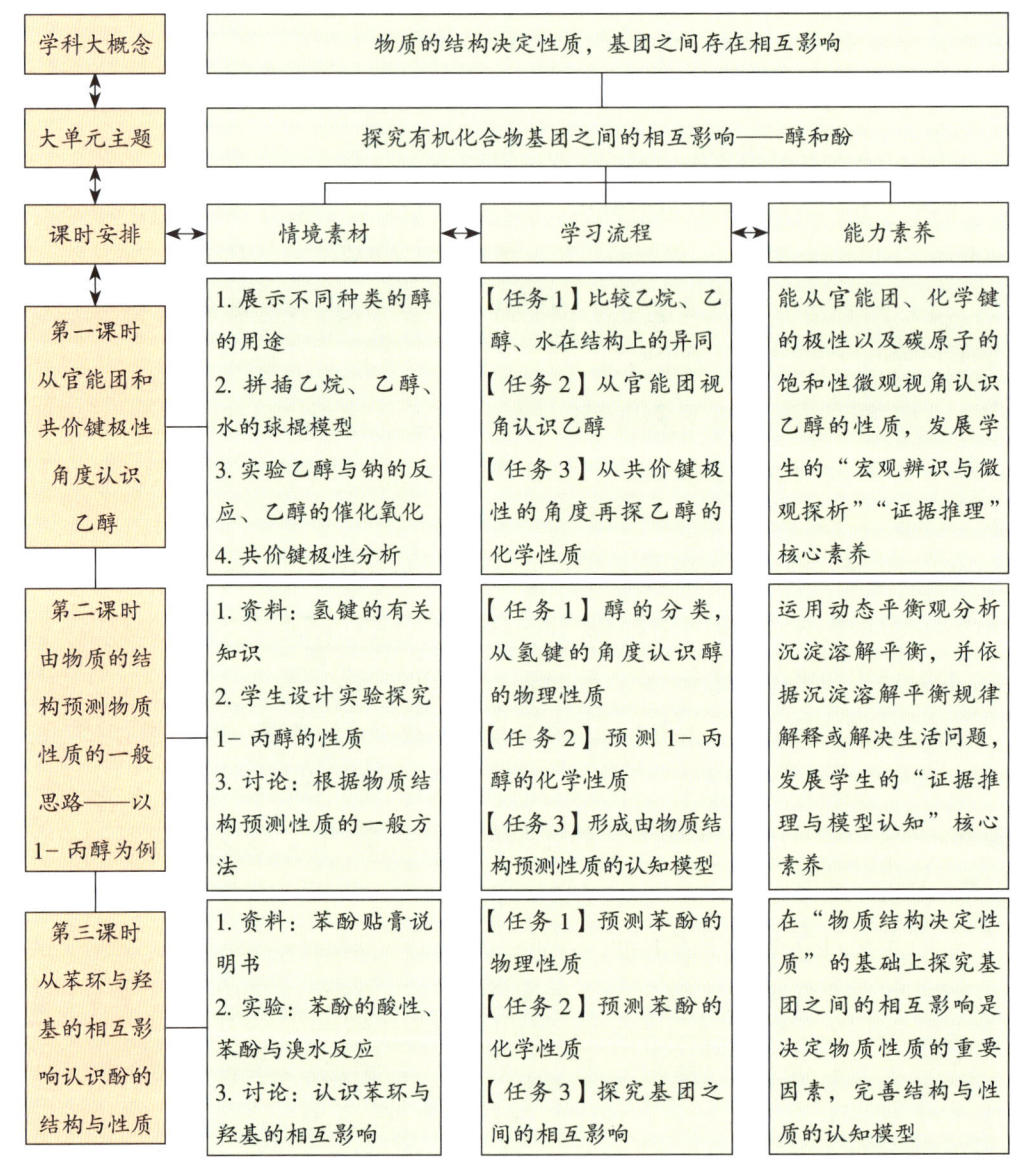

五、学科大概念统摄下的大单元教学流程设计

第一课时　从官能团和共价键极性角度认识乙醇	
环节一：说说你所知道的乙醇	
教师活动	学生活动
【问题1】关于乙醇，你了解多少？ 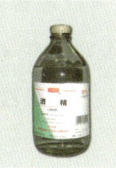 【引导】初中化学和高中必修阶段学习过有关乙醇的知识，指明乙醇所属的物质类别、元素组成、化学式、物理性质、主要用途等。	【观察】回忆与乙醇有关的原有认知，观察图片，感悟乙醇在生产生活中的重要应用。 【回答】乙醇是一种有机化合物，俗称酒精，分子式为 C_2H_6O，易挥发，易溶于水，密度比水小。乙醇可以用作燃料，常用于食品工业，也是一种重要的化工原料……
【问题2】乙醇的分子结构是怎样的？请比较乙烷、乙醇、水的分子模型在结构上的异同。 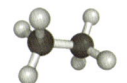 乙烷分子球棍模型　乙醇分子球棍模型　水分子球棍模型 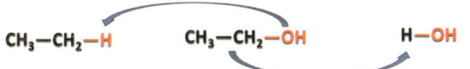	【观察】观察乙烷、乙醇、水的分子结构模型，思考三者在结构上的异同。 【回答】乙醇和乙烷相比，可以看作乙烷分子中的 H 原子被 -OH 取代；和水分子比较，可以看作水分子中的 H 原子被 $-CH_2CH_3$ 取代。结构上的共同点是分子中都含有 -OH。
【活动任务】请同学们动手拼插乙烷、乙醇、水的球棍模型，感受它们在结构上的不同点。	【学生活动】拼插乙醇球棍模型，并和乙烷的相比较，体会从结构上看，乙醇可看作 -OH 取代了乙烷中的 -H，也可以看作 $-CH_2CH_3$ 取代了水中的 -H。
【过渡】从结构上看，虽然乙烷、乙醇、水都有 -OH，但它们的性质差异却很大，这是为什么呢？	【思考】从结构角度思考性质差异的原因。

（续表）

第一课时　从官能团和共价键极性角度认识乙醇	
环节一：说说你所知道的乙醇	
教师活动	学生活动
设计意图： 　　这一环节的教学起点是初中化学对乙醇的认识，从学生的原始认知出发，降低难度，再逐步过渡到必修第二册有机化学中乙醇结构的认知。通过观察对比乙烷、乙醇、水的分子结构上的差异，初步建立物质结构不同可能导致性质不同这一基本观念。学生动手拼插分子的结构模型，虽然是一个简单的任务，但对于建立乙醇分子结构的感性认识、深化有机化合物的结构意识有着不可替代的作用。	
环节二：基于官能团的视角，初识乙醇的化学性质	
教师活动	学生活动
【问题1】乙醇与钠反应的现象是什么？生成的气体是什么？  【追问1】如何证明产生的气体是氢气？ ①实验视角：气体能发生爆鸣； ②氧化还原反应视角：钠失电子是还原剂，只有乙醇中的氢原子得到电子，产生氢气。 【追问2】如何证明氢气的来源？是羟基氢被置换还是烃基氢被置换？ 定量数据测定：一定量的乙醇与足量的钠反应，测定产生的氢气的体积。 实验事实证据：钠保存在煤油里，对你有什么启发？（煤油的主要成分为 $C_{10} \sim C_{16}$ 的烷烃，还含有少量芳香烃、不饱和烃、环烃） 【结论解释】乙醇与钠反应，断开的是羟基中的 O—H 键，氢原子被置换成氢气。方程式如下： $2C_2H_5OH + 2Na \longrightarrow 2C_2H_5ONa + H_2\uparrow$ 在乙醇中，决定乙醇性质的是 —OH，这种决定有机化合物性质的原子或原子团叫作官能团。	【回忆并回答】钠沉在乙醇底部，缓慢反应放出气体，产生的气体是氢气。 【思考】从气体的性质和氧化还原两个角度分析产生的气体是氢气。 【讨论】产生的氢气来自乙醇的哪部分氢原子？ 可以通过定量测定判断氢气的来源： 若来自 $-CH_2CH_3$， 则 1 mol $C_2H_5OH \sim 2.5$ mol H_2； 若来自 $-OH$， 则 1 mol $C_2H_5OH \sim 0.5$ mol H_2。 【倾听】结合乙醇的分子结构，体会乙醇与钠反应的部位，建立官能团的概念。 【书写】 $2C_2H_5OH + 2Na \longrightarrow 2C_2H_5ONa + H_2\uparrow$

(续表)

第一课时　从官能团和共价键极性角度认识乙醇	
环节二：基于官能团的视角，初识乙醇的化学性质	
教师活动	学生活动
【问题2】请观察乙醇的催化氧化实验，从官能团变化的角度看，—OH发生了怎样的变化？ 【演示】将铜丝在酒精灯内焰和外焰移动，观察铜丝的变化，体会乙醇的催化氧化。 Cu红 → CuO黑 → Cu红 【分析】在铜作催化剂的条件下，乙醇可以被氧化为有刺激性气味的液体——乙醛。乙醛CH_3CHO的官能团是—CHO。 引导学生书写反应方程式： $2CH_3CH_2OH+O_2 \xrightarrow[\triangle]{Cu} 2CH_3CHO+2H_2O$ 【追问1】乙醇的催化氧化中官能团发生了怎样的变化？ 【追问2】观察乙醇和乙醛的分子结构，分析在—OH转变为—CHO的过程中，哪些化学键发生了断裂？ （乙醇结构式 → 乙醛结构式） 【追问3】乙醇发生催化氧化的条件是什么？ 氢原子个数： 2个α-H 即—CH_2OH → 生成醛：如R—CH_2OH → R—CHO 1个α-H 即—CHOH → 生成酮：如R—CHOH(R') → R—CO—R' 没有α-H 即—COH— → 不反应：如H_3C—C(CH_3)(CH_3)—OH 不能被氧化	【观察】观察铜丝在酒精灯内焰、外焰的变化，体会乙醇的催化氧化。 【书写】 红→黑　$Cu+O_2 \xrightarrow{\triangle} 2CuO$ 黑→红 $CuO+CH_3CH_2OH \xrightarrow{\triangle} Cu+CH_3CHO+H_2O$ 【小组交流】乙醇的催化氧化生成乙醛，—OH官能团变成醛基。 【讨论回答】羟基中的O—H键和α碳原子的C—H键断裂，α碳原子上新生成一条C—O键，即产生了新的官能团醛基$-\overset{O}{\overset{\|}{C}}-H$。可见，乙醇发生催化氧化的性质和—OH官能团有关。 【小组讨论】 （1）反应条件：铜或者银等金属作催化剂，加热。 （2）结构条件：α碳原子的C—H键断裂（即α碳原子上含有H原子）。

（续表）

第一课时　从官能团和共价键极性角度认识乙醇

环节二：基于官能团的视角，初识乙醇的化学性质

设计意图：

　　从官能团变化的角度认识乙醇的化学性质，使学生对物质的认知从类别的角度转移到官能团角度。通过必修学过的乙醇与钠反应、乙醇的催化氧化展开探究，从对官能团整体变化认知过渡到官能团中断键位置的分析，从更加本质、更加微观的角度认识乙醇的结构与性质的内在关系。

环节三：基于化学键极性的视角，再探乙醇的化学性质

教师活动	学生活动
【问题1】为什么乙醇与钠反应、乙醇的催化氧化O—H键都容易断裂呢？ 【资料在线】电负性是元素的原子在化合物中吸引电子能力的标度。元素的电负性越大，表示其原子在形成化学键时吸引电子的能力越强；反之，电负性越小，相应元素的原子在形成化学键时吸引电子的能力越弱。 | 元素 | H | C | O | |---|---|---|---| | 电负性 | 2.1 | 2.5 | 3.5 | 【分析】结合以上资料可以发现： （1）氧元素的电负性比氢元素和碳元素的电负性都大。 （2）乙醇分子中羟基上的氧原子对共用电子对的吸引能力强，共用电子对都偏向氧原子，因此C—O键和O—H键都是极性键，成为反应的活性部位。 （3）由于乙醇分子中羟基上氧原子的强吸电子作用，醇分子中 α 碳原子上的H和 β 碳原子上的H都较为活泼。	【小组讨论】氧元素的电负性比氢元素和碳元素的电负性都大，醇分子中羟基上的氧原子对共用电子对的吸引能力强，共用电子对都偏向氧原子，因此乙醇中的C—O键和O—H键都是较强的极性键。 【组间评价】极性共价键容易断开，在反应中是活性部位，学生易于理解，也可以自行分析得出。但难以分析出 α 碳原子上的H和 β 碳原子上的H较为活泼。

(续表)

第一课时　从官能团和共价键极性角度认识乙醇	
环节三：基于化学键极性的视角，再探乙醇的化学性质	
教师活动	学生活动
【问题2】从共价键的极性角度分析乙醇和乙酸酯化反应中乙醇的断键位置，说明断键的原因。 【引导分析】乙醇分子中的 O—H 键和乙酸中的 C—O 键均是极性键，在反应中断开，$-OCH_2CH_3$ 取代了乙酸中的 $-OH$ 生成酯和水。实验证明，其他的醇与羧酸也可以发生酯化反应生成酯和水。 【追问】如何通过实验证明反应中乙醇的断键位置？ 同位素原子示踪实验，用含有 O-18 的乙醇与乙酸反应，在生成的水中未检测出 O-18。 $$H_3C-\overset{O}{\underset{\|}{C}}-\boxed{OH+H}\,^{18}O-C_2H_5 \xrightleftharpoons[\triangle]{浓硫酸} H_3C-\overset{O}{\underset{\|}{C}}-^{18}O-C_2H_5+H_2O$$ 【问题3】请预测，乙醇还可能发生哪些反应？ $$\underset{H}{\overset{H}{\underset{\|}{R-C}}}\overset{H}{\underset{\|}{-\overset{\delta^+}{C}\mid\overset{\delta^-}{\underset{\,}{O}}\overset{\delta^+}{-}H}}$$ 【引导分析1】乙醇与氢溴酸发生的取代反应：乙醇中 α 碳原子的 C—O 键也是极性键，反应断开，$-OH$ 被另一个负电性基团取代。 乙醇分子中带部分正电荷的乙基碳原子与溴化氢分子中带部分负电荷的溴原子结合生成溴乙烷分子，而乙醇分子中带部分负电荷的羟基氧原子与溴化氢分子中带部分正电荷的氢原子结合生成水分子。 $$\overset{\delta^+}{CH_3CH_2}-\overset{\delta^-}{OH}+\overset{\delta^+}{H}-\overset{\delta^-}{Br} \longrightarrow CH_3CH_2-Br+H_2O$$	【学生回答】乙醇分子中的 O—H 键是极性共价键，在反应中断开，乙酸中的 C—O 键也是极性键，二者发生取代反应生成酯和水。 【书写练习】写出乙醇与乙酸酯化反应的方程式。 $$CH_3COOH+CH_3CH_2OH \xrightleftharpoons[\triangle]{浓硫酸}$$ $$CH_3COOC_2H_5+H_2O$$ 【预测1】乙醇中 α 碳原子的 C—O 键也是极性键，反应断开，$-OH$ 被另一个负电性基团取代。 $$R-CH_2-\underset{\alpha}{\overset{\delta^+}{CH_2}}\mid\overset{\delta^-}{OH}$$ β　α

（续表）

第一课时　从官能团和共价键极性角度认识乙醇	
环节三：基于化学键极性的视角，再探乙醇的化学性质	
教师活动	学生活动
【引导分析2】乙醇分子间的取代（生成醚）：既然乙醇中 α 碳原子的C—O键、O—H键均具有很强的极性，那么在酸作催化剂及加热的条件下，乙醇可以发生分子间的取代反应［一个醇分子中的烃氧基（RO-）取代另一个醇分子中的羟基］，生成醚和水。乙醇在浓硫酸作催化剂的情况下加热到140℃时，会生成乙醚和水。 $C_2H_5\text{—}OH + H\text{—}OC_2H_5 \xrightarrow[140℃]{\text{浓硫酸}} \underset{\text{乙醚}}{C_2H_5\text{—}O\text{—}C_2H_5} + H_2O$ 【引导分析3】通过分析乙醇的结构我们知道，由于醇分子中羟基上氧原子的强吸电子作用，乙醇分子中 α 碳原子上的H和 β 碳原子上的H都较为活泼。那么，有 β-H 的乙醇在一定条件下能否断开极性共价键呢？ 【实验】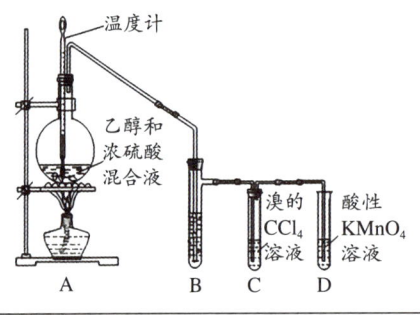	【预测2】α 碳原子的C—O键、O—H键均是极性键，一个乙醇分子中的烃氧基（RO-）取代另一个乙醇分子中的羟基。 $\begin{array}{c} R\text{—}CH_2\text{—}CH_2\overset{\delta^+}{\text{—}}\overset{\delta^-}{OH} \\ R\text{—}CH_2\text{—}CH_2\overset{\delta^+}{\text{—}}\overset{\delta^-}{O}\text{—}H \end{array} \Big\} \rightarrow CH_3CH_2\text{—}O\text{—}CH_2CH_3$ 【书写练习】 $\begin{array}{c} CH_2\text{—}CH_2 \\ | \quad\quad | \\ H \quad\quad OH \end{array} \xrightarrow[170℃]{\text{浓硫酸}} CH_2\text{=}CH_2\uparrow + H_2O$

(续表)

第一课时　从官能团和共价键极性角度认识乙醇	
环节三：基于化学键极性的视角，再探乙醇的化学性质	
教师活动	学生活动
【问题拓展 1】溴的四氯化碳溶液或者酸性 $KMnO_4$ 溶液褪色，是否说明乙醇发生了消去反应？是否还有其他干扰因素？	【小组讨论 1】预期方案： （1）把产生的气体通入酸性 $KMnO_4$ 溶液中。 （2）把产生的气体通入溴的四氯化碳溶液中。 （3）改进方案。
【问题拓展 2】乙醇和浓硫酸加热，会看到圆底烧瓶内溶液变黑，可能的原因是什么？	【小组讨论 2】 $C+2H_2SO_4(浓) \xrightarrow{\Delta} 2SO_2\uparrow +CO_2\uparrow +2H_2O$
【问题拓展 3】醇发生消去反应的条件是什么？	【小组讨论 3】 反应条件：浓硫酸，加热。 结构条件：①含有 β-H 的醇可发生消去反应。 ②若含有多个 β-H，则可能得到不同的产物。
【小结】从化学键的极性角度总结乙醇的化学性质，说明在反应中的断键位置以及断键的原因。	（反应示意图：苯环—CH_2—CH_2—OH 在浓硫酸/Δ 条件下生成苯环—CH=CH_2 + H_2O；CH_3CH—CH_2CH_3（含 OH）在浓硫酸/Δ 条件下生成 CH_3CH=$CHCH_3$ + H_2O（主要产物）和 CH_2=$CHCH_2CH_3$ + H_2O（次要产物））

设计意图：

通过对乙醇与钠反应、催化氧化以及酯化反应中乙醇断键的分析，逐步建立从化学键的极性角度预测物质性质的能力。在乙醇消去反应的探究中，引导学生建立研究有机化合物性质的一般思路：结构分析→性质预测（断键部位、反应类型）→实验验证。通过设计实验、干扰因素的讨论，培养学生的"科学探究与创新意识"核心素养。

（续表）

第一课时　从官能团和共价键极性角度认识乙醇

板书设计：

第一课时　从官能团和共价键极性角度认识乙醇

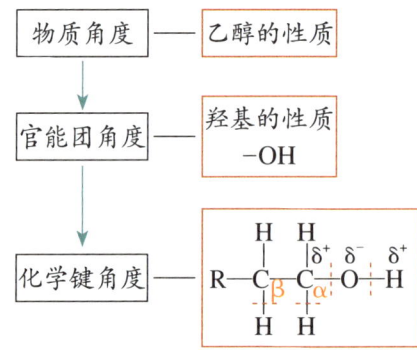

乙醇结构	断键位置	反应类型	反应方程式
![乙醇结构] H H ④|③|① H—C—C—O—H |②| H H	①	与钠置换	$2CH_3CH_2OH+2Na \longrightarrow 2CH_3CH_2ONa+H_2\uparrow$ 　　　　　　　　　　　　乙醇钠
	①②	催化氧化	$2CH_3CH_2OH+O_2 \xrightarrow[\triangle]{催化剂} 2CH_3CHO+2H_2O$ 　　　　　　　　　　　　　乙醛
	①	酯化反应	$CH_3COOH+CH_3CH_2OH \underset{\triangle}{\overset{浓硫酸}{\rightleftharpoons}} CH_3COOC_2H_5+H_2O$
	③	与HX取代	$CH_3CH_2—OH+H—Br \longrightarrow CH_3CH_2—Br+H_2O$
	①②	分子间取代	$C_2H_5—OH+H—OC_2H_5 \xrightarrow[140℃]{浓硫酸} C_2H_5—O—C_2H_5+H_2O$
	③④	消去反应	$\begin{array}{c}CH_2—CH_2\\ \|\ \ \ \ \ \|\\ H\ \ \ OH\end{array} \xrightarrow[170℃]{浓硫酸} CH_2=CH_2\uparrow +H_2O$

第二课时　由物质的结构预测物质性质的一般思路——以1-丙醇为例
环节一：醇的分类和物理性质

教师活动	学生活动
【课前活动】预习课本，了解醇的分类、命名以及物理性质。 【问题1】根据表中数据分析，饱和一元醇的沸点和与其相对分子质量接近的烷烃或烯烃的沸点相比，有什么变化规律？为什么？	【自主学习】通过自主学习，了解醇的分类、命名以及物理性质。 【小组汇报1】乙醇的-OH官能团之间可以形成氢键，增大了分子之间的作用力，使得乙醇的熔、沸点比乙烷高。同时乙醇分子的-OH与水分子之间也能形成氢键，增大了乙醇在水中的溶解度。

（续表）

第二课时　由物质的结构预测物质性质的一般思路——以 1-丙醇为例

环节一：醇的分类和物理性质

教师活动	学生活动
<div>有机化合物的结构简式 / 相对分子质量 / 沸点/℃ CH₃OH　32　65 CH₃CH₃　30　−89 CH₂=CH₂　28　−102 CH₃CH₂OH　46　78 CH₃CH₂CH₃　44　−42 CH₃CH=CH₂　42　−48</div>【资料】乙醇分子之间、乙醇与水之间的氢键： 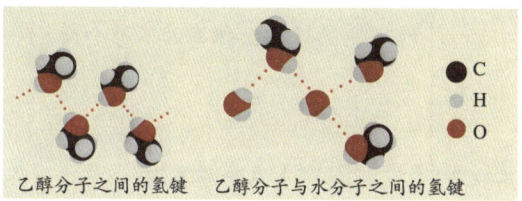 氢键的形成赋予物质一些特殊的性质，主要表现为分子间作用力增大，使物质的熔点和沸点升高。另外，溶质分子与溶剂分子之间形成氢键，会增大溶质的溶解能力，也会对溶质的电离产生影响。 【问题2】乙醇在水中的溶解度比乙烷大得多（任意比和水混溶），为什么？ 【引导分析】多元醇分子中的羟基较多，一方面增大了分子之间形成氢键的概率，使多元醇的沸点较高；另一方面增大了醇与水分子之间形成氢键的概率，使多元醇易溶于水。 【自主梳理】几种常见的醇。 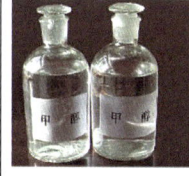  	【小组汇报2】一个醇分子中羟基上的氢原子与另一个醇分子中羟基上的氧原子相互吸引形成氢键，增强了醇分子之间的相互作用。 【小组汇报3】饱和一元醇也可以看成水分子中的一个氢原子被烷基取代后的产物。当烷基较小时，醇分子与水分子形成氢键，使醇与水互溶。 【评价】乙醇分子与乙烷在结构上的差异（官能团）表现为性质上的差异。 【小组交流】几种常见的醇的分子组成、结构特点、官能团、主要用途等。

(续表)

第二课时　由物质的结构预测物质性质的一般思路——以1-丙醇为例
环节一：醇的分类和物理性质
设计意图： 　　教学时整合了"物质结构与性质"模块中有关氢键的知识，使学生能从醇的官能团 –OH 形成氢键的角度理解乙醇的熔、沸点和溶解性，能增进学生对乙醇物理性质的理解，建立性质与结构的联系。通过乙烷和乙醇结构与性质的对比，突出了乙醇官能团 –OH 决定了乙醇的性质，强化从官能团角度认识物质。
环节二：预测1-丙醇的化学性质

教师活动	学生活动
【问题1】分析1-丙醇的结构，预测1-丙醇可能的物理性质和化学性质，并说明预测依据。 （1-丙醇结构式，标注 β、α 碳） 【引导】对于陌生物质，你是如何研究其性质的？说说你的思路。 【问题2】从共价键极性、碳原子饱和性和基团之间相互影响的角度预测1-丙醇的结构，标出可能的断键部位并说明预测依据。 （1-丙醇结构式，标注 β、α 碳） 【追问】 （1）你是如何关注断键部位的？ （2）为什么羟基能使 α-H 和 β-H 活化（键的极性）呢？ （3）请标出1-丙醇中可能断键的位置。	【讨论】分析1-丙醇的结构，类比乙醇的性质，预测1-丙醇可能的性质（大部分学生能很快预测出1-丙醇可能的性质，但写的不够全面。） 【交流回答】看物质类别→类比同类物质的性质→预测陌生物质的性质。 【交流回答】 （1）氧元素的电负性比氢元素和碳元素的电负性都大，使碳氧键和氢氧键都显出极性，成为反应的活性部位。 （2）醇分子中羟基上氧原子的强吸电子作用，使醇分子中 α 碳原子上的 H 和 β 碳原子上的 H 都较为活泼。 （3）1-丙醇中的碳碳键是非极性键，在反应中一般不易断开。1-丙醇的结构中没有不饱和键，所以不能发生加成反应。 （1-丙醇结构式，标注①②③④断键位置，O–H 处标注"官能团"）

（续表）

第二课时 由物质的结构预测物质性质的一般思路——以1-丙醇为例
环节二：预测1-丙醇的化学性质

教师活动	学生活动
【问题3】分析1-丙醇的结构，选择合适的试剂，预测1-丙醇的性质。 分析结构： CH₃—CH—CH—H（H O H / H H） β α 官能团：是否含有不饱和键；键的极性；基团之间的相互影响 预测性质表（断键部位／反应类型／反应试剂和条件／反应产物） 【引导】根据你的预测，请写出相应的方程并注明反应类型。	【小组交流】 结构图：CH₃—C(H)(H)—C(H)(H)—O—H，标注①（O—H）、②（C—O）、③（α-C—H）、④（β-C—H），β α **预测性质** | 断键部位 | 反应类型 | 反应试剂和条件 | 反应产物 | |---|---|---|---| | ① | 置换反应 | Na | 醇钠 | | ① | 取代反应——酯化 | 乙酸、浓硫酸，加热 | 酯 | | ①或② | 取代反应——自身 | 浓硫酸，加热 | 醚 | | ② | 取代反应——卤代 | 氢卤酸，加热 | 卤代烃 | | ①③ | 氧化反应 | O_2/Cu | 醛、酮 | | ②④ | 消去反应 | 浓硫酸，加热 | 烯烃 | 1. $2CH_3CH_2CH_2OH+2Na \longrightarrow 2CH_3CH_2CH_2ONa + H_2\uparrow$ 置换反应 2. $CH_3CH_2CH_2OH+HBr \xrightarrow{\triangle} CH_3CH_2CH_2Br + H_2O$ 取代反应 3. $2CH_3CH_2CH_2OH+O_2 \xrightarrow[\triangle]{Cu} 2CH_3CH_2CHO + 2H_2O$ 氧化反应 4. $CH_3CH_2CH_2OH \xrightarrow[\triangle]{浓硫酸} CH_3CH=CH_2\uparrow + H_2O$ 消去反应 5. $2CH_3CH_2CH_2OH \xrightarrow[\triangle]{浓硫酸} CH_3CH_2CH_2OCH_2CH_2CH_3+H_2O$ 取代反应 6. $CH_3CH_2CH_2^{18}OH+CH_3COOH \underset{\triangle}{\overset{浓硫酸}{\rightleftharpoons}} CH_3CO^{18}OCH_2CH_2CH_3 + H_2O$ 取代（酯化）反应 7. $2CH_3CH_2CH_2OH+9O_2 \xrightarrow{点燃} 6CO_2+8H_2O$ 氧化反应

(续表)

第二课时 由物质的结构预测物质性质的一般思路——以1-丙醇为例
环节二：预测1-丙醇的化学性质

设计意图：
通过对陌生物质的结构分析，引导学生依次从物质类别角度、官能团角度预测陌生物质可能的性质，在此基础上再从共价键极性、基团之间的相互影响以及碳原子的饱和性预测反应的断键部位以及可能发生的反应，探查学生是否形成根据物质结构预测物质性质的一般方法。

环节三：建立有机化合物结构与性质的认知模型	
教师活动	学生活动
【任务】回顾预测1-丙醇化学性质的过程，总结研究有机化合物性质的一般方法。	【小组讨论】学生倾听，明确活动任务。
【问题1】可以从哪些角度分析物质的结构？	【思考交流】分析有机化合物的结构有以下几个角度： 基于物质：看类别，做类比； 基于官能团：看通性、官能团变化； 基于键的极性：看断键位置、反应类型。
角度1：从物质类别的角度——物质分类、类比方法，初步了解物质的性质。 1-丙醇 → 属于醇类 → 类比乙醇的性质	【分析回答】1-丙醇和乙醇均属于醇类，所以可以类比乙醇的性质推理1-丙醇的性质。
角度2：从官能团的角度——官能团决定物质性质。例如： 1-丙醇官能团 -OH { 物理性质：形成氢键、易溶于水，熔、沸点比丙烷高 / 化学性质：与钠反应、催化氧化、酯化反应、与卤化氢取代、消去等 }	【分析回答】根据 -OH 官能团的性质推测1-丙醇的性质。
角度3：从化学键的极性和基团间相互影响的角度——预测反应的断键位置及反应类型。 氧元素的电负性比氢和碳元素的电负性都大，使碳氧键和氢氧键都显出极性，成为反应的活性部位 ← → 由于羟基上氧原子的强吸电子作用，使醇分子中α碳原子上的H和β碳原子上的H都较为活泼	【分析回答】根据1-丙醇中共价键的极性以及基团之间的相互影响，预测1-丙醇的断键位置以及反应类型。 

(续表)

第二课时 由物质的结构预测物质性质的一般思路——以1-丙醇为例	
环节三：建立有机化合物结构与性质的认知模型	
教师活动	学生活动
【问题2】如何证明性质预测是否合理？在结构分析的基础上，选择合适的试剂进行实验验证，通过实验现象获取直接证据；同时也可以采用现代仪器分析法，利用有机化合物特征图谱表征有机化合物的结构。 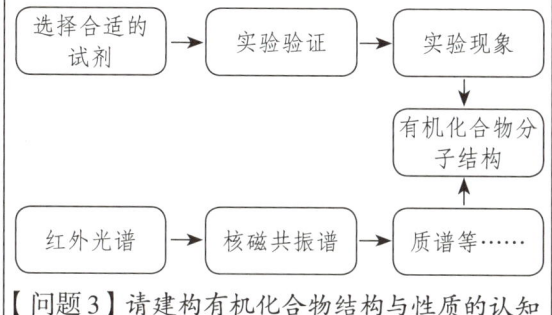【问题3】请建构有机化合物结构与性质的认知模型。 【总结】醇类物质表现出的化学性质，与结构中化学键的极性有关，也与基团之间的相互影响有关。研究物质的性质应该从结构入手，分析可能的断键位置，判断反应类型，再选择合适的试剂进行验证预测是否正确。	【思考回答】实验现象或者生成物的特征图谱均可以作为证据。学生分析，思考获取证据的途径。 【建构模型】 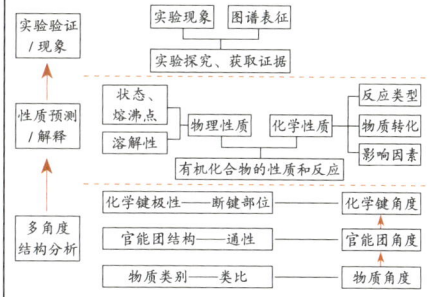

设计意图：

通过物质角度、官能团角度和化学键角度认识物质结构，引导学生学会分析有机化合物断键部位、预测反应类型，选择合适的试剂进行验证，师生归纳有机化合物结构与性质的内在联系，建构有机化合物结构与性质的认知模型，形成"物质结构决定性质"的学科大概念。

第二课时　由物质的结构预测物质性质的一般思路——以1-丙醇为例
板书设计： 第二课时　由物质的结构预测物质性质的一般思路——以1-丙醇为例 结构式（1-丙醇）：H—O—H（①②）官能团，CH₃—C—C—H（④③），H H（β α） 断①：置换（与钠）醇钠 断①②：取代（自身）醚 断①：取代（与羧酸）酯 断②：取（卤）代（与HX）卤代烃 断①③：氧化（醛、酮） 断②④：消去（烯烃） 由物质结构预测性质的一般思路 实验验证/现象 ← 实验现象、图谱表征 ← 实验探究、获取证据 性质预测/解释 ← 状态、熔沸点、溶解性（物理性质）、化学性质（反应类型、物质转化、影响因素）——有机化合物的性质和反应 多角度结构分析 → 化学键极性——断键部位（化学键角度）；官能团结构——通性（官能团角度）；物质类别——类比（物质角度）

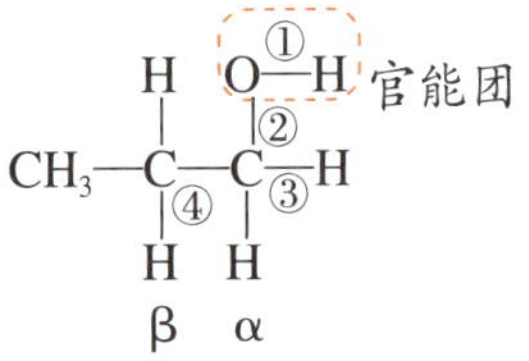

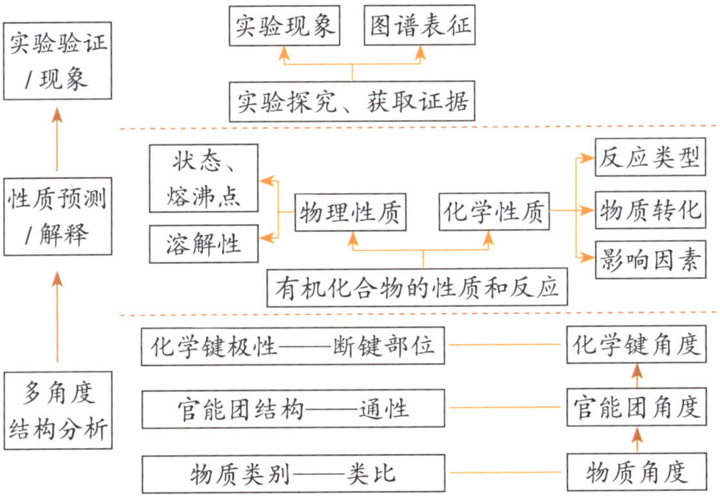

第三课时　从苯环与羟基的相互影响认识酚的结构与性质
环节一：认识苯酚的结构，预测苯酚的物理性质
教师活动	学生活动
【引入】生活中含酚类的物质、含苯酚的工业废水必须经过处理才能排放。	【聆听】初步了解苯酚，根据情境——含苯酚的工业废水的处理，明确学习的目标和任务。

(续表)

第三课时 从苯环与羟基的相互影响认识酚的结构与性质

环节一：认识苯酚的结构，预测苯酚的物理性质

教师活动	学生活动
【任务】认识苯酚的结构、预测苯酚的物理性质。 羟基与苯环上的碳原子直接相连构成的化合物叫酚。 物质视角 → –OH 直接连在苯环上 ↓ 官能团视角 → ↓ 化学键视角 → 阅读材料，找出可能与苯酚性质相关的词语。请归纳苯酚的物理性质，与从结构角度预测的是否一致？ 【实验探究】苯酚的溶解性。 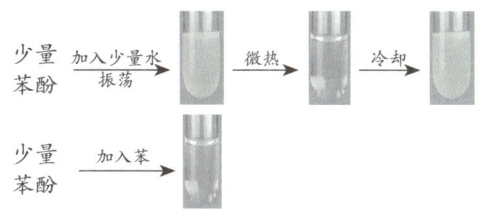 常温下，苯酚在水中的溶解度不大，当温度高于65℃时，能与水混溶；苯酚易溶于苯等有机溶剂。 【思考】苯酚中含有 –OH，为什么在水中的溶解度不大？	【观察思考】观察球棍模型和空间填充模型，填写学案。 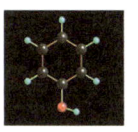 【分享交流】物质角度：低级醇易溶于水，酚的溶解性呢？ 官能团角度：含有 –OH 亲水基，可能具有醇的部分性质。 化学键角度：–OH 与水之间会形成氢键，O—H 是极性键，容易断开。 【阅读】阅读材料，提炼信息。 一辆满载苯酚的罐车与一货车相撞，导致9.5吨剧毒苯酚泄漏，大量的苯酚直接倾入路基下方的水塘里。记者走近翻入壕沟的罐车，一股刺鼻的异味扑面而来。现场的工作人员身穿白色防护服，将捞上来的白色结晶体（苯酚）放入铁桶内。一位工作人员防护手套上"烧"了一个洞，他的无名指已经被苯酚腐蚀得发白，医务人员迅速用酒精进行了清洗…… 【回答】白色晶体，有毒，有刺鼻异味，有腐蚀性，易溶于酒精… 【回答】苯酚中 –OH 与苯环直接相连，由于苯基是憎水基，尽管酚羟基也能与水之间形成氢键，但溶解度比低碳原子的醇要小。

（续表）

第三课时 从苯环与羟基的相互影响认识酚的结构与性质	
环节一：认识苯酚的结构，预测苯酚的物理性质	
教师活动	学生活动
设计意图： 　　本环节重点在于诊断和发展学生认识有机化合物结构的三个维度，在结构分析的基础上，通过性质预测、资料信息、实验探究三个环节，加深学生对苯酚物理性质与酚羟基有关的认识。	
环节二：预测苯酚的化学性质	
教师活动	学生活动
【任务】阅读苯酚贴膏的部分说明书，猜想苯酚可能有哪些化学性质？ 【性质预测】结合材料分析苯酚的结构，预测苯酚可能的化学性质，并说明预测的依据。 | 性质预测	依据 | |---|---| | 具有酸性 | O—H 具有极性，不能与碱性药物并用 | | 易被氧化 | -OH 易被氧化……色泽变红 | | 苯环上的取代 | 类比苯的取代 | | …… | …… |	【阅读交流】 ［药物相互作用］不能与碱性药物并用。 ［注意事项］①用后拧紧瓶盖，当药品性状发生改变时禁止使用，尤其是色泽变红后。②连续使用一般不超过1周，如仍未见好转，请向医师咨询；用药部位如有烧灼感、瘙痒、红肿等症状应停止用药，用酒精洗净。 材料中涉及的苯酚的化学性质有： 不能与碱性药物并用——有酸性； 用后拧紧瓶盖，色泽变红——容易被氧化； 用酒精洗净——易溶于酒精。 【分享交流】 1. 具有酸性（含 -OH） 2. 易被氧化（类比醇 -OH） 3. 苯环上的取代反应（类比苯的取代） 4. ……

（续表）

第三课时　从苯环与羟基的相互影响认识酚的结构与性质

环节二：预测苯酚的化学性质

教师活动	学生活动
【实验探究1】苯酚的酸性——苯环对羟基的影响。设计实验方案，验证苯酚是否有酸性以及酸性的强弱。 试剂：紫色石蕊试液、NaOH（aq）、Na_2CO_3（aq）、苯酚乳浊液。 | 实验方案 | 实验现象 | 结论 | |---|---|---| | 石蕊试剂 3 滴 苯酚乳浊液 2 mL | 石蕊试剂未变红 | 苯酚可能无酸性或者有弱酸性 | | 滴加饱和 NaOH 溶液 苯酚乳浊液 2 mL | 浊液澄清 | 苯酚有酸性 | | 滴加饱和 Na_2CO_3 溶液 苯酚乳浊液 2 mL | 浊液澄清无气泡 | 苯酚酸性弱于碳酸而强于碳酸氢根离子 | 苯环的存在，使直接与苯环相连的羟基上的 H 原子变得活泼，能发生微弱的电离。 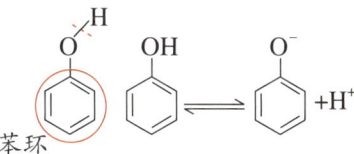 【实验探究2】探究苯环上氢原子的取代——羟基对苯环的影响。 比较：苯酚和苯一样含有苯环 推测：苯酚也可发生取代 探究：向苯酚溶液中逐滴加入浓溴水 观察：滴入浓溴水，产生白色沉淀，振荡后沉淀消失，再加入浓溴水又产生白色沉淀 结论：苯酚能与溴水反应，生成白色沉淀，且该沉淀能溶于过量的苯酚溶液中 将苯酚稀溶液滴加到溴水中，可以看到溶液中有白色沉淀产生，生成了 2,4,6-三溴苯酚。 	【交流汇报】描述实验现象，解释反应原理，用方程式正确表示反应。 苯酚 + NaOH ⟶ 苯酚钠 + H_2O 苯酚钠 + CO_2 + H_2O ⟶ 苯酚 + $NaHCO_3$ 苯酚 + Na_2CO_3 ⟶ 苯酚钠 + $NaHCO_3$ 通过电离常数比较苯酚与碳酸的酸性强弱。 酸性：H_2CO_3 > 苯酚 > HCO_3^- $K_1=4.3\times10^{-7}$　$K=1.28\times10^{-10}$　$K_2=5.6\times10^{-11}$ 经历实验观察、讨论交流、原理探究、方程式表达等过程。 【小组交流】通过苯与液溴反应、苯酚与溴水反应的比较，形成有机化合物基团之间相互影响的结论。 【书写练习】 苯酚 + $3Br_2$ ⟶ 2,4,6-三溴苯酚↓ + $3HBr$

(续表)

第三课时　从苯环与羟基的相互影响认识酚的结构与性质	
环节二：预测苯酚的化学性质	
教师活动	学生活动
【讨论】苯与液溴在铁粉作催化剂条件下才能反应，而苯酚与溴水的取代反应就容易得多，为什么？ 【总结】可以发现：苯环对羟基氢原子的活性有影响，使O—H的极性增强，苯酚显弱酸性；由于羟基的存在，苯环上羟基邻、对位的氢原子活性增强，更容易被取代。	【回答】羟基使苯环上2,4,6号位的氢原子变得活泼，更容易发生取代反应。

设计意图：

对于苯酚酸性和苯环上取代反应这两个性质的预测，分别从苯酚贴膏说明书和苯环的结构入手，历经结构分析→预测性质→实验验证→确定性质，体现了有机化合物性质研究的一般方法，凸显了"物质结构决定性质"这一核心思想。

环节三：从化学键的角度探究基团之间的相互影响	
教师活动	学生活动
【任务一】苯酚中苯环和酚羟基之间相互影响，使苯酚呈现出不同于醇类和苯的某些性质。那么，如何从化学键的角度理解苯酚的性质？ 【引导分析】苯酚是平面形分子，碳原子采用sp^2杂化，氧原子的p电子云与苯环的大π键形成p-π共轭，使得C—O键的极性降低，不易断开，不能发生消去反应，也不能与氢卤酸发生取代生成卤苯。同时由于p-π共轭，O—H键的极性增强，更容易断开，显示酸性。 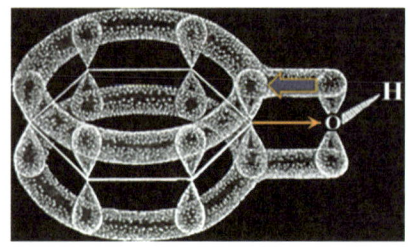	【倾听思考】苯酚中的C—O和H—O均是极性共价键，在反应中容易断开。 用图示简单表示这种影响： 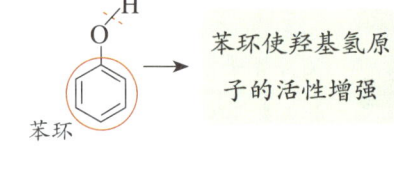

第三课时 从苯环与羟基的相互影响认识酚的结构与性质

环节三：从化学键的角度探究基团之间的相互影响

教师活动	学生活动
【资料】苯与Br_2的反应实质是Br^+与苯环的反应，简单表示为： （苯）$+Br^+ \rightarrow$（溴苯）$+H^+$ 在苯酚中，由于$-OH$与苯环通过π键形成的给电子效应，苯环中羟基的邻对位碳原子的电子云密度更大。 【引导分析】可以发现在苯酚中，由于酚羟基和苯环的相互影响，苯酚体现出特有的化学性质。 【任务二】请在上节课学习乙醇的基础上，进一步完善有机化合物结构与性质关系的认知模型。	【分析思考】用图示简单表示这种影响： 羟基使苯环邻对位氢原子的活性增强 $+3Br_2 \rightarrow$ 2,4,6-三溴苯酚 $\downarrow +3HBr$ 【交流讨论】完善有机化合物结构与性质的认知模型，建立"物质的结构决定性质、有机化合物的基团之间是相互影响的"这一化学核心概念。

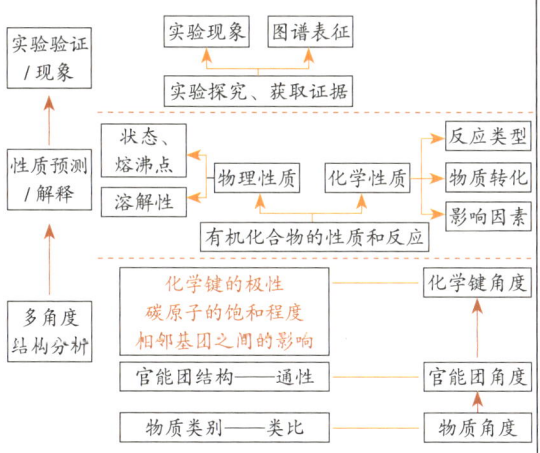

设计意图：

在学习了苯酚的酸性、苯环上的取代反应之后，从官能团和苯环结构入手，分析苯酚中羟基和苯环的相互影响是决定苯酚性质的原因，帮助学生进一步明确有机化合物分子中基团之间会产生相互影响，这种相互作用会决定物质的性质，在此基础上进一步完善有机化合物结构和性质的认知模型。

第三课时 从苯环与羟基的相互影响认识酚的结构与性质

板书设计：

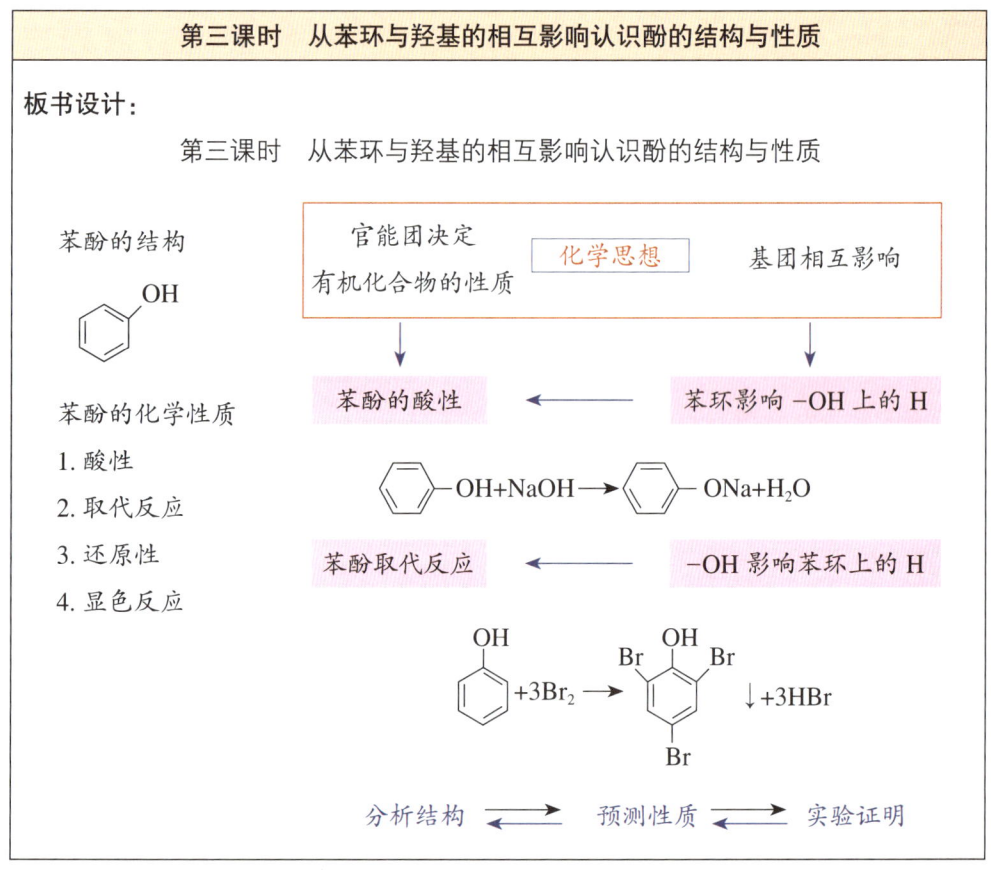

单元整体知识体系

板书设计：

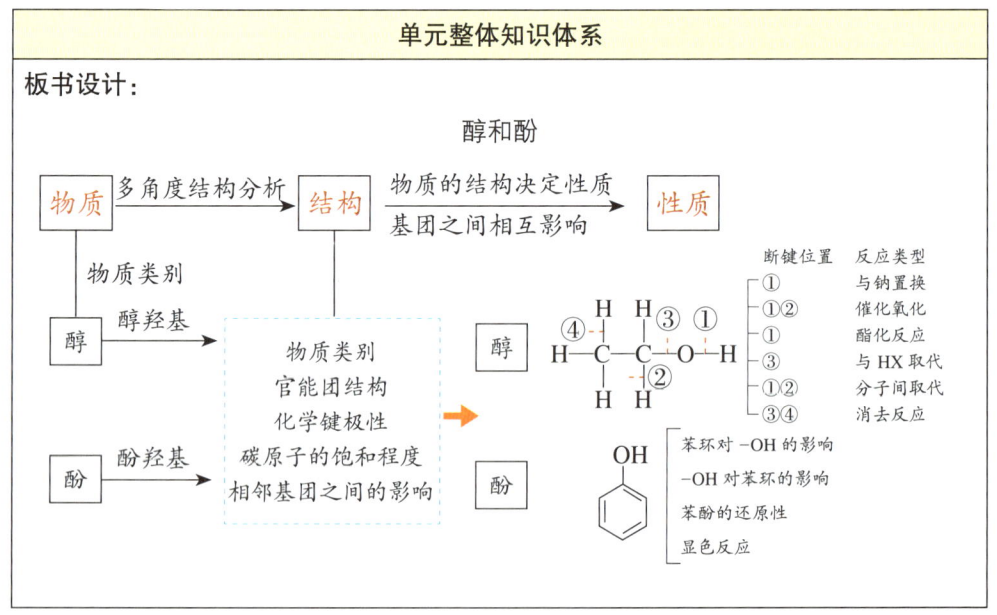

六、学科大概念统摄下的大单元教学设计及教学反思

1. 大单元教学设计特色说明

（1）以理解为本的跨模块设计

"物质的结构决定性质，性质反映结构"这是学生耳熟能详的一句话，但是面对不同的物质，学生是否能够真正分析好物质的结构、合理预测性质，取决于学生对于这句话的理解程度。本单元选自选择性必修3中醇和酚的相关内容，在教学中进行了跨模块的设计：教学的起点是从初中化学入手，先从物质的角度初识乙醇，再到必修第二册从官能团的视角认识乙醇，在此基础上进行醇、酚结构与性质的探究教学。为了让学生能从共价键极性的角度深入理解醇和酚的性质，教学中又把选择性必修2中有关电负性的概念和氢键的知识在恰当时机融入进来，学生认识到氧元素的电负性大，导致O—H键和C—O键的极性增强，容易断开，这样就能比较容易理解醇的其他化学性质。同样，理解了 –OH 能与水分子之间形成氢键，就容易理解低级醇易溶于水以及苯酚微溶于水的原因。课堂教学是让学生理解知识而不是记住结论，是让学生运用基本知识去解决问题，而任何创新或创造也必然是基于对基本原理的深刻理解。因此，本单元跨越初高中教材、必修和选择性必修模块，旨在促进学生深刻理解"物质的结构决定性质"这一学科大概念，为学生后续学习有机化学打下必要的基础。

（2）以能力进阶为主的活动设计

从学生能力发展看，本单元的能力培养重点在于对物质结构的观察能力、物质性质的分析推理能力、探究实验的设计能力和模型的抽象概括能力。在第一课时设计中，首先是拼插乙醇、乙烷和水的球棍模型，在动手实践的过程中，观察乙醇与乙烷、水在分子结构上的异同，为第二课时从官能团和化学键极性上认识醇的性质奠定基础。在乙醇化学性质教学过程中，基于电负性知识培养学生对电子云的偏移导致键的极性增强，让学生进行分析推理，判断化学反应中的断键位置，并通过1-丙醇的性质探究，设计实验方案验证性质，发展学生的实验设计能力。在第三课时酚的性质教学中，让学生通过化学键的极性预测酚的性质，并通过苯酚贴膏等资料信息让学生合理推理，最终形成基团之间相互作用会影响物质性质的认识。本单元的最后是通过醇、酚结构和性质的内在联系，进行抽象概括，形成分析物质结构和性质的认知模型。从本单元学生能力发展的整个过程来看，经历了从观察比

较、分析推理到抽象概括，学生的能力发展是有进阶的。

（3）以落实核心素养为目的的结构化设计

本单元教学目标主要是发展"宏观辨识与微观探析""证据推理与模型认知""科学探究"等化学学科核心素养。基于课程标准对本单元的学习要求以及学生学习情况，落实核心素养的举措有：①从醇、酚分子结构和性质的关联上落实"宏观辨识与微观探析"核心素养。例如，乙醇与钠反应，通过定量计算以及钠的保存，剖析醇中被置换出的氢是羟基氢而不是烃基氢；在乙醇的酯化反应中，运用同位素原子示踪揭示反应原理，搭建了联系宏微的桥梁等。②在实验探究中落实"证据推理"核心素养。在第二课时 1-丙醇的性质预测中，学生能够依据乙醇的结构分析 1-丙醇的断键部位，这种推理是否正确？在老师的指导下，学生进行实验设计，并通过实验现象作为证据来推理预测是否正确。③通过多层级的结构分析建立物质结构与性质的认知模型。有机化合物性质教学最终目标不是记住物质的性质，而是以知识为载体形成素养。教学中对醇、酚的探究，从基于物质角度、官能团角度、化学键极性和基团之间相互影响的角度不断进阶，最终建立从物质结构预测物质性质的认知模型，这种模型建构本身既是知识也是一种学习的方法。

2. 大单元教学设计教学反思

本单元是基于有机化合物性质教学的新授课，旨在通过对醇、酚的整体学习，让学生经历结构分析、性质预测、实验探究（验证）、模型建构的完整过程，深化"物质的结构决定性质，基团之间存在相互影响"的学科大概念。

本单元第一课时从乙醇的用途入手，引导学生首先从物质的层面认识乙醇，接着通过学生拼插乙醇的球棍模型建立乙醇分子结构的感性认识。在回忆必修第二册中乙醇与钠反应、乙醇的催化氧化的基础上，引导学生从官能团的角度认识乙醇的性质，在分析 -OH 官能团中化学键变化的基础上，从化学键极性的角度再探乙醇的其他性质。第二课时首先是介绍醇的分类和物理性质的通性，旨在帮助学生形成物质类别的视角，运用同类别的物质性质的相似性，以 1-丙醇为例对其性质进行预测、设计实验验证预测。这一部分的教学目的主要是借助 1-丙醇从结构到性质分析的整个过程，引导学生建立物质结构与性质的内在联系的认知模型。第三课时是酚的性质教学，首先从苯酚的结构预测其可能的物理性质，再通过苯酚贴膏等资料预测其可能的化学性质。通过苯酚的性质探究，学生归纳出苯酚的酸性和苯环上的取代反应，体现了苯环和酚羟基的相互影响，在此基础上进一步完善第二课时的物质结构与性质的内在联系的认知模型。简言之，本单元的三个课时的功能分别是：第一课时通过典型代表物的学习，形成从化学键极性分析性质的角度；第二课时通过1-丙醇结构到性质的完整探究，建立物质结构与性质关系的认知模型；第三课时是运用认知模型学习苯酚性质，形成基团之间的相互影响也会决定物质的性质，进而完善有机化合物结构和性质的认知模型。

大单元教学是以学习者为核心，基于学科核心素养和课程标准，以学科知识主题为中心，将教材中较为零碎的学习内容、情境素材、学习任务和学习活动重新整合为具有一定主题和结构的学习单元。而学科大概念统摄下的大单元教学正好顺应新课程教学理念的要求，课堂是课程改革发生的核心地带。基于大概念统摄下的大单元教学设计既是一种课堂教学形式的转变，也是一种思维方式的转变，是在现有的教学模式上新的探索，大概念统摄体现了学科思想，大单元设计体现了学科整合，其目标指向核心素养在课堂教学中的落地生根。

北京市第一〇一中学怀柔分校　李从林

参考文献

[1] 李刚，吕立杰.大概念课程设计：指向学科核心素养落实的课程架构[J].教育发展研究，2018，38（Z2）：35-42.

[2] 崔允漷.学科核心素养呼唤大单元教学设计[J].上海教育科研，2019（04）：1.

[3] 熊梅，李洪修.发展学科核心素养：单元学习的价值、特征和策略[J].课程.教材.教法，2018，38（12）：88-94.

[4] 张优幼.指向认知结构生长的大单元教学[J].教学与管理，2019（26）：31-33.

[5] 胡久华，张银屏.促进学生认识发展的单元整体教学——以化学教学为例[J].教育科学研究，2014（08）：63-68+76.

[6] 张华.论学科核心素养——兼论信息时代的学科教育[J].华东师范大学学报（教育科学版），2019，37（01）：55-65+166-167.

[7] 丁兰.单元结构教学法在高中化学教学中的应用研究[D].贵阳：贵州师范大学，2014.

[8] 颜珏.高中化学实施单元设计教学的实践研究[D].苏州：苏州大学，2013.

[9] 郑茹丹.高中化学单元整体教学设计落实情感目标的实践研究[D].桂林：广西师范大学，2010.

[10] 陈红云.基于信息技术的单元教学设计实践研究——以高中化学新课程为例[D].南昌：江西师范大学，2008.

[11] 张志杰.高中化学新课程引进单元整体教学的实践与思考[J].甘肃联合大学学报（自然科学版），2012，26（06）：62-65.

［12］杨剑春.论新课程高中化学课堂教学内容的整合［J］.中学化学教学参考，2009（05）：18-21.

［13］李荣华.初中化学单元教学的实践研究［D］.北京：首都师范大学，2014.

［14］吕立杰，韩继伟，张晓娟.学科核心素养培养：课程实施的价值诉求［J］.课程.教材.教法，2017，37（09）：18-23.

［15］崔超.大概念视角下英语单元教学的重构［J］.教学与管理，2020（04）：42-45.

［16］李刚.科学大概念的课程转化研究［D］.吉林：东北师范大学，2019.

［17］李刚，吕立杰.课程改革中的课程转化向度及分析［J］.教育科学研究，2017（11）：12-18.

［18］胡善义.以大概念的理念建构科学概念的教学研究——以《溶解》单元为例［J］.教育导刊，2018（03）：72-76.

［19］哈伦.以大概念进行科学教育［M］.韦钰，译.北京：科学普及出版社，2016.

［20］邵朝友，崔允漷.指向核心素养的教学方案设计：大概念的视角［J］.全球教育展望，2017（06）：11-19.

［21］顿继安，何彩霞.大概念统摄下的单元教学设计［J］.基础教育课程，2019（09）：6-11.

［22］中华人民共和国教育部.普通高中化学课程标准（2017年版2020年修订）［M］.北京：人民教育出版社，2020.

［23］何彩霞.化学学科核心素养导向的大概念单元教学探讨［J］.化学教学，2019（11）：47.

［24］江敏.有意思的化学 有意义的教学［M］.西安：陕西师范大学出版社，2016.

［25］徐小健.基于内容重组与融合的"氨与铵盐"的创新教学设计［J］.化学教育，2018（17）：36-38.

［26］李润.铜与浓、稀硝酸反应的改进实验［J］.化学教育，2018（07）：63-65.

［27］S.G. Grant，J.M. Gradwell. The road to ambitious teaching：creating big ideas units in History classes［J］. *Journal of Inquiry & Action in Education*，2009，2（01）：2.

[28] H.L. Erickson. Stirring the head, heart, and soul: redefining curriculum and instruction [M]. Thousand Oaks: Corwin Press, 1995.

[29] G. Wiggins, J. Mctighe, V. Alexandria. Understanding by design (expanded 2nd ed) [M].Alexandrla, VA: Association for Supervision and Curriculum Development, 2005.

[30] R. I.Charles. Big ideas and understandings as the foundation for early and middle school Mathematics[J]. *NCSM Journal of Educational Leadership*, 2005, 8(01): 9–24.

[31] W. Harlen. Principles and big ideas of science education [M]. Hatfield, UK: Association of Science Teachers, 2010.

[32] O.D. Jong, V. Talanquer. Why is it relevant to learn the big ideas in Chemistry at school [M]. Rotterdam New York: Sense Publishers, 2015: 11–31.

[33] National Council of Teachers of Mathematics. Principles and standards for school Mathematics [M]. Reston, VA: NCTM, 2000: 17.

[34] B. Atweh, M. Goos. The Australian Mathematics Curriculum: A move forward or back to the future [J]. *Australian Journal of Education*, 2011, 55 (3): 214–228.

[35] J. Hiebert, T. P.Carpenter. Handbook of research on Mathematics teaching and learning [M]. New York: Macmillan. 1992: 65–97.

[36] D. Bang, E. Park, H. Yoon, et al. The design of integrated science curriculum framework based on big ideas [J]. *Journal of the Korean Association for Science Education*, 2013, 33 (05): 1041–1054.